A LIBRARY OF DOCTORAL DISSERTATIONS IN SOCIAL SCIENCES IN CHINA

中国社会科学博士论文文库

异军与正道：
对中央苏区妇女解放运动的历史考察

Different Forces and Main Track
Based on Women's Liberation Movement in Central Chinese Soviet Area

胡军华 著
导师 唐莲英

中国社会科学出版社

图书在版编目(CIP)数据

异军与正道：对中央苏区妇女解放运动的历史考察/胡军华著 . —北京：中国社会科学出版社，2016.12

（中国社会科学博士论文文库）

ISBN 978 - 7 - 5161 - 9462 - 1

Ⅰ.①异… Ⅱ.①胡… Ⅲ.①中央苏区—妇女解放—史料 Ⅳ.①D442

中国版本图书馆 CIP 数据核字（2017）第 046553 号

出 版 人	赵剑英
责任编辑	刘志兵
特约编辑	张翠萍等
责任校对	冯英爽
责任印制	王 超

出　　版	中国社会科学出版社
社　　址	北京鼓楼西大街甲 158 号
邮　　编	100720
网　　址	http://www.csspw.cn
发 行 部	010 - 84083685
门 市 部	010 - 84029450
经　　销	新华书店及其他书店
印　　刷	北京君升印刷有限公司
装　　订	廊坊市广阳区广增装订厂
版　　次	2016 年 12 月第 1 版
印　　次	2016 年 12 月第 1 次印刷
开　　本	710×1000　1/16
印　　张	19.75
字　　数	323 千字
定　　价	86.00 元

凡购买中国社会科学出版社图书，如有质量问题请与本社营销中心联系调换
电话：010 - 84083683
版权所有　　侵权必究

《中国社会科学博士论文文库》
编辑委员会

主　　任：李铁映
副 主 任：汝　信　江蓝生　陈佳贵
委　　员：（按姓氏笔画为序）
　　　　　王洛林　王家福　王缉思
　　　　　冯广裕　任继愈　江蓝生
　　　　　汝　信　刘庆柱　刘树成
　　　　　李茂生　李铁映　杨　义
　　　　　何秉孟　邹东涛　余永定
　　　　　沈家煊　张树相　陈佳贵
　　　　　陈祖武　武　寅　郝时远
　　　　　信春鹰　黄宝生　黄浩涛
总 编 辑：赵剑英
学术秘书：冯广裕

总　序

在胡绳同志倡导和主持下，中国社会科学院组成编委会，从全国每年毕业并通过答辩的社会科学博士论文中遴选优秀者纳入《中国社会科学博士论文文库》，由中国社会科学出版社正式出版，这项工作已持续了12年。这12年所出版的论文，代表了这一时期中国社会科学各学科博士学位论文水平，较好地实现了本文库编辑出版的初衷。

编辑出版博士文库，既是培养社会科学各学科学术带头人的有效举措，又是一种重要的文化积累，很有意义。在到中国社会科学院之前，我就曾饶有兴趣地看过文库中的部分论文，到社科院以后，也一直关注和支持文库的出版。新旧世纪之交，原编委会主任胡绳同志仙逝，社科院希望我主持文库编委会的工作，我同意了。社会科学博士都是青年社会科学研究人员，青年是国家的未来，青年社科学者是我们社会科学的未来，我们有责任支持他们更快地成长。

每一个时代总有属于它们自己的问题，"问题就是时代的声音"（马克思语）。坚持理论联系实际，注意研究带全局性的战略问题，是我们党的优良传统。我希望包括博士在内的青年社会科学工作者继承和发扬这一优良传统，密切关注、深入研究21世纪初中国面临的重大时代问题。离开了时代性，脱离了社会潮流，社会科学研究的价值就要受到影响。我是鼓励青年人成名成家的，这是党的需要，国家的需要，人民的需要。但问题在于，什么是名呢？名，就是他的价值得到了社会的承认。如果没有得到社会、人民的承认，他的价值又表现在哪里呢？所以说，价值就在于对社会重大问题的回答和解决。一旦回答了时代性的重大问题，就必然会对社会产生巨大而深刻的影响，你也因此而实现了你的价值。在这方面年轻的博士有很大的优势：精力旺盛，思维敏捷，勤于学习，勇于创新。但青年学者要多向老一辈学者学习，博士尤其要很好地向导师学习，在导师的指导下，发挥自己的优势，研究重大问题，就有可能出好的成果，实现自己的价值。过去12年入选文库的论文，也说明了这一点。

什么是当前时代的重大问题呢？纵观当今世界，无外乎两种社会制度，一种是资本主义制度，一种是社会主义制度。所有的世界观问题、政治问题、理论问题都离不开对这两大制度的基本看法。对于社会主义，马克思主义者和资本主义世界的学者都有很多的研究和论述；对于资本主义，马克思主义者和资本主义世界的学者也有过很多研究和论述。面对这些众说纷纭的思潮和学说，我们应该如何认识？从基本倾向看，资本主义国家的学者、政治家论证的是资本主义的合理性和长期存在的"必然性"；中国的马克思主义者、中国的社会科学工作者，当然要向世界、向社会讲清楚，中国坚持走自己的路一定能实现现代化，中华民族一定能通过社会主义来实现全面的振兴。中国的问题只能由中国人用自己的理论来解决，让外国人来解决中国的问题，是行不通的。也许有的同志会说，马克思主义也是外来的。但是，要知道，马克思主义只是在中国化了以后才解决中国的问题的。如果没有马克思主义的普遍原理与中国革命和建设的实际相结合而形成的毛泽东思想、邓小平理论，马克思主义同样不能解决中国的问题。教条主义是不行的，东教条不行，西教条也不行，什么教条都不行。把学问、理论当教条，本身就是反科学的。

在21世纪，人类所面对的最重大的问题仍然是两大制度问题：这两大制度的前途、命运如何？资本主义会如何变化？社会主义怎么发展？中国特色的社会主义怎么发展？中国学者无论是研究资本主义，还是研究社会主义，最终总是要落脚到解决中国的现实与未来问题。我看中国的未来就是如何保持长期的稳定和发展。只要能长期稳定，就能长期发展；只要能长期发展，中国的社会主义现代化就能实现。

什么是21世纪的重大理论问题？我看还是马克思主义的发展问

题。我们的理论是为中国的发展服务的,决不是相反。解决中国问题的关键,取决于我们能否更好地坚持和发展马克思主义,特别是发展马克思主义。不能发展马克思主义也就不能坚持马克思主义。一切不发展的、僵化的东西都是坚持不住的,也不可能坚持住。坚持马克思主义,就是要随着实践,随着社会、经济各方面的发展,不断地发展马克思主义。马克思主义没有穷尽真理,也没有包揽一切答案。它所提供给我们的,更多的是认识世界、改造世界的世界观、方法论、价值观,是立场,是方法。我们必须学会运用科学的世界观来认识社会的发展,在实践中不断地丰富和发展马克思主义,只有发展马克思主义才能真正坚持马克思主义。我们年轻的社会科学博士们要以坚持和发展马克思主义为己任,在这方面多出精品力作。我们将优先出版这种成果。

2001 年 8 月 8 日于北戴河

序

摆在我案头的是胡军华副教授的优秀博士论文：《异军与正道——对中央苏区妇女解放运动的历史考察》，据她的导师唐莲英教授透露，作为一本专著，该书即将付梓，真是可喜可贺！

中央苏区，是中国共产党领导中国革命从城市挺进农村，实行伟大战略转移的重要奠基地；而"妇女解放，突起异军"，则是无论经济革命、政治革命，抑或社会革命成功的主要标志。因此，对于中央苏区的研究、对于妇女解放运动的研究，历来是中共党史、中国革命史教学、科研领域中两个能引人眼球的常青课题，各自的研究成果也较丰厚。但以"中央苏区"为时空，以"妇女解放运动"为切入点，即以"中央苏区妇女解放运动"为考察对象，运用马克思主义妇女观的基本立场、观点和方法，作系统的、全方位的分析研究，确亦鲜见。学术研究正确的政治方向是学术研究的正道，而学术研究的创新则又是学术研究的生命。作者将政治立场的坚定性和学术研究的创新性结合起来，总结历史经验，讴歌苏区精神，弘扬时代正能量，阐述研究成果，提升学术水平，体现了作者坚定的政治立场和独到的学术创新能力。

当然，立场的坚定性和学术的创新性替代不了学术研究自身的规律性。在阐发该书学术研究规律性方面，作者的确下了很大功夫，并取得了显著的成效。其荦荦大端集中体现在两个方面：一是作为政治理论视域下的一个史学课题，作者收集了大量的史料，并以此为依据，追寻了中央苏区妇女解放运动兴起的背景，梳理了中央苏区妇女解放运动的愿景，归纳了中央苏区妇女解放运动的兴起与阶级、民族乃至国家问题紧密相连的缘由，透视了中央苏区妇女解放运动的主要路径、不俗成绩，特别是对中央苏区妇女解放运动的动员机制条分缕析，概括了中央苏区妇女解放运动的历史价值与现实启示，凸显了史学研究课题的系统性和完整性。二是就学术研究的方法论而言，作者运用了社会学、心理学的研究方法，并与历史学相呼应，坚持史论结合、论从史出的原则，对中央苏区妇女解放运动进行客观的实事求是的评价，总结正反两方面的经验教训；同时采取了典型与一般相结合的手法，考察了中央苏区60位巾帼群英的丰功伟绩、个性特征，提炼了巾帼群英的核心价值，剖析了中央苏区妇女解放运动中的客家妇女参与心态表征，探讨了心态嬗变的意蕴指向，反映了该书的社会真实性和时代价值观，也鲜明凸显了作者厚实的理论功底和驾驭学术研究的高超水平。

如此优秀的作品，真的是有幸先睹为快！深感后生可畏！因此，当唐莲英教授嘱我为该书作序时，我便欣然同意，意在为年轻学者的发展潜力和广阔前景摇鼓助威，更是有感而发，情绪使然，是为序。

上海市中共党史学会会长、教授、博士生导师
《军事历史研究》期刊原主编
张　云
丙申年春于上海

摘　　要

"妇女解放，突起异军。"在中国革命运动的历史进程中，每次成功的社会革命运动不仅得依靠妇女巨大人力资源的广泛支持，而且妇女解放也是历次社会革命运动的特性、意义和成功程度的重要表征、衡量尺度。十年土地革命时期，中央苏区妇女解放运动在中国共产党领导下，坚持走无产阶级革命道路，坚持马克思主义妇女观与中国实际相结合，初步形成了毛泽东妇女解放思想，并用于指导苏维埃革命实践，在特定时代发挥了特定作用，已经也必将产生深远影响。

本书在吸收前人研究成果的基础上，运用马克思主义妇女观的基本立场、观点和方法，以"中央苏区"为时空，以"妇女解放运动"为切入点，以毛泽东诗词名句为脉络，以妇女解放的"异军""实际怎样"以及"正道""应当怎样"的问题为经线，以马克思主义妇女观中国化为纬线，在经纬交织中探讨了中央苏区妇女解放运动的背景、愿景、路径、动员机制、巾帼人物、价值作用与现实启示等系列问题，并对镶嵌其间或隐或显的史实进行了梳理挖掘，对中央苏区妇女解放运动研究勾勒出一个较为清晰的解释框架，深化了马克思主义妇女观中国化研究，丰富了马克思主义中国化研究的理论空间。

本书首先追寻了中央苏区妇女解放运动兴起的背景，梳理了中央苏区妇女解放运动的愿景，认为中央苏区妇女解放运动的兴起与阶级问题、民族问题、国家问题紧密相联系；第二，归纳了中央苏区妇女解放运动的主要路径，即解决经济权、唱好婚姻曲、扩大教育面、提升参政度、构建组织网等五维路径，诠释了路径选择的逻辑关系，展示了以中共领导、苏维埃政权主导下的中央苏区妇女解放运动所取得的显著成绩，反映了中央苏区妇女解放的程度，也同时彰显了中央苏区妇女解放运动的力度；第三，从妇女动员方式、动员模式等方面解析了中央苏区妇女解放运动的妇女动员机制，赏析了客家山歌动员方式的"六全"特色，提出了中央苏区妇女解放运动的以土地革命为内容的经济动员、以政治参与为目标的政治动员、以阶级思想灌输为方法的文化动员、以群众路线为途径的组织动员和以诉苦、控诉为形式的情感动员的"互利共生型"动员模式；第四，考察了中央苏区60位巾帼群英的丰功伟绩、个性特征，归纳了巾帼群英的核心价值；第五，剖析了中央苏区妇女解放运动中的客家妇女参与心态表征，探讨了心态嬗变的意蕴指向，从而讴歌客家妇女不可磨灭的历史贡献；第六，评析了中央苏区妇女解放运动的历史价值与现实启示，也对农村妇女解放之道提出了相关建议，并对后续研究进行了思考，构思了研究展望。

本书认为中央苏区妇女解放运动是马克思主义妇女观中国化的有益探索，是"苏区精神"和苏区干部好作风的有机构成。本书探析了马克思主义妇女观中国化视域中的中央苏区妇女解放运动的独特性、局限性、规律性、根本性与当代价值性，说明了中央苏区时期马克思主义妇女观中国化的过程曲折性、复杂性，探讨了马克思主义妇女观中国化的成果创新性、科学理论感召性、精神形态价值性，也反映了马克思主义人性阶级性、人性可塑性立场，客观分析了这个时期中共党内盛行把马克思主义教条化、把共产国际决议和苏联经验神圣化的错误倾向，认为只要我们坚持实事求是精神，与时俱进，在发展中扬弃，就能厘清马克思主义妇女观中国化的谋"化"之基、求"化"之途、达"化"之效和成"化"之境，进一步促进中国化马克思主义妇女观建设。

关键词： 异军与正道　中央苏区　妇女解放运动　马克思主义妇女观中国化

Abstract

"The women's liberation movement stands out as a raised different army. " In the historical process of communist movements in China, women not only supported every successful social liberation movement with great human resources, but their participation also was the important representation of the characteristics, meaning and success degree of the movement. The women's liberation movement in Central Chinese Soviet Area upheld the great banner of Chinese Communist Party, adhered to the road of proletarian revolution, and combined Marxist theories and outlooks on women with China's actual conditions. And so Mao Tse-tung Thought on women's liberation was initially formed, and was also used to guide the Soviet revolution practice. This Thought played a given role in a given era, had already had and will have a profound impact on the history.

Based on the predecessors' research results, using the basic stand, viewpoints and methods of Marxist outlooks on women, the Central Chinese Soviet Area as time and space, the women's liberation movement as the breakthrough point, Mao Tse-tung's poetry and words as the context, questions of what is the raised different army in women's liberation and what is the correct path as the longitude, and the Sinicization of Marxist outlooks on women as latitude as well, this explores and expounds the background, visions, tracks, mobilization mechanisms, female characters, value function and the reality enlightenment of the women's liberation movement in Central Chinese Soviet Area. Also, the book digs into and sorts out the implicit and explicit historical facts, tries to sketch the explanation framework of researches on women's liberation movement in Central Chinese Soviet Area. It is expected that this book can enrich the theory space of the Sinicization of Marxism, and deepen the study on the Sinicization of Marxist view on women.

The book traces the rising background and sorts out the visions of the women's liberation movement in Central Chinese Soviet Area. The book holds the view that the rising of the women's liberation movement in Central Soviet Area was closely linked with class, national problems and national issues. The book also concludes five main tracks of the women's liberation movement as solving the economic rights, praising good marriages, expanding education, increasing the degree of political participation, and building the network of organizations, and thus expounds the logical relation of the path choices, shows the contribution of the women's liberation movement led by the CCP and Central Chinese Soviet Government, and reflects the degree of the women's liberation there. Besides, the book analyses the women mobilization mechanisms of the women's liberation movement. The book believes that the mobilization model was a mutualism model. The economic mobilization used the Agrarian Revolution as its main content, the political mobilization used the political participation as its target, the cultural mobilization used the class indoctrination as its methods, the organizational mobilization used the mass line as its ways, and the emotional mobilization used complaints and charges as its forms. The book investigates the great contribution made by 60 heroines in Central Chinese Soviet Area and their characteristics as well, and so concludes their core value. Other than that, the book also analyses the mentality characterization of the Hakka women's participation in the movement in Central Chinese Soviet Area, explores the implication development direction of their mentality changes, and thus to sing the praises of their indelible historical contributions. At last, the book evaluates and analyses the historical values and the reality enlightenment of the women's liberation movement in Central Chinese Soviet Area, raises relative suggestions concerning the way of rural women's liberation, makes reflection on the later study, and conceives the prospect of the women liberation movement study.

The book holds the view that the women liberation movement in Central Chinese Soviet Area was the beneficial exploration of the Sinicization of Marx's view of women. On the horizon of the Sinicization of Marx's view of women, the book explores and analyses the uniqueness, limitations, regularity, and fundamental and contemporary values of the women's liberation movement in Central Chinese Soviet Area. Also, the book explores the process faltering, complexity, result innovativeness, inspiration of scientific theories, and the spiritual value of the Sinicization of Marx's view of women in Central Chinese Soviet Area, which reflects the Marxist stand of class characters and plasticity of human nature. Finally, the book objectively analyses the Marxist dogmatization prevailing in the CCP during that period, and the mistaken trend to sanctify the resolution of the Communist International and experience in former Soviet Union. Therefore, the book suggests and emphasizes that we should adhere to the spirit of seeking truth from facts, advance with the times, sublate in the development, clarify the basis, the ways, the effects and the conditions of the Sinicization of Marx's view of women, so as to promote the construction of the theory and practice.

Key words: Different Forces and Main Track; Central Chinese Soviet Area; Women's Liberation Movement; Sinicization of Marx's View of Women

目　录

导论　妇女解放突异军：中央苏区妇女解放运动研究始基问题 …………（1）
　一　问题缘起 ………………………………………………………（2）
　二　研究意义 ………………………………………………………（4）
　三　国内外研究现状述评 …………………………………………（7）
　四　相关概念界定 …………………………………………………（19）
　五　研究思路、论文框架和研究方法 ……………………………（35）
　六　本书的创新和不足之处 ………………………………………（40）
　七　几点说明 ………………………………………………………（44）

第一章　赤橙黄绿青蓝紫：中央苏区妇女解放运动的背景与愿景 ……………………………………………………………（45）
　第一节　中央苏区妇女解放运动兴起的背景追寻 ……………（46）
　第二节　中央苏区妇女解放运动的理论基础与愿景梳理 ……（71）
　本章小结 ……………………………………………………………（82）

第二章　而今迈步从头越：中央苏区妇女解放运动的路径展开 ……（84）
　第一节　解决经济权：妇女解放的要旨 ………………………（85）
　第二节　唱好婚姻曲：妇女解放的主题 ………………………（96）
　第三节　扩大教育面：妇女解放的基础 ………………………（105）
　第四节　提升参政度：妇女解放的衡量尺度 …………………（121）
　第五节　构建组织网：妇女解放的有力支柱 …………………（128）
　本章小结 ……………………………………………………………（135）

第三章　唤起工农千百万：中央苏区妇女解放运动的动员
　　　　机制分析 ·· (138)
　　第一节　多管齐下：中央苏区妇女解放运动的妇女动员方式······ (139)
　　第二节　特色彰显：中央苏区妇女解放运动的客家山歌动员
　　　　　　方式 ·· (146)
　　第三节　互利共生型：中央苏区妇女解放运动的妇女动员
　　　　　　模式 ·· (157)
　　第四节　得失管窥：中央苏区妇女解放运动的妇女动员功效
　　　　　　评价 ·· (167)
　　本章小结 ·· (173)

第四章　雄关漫道花枝俏：中央苏区妇女解放运动的巾帼群英
　　　　考察 ·· (175)
　　第一节　身体印记：巾帼群英的整体肖像概述··················· (175)
　　第二节　林树统观：巾帼群英的代表个案描述··················· (188)
　　第三节　胶合与同构：巾帼群英的核心价值解读················· (196)
　　本章小结 ·· (201)

第五章　战地黄花分外香：客家妇女参与运动的心态嬗变 ········· (204)
　　第一节　倒海翻江卷巨澜：客家妇女参与运动的心态表征 ······· (205)
　　第二节　谁主沉浮：客家妇女参与运动心态嬗变的意蕴
　　　　　　指向 ·· (216)
　　本章小结 ·· (223)

第六章　人间正道是沧桑：中央苏区妇女解放运动的历史价值与
　　　　现实启示 ·· (224)
　　第一节　人世难逢开口笑：中央苏区妇女解放运动的历史
　　　　　　定位 ·· (224)
　　第二节　妇女能顶半边天：中央苏区妇女解放运动的价值
　　　　　　作用 ·· (230)
　　第三节　不似春光胜春光：中央苏区妇女解放运动的现实
　　　　　　启示 ·· (242)

本章小结 ………………………………………………… (255)

结语　又踏层峰望眼开:中央苏区妇女解放运动的研究余论 ……… (257)

参考文献 ………………………………………………… (261)

索引 ……………………………………………………… (286)

后记　人间知己吾和汝 ………………………………… (290)

Contents

Introduction Different Forces Emerging as the Women's Liberation—Research Origin and Basis of the Women's Liberation Movement in Central Chinese Soviet Area ············· (1)

  1. Origin of the Research ·· (2)

  2. Significance of the Research ·· (4)

  3. Literature Review at Home and Abroad ···························· (7)

  4. Definition of Related Concepts ······································· (19)

  5. Research Approach, Essay Structure and Research Methodology ··· (35)

  6. Inovation and Deficiencies of the Essay ··························· (40)

  7. Some Further Notes ·· (44)

Chapter One Red, Orange, Yellow, Green, Blue, Indigo, Violet—Backgroundand Prospect of Women's Liberation Movement in Central Chinese Soviet Area ··· (45)

  1. The Pursuit of Background of Flourishing of Women's Liberation Movement in Central Chinese Soviet Area ··························· (46)

  2. The Theory Basis and Prospect of Women's Liberation Movement in Central Chinese Soviet Area ······································· (71)

  Summary ·· (82)

Chapter Two The Summit's Now Surmounted with Big Strides— Extensions of Women's Liberation Movement in Central Chinese Soviet Area ……………………… (84)

    1. Earning Economic Right: Gist of Women's Liberation Movement ……………………………………………………… (85)

    2. Bettering Marriage Life: Theme of Women's Liberation Movement ……………………………………………………… (96)

    3. Enlarging Education Chance: Base of Women's Liberation Movement ……………………………………………………… (105)

    4. Improving Political Engagement Degree: Criteria of Women's Liberation Movement ……………………………………… (121)

    5. Constructing Interpersonal Net: Pillar of Women's Liberation Movement ……………………………………………………… (128)

    Summary ……………………………………………………………… (135)

Chapter Three Awakening Millions of Workers and Peasants as the Van—Mobilization Mechanism of Women's Liberation Movement in Central Chinese Soviet Area ……………………………………………………… (138)

    1. Multi-aspects: Mobilization Way of Women's Liberation Movement in Central Chinese Soviet Area …………………… (139)

    2. Characteristic Reveal: Applying Hakka's Folk Song in Mobilization in Women's Liberation Movement in Central Chinese Soviet Area ……………………………………………… (146)

    3. Mutualistic Symbiosis: Mobilization Mode of Women's Liberation Movement in Central Chinese Soviet Area ………… (157)

    4. Glimpse of Gaining: Efficacy Assessment of Women's Liberation Movement in Central Chinese Soviet Area ……………… (167)

    Summary ……………………………………………………………… (173)

Chapter Four Beautiful Woman Heroes Spring up in the Strong Pass—Investigation on Heroic Women in Women's Liberation Movement in Central Chinese Soviet Area ……… (175)

1. Imprinting on Body: Portrait Overview of All Heroic Women … (175)
2. A General Review: Case Study of Heroic Women ………… (188)
3. Agglutination and Isomorphism: Core Value Interpretation of Heroic Women ……………………………………………… (196)

Summary ……………………………………………………… (201)

Chapter Five How Sweet Are Yellow Flowers on the Battleground—Mental State Evolution of Hakkas' Women in Participation Liberation Movement ……………… (204)

1. Like Great Waves Surging in a Crashing Sea: Mentality Characterization of Hakkas' Women in Participation Liberation Movement ……………………………………………………… (205)
2. Who Dictates Ups and Downs of Human Destiny? Connotation of Mental State Evolution of Hakkas' Women in Participation Liberation Movement ……………………………………… (216)

Summary ……………………………………………………… (223)

Chapter Six But Man's World Is Mutable, Seas Become Mulberry Fields—Historical Value and Practical Enlightenment of Women's Liberation Movement in Central Chinese Soviet Area ……………………………………………… (224)

1. In the Human World It Is Hard to Find a Grinning Smile: Historical Positioning of Women's Liberation Movement in Central Chinese Soviet Area ……………………………………………………… (224)
2. Women Hold Up Half the Sky: Value and Function of Women's Liberation Movement in Central Chinese Soviet Area ………… (230)
3. Unlike Spring's Splendour, yet Surpassing Spring's Splendour: Realistic Enlightenment of the Women's Liberation Movement in Central Chinese Soviet Area ……………………………… (242)

Summary .... (255)

**Epilogue Again We Reach the Peaks with Our Eyes Open Wide—
Surplus Research on Women's Liberation Movement in
Central Chinese Soviet Area** .... (257)

Bibliography .... (261)

Index .... (286)

**Postscript In This World Only You and I in Each Other's Hearts
Dwell** .... (290)

导 论

妇女解放突异军[*]：中央苏区妇女解放运动研究始基问题

> 妇女解放 突起异军 两万万众 奋发为雄
> 男女并驾 如日方东 以此制敌 何敌不倾
> 到之之法 艰苦斗争 世无难事 有志竟成
> 有妇人焉 如旱望云 此编之作 伫看风行
> ——1939年6月，毛泽东《题〈中国妇女〉之出版》[①]

马克思认为："没有妇女的酵素就不可能有伟大的社会变革。社会的进步可以用女性（丑的也包括在内）的社会地位来精确地衡量。"[②] 恩格斯也曾说："在任何社会中，妇女解放的程度是衡量普遍解放的天然尺度。"[③] 马克思主义的共产革命以求平等、求解放为宗旨，具有强烈的弱势代言人色彩，而妇女无论中外，在社会生活中都长期居于弱势地位，是革命的天然拯救对象。马克思主义诞生之后，真正的马克思主义者高度重视妇女解放问题，妇女解放运动也成为无产阶级解放运动的重要组成部分。世界上任何一个具有重要意义的运动都有妇女参加，她们既是女战士

---

[*] "突起异军"源自西汉司马迁《史记·项羽本纪》："少年欲立婴便为王，异军苍头特起。" 1923年12月22日，向警予曾抨击欧洲女权运动的结果并赞誉"异军突起的俄罗斯妇女，于欧美女权运动的程式之外，另辟一条'革命'的途径"。见向警予《中国妇女宣传运动的新纪元》，天津《妇女日报》1924年1月2日。

[①] 傅德民、邓洪平：《毛泽东诗词鉴赏》，四川人民出版社2001年版，第129页。
[②] 《马克思恩格斯文集》第10卷，人民出版社2009年版，第299页。
[③] 《马克思恩格斯文集》第9卷，人民出版社2009年版，第276页。

也是女殉道者。① 毛泽东极为重视妇女群众在革命运动中的重大作用。1939年6月1日，他对《中国妇女》杂志在延安创刊非常关心，亲笔为其题词："妇女解放 突起异军 两万万众 奋发为雄。"笔者对"妇女解放突异军"突生好奇，促使笔者不禁发问："妇女解放异在何处？究竟异在其指导思想，还是异在其路径、主体、力量、结果、目标等？"另外，中共"二大"《关于妇女运动的决议》指出："在私有财产制度之下，妇女真正的解放是不可能的。前进，才能跑进妇女解放的正路。"② 借用毛泽东诗句"人间正道是沧桑"③，又让笔者联想到"何为妇女解放正道？"为此，翻开中国共产党壮丽历史的长卷，我们欣喜地看到，无论是在开天辟地的建党初期，还是在翻天覆地的革命时期，抑或在改天换地的建设时期，或者是欢天喜地的改革开放时期，我们党都能牢牢坚持"三个始终"，即"始终坚持把实现妇女解放和发展、实现男女平等写在自己奋斗的旗帜上，始终把广大妇女作为推动党和人民事业发展的重要力量，始终把妇女工作放在重要位置"④，领导我国妇女运动取得了历史性成就，"开辟了中国特色社会主义妇女发展道路"⑤。在波澜壮阔的胜利面前无比陶醉、兴奋之余，带着对妇女解放"异军"与"正道"两个疑问，感慨中央苏区妇女解放运动这段特殊的经历，别有一番滋味涌上心头，从中体会到马克思主义妇女观中国化进程中的复杂性、艰巨性、创新性，而对这两个问题的探究和回答将有助于推进马克思主义妇女观中国化研究的深入开展。

一　问题缘起

笔者将"异军与正道：对中央苏区妇女解放运动的历史考察"作为博士论文选题，主要基于以下几个原因：

---

① 参见［德］奥古斯特·倍倍尔《妇女与社会主义》，葛斯、朱霞译，中央编译出版社1995年版，第50页。
② 中共中央文献研究室、中央档案馆编：《建党以来重要文献选编（1921—1949）》第1册，中央文献出版社2011年版，第160—161页。
③ 公木：《毛泽东诗词鉴赏》，长春出版社2001年版，第136页。
④ 习近平：《坚持男女平等基本国策　发挥我国妇女伟大作用》，《人民日报》2013年11月1日。
⑤ 同上。

第一，缘于笔者的生活经历和研究兴趣。江西是土地革命和中华苏维埃运动的中心区域，在这里发生过南昌起义、秋收起义，建立了井冈山、中央、湘赣、闽浙赣和湘鄂赣等革命根据地，在中国民国史、中共党史、人民军队建军史和共和国建国史上都有重要地位。笔者生长于江西赣南西部的一个小山村，因为祖父也是红军，从小耳濡目染了祖父祖母讲述中央苏区土地革命风暴的点滴，也曾经常到家乡的历史博物馆参观，并多次到烈士纪念堂瞻仰，那段血与火的历史故事伴随着自己的成长，也增添了自己一份难以割舍的情缘，因此当初报考大学时毅然选择了历史专业。作为客家女子，继承了客家人善良、纯朴的优良传统，熟悉客家妇女的生活，儿时曾戏笑邻家"小脚女人"的窘态，青少年时在家乡劳动时品味过客家妇女的辛酸，读大学后对家乡妇女辛苦劳作却遭遇不公待遇而感到难以理解，心生愤懑、怀疑和无助……2010年围绕导师主持的国家社科基金项目"东固革命根据地史论"课题需要，笔者跟随导师到中央苏区的江西、福建9个县（市）调研，收集积累了大量第一手资料，其间更多地思考着博士选题该从何处入手。在多次参加中央苏区学术会议后，获得前辈们的启发、导师的点拨，深深感觉到中央苏区研究可作为长期潜心研究的学术着力点，作为提升红色资源竞争力的责任着眼点。此外，中央苏区的赣南是笔者长期生活的地方，也有展开社会调查所需要的社会资源、人际关系及对地方社会生产生活和文化体系的相关"体认"。自然，这成为笔者观察妇女问题的起点，也孕育了笔者最初的妇女研究热情。

第二，缘于对学术创新的追求。读博士之前，笔者曾就中央苏区妇女问题做过一些研究，然而对发表过的拙作难有自信，时有内疚。季羡林先生曾说，各国学术发展史都无可辩驳展示一个事实：学术同宇宙间万事万物一样，都不能一成不变，而是要随时变动的。变动的原因各种各样，但最重要的无外乎两项：要么有新材料的发现，要么有新观点、新方法的萌生，或皆而有之。① 此外，赣籍著名学者陈寅恪借用佛教的术语，生动而形象地提出了做学问的"预流"问题："一时代之学术，必有其新材料与新问题。取用此材料，以研求问题，则为此时代学术之新潮流。治学之士，得预于此潮流者，为之预流。其未得预者，谓之未入流。此古今学术

---

① 参见季羡林《学问之道》，沈阳出版社2009年版，第65页。

史之通义。"① 笔者认为，没有比这更恰当的表述方法了。据此标准，历代诸多大学者都有一个"预流"的问题。不"预流"，就无法逃脱因循守旧、故步自封的窘境，学术就会因循守旧、毫无生气，也绝不可能进步。学问的预流，要求学者了解既往的学术流变，掌握当下研究状态，发现研究发展的趋势，进入当下研究的语境，参与前沿问题的思考，随学术潮流而行。② 研究中央苏区妇女解放运动，也有个"预流"问题。如何保持"尽可能地掌握全部资料，从中抽绎出理性结论"③ 的竭泽而渔心态，虽深知"力不从"，但"心往之"，更坚信毛泽东诗云："世无难事，有志竟成。"④

第三，缘于对当今中国妇女现实问题的理性思考。当年苏区战争恶劣环境迫使男人纷纷上前线打仗，广大妇女因"扩红"等成了后方生产主力军，距中央苏区妇女解放运动结束近80年的今天，农村社会结构加速转型，赣南广大农村农户兼业化、村庄空心化、人口老龄化趋势明显，农村留守妇女又成农业农村活动主力，农业妇女化现象十分严重。⑤ 不同的时空、相似的问题会给我们什么启示？当然，"男女平等""性别歧视"等现实的问题依然突出，妇女解放之"正道"究竟在何方？这些现实问题的解答诱使我们回到历史场景中去寻找些许教益。

二　研究意义

（一）理论价值

1. 有助于丰富和深化马克思主义妇女观中国化研究

中央苏区的形成、壮大正是中共红色政权理论形成、成熟和践行的过程，中国共产党人在此开展了政治、经济、军事、教育、文化等诸多方面

---

① 陈寅恪：《陈寅恪集·金明馆丛稿二编》，三联书店2001年版，第266页。
② 参见季羡林《学问之道》，沈阳出版社2009年版，第65页。
③ 同上书，第66页。
④ 傅德民、邓洪平：《毛泽东诗词鉴赏》，四川人民出版社2001年版，第129页。
⑤ 农业妇女化是指农村劳动力非农转移中，由于性别选择男性率先转移出来，农村传统产业劳动量主要由妇女承担的现象，其形成原因：主观动因表象为农民家庭为获取更大经济利益的理性选择，实质上是传统文化中男女分工的性别刻板印象和男性中心的传统社会认知；客观动因表象为传统农业社会向现代工业社会转变过程中的农村劳动力大规模非农转移，实质上是高度计划经济体制下长期存在的城乡二元结构造成的。本质上，是农村妇女在现代城市化变迁中权利的失落，在追求经济效益最大化的市场观念和性别歧视的社会分工模式的同时作用下，农村妇女个体的发展被牺牲，以换取男性社会价值最大程度的实现和社会最大程度的进步。

的理论创新、制度构建并付诸实践,开始了马克思主义中国化的第一次历史性飞跃。其中,也积极推动了马克思主义妇女观同中国妇女解放运动实践相结合,也是马克思主义妇女观中国化的过程。马克思主义妇女观需要坚持,更需要中国化,需要从中国化的马克思主义妇女观中汲取营养,指导实践。马克思主义妇女观中国化是一种现实的追求,而中国化的马克思主义妇女观则是一种理论上的旨趣。本文通过对中央苏区妇女解放运动历史经验的追溯、挖掘、整理和深入研究,有助于丰富和深化马克思主义妇女观中国化研究,彰显马克思主义理论的科学性和价值性,将马克思主义妇女观的发展创新落实到"反复说""接着说"与"重新说"的三大层面。

2. 有利于推动中央苏区历史研究的均衡发展

中央苏区是中华苏维埃共和国党、政、军首脑机关所在地,中央苏区史诗般的历史是我党历史上一幅雄壮、绚丽的画卷。中央苏区孕育的苏区精神是我们党为后人留下的有着丰富内涵和重要价值的传家之宝,是铸就我们的国魂、党魂、军魂、民魂的精神内核。[①] 因此,中央苏区在中国共产党历史上的重要地位自不待言[②],所以对中央苏区的研究一直以来都备受学界重视。由于其理论与实践的重大历史价值,学界对中央苏区历史进行了全面性或专题性的深入研究,取得了不少成果,出版了大量论著。尤其在政治、军事、经济等方面的研究成果特别突出,但针对妇女问题的研究一直是中共党史研究中的薄弱环节,专题研究则更少。本文针对中央苏区妇女解放运动研究能进一步拓展和丰富中央苏区历史的专题研究,也有利于实现中央苏区历史研究的均衡发展,围绕中央苏区妇女解放运动资料的收集、整理和挖掘,在学术上也具有拾遗补阙的意义。

(二)现实意义

1. 有利于探析历史源流

2011年9月,时任全国人大常委会副委员长、全国妇联主席陈至立深入赣州指导妇女工作,实地考察了苏区干部好作风的发源地之一的兴国

---

① 参见余伯流《中央苏区的历史地位及其深远影响》,《党史研究与教学》2001年第6期。
② 1981年6月通过的《关于建国以来党的若干历史问题的决议》指出"在土地革命战争中……中央革命根据地起了最重要的作用",载中国共产党中央委员会《〈关于若干历史问题的决议〉和〈关于建国以来党的若干历史问题的决议〉》,中共党史出版社2010年版,第41页。

县长冈乡、瑞金市等地，并特别指出："苏区时期卓有成效的妇女工作实践，是我们党的妇女群众工作的源头。"① 本书通过研究中央苏区妇女解放运动的实践，有利于深入探析历史"源流"，廓清历史迷雾，汲取先贤智慧，启迪工作实践，促进妇女工作。

2. 有利于弘扬苏区精神

2011年11月4日，习近平在纪念中央革命根据地创建暨中华苏维埃共和国成立80周年座谈会上发表重要讲话，第一次明确使用并全面概括了"苏区精神"概念，强调要"大力弘扬苏区精神"②。2012年6月28日，国务院下发了《关于支持赣南等原中央苏区振兴发展的若干意见》，对赣南等原中央苏区的特别贡献、特大牺牲、特殊困难处境、特大发展意义、特殊举措作出了明确规定，为此，作为一名来自赣南的有良知的大学政治教师理应奉献绵薄之力，正如诗人艾青所说："为什么我的眼里常含泪水？因为我对这土地爱得深沉。"③ 研究中央苏区妇女解放运动与苏区精神关系，也是弘扬和践行苏区精神、支持赣南发展的具体行动。

3. 有利于把握妇女运动时代主题

2012年11月，党的"十八大"郑重宣告了到建党一百年时建成全面小康社会目标，重申要"坚持男女平等基本国策，保障妇女儿童合法权益"。2013年10月，习近平又要求牢牢把握中国妇女运动的时代主题，把中国发展进步的历程同促进男女平等发展的历程更加紧密地融合在一起，使我国妇女事业发展具有更丰富的时代内涵，使我国亿万妇女肩负起更重要的责任担当。④ 目前，苏区妇女需要解放的问题依然很多。因此，投身于中央苏区妇女解放运动的相关研究，总结历史经验教训，有利于贯彻落实"十八大"精神，认真把握妇女运动时代主题，丰富妇女发展内涵，探求妇女解放"正道"，这些无疑具有重要的现实意义。

---

① 邓旋：《发扬光荣革命传统 做好基础妇女工作》，2011年9月26日，中国瑞金网（http://www.chinarjw.com/n360/c7074/content.html）。

② 习近平：《在纪念中央革命根据地创建暨中华苏维埃共和国成立80周年座谈会上的讲话》，《人民日报》2011年11月4日。

③ 艾青：《我爱这土地》，载张贤明编《中国现代名诗100首赏读》，现代出版社2013年版，第70页。

④ 参见习近平《坚持男女平等基本国策 发挥我国妇女伟大作用》，《人民日报》2013年11月1日。

三 国内外研究现状述评

学术起点关乎学术研究成本、价值、方向和路径的始基问题。吸纳前辈学者的学术积淀进行更深一步的学术探索才会避免走弯路或少走弯路，从而取得更大的成效。鉴于此，本书"从既有的事实出发"[1]，对国内外关于中央苏区妇女解放运动的研究状况进行尽可能的梳理，以期深化主题研究。下面着重爬梳"妇女解放问题""中央苏区妇女解放运动问题"两方面内容，重点针对后者进行综述。

（一）国外研究现状述评

1. 关于妇女解放运动问题

妇女解放运动起源于法国革命和启蒙运动时期，而后学界对其进行了广泛的研究，研究成果不胜枚举。主要有：法国奥林拍·德·古杰（Olympe de Gouges）发表的《女权宣言》拉开了妇女解放的大幕。英国玛丽·沃尔斯通克拉夫特（Mary Wollstonecraft）的《女权辩护》，以及英国约翰·穆勒的《妇女的屈从》，在确认"人人应该平等"的基础上力倡"男女平等"。Feminism（女性主义；女权主义）成为西方社会思潮中颇具影响力的一种社会思潮后，出现了如约瑟芬·多诺万的《女权主义的知识分子传统》、罗斯玛丽·帕特南的《女性主义思潮讨论》等学术著作。《著名妇女：1607—1956》的出版，促进了对妇女史的研究。[2] 苏珊·韦尔在《支撑自己：1930年代美国妇女》中，采纳口述史资料描述了20世纪30年代妇女应对危机的种种技能，探析了妇女与共产党的关系，也介绍了妇女对共产党持有的敬慕与迷恋。[3] 罗伯特·沙弗在《妇女与美国共产党1930—1940》中，通过探讨社会政治、经济和文化变迁与妇女地位和角色变化之间的互动关系，介绍了20世纪30年代妇女在共产

---

[1] 《马克思恩格斯文集》第9卷，人民出版社2009年版，第440页。

[2] 参见 Edward T. and James Janet and Paul S. Boyer, *Notable Women*, 1607–1950, Belknap Press of Harvard University Press, 1971（芭芭拉·西克曼和卡罗尔·赫德·格林主编了《著名妇女：现代》作为续篇，见 Barbara Sicherman & Carol Hurd Green, *Notable Women*: *The Moden Period*, Cambridge Harvard University Press, 1984）。

[3] 参见 Susan Ware, *Holding Their Own*: *American Women in the 1930s*, Boston: G. K. Hall & Co., 1982, pp. 118–119。

党中的经历。① 杰恩·罗达在《左派妇女，1906—1941：主要资料的书目提要》中针对20世纪上半叶美国大多数左派运动围绕美国共产党展开的妇女角色变迁，彰显了共产党对妇女的吸引力。② 玛丽·英曼（Mary Inman）的 In Woman's Defense 论述了共产主义理论中妇女位置以及女权主义与阶级斗争之间的相互影响。③ 吉纳维芙·帕克赫斯特（Genevieve Parkhurst）对20世纪30年代女权主义事业暗淡表示了深深忧虑。④ 玛莎（Martha E. Gimenez）的《马克思主义与女性主义》一文考察了马克思主义的女性主义思想，利用马克思主义的阶级分析方法，积极地解释了性别差异，剖析了性别权力与性别分层。⑤

此外，国外学者对马克思主义经典妇女理论研究也取得了一些新成果。接受了女权主义观点的新左派运动中的年轻马克思主义者对马克思主义经典妇女理论作出了一些新的解释。美国学者凯琳·萨克斯（Karen Sacks）提出了"社会性成人"（socialadults）的概念，利用当时最新的民族志发现修正了恩格斯在《家庭、私有制和国家的起源》中提出的历史假定。⑥ 美国学者盖尔·卢宾（Gayle Rubin）则提出了"社会性别制度"⑦ 的概念，认同了恩格斯在《家庭、私有制和国家的起源》中的真知灼见。近来关于马克思主义女性主义的理论译著逐渐增多，如李银河主编的《妇女：最漫长的革命》⑧，该书收录了女性主义思想史上一批最重要的经典论文，集萃了西方当代著名女性主义学者最具代表性、最为深刻、影响最大的论述；罗斯玛丽·帕特南·童（Rosemarie Putnam Tong）的

---

① 参见 Robert Shaffer, "Women and the Communist Party USA, 1930 – 1940", *Socialisit Review* 46, May-June 1979; Vivian Gornick, *The Romance of Amercian Communism*, New York: Basic Books, 1977。

② 参见 Jayne Loader, *Women on the Left, 1906 – 1941: Bibliography of Primary Sources*, Univesity of Michigan Paper in Women's Studies 2, February 1974。

③ 参见 Mary Inman, *In Women's Defense*, Los Angeles: The Committee to Organize the Advancement of Women, 1940。

④ 参见 Genevieve Parkhurst, "Is Feminism Dead?", *Harpers Magazine*, Volume 170, May 1935, pp. 735 – 736。

⑤ 参见 Martha E. Gimenez, "Marx and Feminism", *Frontiers: a Journal of Women Studies*, 1975, Vol. 1, No. 1。

⑥ 参见王政、杜芳琴《社会性别研究选译》，三联书店1998年版，第43页。

⑦ 同上书，第86页。

⑧ 参见李银河《妇女：最漫长的革命——当代西方女权主义理论精选》，中国妇女出版社2007年版。

《女性主义思潮导论》提及马克思主义的女性主义，坚持认为资本主义是妇女受压迫的根源[①]；阿莉森·贾格尔（Alison M. Jaggar）的《女权主义政治与人的本质》对四种主要当代女性解放理论的核心思想中关于人的本质问题的观点进行了区分，对于解决性别不平等问题具有指导意义[②]。这些著作中，有的梳理了不同流派女性主义与马克思主义的理论渊源，或扩展了马克思主义的妇女解放思想理论，或结合马克思主义启迪对女性主义某些理论进行批判。

2. 关于中央苏区妇女解放运动问题

因为当时南京国民政府的信息封锁、战乱的风险、战争环境下文献资料的不易保存，国外学者关于中央苏区妇女解放运动的研究成果不多。正如美国埃德加·斯诺所说："这六年的历史动人心魄，但是只有零星的记载。我在这里即使要概括地介绍一下也是很难做到的"，"在红军非正规部队的这道不可逾越的防线后面，生活究竟是怎样的呢？我们这一时代的一个令人惊异的事实是，在华南苏区的全部历史中，竟没有一个'外来的'外国观察家曾经进入过红区——世界上除了苏联以外唯一的这个由共产党统治的国家"。[③]埃德加·斯诺所著的《红星照耀中国》（又名《西行漫记》）对中国苏维埃运动的艰苦历程作了比较客观公正的报道，书中记录的中央苏区妇女成长经历为本书的写作提供了重要参考。韩国尹美英算是对中国共产党妇女运动研究较多的学者，先后发表了《中国共产党建党初期的妇女运动》《国共合作初期的妇女运动》《北伐战争时期的妇女运动》《革命根据地的妇女运动》等文章，这些文章分析了不同时期的中共妇女运动的理论和实践，指出中国妇女只能在民族民主革命中求得自身解放。美国凯赛 L. M. 瓦尔克的 *Chinese Communists and Rural Society, 1927—1934* 剖析了中央苏区解放农村妇女的斗争政策和方法，从妇女解放方向的确立、组织、领导、选举方面进行了阐述。美国杰克·贝尔登的《中国震撼世界》[④]和艾格妮丝·史沫特莱的《伟

[①] 参见［美］罗斯玛丽·帕特南·童《女性主义思潮导论》，艾晓明等译，华中师范大学出版社2002年版，第6页。

[②] 参见［美］阿莉森·贾格尔《女权主义政治与人的本质》，孟鑫译，高等教育出版社2009年版，第14页。

[③] ［美］埃德加·斯诺：《西行漫记》，董乐山译，解放军文艺出版社2002年版，第140页。

[④] 参见［美］杰克·贝尔登《中国震撼世界》，邱应觉等译，北京出版社1980年版。

大的道路：朱德的生平和时代》①、韩丁的《翻身》②，对苦难的中国妇女有深入的描述和鞭辟入里的分析。美国加利福尼亚大学洛杉矶分校历史学教授黄宗智、L. S. 贝尔和 K. L. 沃克合著的《中国共产党和农村社会（1927—1934）》一书致力于当时江西社会基础和共产主义运动社会内涵关系的研究，认为当时党内知识分子和农村社会阶级团体之间的相互作用形成了越来越大的社会运动，最终成就了中国革命，其中在"党和农村妇女"一章中，提出了中共将农村妇女解放和总体革命战略相结合的方法，保证了社会革命中妇女的广泛参与。③ 美国凯伊·安·约翰逊的《中国的妇女、家庭和农民革命》对苏维埃时期共产党和妇女之间的互动情况进行了研究，认为不要过高地估计革命对妇女解放的影响。陈志让先生在《1927—1937 年的共产主义运动》中给予中央苏区妇女运动积极评价："为了动员妇女，苏维埃共和国 1931 年 12 月通过了婚姻法，妇女的活动范围从锅台扩大到田间和战场。1934 年红军从中央苏区撤离提高了妇女在残存的游击区中的作用。"④ 德国奥托·布劳恩 1973 年出版了《中国记事（1932—1939）》⑤，书中对中央苏区妇女生活略有描述。尽管该书写作动机很不友善，但他作为中央苏区的亲历者，所述内容对本书写作有对比借鉴作用。1967 年法国 L. 毕仰高的《中国革命的溯源（1915—1949）》是法国学界研究中国前共产主义时代的一部力作，他认为中共成功的奥秘在于苏维埃时期实行的农民革命，这是一条与俄国革命、与经典马克思主义截然相反的道路。⑥ 日本中国学家小野和子的《中国女性史（1851—1958）》对中央苏区妇女的苦难和婚姻的解放展开

---

① 参见 [美] 艾格妮丝·史沫特莱《伟大的道路：朱德的生平和时代》，梅念译，东方出版社 2005 年版。

② 参见 [美] 韩丁《翻身——中国一个村庄的革命纪实》，韩倞等译，北京出版社 1980 年版。

③ 参见 Philip C. C. Huang, Lynda. Schaefer Bell, Kathy Lemons Walker, *Chinese Communists and Rural Society, 1927 - 1934*, Center for Chinese Studies, University of California, Berkeley, 1978, p. 1.

④ [美] 陈志让：《1927—1937 年的共产主义运动》，载 [美] 费正清主编《剑桥中华民国史》下册，刘敬坤等译，中国社会科学出版社 1994 年版，第 201—202 页。

⑤ 参见 [德] 奥托·布劳恩《中国记事（1932—1939）》，李逵六译，现代史料编刊社 1980 年版。

⑥ 参见 [法] L. 毕仰高《中国革命的溯源（1915—1949）》，法国伽里玛出版社 1967 年版。另见徐觉哉《海外中共研究名著要览》，《科学社会主义》2012 年第 1 期。

了论述，并与国民党政府颁布的婚姻条例进行了对比研究。澳大利亚萧虹和韦素的《长征妇女的归宿》为读者讲述了贺子珍、康克清、王泉媛等30名参加长征妇女的传奇经历，但该书更多是依据20世纪30年代西方记者的采访、近年出版的回忆录等二手资料加工而成的。

3. 国外研究现状述评

国外学界关于妇女解放的成果很多，涉及妇女解放的方方面面。而对于中国妇女的研究过去多从单纯的意识形态出发，将中国妇女一概视为父权牺牲品来构建论证体系，随着国际学术思潮的变化，不得不对以前居主导地位的中国妇女受害者研究模式进行分析与修正，一度把中国女性形象作为世界妇女解放典范来论证，力图摆脱中国妇女的受害者模式，后又努力把中国社会性别关系放在中国的历史文化中来理解，取而代之的是从社会性别视角考察中国历史的复杂性与特殊性，总是有意无意地以西方妇女做标准来衡量中国妇女。他们深受西方女权主义理论的浸染，多数基于女权主义视角，应用性别理论，用西方女性主义的言说方式，过度宣扬、特别信奉"个人主义"这个资本主义价值观念的基石，总体呈现出狭隘专业化的研究风格，与旨在从根本上变革各阶层男女日常生活状态的马克思主义妇女观存在巨大的差异，同时也严重妨碍马克思主义妇女观指导妇女进行重要的社会和经济变革的集体实践，无论是立场还是方法，和我们都有根本差别，与中国妇女历史与现实之间存在一定的隔膜。况且，"其实今天在美国或法国，对于女权主义的定义也常有争议，需要在具体的历史和文化语境中进行"①。因此，本书在研究过程中须对良莠不齐、纷繁复杂的西方研究成果保持清醒的批判意识，不盲从国外，而将"社会性别"与马克思主义妇女观有机地结合起来，汲取中国传统思想文化的精华，坚持马克思主义妇女观的正确指导。

（二）国内研究现状述评

1. 关于妇女解放运动问题

广义而言，妇女解放运动问题一向是各界关注的重点和研究热点，研究成果浩瀚。

（1）按时间划分。新中国成立前，大量的妇女通史和专史，如婚姻家

---

① 王政、陈雁：《百年中国女权思潮研究》，复旦大学出版社2005年版，第30页。

庭史、教育史、文学史、法律史、妇女生活史、娼妓史、奴婢史等著作接连问世、蜂拥而来，至今仍被奉为经典圭臬，这得归功于陈东原、陶希圣、钱穆、杨联、翦伯赞、梁乙真等史界、法律界俊彦的突出贡献。其实传统史、妇女史、社会性别史和妇女研究是相互联系又是相互区别的，四者之间是一种交叉、互补的关系。他们从多学科、多角度探讨中国社会性质，积极为解放妇女而呼吁，探索从解决妇女问题入手以振兴国家民族之道和良策，并为妇女受压迫而鸣不平。① 新中国成立后，大量的研究要么以时间为经线展开，如从辛亥革命到社会主义建设新时期的不同阶段都有专题研究；要么以理论为纬线而展开，涉及妇女解放发展阶段、女性作用地位、女性意识觉醒、女权运动地位、女子教育、女子参政和人物个案等方面，提出了许多有见地的观点。如李静之提出了中国妇女解放运动史上的"三座里程碑"问题②，李小江通过探讨国家和妇女的关系提出一种"恩惠说"③，郑也夫以男性的视角提出中国妇女解放的"超前说"④，郭于华考察农村妇女生活后提出一种"幻象说"⑤，左际平反思了城市的妇女解放和男女平等问题⑥。又如，杜芳琴认为，性别关系方面的法制建设，是以中共领导下的妇女动员参与革命的题中应有之义和逻辑延续⑦；闵家胤主编的《阳刚与阴柔的变奏——两性关系和社会模式》提供了一幅描述自古到今中国妇女状况的生动画卷⑧，说明"阴阳""变奏"重在"和谐"而抽空了两性权力关系⑨；王政认为男女平等在中国主要被界定为妇女参与社会经济、政治生活的权利平等⑩；金一虹提出了"去性别化"⑪的概

---

① 参见杜芳琴《中国妇女/性别史研究六十年述评：理论与方法》，《中华女子学院学报》2009年第5期。
② 参见李静之《中国妇女运动研究文集》，社会科学文献出版社2011年版，第189页。
③ 参见李小江《让女人自己说话——独立的历程》，三联书店2003年版，第4—5页。
④ 参见郑也夫《男女平等的社会学思考》，《社会学研究》1994年第2期。
⑤ 参见郭于华《农村现代化过程中的传统亲缘关系》，《社会学研究》1994年第1期。
⑥ 参见左际平《20世纪50年代的妇女解放和男女义务平等》，《社会》2005年第1期。
⑦ 参见杜芳琴《中国妇女研究的历史语境：父权制、现代性与性别关系》，《浙江学刊》2001年第1期。
⑧ 参见闵家胤主编《阳刚与阴柔的变奏——两性关系和社会模式》，中国社会科学出版社1995年版，第1页。
⑨ 参见杜芳琴《中国妇女/性别史研究六十年述评：理论与方法》，《中华女子学院学报》2009年第5期。
⑩ 参见王政《浅议社会性别学在中国的发展》，《社会学研究》2001年第5期。
⑪ 参见金一虹《"铁姑娘"再思考》，《社会学研究》2006年第1期。

念。学者普遍的共识是，过去男女平等主要依靠国家强大的行政力量来实现和维系，而不是女性自我要求平等的结果，所建立的平等只是彰显了"以男性为标尺"的表面平等。①

（2）按内容划分。归结起来，这些成果主要探讨了妇女解放运动兴起的条件，如刘巨才的四条件论②，吕美颐的双条件论等③；妇女解放运动开端问题④；妇女解放运动的形态划分，如刘巨才提出的历史时期划分法⑤，李静之等提出的妇女自身性质特点划分法等⑥；中国妇女运动的历史分期，如刘巨才的四阶级论等⑦；中国妇女解放运动的特点，如李静之提出的六特点论等⑧；中国妇女解放运动的成败原因，如韩小萍等的三因素论⑨；还有李静之、刘巨才、畅引婷等研究过妇女解放运动的领导力量问题⑩；以及大量研究著名妇运人物的妇女解放思想成果，如关于秋瑾、蔡元培、陈独秀、李大钊、胡适、向警予、毛泽东、宋庆龄、邓颖超等妇女解放思想⑪。另外，妇女历史的鸿篇巨制《世界妇女史》，它所展现的理论建构性特征，为妇女研究提供了全新视角和方法论指导。⑫

2. 关于中央苏区妇女解放运动的研究

中央苏区的斗争历史曲折复杂，留下的历史资料可谓汗牛充栋，其中仅文献资料就有近万件、数千万字⑬，这些可以为本书提供宏大、整体的

---

① 王纪芒：《回顾与反思——改革开放后关于中国妇女解放的研究文献综述》，《中华女子学院学报》2008 年第 12 期。
② 参见刘巨才《对中国妇女运动的几点看法》，《妇女研究论丛》1994 年第 3 期。
③ 参见吕美颐《中西方文化碰撞与近代中国妇女》，《妇女研究论丛》1993 年第 1 期。
④ 参见李静之等《马克思主义妇女观》，中国人民大学出版社 1992 年版，第 152—153 页。
⑤ 参见刘巨才《对中国妇女运动的几点看法》，《妇女研究论丛》1994 年第 3 期。
⑥ 参见李静之等《马克思主义妇女观》，中国人民大学出版社 1992 年版，第 152—153 页。
⑦ 参见刘巨才《对中国妇女运动的几点看法》，《妇女研究论丛》1994 年第 3 期。
⑧ 参见李静之《关于维护总体利益和妇女具体利益关系的思考》，《妇女研究论丛》1992 年第 2 期。
⑨ 参见韩小萍、祝伟坡《辛亥革命与妇女运动》，《河北师范大学学报》（社会科学版）1992 年第 4 期。
⑩ 参见坦丁《中国妇女运动史研究概述》，《中共党史研究》1997 年第 2 期。
⑪ 同上。
⑫ 参见畅引婷《妇女历史的全球景观——〈世界妇女史〉概述》，《中华女子学院学报》2013 年第 1 期。
⑬ 中共江西省委党史研究室等编：《中央革命根据地历史资料文库·党的系统》第 5 册，中央文献出版社、江西人民出版社 2011 年版；江西省档案馆、中共江西省委校党史研究室编：《中央革命根据地史料选编》（上、中、下），江西人民出版社 1982 年版；中央档案馆、江西省档案馆：《江西革命历史文件汇集》系列。

历史背景，但关于中央苏区妇女解放运动的专题研究并不多。

（1）学术论文方面。通过中国知网、百度、谷歌等检索，以"中央苏区妇女"为篇名能搜索到论文20篇；以"中央苏区妇女"为关键词能搜索到76篇。再扩大搜索范围，以"苏区妇女"为关键词的论文有130篇。但关于"中央苏区妇女解放运动"的研究论文不多。迄今为止，搜索以"苏区"为篇名并且包含"妇女运动"的论文有8篇，以"中央苏区"为篇名并且包含"妇女解放"的有4篇，以"中央苏区"为篇名并且包含"妇女运动"的论文有2篇。人大复印资料以"苏区"为标题的论文有39篇，以"中央苏区"为标题的论文有22篇，但标题并含"妇女"的论文没有。通过梳理，研究侧重点主要在以下几方面。

第一，探讨了中央苏区妇女地位和作用。葛彬从毛泽东对中央苏区妇女的调查入手得出妇女具有革命性并且是伟大的革命力量，毛泽东对苏区妇女的评价是马克思主义妇女观与中国实际相结合的科学概括[①]；林颂华提出从解决中央苏区妇女实际困难入手进行动员妇女群众，妇女在扩红、支前、生产方面为苏区作出了重要贡献[②]；张美琴认为由于党对妇女问题的重视，因而妇女对苏维埃政权产生深厚感情，从而成为根据地建设的重要生力军[③]；张雪英认为在中国共产党的领导下，中央苏区妇女高举男女平等的大旗，踏上反帝反封建和争取自由的征途，在经济建设和扩红支前运动中做出了不可磨灭的贡献[④]；叶福林认为东固及赣西南苏区的妇女解放事业成就斐然[⑤]；邱松庆侧重研究了福建苏区的妇女运动作用[⑥]；卢友杰讨论了永定苏区的妇女运动作用[⑦]。

第二，梳理了中央苏区妇女解放运动开展状况。罗雄飞、赵剑从对传统婚姻制度的改造视角[⑧]，李霞、尹士风、邱祥莺从政治经济教育婚姻等

[①] 参见葛彬《马克思主义妇女观与中国实际相结合的光辉典范》，《求实》2000年第6期。
[②] 参见林颂华《中央苏区妇女问题初探》，《中共宁波市委党校学报》2002年第2期。
[③] 参见张美琴《论中央苏区时期妇女的重大作用》，《中国市场》2006年第19期。
[④] 参见张雪英《土地革命时期中央苏区客家妇女的地位和作用》，《龙岩学院学报》2011年第3期。
[⑤] 参见叶福林《简论东固及赣西南苏区的妇女解放运动》，《江西理工大学学报》2012年第6期。
[⑥] 参见邱松庆《略论土地革命时期、福建苏区的妇女运动》，《福建党史月刊》1988年第5期。
[⑦] 参见卢友杰《永定苏区的妇女运动》，《福建党史月刊》1992年第3期。
[⑧] 参见罗雄飞、赵剑《中央苏区对传统婚姻制度的改造运动及其影响》，《求索》2006年第2期。

方面①,张弛则从以人为本的视角②,分别论述了中央苏区妇女解放运动开展状况。

第三,分析了中央苏区妇女参政情况。妇女参政被认为是妇女解放的标志性象征,妇女参政与否是衡量妇女解放真实性的标志。陈华对中央苏区妇女的参政情况进行阐述,认为妇女在参政主体、参政意识和参政渠道上都取得了重大的突破,开创了国家主导型妇女参政模式的雏形③;苗伟东、江静从党领导妇女参政的角度展示了中央苏区妇女的参政热情④;周成莉对中央苏区妇女参加苏维埃选举进行了理论思考,认为苏维埃政府通过完善法律法规、设立专门妇女机构、实施多种类型的政治动员、开展教育培训等方式为妇女参加选举提供政治保障⑤。

第四,研究了中央苏区妇女权益维护保障。吴小卫、杨双双认为中央苏区的婚姻立法是实现我国婚姻家庭制度彻底变革的伟大开端,它充分体现了婚姻自由、男女平等、保护妇女利益等反封建的内容⑥;张玉龙从教育权益方面论述了苏区妇女的教育状况⑦;罗惠兰提出中央苏区在法律上为妇女解放所作的贡献,见证了中国共产党人维护和保障妇女人权的历史⑧;谢庐明分析了苏区人权问题⑨;李如英分别从制度和法律的角度对妇女权益保障进行论述,分析了维护中央苏区妇女权益的组织机构和作用⑩;何黎萍博士考察了妇女教育特征⑪。

---

① 参见李霞等《论土地革命战争时期中央苏区的妇女解放运动》,《党史文苑》2009年第1期。
② 参见张弛《论以人为本的中央苏区妇女解放运动》,《理论月刊》2010年第9期。
③ 参见陈华《中央苏区妇女的参政特征》,《湖州师范学院学报》2008年第4期。
④ 参见苗伟东、江静《中央苏区农村妇女参政叙论》,《党史研究与教学》2011年第1期。
⑤ 参见周成莉《中央苏区妇女参加苏维埃选举的理论思考》,《广西社会科学》2014年第1期。
⑥ 参见吴小卫、杨双双《中央苏区婚姻制度改革与妇女解放》,《南昌大学学报》(哲学与社会科学版)1998年第1期。
⑦ 参见张玉龙《中央苏区时期妇女教育略论》,《中共福建省委党校学报》2007年第12期。
⑧ 参见罗惠兰《析中华苏维埃共和国妇女婚姻自主权的立法保障》,《求实》2007年第3期。
⑨ 参见谢庐明《中华苏维埃共和国妇女人权的发展与20世纪的社会进步》,《赣南师范学院学报》2002年第4期。
⑩ 参见李如英《中央苏区维护妇女权益的组织保障》,《赣南师范学院学报》2010年第4期。
⑪ 参见何黎萍《中国共产党革命根据地妇女教育特征的历史考察》,《安徽史学》2006年第3期。

第五，探析了中央苏区妇女的动员与参与。刘凯华、刘华茂认为苏区动员具有鲜明的时代特征[1]；王涛提出了"中国妇女解放运动的影响力第一次触及到了乡村社会"[2] 的观点；拙作也就妇运动员动因、策略、方法、手段、途径、成效进行了全面阐述[3]。

第六，评析了客家妇女的作用。谢重光从客家妇女生活状况[4]，杨会清等从苏区妇女社会生活、男女关系演变等方面阐述了客家妇女的作用[5]。

（2）学位论文方面。西南交通大学2012届赵小波在其博士学位论文《马克思主义妇女观中国化进程研究1921—1949》第四章简单地探讨了土地革命战争时期马克思主义妇女观中国化问题，总结了马克思主义妇女观中国化的成果，提出了苏维埃是解放妇女的利器的观点。[6] 南昌大学2011届李根寿在其博士学位论文《中央苏区时期马克思主义中国化研究》中以1929年1月至1934年10月赣南、闽西两块根据地组成的中央苏区为研究对象，系统总结中央苏区时期马克思主义中国化的实践及其理论之果，而后对其历史得失进行了初步评价。[7] 硕士学位论文主要有赣南师范学院陈华（2008）的《中央苏区妇女社会生活的变迁研究》、上海师范大学郭璐（2007）的《论中央苏区妇女地位的演变》、湖南师范大学李如英（2010）的《中央苏区妇女权益保障研究》等。

（3）专著方面。2009年中国社会科学出版社出版了张雪英的《中央苏区妇女运动史》，该书从中央苏区妇女的社会地位、精神风貌、生活方式三个问题展开，解读了她们参与政治、经济、社会文化活动的特点，分析了她们给当地社会带来的影响。全书以七个篇章研究了中央苏区妇女解

---

[1] 参见刘凯华、刘华茂《论中央苏区时期的妇女动员》，《井冈山学院学报》2008年第5期。

[2] 王涛：《妇女动员与乡村社会变革——兼论马克思主义妇女理论的中国化》，《中华女子学院学报》2012年第4期。

[3] 参见胡军华、唐莲英《论中央苏区妇运政治动员》，《江西社会科学》2013年第3期。

[4] 参见谢重光《土地革命时期闽粤赣苏区的客家妇女生活》，《党史研究与教学》2005年第1期。

[5] 参见杨会清、吴晓敏《土地革命时期江西苏区妇女生活变革研究》，《求实》2004年第2期。

[6] 参见赵小波《马克思主义妇女观中国化进程研究（1921—1949）》，博士学位论文，西南交通大学，2012年。

[7] 参见李根寿《中央苏区时期马克思主义中国化研究》，博士学位论文，南昌大学，2011年。

放的酝酿、兴起、发展、遇到的挫折和历史贡献。作为国内目前唯一研究中央苏区妇女运动史的专著①，张侃教授认为该书基本上抓住了"研究核心"②，同时，张侃教授也认为该书主体凸显不足，掩盖了妇女自身人格特征，又缺乏个案分析，"难以细察差异性，进而无法'深描'妇女生活的丰富面貌，结果无力把握妇女的理念和现实间的和谐与冲突"。③ 正如作者张雪英坦言，该书的"主要意图在于弥补学界研究的空白"④，因此疏漏遗憾之处难免。

（4）其他相关著作方面。在一些妇女通史和党史著作中，他们在研究社会、族群以及法律史、家族史、文学史、思想史时偶尔涉及中央苏区妇女问题。如《中国近代妇女运动史》（刘巨才著，中国妇女出版社1989年版），《中国妇女运动史》（吉长蓉等编著，四川大学出版社1989年版），《中国妇女运动》（吕美颐、郑永福著，河南人民出版社1990年版）等。1999年，林多贤和蒋伯英分别主编《中央苏区研究丛书》8册（江西高校出版社1999年版）和《中央苏区历史研究》6册（厦门大学出版社1999年版）。2009年，中央苏区研究中心和江西省赣州市委及苏区精神研究会分别出版《中央苏区研究丛书》10册（中国社会科学出版社出版）和《人民共和国摇篮丛书》9册（中央文献出版社出版），分别论述了中央苏区的政权、军队、经济、法制、宣传文化、党的建设、廉政建设等，提及了妇女运动问题。此外，还有《女英自述》（江西省妇联编写，江西人民出版社1988年版）以及《女英雄传》（瞭望编辑部编，新华出版社1986年版）介绍了部分中央苏区巾帼群英。钟日兴著《红旗下的乡村：中央苏区政权建设与乡村社会动员》用了较长篇幅对土地革命战争时期的妇女动员问题进行了阐述，分析了妇女动员的必要性，评价了动员成就。⑤ 我国台湾学者陈三井主编的《近代中国妇女运动史》大体依据政权的更迭作为历史分期，收录了台海两岸和旅美学者妇女运动的成果，揭示了台湾与大陆不同社会架构下的妇女运动历程，提出了"'妇女运动'一旦成为'运

---

① 参见张雪英《中央苏区妇女运动史》，中国社会科学出版社2009年版，第3页。
② 参见张侃《回归与超越：评〈中央苏区妇女运动史〉》，《党史研究与教学》2010年第2期。
③ 同上。
④ 张雪英：《中央苏区妇女运动史》，中国社会科学出版社2009年版，第3页。
⑤ 参见钟日兴《红旗下的乡村：中央苏区政权建设与乡村社会动员》，中国社会科学出版社2009年版，第107—127页。

动妇女'"将被忽视妇女自身社会独立自主人格的"人"的要求。[①]

（5）历史文献资料。改革开放后全国妇联收集整理并公开出版了一系列妇女解放运动史资料，主要有《中国妇女运动重要文献》（人民出版社1979年版）、《中国妇女运动史（新民主主义革命时期）》（春秋出版社1989年版）、《毛泽东、周恩来、刘少奇、朱德论妇女解放》（人民出版社1988年版）、《蔡畅、邓颖超、康克清：妇女解放工作文选》（人民出版社1983年版），同时由中国妇联先后推出了5册《中国妇女运动历史资料》（1840—1918）、（1921—1927）、（1927—1937）、（1937—1945）、（1945—1949），以及中国妇女管理干部学院主编的《中国妇女运动文献资料汇编（1918—1949）》（中国妇女出版社1989年版），江西省妇女联合会、江西省档案馆合编的《江西苏区妇女运动史料选编》（江西人民出版社1982年版），赣州市妇联编的《赣南妇女运动史料选编》（1997年印），等等。这些成为民主革命时期尤其是新民主主义革命时期中国妇女运动的系列文献资料宝库。

3. 国内研究现状综述

纵观中央苏区妇女解放运动的研究历程，梳理其相关研究成果特点，总体呈现如下研究态势。

（1）研究形式上，有学术论文、著作、传记、史料汇编、影视作品、诗词歌赋等，形式多样。

（2）研究范式上，大体上按革命式范式、民国史式范式、现代化范式来推进。因在中国革命运动的历史进程中，中国妇女不仅是这一宏大的社会革命的同盟者、生力军，而且妇女解放也是历次社会革命运动的特性、意义和成功程度的重要表征、衡量尺度，故而革命式范式比重更大。

（3）研究内容上，主要集中在中央苏区妇女解放运动的兴起、作用、人物思想、史料收集、路径、动员、功效等上，在马克思主义研究范式之下进行了某些妇女问题的反思，以服务于中国革命与民族解放作为历史性的主题为前提，把性别平等或妇女解放看作人类解放事业的一个部分。我们可喜地看到在研究成果中，内容由以往注重军事研究向目前的经济、文化、社会等各方面深入拓展；研究的人物从精英领袖向普通将领、一般妇女、下层民众延伸；国共敌对界限在下降，史料的禁区领域逐渐缩小，学

[①] 参见陈三井主编《近代中国妇女运动史》，近代中国出版社2000年版，第254页。

术性质由浓烈的政治教化性质向真正的学术本位回归，观点更加客观。

（4）研究数量上，相对于五四运动时期和延安时期至今对妇女运动的大量关注，对中央苏区时期涉及妇女的研究除针对苏维埃政权的法律与妇女的权利多有研究以外，其他方面的研究成果可谓十分鲜见。目前的研究成果在探索中央苏区妇女地位和作用方面占了较大比重，也说明了以前中央苏区妇女在革命中所作贡献没有得到应有的承认和弘扬。随着涉足这个领域的研究学者的增加，研究成果愈见充实、丰满，精品趋多，但仍流露出稍许不尽如人意的地方。

总体上，以往学界多囿于党建学科传统研究框架的束缚和宣传动员话语体系的羁绊，偏重三大模式主导下的党史研究，在"传统—现代模式"下确信历史的进步，在"帝国主义模式"下认为帝国主义的入侵是近代中国民族灾难的根源，而"精英人物模式"则注重领袖人物完美性，忽略对普通人物的关注，导致政治"科学味"差强人意，哲学"统摄力"乏力，社会问题"解释"不透彻、不到位，历史梳理泛规律化，对于回答涉及"异军"与"正道"的相关妇女解放运动的概念内涵、目标、途径、主体、动员、价值等问题也没有完全达成共识。[①] 正如石仲泉先生所说："关于中央苏区的研究著作林林总总、华章上千，但发展很不平衡，上乘佳作还不很多，不少著作如有的学者所指出多为'浅表性'的重复研究，或缺乏亮眼的独特视角，或缺乏剥笋似的一层又一层的深入分析，或缺乏对新出版史料的发掘运用等。"[②] 任何学科的发展都有一个循序渐进、不断完善的过程。为此，切合当今世情、国情、党情、民情的现实要求，针对妇女解放本身的艰巨性、长期性、复杂性、特殊性特点，既要追源溯流，又要整体把握，进行多角度、多学科以及跨学科的交叉和综合的研究，从而促进马克思主义妇女观中国化研究。笔者希望在前人的学术成就基础上再做些努力。

四 相关概念界定

本书以1927年至1937年的中央苏区作为宽泛意义的时空界定。概念

[①] 参见韩贺南《"中国化"马克思主义妇女理论研究的进展与推进》，《中华女子学院学报》2007年第12期。

[②] 张雪英：《中央苏区妇女运动史》，中国社会科学出版社2009年版，绪论第7—8页。

的纷争与烦琐的考证，在一般人的心目中被视为"饾饤之学"，意义不大。而特定时期核心概念的选择性使用，分明指代不同语境，彰显概念之间的关联，也往往昭示着更为深刻而复杂的理论背景。由于下列几组概念的演变本身就体现了马克思主义妇女观中国化的过程，基于学术理论与写作规范，本书在下文予以梳理与界定。

（一）"苏区"和"中央苏区"

它们既是一个地理概念，也是一个历史概念，更是一个政治概念。其范围认定是一个学术问题，也是一个政策问题。①

1. 概念

苏区，苏维埃区域，即革命根据地。中央苏区也即中央革命根据地。② 其来源于俄文 COBET 音译的苏维埃，意即会议或代表大会。在1905年俄国革命时，列宁格勒建立了苏维埃组织，遗憾的是不久就失败了。列宁在领导1917年俄国十月革命胜利后，恢复并建立了全俄工农兵苏维埃政权，成立了全俄苏维埃社会主义共和国。从此，"苏维埃"新型政权体制在世界诞生，"苏维埃"以它特殊的泛化称谓传遍全世界。③ 但是，党的文献中曾将"苏区"改称"革命根据地"。有人认为"苏区"由俄语演绎而来，涉嫌"左"的味道，因此改名。石仲泉先生经考证认为，"苏维埃"的用语是"胎记"，"苏维埃管理制度"就是后来"苏区"的制度。④ "苏区"称谓与"左"倾路线没有必然联系，认为"革命根据地"作为规范用语，如人名一样，可看成学名；"苏区"可视为人的小名或昵称。他也指出，"苏区"特指十年土地革命，而"根据地"是泛指，

---

① 新中国成立以后，党和政府对全国革命老根据地人民十分关心，曾于新中国成立初期对革命老根据地县（区、乡、镇）分布情况开展过调查认定工作，据此江西省民政厅在1954年就对全省革命老区分布进行过核定。1979年6月24日，国家民政部、财政部联合下发《关于免征革命老根据地社队企业工商所得税的问题的通知》文件，对认定第二次国内革命战争根据地的标准又作了划定（民政部民发〔1979〕30号、财政部财税〔1979〕85号），由于区划调整，一些地方重新核定了革命老根据地乡、镇、场。近年中央和地方加大了对原中央苏区所辖县（市、区）经济社会振兴发展的支持力度，因而中央苏区区域范围认定问题，又成为社会各界所关注的热点。
② 参见石仲泉《中央苏区与苏区精神》，《中共党史研究》2006年第1期。
③ 参见余伯流、何友良主编《中国苏区史》上册，江西人民出版社2011年版，第28页。
④ 参见石仲泉《土地革命时期的苏区和苏区精神》，《党史研究与教学》2008年第4期；《中央苏区与苏区精神》，《中共党史研究》2006年第1期。

如在抗日战争时期的也称"根据地"。① 能否替代需视具体情况。如"苏区中央局"变成了特殊专有名称，就不好以"革命根据地中央局"相称，此处"苏区"二字就不能代替掉。退一步而言，当时也没有下文明确禁用"中央苏区"名称，在一些出版物中仍在使用。② 史实是最大的权威，所以，本书中"中央苏区"与"中央革命根据地"两个称谓常混用，视文献出处和使用方便、合适而定。

2. 区域范围

由于战争的缘故，因斗争时期不同和战争形势发展变化，中央苏区的区域范围并非一成不变，"时大时小时缩时伸是经常的，此起彼落也往往发生"③。笔者认同苏区问题专家凌步机的研究意见，遵照"涵盖中央苏区斗争历史全过程；涵盖中央苏区斗争各时期涉及的所有区域；依据当年党、政、军的隶属关系；区分全红县、苏区县、部分范围县和游击区县等不同层次；以现在县（区、市）行政区划为单位；认定'苏区县'和'中央苏区县'的区别和交叉"④ 六个原则，本书认为总共85个县（市、区）的全部、大部、一部属中央苏区区域范围或中央苏区后期游击战争的区域范围。其中江西省54个县（市、区），福建省22个县（市、区），广东省7个县（市、区），湖南省2个县，它们均可认定为中央苏区区域范围县。⑤ 有专

---

① 参见石仲泉《土地革命时期的苏区和苏区精神》，《党史研究与教学》2008年第4期；《中央苏区与苏区精神》，《中共党史研究》2006年第1期。

② 同上。

③ 《毛泽东选集》第1卷，人民出版社1991年版，第229页。

④ 凌步机：《中央苏区区域范围考察》，《中国井冈山干部学院学报》2012年第3期。

⑤ 经新中国成立以来党史研究工作者长期研究论证和社会各界的普遍共识，对江西的瑞金、于都、兴国、宁都、会昌、寻乌、安远、信丰、石城、赣县、南康、广昌、黎川，福建的龙岩、长汀、连城、上杭、永定、建宁、泰宁、宁化、清流、明溪（原归化）、崇安24个县（市），属于中央苏区全红县，已无异议。福建省武平、漳平、平和、诏安、将乐、沙县、光泽、武夷山、邵武、建阳、浦城、南靖，广东省大埔、南雄、饶平、龙川、梅县、兴宁、平远19个县（市），近年来已经被中共中央党史研究室认定为中央苏区县。现江西省还有上犹、崇义、大余、定南、龙南、全南、章贡、青原（2001年从原吉安县划设）、井冈山（含宁冈）、峡江、新干、吉州区（现辖区域在土地革命战争时期是吉安县城所在地，同时包括吉水县部分地区）、泰和、安福、遂川、吉安、吉水、永丰、万安、永新、渝水［所辖区域即土地革命战争时期之新余（亦称新渝）县］、分宜、莲花、袁州（土地革命战争时期宜春县）、樟树（土地革命战争时期称清江县）、万载、乐安、宜黄、崇仁、南丰、南城、金溪、铅山、广丰、上饶、资溪、贵溪、安源、湘东、上栗、芦溪（安源区、湘东区、上栗县、芦溪县，在土地革命战争时期均属萍乡县）等41个县（市、区）的全部、大部或一部，都属于中央苏区区域范围。湖南省的茶陵县和攸县，在1930年至1931年春属赣西南苏区所辖县，故这两县亦应属中央苏区区域范围。

家建议本书不要局限于中央苏区范围而应扩大到全苏区来研究,这样不会导致材料取舍困难而带来不必要的麻烦。但中华苏维埃共和国鼎盛时期,所辖人口达到 3000 余万,曾拥有 13 个面积大小不等的苏区,总面积 40 余万平方公里。而中央苏区所辖人口仅为苏区总人口的 1/7,其面积也只是苏区面积的 1/5。[①] 就笔者个人而言,实地走访过赣州市的 18 个县(区)、吉安市的 7 个县(区)、抚州市的 8 个县(区),还有福建龙岩市的 6 个县(区)和广东的南雄市,仍有不少地区根本没有去过,也缺乏深入研究,坦率地说,不敢冒昧地站在当年全苏区的立场来奢谈。而大体上对原中央苏区的核心区域和主要版图,有过生活体验,积累了一些感性认识,立足于中央苏区范围来研究自信心更有保证。为了便于与党的历史文献对接,本书主要以赣南、闽西为主的中央苏区区域为空间研究范围。

3. 时间界限

目前学界对中央苏区时间有狭义、广义两种划分法。

狭义划分主要有四种代表观点。一是十年说观点,认为上限从 1927 年赣南闽西农民武装暴动开始,下限为 1937 年全面抗日战争爆发,中央苏区三年游击战争结束[②];二是七年说观点,认为上限从 1927 年农民暴动开始,下限止于 1934 年 10 月苏区被迫放弃[③];三是六年说观点,认为始于 1929 年,止于 1935 年 3 月 10 日,因项英、陈毅等是在这天才最后从于都上坪突围,至此敌人才全部占领中央苏区[④];四是五年说观点,认为从 1929 年开始,以 1934 年结束为限。其中 1929 年上限说又有两种观点:一种观点是以 1929 年 1 月的柏路会议为标志[⑤],另一种观点是以 1929 年 3 月 20 日的长汀辛耕别墅会议为标志[⑥]。1934 年下限说也有两种

---

① 参见石仲泉《土地革命时期的苏区和苏区精神》,《党史研究与教学》2008 年第 4 期;《中央苏区与苏区精神》,《中共党史研究》2006 年第 1 期。

② 参见余伯流、凌步机《中央苏区史》,江西人民出版社 2001 年版,第 1—8 页。

③ 参见温锐、谢建社《中央苏区土地革命研究》,南开大学出版社 1991 年版,第 1 页。

④ 参见陈荣华、何友良《中央苏区史略》,上海社会科学院出版社 1992 年版,第 346 页。

⑤ 同上书,第 1 页;参见何友良《江西通稿·民国卷》,江西人民出版社 2008 年版,第 160 页;参见孔永松、林天乙、戴金生《中央革命根据地史要》,江西人民出版社 1985 年版,第 1 页。

⑥ 参见中共中央党史研究室《中国共产党历史》第 1 卷上册,中共党史出版社 2011 年版,第 274—275 页;参见中共江西省委党史研究室等编《中央革命根据地历史文库资料·党的系统》,中央文献出版社、江西人民出版社 2011 年版,综述第 2 页;参见余伯流、何友良《中国苏区史》上册,江西人民出版社 2011 年版,第 229—230 页。

观点：观点一认为这年10月红军第五次反"围剿"失败，被迫战略转移开始长征，中央苏区的主体部分丧失，标志中央苏区时期结束[①]；观点二认为这年11月，中央苏区的县城全部落入敌手，中央苏区丧失红军转入三年游击战争时期，标志中央苏区时期结束[②]。

对于广义的划分而言，即从中共"一大"明确宣布要以"苏维埃管理制度"[③]来进行社会革命开始，到1937年7月15日公开承诺"取消现在的苏维埃政府"[④]为止，整个中国苏维埃运动的持续时间达到了16年。许多党史专家认为，从1921年到1927年，中国共产党并没有放弃自己的苏维埃理想。恰恰相反，宣传苏维埃始终是它的一项中心任务，即使是处于"二次革命论"的指导时期，中国共产党仍强调将苏维埃理想作为后国民革命时代的任务来实现。

本书认为中央苏区的斗争历史从1927年大革命失败后赣南闽西农民武装暴动开始，到1937年全面抗日战争爆发后赣粤边、闽西等地红军三年游击战争结束，前后历时10年。据《中央革命根据地历史文库资料·党的系统》的划分，大致经过六个阶段，分别为：1927年8月"八七会议"至1929年12月"古田会议"的奠基阶段；1930年1月至1930年10月初创阶段；1930年11月至1931年11月的形成阶段；1931年12月至1933年8月的鼎盛阶段；1933年9月至1934年10月的失陷阶段；1934年10月至1937年10月的游击阶段。[⑤] 当然，为了弄清事情的来龙去脉，使文章的脉理更为清晰，在研究和论述的过程中也对1927—1937年这个时限作适当的前伸后延。

[①] 参见石仲泉《中央苏区与苏区精神》，《中共党史研究》2006年第1期；张玉龙、何友良《中央苏区政权形态与苏区社会变迁》，中国社会科学出版社2009年版，第18页。
[②] 参见中共江西省委党史研究室等编《中央革命根据地历史文库资料·党的系统》，中央文献出版社、江西人民出版社2011年版，综述第11页；另见殷健《中共在中央苏区时期的党群关系研究》（华东师范大学2008年硕士论文）也有相关论述。
[③] 中共中央文献研究室、中央档案馆编：《建党以来重要文献选编（1921—1949）》第1册，中央文献出版社2011年版，第1页。
[④] 中共中央书记处编：《六大以来——党内秘密文件》（上），人民出版社1981年版，第845页。
[⑤] 参见中共江西省委党史研究室等编《中央革命根据地历史文库资料·党的系统》，中央文献出版社、江西人民出版社2011年版，第1—9页。

（二）妇女、女性、女子

为了叙述的方便，本书不对"妇女""女性"和"女人""女子"等进行严格区分，均遵循历史文献原样采用，除有特别说明之外，但并非意味这些词没有本质区别。当然，一般而言，"妇女""女性"与"女子"常混用甚至通用，都是指一种自然的性别概念，其中不包括明显的社会性别意识，更不蕴含强烈的政治意识。① 但在不同的语境下，却指明着不同政治或社会性别含义。② 笔者以1991年中国妇女出版社出版的《中国妇女运动历史资料（1927—1937）》为样本，粗略统计："妇女"用词出现了2509次，"女性"用词出现6次，"女子"用词则出现152次，可见中共对"妇女"用词的偏爱。经分析，发现"妇女"用词更多只是语言符号，也可能作为话语形式③，有时却成为话语事件④，其背后是"妇女"所承载的革命动员意蕴，体现了党的妇女问题主张。

中国古代"妇"和"女"是分开使用的。作为一个固定词，"妇女"在古汉语中并不存在。古代对妇女的认识，只在于强调妇女对家务的专属性和对男子的从属性。⑤ 美国学者白露（Tani E. Barlow）研究考证后，认为中国直到清末还没有"女性"这一概念。⑥ "女性"与"他、她"这些人称代词源自五四新文化运动。在晚清以前，"妇女"作为双音节词也没

---

① 参见王克霞《革命与变迁——20世纪三四十年代沂蒙妇女生活状况研究》，博士学位论文，山东大学，2007年。

② 在1921年11月的《中国共产党中央局通告》中，"女子"和"妇女"仍然是掺杂使用的。"二大"之后的文件中，只有1924年6月24日的《中国共产党妇女部关于中国妇女运动的报告》中综合使用了"女子"和"妇女"，但是前者指涉民国之前即所谓的传统女性，后者指追求革命和解放的现代女性，使用界限非常明显。而即便国共合作时期需要对工人阶级和资产阶级的女性运动作出区分，"三大"的《关于妇女问题决议案》仍只使用"妇女"一词，只是附加指出，不要轻视资产阶级妇女运动为"小姐太太，或女政客们的运动"，认为"在中国社会状况中，一般的妇女运动仍属本党妇女运动的重要工作"。

③ Tani E. Barlow, *Politics and Protocols of Funu*: (*Un*) *making National Woman in Engendering China*: *Women, Cultural and the State*, edited by Christina K. Gilmartin, Gail Hershatter, Lisa Rofel and Tyrene White, Harvard University Press, 1994.

④ 参见朱晓东《通过婚姻的治理——1930年—1950年革命时期的婚姻和妇女解放法令中的策略与身体》，《北大法律评论》2001年第4卷第2辑，第383—401页。

⑤ 参见林聚任《社会性别的多角度透析》，羊城晚报出版社2003年版，第5页。

⑥ Tani E. Barlow, *Theoring Woman*: *Funu, Guojia and Jiating* (*Chinese Woman, Chinese State, Chinese Family*) *in Body, Subject and Power in China*, The University of Chicago Press, 1994.

出现过，称呼女性通常用"女""女子""妇孺""妇人"，女性群体为"女界"。1907年3月20日，《中国妇女会报》创刊，但"妇女"一词使用频率并不高。随着新文化运动的开展，涌现的妇女解放思潮在中国加速传播，"妇女"作为新潮词汇迅速普及。十月革命胜利后，李大钊积极宣传马克思主义，开始将妇女与无产阶级联系在一起①。

1920年，李汉俊、李达将倍倍尔的《妇女与社会主义》翻译过来时，第一次将"妇女"用来指称马克思理论体系中涉及女性内容的部分，似乎有例可援，此后所有翻译马克思著作者都以此为据，从而"妇女"专有用词便与"无产阶级""劳工"等马克思主义的词汇密切关联、广泛使用。1921年建党不久，《妇女声》创办并成为中共领导的第一份女性刊物，发出了"妇女解放就是劳动者的解放"②之呼声。1922年中共"二大"正式通过《关于妇女运动的决议》后，在党的正式文件或者中共领导的公开讲话中，"妇女"成为指代全中国女性的偏爱词，无可争辩地在共产党的话语系统中占据了政治上的合法性，成了一个马克思主义思想体系内的词汇。③当"革命"下乡、中共进入农村动员后，"妇女"用词含义又发生了很大变迁。在马克思主义指导下，共产党人认为女工仍应是"妇女"的主导，与此同时，在中国的农村，因为工厂极少，女工自然更少，所以，农民阶级的女性应该被发动起来参加无产阶级革命。因而，中国共产党创造性地把"农妇"和"女工"一起纳入"妇女"行列，全方位展开对她们的动员宣传，如利用"诉苦"挖掘千百年作为"妇"与"女"所受到的难以承受的苦难和极不平等待遇，因而真正意义上的"妇女"与中国传统话语的联系被重新挖掘出来，同时参照苏联的妇女状况给这个妇女群体允诺一个光明的未来。所以"妇女"在中国共产党的意识形态中是暗含着一个光明未来的概念。④ 正是创造性地借力于"妇女"的推广使用以及人们对"妇女"的逐渐接受，马克思主义阶级斗争理论和中国妇女历

---

① 参见《李大钊全集》第3卷，人民出版社2006年版，第57页。
② 参见《妇女声》第10期，1922年6月20日。
③ 参见储卉娟《谁是"妇女"？——以及"妇女"作为话语的实践》（http://www.all-eyeshot.com/html/200606/10/20060610004101.htm）。
④ Tani E. Barlow, *Theoring Woman: Funu, Guojia and Jiating* (Chinese Woman, Chinese State, Chinese Family) in *Body, Subject and Power in China*, The university of Chicago Press, 1994.

史事实有机结合在宣传实践上才成为可能,这才助推了共产党在农村地区的妇女动员。①

(三) 客家妇女

客家是一个具有显著特征的汉族分支族群,是相对于土籍、客籍区别的一个他称,由于罗香林等的客家学说而广为人所知,逐渐成为族群名称。②《辞海》解释"客家"为:"相传西晋末永嘉年间(4世纪初),黄河流域的一部分汉人因战乱南徙渡江,至唐末(9世纪末)以及南宋末(13世纪末),有大批过江南下至赣、闽以及粤东、粤北等地,被称为'客家',以别于当地原来的居民,后遂相沿而成这一部分汉人的自称。"③历次客家先民辗转迁徙,南渡长江,筚路蓝缕、历经艰辛,定居赣、闽、粤诸省,后又繁衍播迁海内外各地。福建宁化石壁因是客家传说民系形成的中心地域而被称为"客家祖地";广东省梅州则因其为海外客家华侨的最主要祖籍地而被尊称为"世界客都";赣州则与客家民系形成有密切关系,被称为"客家摇篮";赣南闽西则是客家人最早最大的聚居地。在中央苏区有纯客家县市25个,包括江西省的宁都、石城、安远、兴国、瑞金、会昌、赣县、于都、寻乌、定南、龙南、全南、南康、大余、上犹、崇义、铜鼓,以及福建省的永定、上杭、长汀、连城、武平、宁化、清

---

① 参见储卉娟《谁是"妇女"? ——以及"妇女"作为话语的实践》(http://www.all-eyeshot.com/html/200606/10/20060610004101.htm)。

② 客家定义仍存争议。相关研究可见徐旭曾1808年所作《丰湖杂记》;罗香林的《客家史料汇篇》(中国学社1965年版)、《客家研究导论》(上海文艺出版社1992年版)、《客家源流考》(中国华侨出版社1989年版)。罗香林对客家的界定,依据了客家人士的访谈,暗合了族群理论,也揭示了他那个时代客家人自我认同的地域范围。20世纪30年代前后,在广东、福建、江西三省交界地,存在对客家人和客家地区的自我认同,民众对谁是客家人、哪些地方是客家地区,其实有一套自己的标准和相对清晰的界限。从事实层面补充和质疑罗香林观点的主要有:陈运栋:《客家人》,台湾联亚出版社1978年版;房学嘉:《客家源流探奥》,广东高等教育出版社1994年版;谢重光:《客家源流新探》,福建教育出版社1995年版;王东:《客家学导论》,上海人民出版社1996年版;陈支平:《客家源流新论》,广西教育出版社1997年版。20世纪70年代,随着台湾史研究的深入,台湾的客家研究也逐渐兴起,由于台湾社会本身族群的复杂性,与大陆不同,台湾的客家研究很自然地把客家作为一个族群加以研究。海外客家研究学者,引入族群理论比较经典的是梁肇庭(Sow-Theng Leong)的研究,他运用族群理论和施坚雅的区域经济体系理论,成功地展现了明清华南地区作为一个"族群"的客家人的形成过程。尽管观点各异,但广东、福建、江西三省交界地是客家人聚集区以及客家人的优点特质共性已是共识。

③《辞海》,上海辞书出版社1979年版,第1021页。

流、明溪。客家人一般具有勤劳节俭、崇文重教、尊祖爱国的良好品格。

中央苏区妇女成分构成主要为客家妇女、土著妇女和畲、瑶少数民族的劳动妇女。客家妇女人口比重大，占95%以上①，而土著妇女和畲、瑶少数民族的劳动妇女人口比重极小，其中畲、瑶少数民族妇女也基本已汉化。

客家妇女最基本的特点就是刻苦耐劳，艰苦朴素，相夫教子，崇文重教，在中国可说是最吃苦耐劳，最自强自立，于家庭、于社会都最有贡献，是足以令人敬佩的。②因客居他乡，人多地少难以为生，客家男人被迫远赴外地经商甚至出洋谋生，妇女就得撑持起家庭的重担，家里家外，生活的重压超过男子；因生存在崇山峻岭之中，为开荒种地砍柴做工的方便，客家妇女不缠足，一双天足使客家妇女强健有力，男子能干的活儿她们也毫不逊色。朱德后来跟史沫特莱就讲到客家妇女"都是天足，跟男人一样打赤脚，既健壮，又能干"③。1930年10月的《赣西南妇女工作报告》指出："有生产能力多系大足，她们除了在家洗衣服、煮饭、养儿、纺织、饲牲畜、缝纫等事外，还有参加耕种。"④而即使是小脚的客家妇女，"她在家内外所做的极琐碎的家务，决不亚于男子的劳动，而同样是造成家庭经济的重要分子"⑤。因为男人投身革命，客家妇女对革命的态度比较开明和悦纳，中央苏区客家妇女的革命态度在众苏区中最积极、最热烈。

客家妇女虽承担了几乎是全部的劳动，但因为强大的封建宗法礼教和重男轻女思想，她们不能和男子一样享受作为主人的权利，在四权束缚中卑贱地遭受奴役。⑥"客籍人从闽粤边起，沿湘、赣两省边界，直至鄂南，大概有几百万人。客籍占领山地，为占领平地的土籍所压迫，素无政治权

---

① 参见舒龙《客家与中国苏维埃革命运动》，中央文献出版社2004年版，第11—12页。
② 参见黄马金《客家妇女》，中国妇女出版社1995年版，第7页。
③ [美]艾格妮丝·史沫特莱：《伟大的道路——朱德的生平和时代》，梅念译，三联书店1979年版，第239页。
④ 中华全国妇女联合会、妇女运动历史研究室编：《中国妇女运动历史资料（1927—1937）》，中国妇女出版社1991年版，第84页。
⑤ 同上书，第93页。
⑥ 参见胡军华、唐莲英《中央苏区时期客家妇女对革命的贡献》，《中华女子学院学报》2011年第6期。

利。"① 她们没有政治地位,没有人身自由,她们的痛苦比一切人大。赣南闽西妇女所受的深重压迫,使革命的火花能被她们接受并形成燎原之势。

客家妇女虽没有文化,但在世世代代的崇文重教和耳濡目染下,十分有才华,而且记忆力惊人。比如客家妇女都会唱山歌,她们的山歌随时随地出口成章,而且歌词押韵、语言精练、切情切景。蔡畅回忆,"江西苏区的妇女,贫雇农出身的多,有劳动习惯,有革命热情,就是没有文化,当地的妇女干部,有惊人的记忆能力。开会布置工作,她们一个字也不记下来,回去全凭记忆传达,基本精神都能不丢不漏,请她们汇报工作,她们也靠记忆说,有条有理,有全面情况,有典型例子,连数目字也不会有差错。"②

(四) 妇女解放运动及其相关概念

中央苏区时期,中央和各省的许多文件有的冠名"妇女运动决议案",有的则称"妇女运动大纲",也有"妇女工作决议草案""妇女工作大纲"等不同名称,而"妇女工作""妇女运动""妇女解放""解放妇女""妇女解放运动"等词语掺杂使用。笔者以《中国妇女运动历史资料(1927—1937)》一书为例,分别计量统计各词出现的频次,得到结果为:"妇女工作"388次、"妇女运动"237次、"妇女解放"21次、"解放妇女"18次、"妇女解放运动"14次、"妇女主义"4次、"女权主义"2次、"妇女发展"1次,而流行于五四时期的"妇人解放""女性解放""女子解放"词汇已不再出现。仔细分析,词汇差异背后显然有着鲜明的阶级分析立场和理论根据,从中也折射出中共关于妇女解放的理念。

(1) 妇女工作。苏区时期党的文献中既有"妇女工作大纲""妇女工作方针"等表述,也有"妇女工作报告""妇女工作决案"等提法,没有明确界定其内涵,内容大体上与妇女运动相同。区别在于两者的主体差异,前者主体是妇女组织和妇女工作者,而后者则是妇女群众;工作带有主观性质,大体上是我(妇女组织和妇女工作者)要去做什么,而运动

---

① 《毛泽东选集》第1卷,人民出版社1991年版,第74页。
② 江西省妇女联合会编:《女英自述》,江西人民出版社1988年版,第239—240页。

是事物客观运行的过程和表现,是运动主体内在要求,而不是别人要我(妇女群众)做什么。目前,学界认为,妇女工作泛指为保障妇女的社会地位、维护其合法权益、充分发挥妇女在社会工作中的潜力而进行的各方面的活动,它是社会工作的组成部分。妇女工作的具体内容,在不同的国家、不同的历史时期有不同的表现。①

(2) 妇女运动。当时党的文献中点明"妇女运动不是单纯的妇女解放运动,而是动员广大妇女来参加整个革命斗争,在整个的革命斗争中去获得妇女解放"的运动②,其实质属于党所领导革命斗争的"整体"部分,而非附属于党的工作的独立部分,是指将妇女运动与中国共产党领导的无产阶级革命斗争融为一体,贯穿于党的整体工作之中。当前,国内学界普遍认为,妇女运动是由妇女广泛参与,为解决特定的妇女问题并推动社会进步而开展的有组织、有目标、有一定规模和影响的社会群体行动,其完整的表述是"妇女解放运动"。③

(3) 妇女解放。当时妇女解放的概念包括"真正的妇女解放",以及"一般的妇女解放"或"单纯的妇女解放"等表述形式。④《中国共产党第六次全国代表大会妇女运动决议案》申明,"党在妇女问题上不主张一般的妇女解放,只有共产党,只有无产阶级的革命,社会主义的完全胜利,才能完全解放妇女"。⑤ 由此可见,"真正的妇女解放"指融入革命洪流的妇女解放运动,强调其阶级性、领导力量;"一般的妇女解放"或"单纯的妇女解放"指与革命斗争相分离的所谓妇女解放。"解放"是针对压迫或束缚而言,之所以要提出妇女解放,是因为存在男女不平等现象,存在对妇女的压迫和歧视,可见"妇女解放"特指把女性从男女不平等,妇女受压迫、束缚和歧视的状况下解放出来,推翻其所受压迫,解除其所受束缚,使妇女能够同男性平等地生存与发展。目前,妇女解放多指争取和维护妇女的平等权利、逐步实现男女平等的社会过程,其基本内容和基本标志(实质)是男女平等。现在人

---

① 参见李静之《中国妇女运动研究文集》,社会科学文献出版社 2011 年版,第 58 页。
② 参见中华全国妇女联合会妇女运动历史研究室《中国妇女运动历史资料(1927—1937)》,中国妇女出版社 1991 年版,第 51 页。
③ 参见李静之《中国妇女运动研究文集》,社会科学文献出版社 2011 年版,第 58 页。
④ 中共中央文献研究室、中央档案馆编:《建党以来重要文献选编(1921—1949)》第 5 册,中央文献出版社 2011 年版,第 498 页。
⑤ 同上。

们常把妇女解放与男女平等联系起来讲。① 在不同的历史阶段,妇女解放的目标和任务迥异。其最终目标是实现男女平等,实现人的全面解放和发展。

（4）女权主义（女性主义）。中共"六大"《妇女运动决议案》中指出,要防止、反对"三种反动思想的妇女运动",其中第一种就是"女权主义的妇女运动,离开政治离开革命而以和平的方法和宣传以解放妇女",这里的"女权主义"具有"反对阶级斗争,阻碍革命力量"的非革命含义。② 有时"女权主义"又被称为"小资产阶级的女权主义","忽略了广大劳苦妇女中的工作"③。同时也得防止和反对另两种妇女运动,即"基督教的妇女运动"和"国民党政府的改良主义的妇女运动",因为前者"用各种方式亦如国民党的改良主义对于妇女群众由欺骗而进入麻醉的宣传",而后者"引诱和欺骗妇女群众,甚至于无产阶级的妇女群众亦有受其影响的可能"④。它们"都是站在反革命的联合战线中反阶级斗争的,所以我们对于这种阻碍革命的力量,不得不加以防止,在群众中经常地暴露其真情,严厉地批评她们,反对她们"⑤。由此分析可知,当时是基于运动主体性质来界定女权主义的,因其运动主体属小资产阶级而非劳苦大众,女权主义具有了资产阶级的性质。当前学界普遍认为,女权主义与女性主义是同一个英文"feminism"的两种不同翻译,有时也称女权、女权主义、女权运动,而基于不同的政治立场与理论立场可划分出各种不同的女性主义流派⑥,因此其概念内涵并不统一,大体是指消除性别压迫、争取性别平等的一种社会理论与政治运动。它时而指代社会政治运动,时而指代政治立场,时而指代理论思潮。基于中国语境,有人称为中

---

① 参见李静之《中国妇女运动研究文集》,社会科学文献出版社 2011 年版,第 52—54 页。
② 中共中央文献研究室、中央档案馆编:《建党以来重要文献选编（1921—1949）》第 5 册,中央文献出版社 2011 年版,第 498 页。
③ 中华全国妇女联合会妇女运动历史研究室:《中国妇女运动历史资料（1927—1937）》,中国妇女出版社 1991 年版,第 55 页。
④ 中共中央文献研究室、中央档案馆编:《建党以来重要文献选编（1921—1949）》第 5 册,中央文献出版社 2011 年版,第 498 页。
⑤ 同上。
⑥ 参见陈英《性别的历史唯物主义研究——马克思主义之于妇女解放的历史意蕴》,博士学位论文,华南理工大学,2012 年。

国女性主义①，泛指妇女运动②。

（5）妇女主义。当时党的文献提到要"纠正过去对于轻视妇运的观念，认为这是一种党的附属工作及不站在整个工作中去认识妇运的妇女主义倾向，党应在整个的工作中来发展妇运工作"③。从中可见"妇女主义"既非"妇女运动"，又有别于"女权主义"，其在本质上更多是缺乏全局观念，而片面将其作为隶属"党的工作"的"妇女的工作"。换言之，妇女主义具有革命的性质，但其认识整体性差，属于认识上欠周全、有失偏颇。④ 当前，国外学界对"妇女主义"关注的重点在于美国学者艾丽丝·沃克提出的"妇女主义"（womanism）⑤，但在中国妇女研究界极少使用"妇女主义"，原因在于它主要是用来区别黑人民族主义和白人女性主义两大运动思想体系的。由于它既反对性别歧视，又反对种族歧视，艾丽丝·沃克所提出的"妇女主义"似乎比"女权主义"理论概念内涵更为宽广。

（6）解放妇女运动。解放妇女运动是由男性发动的改善妇女状况的社会运动。在实践中，这种解放往往从属于某一其他社会目标，因而解放妇女并不是目的，而是完成某一社会目标的手段。因此，解放妇女是男性对女性的改造，是一个性别群体对另一个性别群体的重新设计。⑥

（7）妇女解放运动。在中共"六大"《妇女运动决议案》中提到了"中国共产党与妇女解放运动"的关系⑦，这也是党的重大会议文献首次出现"妇女解放运动"用词，文件并没有清晰界定其含义，从文件起草的规范推测，"妇女运动"应包含"妇女解放运动"，但字里行间透露的却是"妇女解放运动"与"妇女运动"扦格混为同一概念。而在随后党的文献中两个用词掺杂交混使用，概念内涵间关系时大时小。

---

① 参见荣维毅《中国女性主义研究浅议》，《北京社会科学》1999年第3期。

② 参见陈英《性别的历史唯物主义研究——马克思主义之于妇女解放的历史意蕴》，博士学位论文，华南理工大学，2012年。

③ 中华全国妇女联合会妇女运动历史研究室：《中国妇女运动历史资料（1927—1937）》，中国妇女出版社1991年版，第51页。

④ 参见韩贺南《整体化、自省与特别关注——中国共产党的妇女工作理念与方法（1927—1937）》，《妇女研究论丛》2004年第5期。

⑤ [美]艾丽丝·沃克：《紫色》，杨仁敬译，北京十月文艺出版社1988年版，第78页。

⑥ 参见于振勇《中国妇女解放实践中的妇女组织角色及其运行机制》，硕士学位论文，浙江大学，2008年。

⑦ 中共中央文献研究室、中央档案馆编：《建党以来重要文献选编（1921—1949）》第5册，中央文献出版社2011年版，第497页。

五四新文化运动后,资产阶级的没落与共产党的崛起成为此时的一个转折点,马克思主义成为引导中国无产阶级革命的主流意识形态,"解放"成为社会主义革命思想中的核心关键词,因此,两词均属"无产阶级性质"[①]。无产阶级领导的妇女运动将妇女解放的性别政治目标与人类解放的阶级政治目标紧密联系,归入马克思主义所采用的解放话语体系之中。目前,中国妇女理论研究惯用"妇女运动"与"妇女解放运动"两个专业术语,广义上指中国历史发展中反对性别不平等的社会运动[②],现在泛指为推动女性自身解放与发展而进行的有纲领、有组织、有领导、有规模,以女性为主体的社会运动。

从概念称号的变迁,折射出中共关于妇女问题的理念变化。鸦片战争以后,在与"自强求富"的口号相伴随的近代社会改革中,首先开始的是解放妇女(妇人)。戊戌变法开始的那种由一批男性知识分子所发动的解放妇女(妇人)实践的目标并不在于实现妇女(妇人)的解放,而在于以妇女(妇人)的解放为工具实现民族的自强,实际上就是解放妇女(妇人)。五四时期关于妇人运动、妇人解放与阶级的讨论各种观点交融荟萃,表现了阶级与性别交织的复杂性,其阶级分析的方法,为此后中国化马克思主义妇女观的确立、建设奠定了基础,而土地革命时期"妇女解放运动"成为中共领导下的无产阶级社会革命运动。总之,"妇女解放首先是一个历史的范畴,不同的社会历史时期,妇女解放包含了不同的内容"[③]。妇女解放既可指一种思想,也可指一种运动。一定的妇女解放思想,指导一定形态的妇女运动;妇女解放的目标没有实现,争取解放的运动就不会停止。[④]

(五) 运动与革命

所谓运动,就是指事物的变化和过程,多指政治、文化、生产等方面有组织、有目的、规模较大的群众性活动。所谓革命,从广义上讲,就是

[①] 中华全国妇女联合会妇女运动历史研究室:《中国妇女运动历史资料(1927—1937)》,中国妇女出版社1991年版,第11、43、44、50、51、111、376、509、520、522页。
[②] 参见吕美颐、郑永福《中国妇女运动(1980—1921)》,河南人民出版社1990年版,第11页。
[③] 张莲波:《中国近代妇女解放思想历程》,河南大学出版社2006年版,前言第1页。
[④] 参见李静之《论妇女解放、妇女发展和妇女运动》,《妇女研究论丛》2003年第6期。

指推动事物发生根本变革，引起事物从旧质变为新质的飞跃；从狭义上讲，革命主要是指社会革命和政治革命，譬如毛泽东所说，"革命是暴动，是一个阶级推翻一个阶级的暴烈的行动"。① 而现在对"革命"一词有诸多解释，歧义主要来自是否与暴力相关联，即使在西方的现代用法上，"革命"也常用来指各种领域里"新"的变革，如医学革命、生态革命，未必有手段激烈的含义。

为保持历史文献原生态，本书在引述历史文献时不对"运动"与"革命"用词细分。就土地革命时期而言，"运动"与"革命"术语内涵基本相同，而且常把两词结合成"革命运动"使用，也很难明晰妇女解放运动与苏维埃革命的绝对分界线，常混为一体。比如，在中共"六大"《妇女运动决议案》中提到："在中国革命的第一阶段中，妇女组织是以一般民族革命运动为其立脚点，其纲领只包含一些普通的妇女要求。"② 1923年，向警予曾抨击欧洲女权运动的结果揆之"两性权利完全平等的"原则相差很远，赞誉"异军突起的俄罗斯妇女，于欧美女权运动的程式之外，另辟一条'革命'的途径"，从而设问"妇女解放究竟是在怎样的天国，妇女运动究竟是应采怎样的方式？"③ 由此，我们可以清楚地看到"运动与革命"的关联性、同一性。1924年她又说"从历史上观察，妇女运动与国民运动是常相伴侣的"，直接点明了妇女运动与国民运动的关系是"不能分离"。④

另外，因我们长期处于红色话语包围中，受"革命史范式"影响，以往众多文献是基于革命史视角下的红色叙事，大多以中国共产党为论述主轴，将妇女解放运动简单看作革命的一部分，淡化了民族主义、阶级斗争与妇女运动之间的分歧，强调革命前的女性受害者地位，以彰显革命的意义和价值。实质是中央苏区妇女解放运动的开展与近代中国革命的进程息息相关，妇女解放运动与苏维埃革命之间的关系类似双重变奏，正如《续西行漫记》所言："中国历史是一部革命兴衰史，是一次次声势浩大

---

① 《毛泽东选集》第1卷，人民出版社1991年版，第17页。
② 中共中央文献研究室、中央档案馆编：《建党以来重要文献选编（1921—1949）》第5册，中央文献出版社2011年版，第497页。
③ 中华全国妇女联合会妇女运动历史研究室：《中国妇女运动历史资料（1921—1927）》，中国妇女出版社1986年版，第275页。
④ 同上书，第233页。

的进步运动。"① 此处"革命"与"运动"相提并论,意思相同。毛泽东在1939年总结党的18年历史中也曾说,我们党的历史,可以说就是武装斗争的历史。在中国,只要一提到武装斗争,实质上即是农民战争,党同农民战争的密切关系即是党同农民的关系。同时他又说:"我们党已经能够把武装斗争这个主要斗争形式同其他许多的必要的斗争形式直接或间接地配合起来,就是说,把武装斗争同工人的斗争,同农民的斗争(这是主要的),同青年的、妇女的、一切人民的斗争,同政权的斗争,同经济战线上的斗争,锄奸战线上的斗争,思想战线上的斗争,等等斗争形式,在全国范围内或者直接地或者间接地配合起来。"② 当然,红色叙事中所讲述的"革命"不完全等同于王朝更替的"汤武革命",其多以文本化方式、仪式性氛围、革命话语主体的合法性地位来不断地建构着有关中国共产党领导下的中国革命斗争、社会运动的历史图景,时间上多指从1921年中国共产党成立到1949年中国共产党成为执政党的区间内,它对确立当代中国社会的核心价值观也发挥了极为重要的作用。

(六) 马克思主义妇女观

马克思和恩格斯并没有针对妇女解放问题进行专门研究的专著,但是他们在研究人类解放时,运用历史唯物论和辩证法剖析了妇女被压迫剥削的本质、规律和解放途径,为世界妇女的解放事业指明了道路。总体而言,马克思主义妇女观主要内容有:"妇女被压迫是人类历史发展的一定阶段上的社会现象;妇女解放的程度是衡量普遍解放的天然尺度;参加社会劳动是妇女解放的一个重要先决条件;妇女解放是一个长期的历史过程;妇女在创造人类文明、推动社会发展中具有伟大的作用。"③

马克思主义的最终目标是实现共产主义,追求每个人的全面自由发展。他们把妇女解放看作人类解放的一部分,用历史唯物主义这条逻辑主线深刻剖析妇女这一苦难的群体,认为普受压迫的妇女没有被解放,人类也不可能被解放。在探索人类解放的进程中,作为人类的一半——妇女——的解放是不可回避的问题。马克思、恩格斯从不同视角切入,写下

---

① [美]尼姆·威尔斯:《续西行漫记》,陶宜、徐复译,三联书店1991年版,第49页。
② 《毛泽东选集》第2卷,人民出版社1991年版,第609页。
③ 江泽民:《全党全社会都要树立马克思主义妇女观》,《江泽民文选》第1卷,人民出版社2006年版,第106页。

了《资本论》《论离婚法草案》《神圣家族》《共产党宣言》《德意志意识形态》《1844年经济学哲学手稿》《英国工人阶级状况》《家庭、私有制和国家的起源》等不朽著作,揭露了资本家对女工的剥削,揭示了妇女受压迫的根源,科学分析了女性的社会地位及其变化过程、女性所承担的社会责任和义务、女性应有的社会权利和她们实现权利的途径等基本问题,从而形成了马克思主义妇女观。而恩格斯的《家庭、私有制和国家的起源》被公认为是无产阶级妇女解放理论的代表作和奠基石,为后世研究解决妇女问题奠定了理论基础。在此基础上,列宁、斯大林在社会主义实践中,继承和丰富了马克思主义妇女观。列宁在《致女工》《国际劳动妇女节》《论国家》《论苏维埃共和国女工运动的任务》《在全俄女工第一次代表大会上的演说》《伟大的创举》,斯大林在《庆祝国际妇女节》《致山民妇女第一次代表大会的贺电》等著作,德国马克思主义者奥古斯特·倍倍尔在《妇女与社会主义》,克拉拉·蔡特金在创办的《平等报》中的相关文章,为实现妇女解放和男女平等,提出了诸多解决问题的方案,对马克思主义妇女观的丰富作出了重大贡献,找到了妇女解放的道路和途径,继续发展了马克思主义妇女观。

五 研究思路、论文框架和研究方法

(一)研究思路与论文框架

本研究试图在吸收前人研究成果的基础上,运用马克思主义妇女观的基本立场、观点和方法,以"中央苏区"为时空,以"妇女解放运动"为切入点,以毛泽东诗词名句为脉络,以妇女解放的"异军""实际怎样"以及"正道""应当怎样"的问题为经线,以马克思主义妇女观中国化为纬线,在经纬交织中探讨中央苏区妇女解放运动基于何背景、提出何愿景、选择何路径、如何来动员、何人参与、达到何效应、有何启示等递进式的系列问题,并对镶嵌其间或隐或显的史实进行梳理挖掘,以期对中央苏区妇女解放运动研究勾勒出一个较为清晰的解释框架,旨在丰富马克思主义中国化的理论空间,深化马克思主义妇女观中国化研究。

论文结构框架由导论、正文、结束语三部分组成,正文内容主要包括六个部分(详见第36页框架图)。

导论 妇女解放突异军:中央苏区妇女解放运动研究始基问题。本部

异军与正道

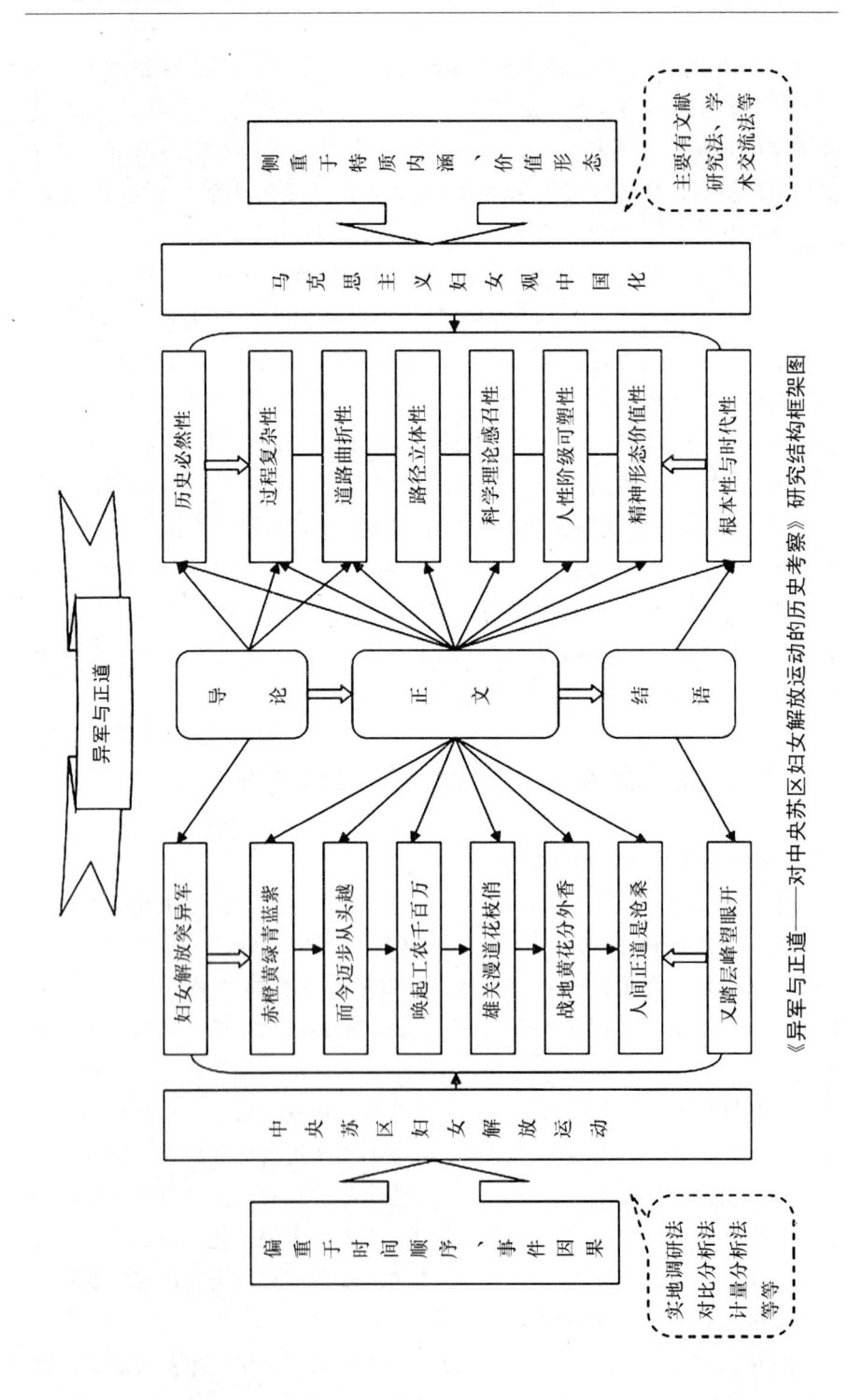

《异军与正道——对中央苏区妇女解放运动的历史考察》研究结构框架图

主要有文献研究法、学术交流法等

侧重于特质内涵、价值形态

马克思主义妇女观中国化

- 历史必然性
- 过程复杂性
- 道路曲折性
- 路径立体性
- 科学理论感召性
- 人性阶级可塑性
- 精神形态价值性
- 根本性与时代性

异军与正道

导论 → 正文 → 结语

- 妇女解放突异军
- 赤橙黄绿青蓝紫
- 而今迈步从头越
- 唤起工农千百万
- 雄关漫道花枝俏
- 战地黄花分外香
- 人间正道是沧桑
- 又踏层峰望眼开

中央苏区妇女解放运动

偏重于时间顺序、事件因果

实地调研法、对比分析法、计量分析法等

分主要介绍选题的由来、选题的意义、研究现状、相关概念界定、学术价值、结构框架、研究方法等内容。从涉及妇女解放运动的相关概念等切入，介绍了"中央苏区"等概念的渊源，阐释了"女性、妇女"等名称的变更由来，点明了"妇女解放"与"解放妇女"等用词的联系与区别，说明遣词造句变化本身所反映的人们思想变化、党的妇女解放思想主张，从中也体现了马克思主义妇女观中国化的历史过程。

第一章　赤橙黄绿青蓝紫：中央苏区妇女解放运动的背景与愿景。本章主要从潜在诱因、直接原因、思想源泉方面追寻中央苏区妇女解放运动兴起的背景，以目标调适、梦想构建、践诺尝试为线索梳理妇女解放运动的愿景。通过分析犹如"赤橙黄绿青蓝紫"般的多重背景、多元思想、多维愿景，反映了中央苏区妇女解放运动选择马克思主义妇女观作为指导思想的历史必然性，透视了马克思主义妇女观中国化的过程复杂性、道路曲折性。

第二章　而今迈步从头越：中央苏区妇女解放运动的路径展开。本章包括中央苏区妇女解放的主要路径，即解决经济权、唱好婚姻曲、扩大教育面、提升参政度、构建组织网等内容。全景梳理了中央苏区妇女解放运动的路径方法，诠释了路径选择的逻辑关系，展示了以中共领导、苏维埃政权主导下的中央苏区妇女解放运动"而今迈步从头越"所取得的显著成绩，反映了中央苏区妇女解放的程度，透视了马克思主义妇女观中国化的路径立体性。

第三章　唤起工农千百万：中央苏区妇女解放运动的动员机制分析。本章主要包括中央苏区妇女解放运动的动员方式、动员模式、客家山歌动员赏析、动员效果检验等内容。分析了中央苏区妇女解放运动以土地革命为内容的经济动员、以政治参与为目标的政治动员、以阶级思想灌输为方法的文化动员、以群众路线为途径的组织动员和以诉苦、控诉为形式的情感动员等多种方式，提出了中央苏区妇女解放运动的"互利共生型"动员模式。反映了"唤起工农千百万"的动员机制是策略选择与环境所迫的结果，在取得立竿见影效果的同时，也存在消极影响。妇女动员推进了马克思主义妇女观中国化、大众化、时代化进程。

第四章　雄关漫道花枝俏：中央苏区妇女解放运动的巾帼群英考察。本章主要包括巾帼群英的肖像概述、代表个案描述、核心价值解读等内容。针对中央苏区60位巾帼群英梳理、个案描述，分析了她们的丰功伟绩、心路历程、酸甜苦辣，归纳了群体的核心价值，指明巾帼群英的价值取向、角色定位、个性特征，对于突破女性传统的价值意识和动员广大妇女参与运动有着重要意义，也透视了马克思主义妇女观的科学感召性、精神形态价值性。

第五章 战地黄花分外香：客家妇女参与运动的心态嬗变。本章主要针对客家妇女参与运动的游移不定的观望心态、应景迎合的投机心态、憧憬未来的乐观心态、讴歌胜利的狂热心态、面对挫折的变异心态表征及其复杂原因，分析了心态嬗变的意蕴指向，从而讴歌客家妇女这枝"战地黄花"作为中央苏区妇女解放运动中力量构成主体和解放与被解放主客体的作用与贡献，也透视了马克思主义妇女观中国化的人性阶级性、人性可塑性。

第六章 人间正道是沧桑：中央苏区妇女解放运动的历史价值与现实启示。本章主要评析了中央苏区妇女解放运动的历史定位、价值作用，结合现实提出了农村妇女解放的相关建议，从而说明马克思主义妇女观中国化视域中的中央苏区妇女解放运动的独特性（苏区时空特征）、局限性（时代特征）、规律性（历史特征）、根本性（本源特征）与当代价值性（作用特征）。

结语 又踏层峰望眼开：中央苏区妇女解放运动的研究余论。本部分分析了妇女解放"异军"与"正道"的关系实质上体现了事实与价值的关系问题，提出了中央苏区妇女解放运动后续研究的相关思考，认为后续围绕中央苏区妇女解放运动与"新运妇指会"的相关问题的比较研究，或许可以进一步夯实妇女解放"异军"的事实基础，也可能捕捉或拓展新的学术生长点；而后续针对马克思主义妇女观当代价值的寻求途径研究，也有助于提升对妇女解放"正道"的价值或价值大者的选择，从而增添研究实效，深化研究意义。

（二）研究方法

一般而言，社会科学的研究方法涵盖其方法论、基本方式、具体方法三个层面。本书主要运用马克思主义基本原理，利用政治学、哲学、历史学、女性学、心理学、社会学、管理学等学科知识，采取通常的理论与实践相结合、分析与归纳同使用、历史与逻辑相统一、定性与定量分析相结合的方法，做到史论结合、论从史出、借史引论、以论鉴史，增强研究论文的真实性、学术性和可读性。具体方法主要有以下几种：

（1）文献检索法。笔者先后到国家图书馆、上海图书馆、江西省图书馆、江西省档案馆借阅了大量文献资料，去有关县市党史办、档案馆查阅了大量历史档案，向中共中央党史研究室工作的同学求证过历史文献，在大量占有和研读档案资料、研究成果的基础上，还通过华东师范大学、江西农业大学的图书馆下载并通读了"马克思主义中国化研究"专业博士、硕士论文260余篇。在此基础上，进行了综合分析，归纳整理，并始终注重以问题意识为导向，筛选出焦点问题、疑点问题、难点问题、热点问题、敏感问题等，且特别注重从原生态去研究史料，一切史事、人物的取舍、详略、褒贬，力求合乎马克思主义基本观点和中国化的马克思主义妇女观，期望得出客观性比较高的结论。

（2）实地调研法。为了挖掘、利用新史料，除了引用已经出版的史料和论著外，前期在导师的带领下，笔者专程到江西井冈山、吉安、泰和、赣州、寻乌以及福建龙岩等地进行实地考察和调研访谈，寻访历史遗迹，采访当地群众，请教有关专家，获取了大量第一手研究资料。后期结合研究需要，又深入江西兴国、瑞金、宁都、信丰、上犹、南康、遂川等地的党史、档案部门收集并翻印了很多未出版的手记、回忆录、史稿、会议记录，补充了不少新鲜材料。

（3）对比分析法。过去对苏维埃的有关写作多半基于国共各自政治立场的牵制和影响，使得相关讨论充满着道德偏移、价值误判，这是苏维埃历史的研究学者必须面对的障碍。近年来，多学科研究互动频繁，学界的思维方式与研究理路日渐开放。就党史而言，较之其他学术领域，突出表现为既关注台前对象，也关注幕后行为，生发出许多延展性议题。为此，笔者也查阅了国民党时期的《大公报》《江西民国日报》等报纸、杂志，当时国民党要人陈诚等的家信、日记等相关资料，借鉴宝岛台湾有关学者成果，与中共的《红色中华》《斗争》《青年实话》等媒体资料进行对比。凡此努力，祈望能拓宽研究视野，创新研究视角、研究方法，发掘新史料，深化研究内容。

（4）历史心理分析方法。笔者早前参加了中国科学院心理咨询与治疗心理专业两年学习，利用所学在本书中运用了心理学的理论和心态史学方法对客家妇女的思想、言论和行为进行心理层面的分析和解释，做到将对历史人物的心理分析与当时社会环境结合起来，从而对个人行为与历史背景之间的关联作出解释。笔者希望以此"还原"历史情境，追问人性本能，深化革命史研究，从而"深描"历史文化生态、微观行动机制及其探索意义。

（5）计量分析法。本书以全国妇联编写的《中国妇女运动历史资料（1927—1937）》（中国妇女出版社 1991 年版）一书为分析样本，注意到相关术语差异，并分别计量统计"妇女工作""妇女运动""妇女解放""解放妇女""妇女解放运动""妇女主义""女权主义""妇女发展""女性主义""妇人解放""女子解放"等词出现频次，发现概念术语之间的差异背后折射出鲜明的阶级立场，从中可透视这一时期中共妇女问题的政见与主张。此外，本书又以《中共党史人物志》《中央苏区人物志》《中央苏区人物谱》等为基础，结合历史资料、人物词典、回忆录、口述史进行整理编辑的中央苏区的 60 位巾帼群英为分析样本，采用内容分析法，探究巾帼群英群体的结构特征和共性内核。

（6）学术交流法。中央苏区妇女解放运动历史虽为客观存在，但人作为运动主体有其主观能动性，对历史事实记载有着详略取舍标准，可彰显或遮蔽，有漂染与涂抹，甚至难免有故意欺骗或预谋假象。查清历史真相之法，除了尽可能详细地把握历史档案并逐一认真核查等之外，学术交流也是去伪存真的有效的工具和有效的方法之一。为此，笔者在读博士期间，先后参加了 8 次相关学术交流活动，虚心请教、咨询有关专家，通过不同学术观点的交流、交锋和商榷，常有醍醐灌顶之痛快，从中受益良多。

六　本书的创新和不足之处

（一）创新与特色

在坚持学术必须具有科学化、学科化的理论自觉上，本书遵循以问题意识为导向，以学术为视角，以历史为线索，以文献为基础，以史料为原貌，以通俗为风格，在研究方法上跨越了质性的思辨，吸纳应用了社会科学的量化研究方法，做到实证分析与理论研究相结合，并坚持史论结合、论从史出、借史引论、以论鉴史，并借鉴了多学科研究方法展开研究。可能在以下方面有一些创新之处。

1. 观点创新

（1）认为中央苏区妇女解放运动的兴起和发展，彰显了中国共产党人理论信念之力、坚韧不拔之志和脚踏实地之功。

（2）探讨了中央苏区妇女解放的解决经济权、唱好婚姻曲、扩大教育面、提升参政度、构建组织网五维解放主要路径；提出了政治是核心基础，教育是主观基础，经济是保障基础，婚姻是客观基础，组织是行为基础等观点。

2. 内容创新

（1）梳理并提出了中央苏区妇女解放运动的"互利共生型"动员模式：在苏维埃土地革命期间，中央苏区妇女解放运动在中共领导下，坚持以争取妇女政治解放、阶级解放为导向，以土地革命为载体，以婚姻自由为核心，以普及教育为手段，以健全法制为保障，围绕妇女解放这个轴心展开动员，实现了与苏维埃革命运动的高度耦合、互利共生，最大限度地解放妇女自身的同时，助推了苏维埃革命运动各项工作的开展。其具体表现方式为：以土地改革为内容的经济动员、以政治参与为手段的政治动员、以阶级思想灌输为方法的文化动员、以群众路线为途径的组织动员和以诉苦、控诉为形式的情感动员等多种方式，归纳了客家山歌动员的"六全"特色。

（2）认为客家妇女在运动中成了主力军，巾帼群英的作用十分重要。

（3）认为评析价值时须改变以往"非此即彼"二元对立的思维模式。

3. 研究范式创新

突破了以往对马克思主义妇女观中国化研究按照马克思主义妇女观"传播—确立—影响"的简单逻辑顺序而进行重复阐述和解读的研究范式，揭示了马克思主义妇女观中国化的相关特质。主要包括任务艰巨性、过程曲折性、路径策略性、成果创新性、渠道立体性、科学感召性、精神形态价值性、人性阶级性、人性可塑性等。构建了道路、理论、制度三维框架研究马克思主义妇女观中国化。认为马克思主义妇女观中国化的成果不仅表现为理论成果，体现在实践成果，而且蕴含为精神成果。理论成果是其主要内容、显著标志和有形载体，实践成果是其出发点、目的和归宿，精神成果是其内核、灵魂和动力。三者相辅相成，统一于马克思主义妇女观中国化的伟大实践中。

本书的研究思路、逻辑结构并非简单对应于历史脉络的发展顺序来组织,对某些历史细节方面的考究与阐释也并非面面俱到,而是从背景愿景、路径方法、动员机制、巾帼群英、妇女心态、价值启示六维向度,将中央苏区妇女解放运动核心特征逐渐提炼出来,从而深化马克思主义妇女观中国化认识。

在当今"后现代"思潮颇有市场的学界,"宏大叙事"的表述方式受到了一定质疑和挑战,对革命的重新诠释成为学术界的一个热点问题。本书力图在更为宽阔的历史视野中探究曾有的"宏大"背后本身的历史事实,始终不忘弘扬主旋律,尽量做到释放正能量,矢志于更好地培育和弘扬社会主义核心价值观,力所能及地做些"凝魂聚气、强基固本"[①]的基础工作。

4. 写作风格创新——诗史论结合的写作风格

土地革命时期,毛泽东在江西战斗、工作、生活了8个年头,与中央苏区红土地结下了不解之缘。他在戎马倥偬之际,创作了10首不朽诗篇,差不多每年都有诗词作品,加之其以后创作的提及、反映苏区的作品,为数不少。它们是土地革命的历史见证、形象写照。在这些作品中,更有直接讴歌妇女解放运动的,既是毛泽东革命主义情怀和乐观主义精神的艺术表现,也是对妇女解放运动的高度赞许和充分评价,具有完美的艺术形式和强烈感染力。毛泽东诗词魅力十足,不仅美在丰厚的内容、磅礴的气势、雄浑的意境、豪壮的语言、瑰丽的色彩,更有很强的教育意义。有鉴于此,启发笔者尝试选取自认为最贴切的毛泽东诗词部分名句串联本书各章节的想法,结合史论,试图使博士论文讲究学术理路严谨逻辑"张力"的同时,增添女性话题、女性研究者的尚美"弹力",通过诗史论结合,从"诗"的意境联想,增加可读性;从"史"的严肃切入,增加权威性;从"论"的要求解析,增加学术性,力求做到主题突出,特点鲜明,宏观而不空洞,实际而不琐碎,试图使本书不失学术严肃性、系统性、逻辑性的同时,追求语言的趣味性、可读性、新颖性,尽量能正确朝着党史研究专家石仲泉先生所说的"如何深入研究党史、写活党史有了新思考"[②]方向上努力,避免出现使人读

---

① 习近平:《把培育和弘扬社会主义核心价值观作为凝魂聚气、强基固本的基础工程》,《人民日报》2014年2月26日。

② 参见石仲泉为《中央苏区研究丛书》撰写的总序(二),中国社会科学出版社2009年版,第5页。

后产生似曾相识或落入俗套的感觉。

(二) 本书局限

(1) 还需进一步强化内容学理性。由于当初在中央苏区从事妇女解放运动的人员文化程度偏低,且为满足动员农村妇女的需要,很多史料本身口语化,语言直白,就事论事,逻辑性欠强,间或条理混乱,甚至错别字很多,这给史料应用带来话语转换难题。况且,山歌歌词的选用、女性口述史材料的应用少不了"讲故事"的成分,弱化了本书内容学理性。而本书又坚持史论结合、论从史出、借史引论、以论鉴史,尊重历史事实,本意是好的,但由于太拘泥于历史事实也容易削弱历史研究的理论性。目前来看,在如何统筹遵循史料原生态与加强研究学术性两者关系上还得下苦功夫。

(2) 文献量还不足。尽管笔者查阅了大量文献,但仍感文献量不足、资料匮乏。在对广泛的史料钩稽爬梳鉴别中,有时很辛苦淘到一篇文献,迫不及待地查看内容时,却吃惊而又遗憾地发现,"妇女"等字样后面往往有个"(略)",还有很多不标出"(略)"但"妇女"却杳然不见。即便不如此,很多成果对于妇女问题也吝啬到仅有一小段内容。细究其原因,主要由于中国封建社会向来忽视、漠视或贬低女性作为的惯性作用,对妇女问题隐约难免。另外,囿于战争和保存条件的限制留下来的文字性资料不多,所以对妇女也就继续忽视、漠视或贬低。此外,中国社会长期由男性主导,中央苏区妇女解放运动现有文献资料大都以男性为中心进行记载,直接引用,可能也会误读妇女的精神面貌,就现有史料的取材上是否科学有待于实践检验。

(3) 定量分析样本量偏小。中央苏区妇女解放运动中无数妇女发挥了重要作用。因受所掌握资料的限制,在计量分析问题时,只能选取60位代表性巾帼群英人物进行研究,这使研究工作不充分,限制了阐释空间。还好有专家认为,在定性研究未完成前,即使是真实数字也可能并不可靠,不一定能反映数字背后的真实情况,比如,"文化大革命"中后期,妇女参政比例可以说是最高,难道就可以得出"妇女政治地位或水平最高"的结论?答案是否定的。又比如,前段时间妇女下岗人数众多,比例最大,妇女回家现象严重,就业问题突出,妇女就业矛盾尖锐,难道就可以说是"妇女解放回潮""妇女地位下降"?[①]

总之,提出这些问题,既是强化自己的问题意识,也为了抛砖引玉,敬请专家赐教。

七　几点说明

(一) 关于引文说明

(1) 关于规范性引文。本书尽可能采用规范的、约定俗成的引文,以使读者在阅读过程中能达到一目了然的效果。

(2) 关于省略性引文。鉴于篇幅所限及引文的尽量简单化,本书在一些引文中采用了省略化引文。比如,引用同一篇文章的资料为同一页时,往往只标一个注释,给读者带来不便之处敬请谅解。

(3) 关于特殊性引文。为了研究的尽量完善,本书除大量引用一些公开发表的资料,并注明页码外,还引用了一些地方性的未公开发表的资料,笔者认为这些资料对研究颇有裨益,但遗憾的是由于版本的多样化,往往只能标明作者姓名、题目而不能标明页码。

(二) 关于回忆录材料使用

回忆录也是本书所利用的材料,但由于时隔久远、感情倾向,回忆录与历史的原貌对比可能失真。本书在回忆录的使用上,秉持以文件原貌为主、以回忆录为参照的原则,另外,尽可能不以涉及政治立场和个人情感的描述与判断为依据。

[①] 李小江:《50年,我们走到了哪里?——中国妇女解放与发展历程回顾》,《浙江学刊》2000年第1期。

第一章

赤橙黄绿青蓝紫：中央苏区妇女解放运动的背景与愿景

> 赤橙黄绿青蓝紫，谁持彩练当空舞？
> ——1933年春，毛泽东《菩萨蛮·大柏地》①

作为三省交界处的赣南、闽西，是紧密相连的两大区域，都是在崇山峻岭包围之中，交通极为不便，都是客家人聚居区，有深厚的客家文化，有共同的历史、心理、语言和风俗，遭受着共同的压迫和剥削，是思想闭塞、观念落后、经济转型迟滞的落后地区。这里经济的主体为小农经济，几乎没有现代工业，只有分散的个体农业、手工业和中小商业，"赣南各属之农民生产仍是旧式的，土地公司的组织上没有的，工业更谈不上。商业除赣县一城比较大点，其余则完全为旧式的贩卖"②；有的地方还处于刀耕火种的原始落后阶段，"还停留在杵臼时代（山地大都用杵臼舂米……）"③，"有些地方更还是杵臼时代，如山上的农民都还是用手臼打米的"，"有日出而作，日入而息，老死不相往来的神气"，因而"边界的经济较其他地方都要落后些，人民多务农……农民被剥削较严重，苛捐杂税也较他处为甚，所以农民的生活较苦"④。基于如此境地，我们不禁要问：为什么在这样一个区域能够兴起规模浩大的妇女解放运

---

① 公木：《毛泽东诗词鉴赏》，长春出版社2001年版，第74页。
② 江西省档案馆、中共江西省委党校党史研究室编：《中央革命根据地史料选编》（上），江西人民出版社1982年版，第183页。
③ 《毛泽东选集》第1卷，人民出版社1991年版，第74页。
④ 江西省档案馆、中共江西省委党校党史研究室编：《中央革命根据地史料选编》（上），江西人民出版社1982年版，第19页。

动？毛泽东从政治经济发展的不平衡性、革命战争的洗礼、革命形势的发展、正式红军的存在、党组织力量和政策五个方面认真剖析了中国红色政权发生和存在的原因。① 基于革命的宏大叙事而言，这种"五因素论"对我们的问题研究不无启示。而1923年康国在《妇女杂志》第9卷第1号发表的《妇女运动的成立及要求》对我们的问题探讨也有裨益。该文认为妇女运动的形成至少要具备以下几点因素：须有对妇女压迫的事实；反抗压迫事实的意识；反抗压迫的团结组织的实际行动。正如该文作者所说"倘使社会上向来没有为压迫妇女特设的习惯、道德、法律（男子和妇女完全同等），便决不会发生妇女运动。如果大家都承认妇女的受压迫是正当的事情，是不可避免的命运，没有一点反抗的意识，便决不会发生什么妇女运动"②。有鉴于此，笔者试图探析中央苏区妇女解放运动的背景和愿景，追问中央苏区妇女解放运动的兴起基于怎样的社会基础？又具有怎样的思想理论基础？中央苏区妇女解放运动的发展愿景是什么？其目标聚焦何处？核心价值为何？

第一节　中央苏区妇女解放运动兴起的背景追寻

物理学中的"力"虽看不见、摸不着，但作用巨大，它能改变物体的运动状态和运动结果。实践表明，"力"对物体的作用效果决定于三个要素：力的大小、力的方向以及力的作用点。改变任何要素都会改变力对物体的作用效果。社会科学领域的专家、学者借助物理学上"力"的概念，提出了诸如领导力、执行力、影响力等众多新名词，直观形象地阐释了许多社会、管理等问题，取得了较好效果。李大钊曾指出："凡在'力的法则'支配之下的，都是被压迫的阶级。"③ 从当时的文本来看，"力的法则"是分析社会关系的重要概念。④ 由此，笔者试图借用"压迫力、张力、影响力"等概念来诠释中央苏区妇女解放运动兴起的缘由。

---

① 参见《毛泽东选集》第1卷，人民出版社1991年版，第47页。
② 康国：《妇女运动的成立及要求》，《妇女杂志》1923年第9卷第1号。
③ 中华全国妇女联合会妇女运动历史研究室：《五四时期妇女问题文选》，三联书店1981年版，第95页。
④ 参见韩贺南《阶级与性别的"联盟"——中共首部妇女运动决议及相关文献研究》，《党的文献》2011年第1期。

诚然中央苏区妇女解放运动兴起和展开的缘由具有多样性，可能是经济的发展、时代的进步、社会的转型、新旧文化的冲突、外来文化与本土文化的交汇融合等因素的影响，但笔者认为最主要的因素是"压迫力、革命张力、思潮影响力"三力相互影响、叠加作用的结果，使得压迫中央苏区妇女身心的传统道德伦理趋于瓦解，使中央苏区妇女的女性角色因为革命而从观念、身体、行动等方面接受了新的解构与建构，更主要的是得益于马克思主义妇女观的正确指导，从而推动了中央苏区妇女解放运动的蓬勃开展。

一 潜在诱因：源自妇女长期受困"双重"压迫力

在中国封建社会的漫漫长河中，固然不乏花木兰代父从军、穆桂英挂帅的动人传说，也出现过堪与男子媲美的女政治家、女才子，乃至女豪杰。但广大妇女始终处于社会的最底层，过着无权、无地位的悲苦生活。"中国妇女包括于整个的被压迫民族之中。在民族的自由独立未达到以前，绝无妇女自由独立的可能。使中国民族不能独立自由的是帝国主义和附属帝国主义生存的军阀。"[①] 其实质点明了妇女的民族性和"压迫源"问题。赣南、闽西妇女与全国绝大多数妇女一样形成了积弊深重的社会价值、人伦价值和个体价值观，这是妇女自我解放的必要性和艰巨性所系，也为妇女解放运动带来了极大张力和阻力。正如1927年毛泽东在《湖南农民运动考察报告》中提出："中国的男子，普通要受三种有系统的权力的支配，即：（一）由一国、一省、一县以至一乡的国家系统（政权）；（二）由宗祠、支祠以至家长的家族系统（族权）；（三）由阎罗天子、城隍庙王以至土地菩萨的阴间系统以及由玉皇上帝以至各种神怪的神仙系统——总称之为鬼神系统（神权）。至于女子，除受上述三种权力的支配以外，还受男子的支配（夫权）。这四种权力——政权、族权、神权、夫权，代表了全部封建宗法的思想和制度，是束缚中国人民特别是农民的四条极大的绳索。"[②] 聚焦于中央苏区特定时空的社会环境和"时空"特点，中央苏区妇女遭受着"双重压迫"，除有"列强帝国主义的压迫"外，还有"四权压迫"。

---

① 《〈中国妇女〉的宗旨和内容》，《中国妇女》1926年第3期。
② 《毛泽东选集》第1卷，人民出版社1991年版，第31页。

（一）政权压迫

政权是指占统治地位的阶级利用国家机器，在政治、经济、文化、教育等各方面实行阶级统治的权力形式。① 政权压迫是指统治阶级利用国家政权，制定控制全体社会成员的法律，并以国家机器对不服从者进行惩罚和制裁。赣南、闽西妇女所受的政权压迫非常深，表现在：政治上妇女没有参政权，不能担任公职，不能参加人才选拔考试，不能参军，没有意见表达权，被排斥在政治活动之外；要遵从男尊女卑、三从四德的封建思想，被禁锢在家庭中，屈从宗法礼教的统治，服从男人的威权；经济上没有财产权，不能以国民的名义获得土地及一切生产资料，没有财产继承权和支配权，只能如牛马般劳动。若论对国家或家庭的贡献来分配权利的话，客家妇女本应享有超过当地男子的权利。如永新、莲花、宁冈、泰和、兴国、大余、于都、赣县、寻乌、上杭、永定等地客家妇女是大足，她们不仅和男子一样参加农业生产和外出经商，还要担负起烧茶煮饭、砍柴种菜、养鸡喂猪、纺纱织布等田头灶尾的各种繁杂家务活儿，贡献超过男子，但劳动果实和财产的所有权还是归男子。在寻乌，"就是当那过年过节时候从祠堂里分谷分肉。男子都有分，女子没有分（有些族上寡妇有分），每人分得几斗谷、几斤肉"②，这在全国具有普遍性。在文化方面，流行女子无才便是德，甚至有"女子识字就诲淫"③ 的观念，所以妇女也没有受教育的权利。而赣南"因距离南昌几百里，交通亦不甚便利，故历来是驻军的一个统治×邑。赣南是刘士毅和土匪的共治地（如上犹、崇义为土匪周文山所治），多数的地方文化教育非常落后"④，因而，客家"劳动妇女可以说整个的都是文盲"⑤，毛泽东在寻乌调查也发现"妇女可以说全部不识字……男子文化程度并不低"⑥。

（二）族权压榨

宗族是研究中央苏区社会运作体系不能回避的一个问题。中国封建时

---

① 参见钟玉英《社会学概论》，华南理工大学出版社2011年版，第164—165页。
② 《毛泽东文集》第1卷，人民出版社1993年版，第177页。
③ 陈东原：《中国妇女生活史》，上海书店出版社1984年版，第13页。
④ 中央档案馆、江西省档案馆：《江西革命历史文件汇集（1927—1928）》，1986年印，第334页。
⑤ 《苏维埃的教育政策——凯丰在1933年10月苏区教育大会上的报告》，载赣南师范学院、江西教育科学研究所《江西苏区教育资料汇编》第1册，1985年印，第31页。
⑥ 《毛泽东文集》第1卷，人民出版社1993年版，第224页。

代是家国一体制，国家通过宗族威权者（族长）来统治地方。中央苏区地处远离统治中心的偏僻之地，客家人占大多数，为显示自己血统和文化的正统与高贵，封建礼教更是根深蒂固；在土客争斗中，有组织的统一部署的家族总是强过单枪匹马的力量；偏于一隅的中央苏区范围内的政权压榨在很多方面又直接表现为族权摧残。在一些宗族势力强大的村落，家族中心主义盛行，族人对宗族的依赖超过对政府基层组织的依赖，赣南、闽西的固若金汤、聚族而居的围屋其实就是族权统治的明证。家族内的男女从思想到行为必须与家族的要求一致，否则，将被视为逆贼遭受严厉的惩罚。对于中国的乡村，"从社会角度来看，村子里的中国人直到最近主要还是按家族制组织起来的，其次才组成同一地区的邻里社会。村子通常由一群家庭和家族单位（各个世系）组成，他们世代相传，永久居住在那里，靠耕种某些祖传土地为生"[①]。费孝通先生在《乡土中国》中也认为，中国传统社会是一个由"长老统治"的礼俗社会。梁漱溟则认为家族制度"支持力之坚固，恐怕万里长城也比不上"[②]。而在中央苏区的江西、福建，宗族组织大量存在而且甚为发达，"与北方不同，南方的家族多有较大的族产，家族成员散布数村……并具有北方家族所缺乏的共同意识"[③]。一度大量存在的与苏区政府对抗的"土围子"就是这种宗族力量的集合。例如，兴国、永丰、宁都和于都四县交界的三都七保地区的群众"在历史上有名的蛮悍，从来不纳税，不完粮，不怕官兵"，苏区建立后，他们"受土豪劣绅的欺骗，中氏族主义的毒很深。那些豪绅地主团结本姓穷人的口号是'宁可不要八字（命），不可不要一字（姓）'，这种口号在那些地方有很大的影响，因此所有的群众都被豪绅地主抓在手里"[④]。1928年毛泽东在《井冈山的斗争》中指出，"无论哪一县，封建的家族组织十分普遍，多是一姓一个村子，或一姓几个村子"[⑤]，广大乡村的"社会组织是普遍地以一姓为单位的家族组织"[⑥]，而党的基层组织又普遍建

---

① [美]费正清：《美国与中国》，张理京译，商务印书馆1987年版，第20页。
② 梁漱溟：《中国文化要义》，上海人民出版社2005年版，第35页。
③ [美]杜赞奇：《文化、权力与国家：1900—1942年的华北农村》，王福明译，江苏人民出版社1994年版，第81页。
④ 中革军委总政治部：《争取三都七保的意义和工作方法》，《中革军委总政治部通讯》第3期，1931年2月26日。
⑤ 《毛泽东选集》第1卷，人民出版社1991年版，第69页。
⑥ 同上书，第74页。

立在村落中,"因居住关系,许多是一姓的党员为一个支部,支部会议简直同时就是家族会议"①。面对此种情况,毛泽东十分感叹,认为"非有一个比较长的时间,村子内阶级分化不能完成,家族主义不能战胜"②。因此,"在这种情形下,'斗争的布尔什维克党'的建设,真是难得很"③。如此背景下,妇女的言行规范必须服从传统的乡规族约。

族权对妇女的摧残主要表现在妇女没有话语权,没有财产权,重男轻女,没有任何地位。宗族中的大小议事妇女没有发言权和表决权。当自己的小家庭要与别的家庭发生正式的签约或讨论什么事情,妇女的表态不算数,而是两家男人商讨决定并签下协议;妇女在家庭里就家政发表意见一般会被斥为"妇人之见";还有的男人为维持自己的家长地位和所谓的男人尊严,即使明知妇女意见是对的也不采纳。假如家中无儿子,即使有很多女儿,也不被认为有后代,被称为"绝后";无论女儿有无结婚,家中的财产不能由女儿继承,而是要在族中过继一个侄辈男子(一般为血缘最亲)为儿子,财产由他继承;若不愿过继,其夫妻死后,财产充公,作为族产,女儿没有继承权;若妻子没有生儿子,休妻再娶视为合理。因此妇女地位非常低,没有生儿子的女子与罪人无异。

族权对妇女的压制还表现在不能上族谱、不能进祠堂上。族谱是记录世系血缘关系以及族众尊卑地位的依据。客家人每个姓氏、家族都有族谱或家谱。客家崇文重教,客家族谱体例较土籍的族谱显得更为完善和独到。姑娘不能登族谱或家谱,媳妇可以作为男子配偶记录在册,但不能登记全名,只在夫姓后添上自己的姓,称作"某某氏"。而且族谱作为宗族中最重要的文案,妇女是不能接触的,因为妇女被认为是不洁之人,不能亵渎了祖宗,否则会给宗族带来灾难。女红军万香回忆,她家没有男孩,没资格去接族谱,族长建议用20块银洋请他儿子代接族谱,后来万香去接,族长则要求杀她家一头猪谢罪。④ 祠堂是宗族中祭祀祖宗的场所,是宗族的圣地,妇女一般不能进入。宗族议事也是在祠堂进行,妇女无权参

---

① 《毛泽东选集》第1卷,人民出版社1991年版,第74页。
② 同上书,第69页。
③ 同上书,第74页。
④ 参见江西省妇女联合会编《女英自述》,江西人民出版社1988年版,第316页。万香(1912—1996),女,兴国人,1930年入党,历任妇委书记等职,新中国成立后,任兴国县县委副书记。

加。然而当妇女触犯族规时,祠堂便成了审讯的法庭,妇女要在祠堂接受严厉的惩罚。把女性排斥在祠堂之外一方面警告了女性没有权力的现实,另一方面也暗含着女性是污秽的、卑贱的、不吉利的,没有资格踏入祠堂的意思。现在仍然有男人在女人外出而必须收晾晒的衣服时,女人的裤子不收,或者用一根棍子把女裤挑进屋的现象,原因据说男人碰了女人的裤子会倒霉,不吉利。

(三) 神权束缚

神权对妇女的约束在于封建思想利用莫须有的神对妇女进行精神控制,麻痹妇女意志,使其丧失反抗意识,安心忍辱负重,以期来世重新做人。赣南、闽西是相信有神的,男女都对各路神道非常尊崇,日常烧香、供奉、朝拜的主力军就是妇女。神道主要指"神、坛、社、庙、寺、观六种"[①]。据1930年的统计,江西23县中有寺庙3915所[②],福建40县同期有寺庙2607所[③]。除了各地有庙宇外,所有的大路小道每隔一段便会有个一尺来高的土地小神坛,有的就是几块石头堆砌而成。但妇女们就在这些地方烧香,放鞭炮,献红布,祈求健康长寿,家庭和睦发达。土地革命之前,宗教迷信几乎成了客家妇女精神生活的主宰,渗透到她们的日常生活当中,钳制着她们的思想。因为对神道的迷信,故卫道士可以利用神鬼的力量对妇女实现精神控制,"好女不事二夫""饿死事小,失节事大""从一而终"等儒家贞操观念从小就被灌输进女子的头脑中,否则死后不得安宁,会被死鬼争夺,会下地狱,等等,所以客家妇女一般不敢轻易改嫁。客家流行的"隔山娶"的妇女有的一生也见不到丈夫,但不能改嫁,成了活寡妇;她们只能怪自己命不好,"嫁鸡随鸡,嫁狗随狗,嫁了狐狸满山走"。还有很多并没过门只是订了婚,因男方年幼夭折,女方就再不能改嫁,孤苦一生。

(四) 夫权支配

虽然客家妇女因为在家庭经济中贡献很大,在家庭地位上较之其他汉民族区域有所松动,但是夫权的控制却比其他地方更加严厉。在宗法制度下,妇女是作为父权、夫权的私有财产而存在,"三从四德"在客家农村

---

① 《毛泽东文集》第1卷,人民出版社1993年版,第178页。
② 参见《县政调查统计·江西省》,《内政调查统计表》第22期,1935年6月。
③ 参见《县政调查统计·福建省》,《内政调查统计表》第21期,1935年5月。

更为严格。作为忤逆父或夫意志的女子,轻则责罚,重则打死,只要有一个看似合理的理由,就无人过问和追讨公平。即使是出嫁的女子无缘无故地死了,除非娘家实力很强,会出面与夫家理论或武斗,争回面子出口恶气;一般的就"嫁出去的女泼出去的水",哀叹伤心过后也就罢了。

至于夫妻之间,向来奉行"娶来的媳妇买来的马,任我骑来任我打",妻子要对丈夫逆来顺受,否则将要遭受惩罚,同时还要背上"恶老婆"的污名,备受乡邻的谴责。清《赣州府志·风俗》载:"各邑客家妇及女仆多力作,负水担薪,役男子之役。"因为家里家外的活儿都被女人干了,这里的男子格外清闲,形成"男逸妇劳"[①] 的传统。在赣南的上犹县有历史记载:"十二万多人口的上犹,女性是占了七成多。所以各项工作都由女性做。尤其是劳动方面,妇女是主力……但是上犹的男子是太闲了,太懦弱了。像这一个月里的天气,实在是并不是很冷的,可是穿着长衫,在长衫下提个火笼到街上走的男子,是常看见的事。"[②] 然而,牛马一样的客家女子的生活,"更比男人要苦得多,比如男人做事回来或者要买点好菜吃的时候(那边大部分男人要吃酒),女子是没有吃的,并且女子吃饭除五十岁以上的老婆婆外,青年女子及成年女子,统统没有资格上台吃饭的,其余穿衣方面,什么都比较男人要苦点"。[③] 不仅如此,"男子压迫女子,轻女重男现象……丈夫打老婆,家婆骂媳妇,还是认为天经地义"。[④]《中共闽西第一次代表大会决议案——闽西妇女问题决议案》(1929 年 7 月 15 日)提到:"闽西妇女都要劳动,与男子一样担负生产的责任。即以龙岩的小脚女人,除极少数的富家妇女外,没有一个不为穷困所驱逐出来与男子同样劳动。闽西妇女在生活上比男子更苦,因为工作上除与男子负同等的生产责任外,还要担任家里一切锁[琐]碎的事情。同时,劳动力的价值比男子低,如龙岩、上杭、武平、长汀等县女工工资比男子少一半,永定女工只得男工工资的三分之一。至旧礼教的束缚与家庭的压迫仍与其他各地一样。因此,闽西妇女

---

① 谢重光:《客家妇女人文性格及其历史成因》,《福州大学学报》(哲学社会科学版) 2005 年第 2 期。

② 魏晋:《建设中的上犹》,《新赣南旬刊》第 5 卷第 3 期,1943 年 2 月 15 日。

③ 中央档案馆、江西省档案馆:《江西革命历史文件汇集(1930 年)》(二),1988 年印,第 114 页。

④ 江西省档案馆、中共江西省委党校党史研究室编:《中央革命根据地史料选编》(上),江西人民出版社 1982 年版,第 473 页。

在生活上确比男子更苦。"①

此外，丈夫还有权典妻、租妻，甚至卖妻。如永定县金砂乡西湖坊村，一个村从康熙年间到民国十六年（1927），就有11人卖妻；更有甚者，在武平山区和永定金丰地区，封建地主实行中世纪遗留下来的那种野蛮的"初夜权"，使不少农村妇女惨遭封建地主阶级的糟蹋与蹂躏。②赣南、闽西的妇女婚姻形式除达到年龄正常嫁娶外（也称大行嫁），还非常盛行童养媳、等郎妹、隔山娶。童养媳是指有儿子的人家，抱养或买别人的女婴或幼女作为儿子的媳妇，待双方长至婚龄就圆房成婚。童养媳既是媳妇，又当奴婢、劳力使唤，普遍遭受虐待，小小年纪就要做与大人一样的活儿，稍不合翁姑之意，便要遭受毒打，不给饭吃，过着暗无天日的生活。这种婚姻制度在闽粤赣地区非常普遍。在中央苏区，革命前"有80%的农村妇女被卖去当童养媳或婢女"③，"瑞金盛行童养媳，有90%以上的妇女都是由童养媳结婚的"④，民国初年（1912），司法部对上杭的调查发现有6个乡村有儿子的家庭100%都收养童养媳⑤。童养媳的悲惨身世，造成无数的悲剧。如据《岩声》报道：龙岩朱某夫妇"极虐待其童媳，每餐仅给她两块蕃薯，故其媳腹中不胜饥饿，正月下旬，因盗一片糕，即被朱某夫妇，索捆杖打，几至绝命。二月廿间，又盗两片果，亦被朱某夫妇，痛打一场，遍体鳞伤，可怜至极"。⑥永定曾有13个大小童养媳秘密相约一起到高坡桥下跳潭自杀，其中只有一个因迟到幸免，当她边哭边脱鞋正要跳潭时，被过路人发觉，幸得以存活。

比童养媳更悲惨的是等郎妹。等郎妹是客家山区另一种畸形的婚俗，实际上也是童养媳，只不过这个童养媳的丈夫还没出生。等郎妹除了与童养媳一样做家里的一切活儿，还有两个重大任务，一个是"招"⑦来小丈

---

① 福建省妇联妇运史研究室、福建省档案馆：《福建省妇女运动史料汇编》第1辑，1983年印，第10页。
② 参见张雪英《中央苏区妇女运动史》，中国社会科学出版社2009年版，第15页。
③ 江西省妇女联合会：《女英自述》，江西人民出版社1988年版，第236页。
④ 赣东南中央苏区革命史料调查队瑞金分队编：《苏区时期的瑞金妇女》，瑞金县革命纪念馆藏，第4页。
⑤ 参见张雪英《中央苏区妇女运动史》，中国社会科学出版社2009年版，第16页。
⑥ 《岩声》第35期，1926年4月15日。
⑦ 男尊女卑下的产物。父母希望能生个男孩，就把女孩取名叫"招弟"，意思是带个弟弟来。

夫的出生,二是带大这个小丈夫。年幼女孩被卖或嫁或送到没有男孩而等生男孩的家中,苦苦等待婆婆为自己生一个丈夫。如果男孩迟迟没出生,这家人往往迁怒于等郎妹而加重虐待;有的等郎妹甚至等到二三十岁才等到男孩出生,民歌"等郎妹来真苦凄,等得郎大妹老哩,等得花开花又谢,等得日出月落西"。"十八妹子嫁个三岁郎,朝朝夜夜抱上床,不是想到怪唔得你,一脚踢你见阎王。"① "十八大姐九岁郎,每天把你抱上床,说你丈夫你太小,说你儿子你不喊娘。"② 这些民谣真实地反映了等郎妹的悲惨,等郎妹的处境实在是凄苦。"隔山娶",即男人在外地(多为出洋)谋生,而后委托亲友在家乡找个媳妇,留在家乡行使妻子侍奉双亲、管理家务职能的婚姻形式。举行婚礼时,因新郎身居异地,故以公鸡代新郎与新娘一起拜堂。洞房之夜,新娘只能陪着公鸡守空房。有的新郎会回一两次家乡与新娘团聚,有的终身不归,新娘到死都见不到新郎。

总之,在"四权"压迫下,赣南闽西客家妇女生活极其悲惨。相比起北方汉族女子缠足的不能劳动,天足的客家妇女更增加了劳动的艰辛。"中国广大的劳动妇女群众——女工与农妇,除在工农已经得到政权的苏区以外,都是处在帝国主义与国民党的铁蹄压迫之下,早已受尽了地主资本家的残酷的非人的剥削。……中国的劳动妇女处在这种压迫与剥削之下,自然要求解放与参加斗争的情绪是非常浓厚的……中国劳动妇女的解放斗争,不但要爆发,而且已在爆发了。"③ 总之,赣南闽西妇女的上述种种悲惨境遇,构成了中央苏区妇女解放运动兴起和发展的社会基础,中国国民尤其是妇女的现实处境使中国共产党将妇女解放纳入民族解放之中成为必然选择,也促使妇女们为争取自身的解放而进行不懈的努力和斗争。

二 直接原因:得益于中央苏区革命的张力

大革命失败后,全国革命形势旋即转入低潮时期,与此相反,出现了"江西的农村起义比哪一省都要普遍"④ 的引人注目的特点。1927 年至

---

① 李泳集:《性别与文化:客家妇女研究的新视野》,广东人民出版社 1996 年版,第 41 页。

② 骆文、徐一、楚奇等编:《革命故乡的山歌:在江西老苏区采录》,新华书店中南总分店 1950 年版,第 1 页。

③ 中华全国妇女联合会妇女运动历史研究室:《中国妇女运动历史资料(1927—1937)》,中国妇女出版社 1991 年版,第 145—146 页。

④ 《毛泽东选集》第 1 卷,人民出版社 1991 年版,第 106 页。

1929年，江西农村武装暴动此起彼伏，仅规模较大的就有万安暴动、东固延福暴动、星子暴动、德安暴动、修水暴动、赣县暴动、信丰暴动、南康暴动、于都暴动、寻乌暴动等数十起。有学者研究认为，这是在逃避"机会主义"指责的大背景下，鉴于中央不以江西工作为重心，江西省委力图以频繁暴动的方式引发中央重视江西工作的策略行动，是江西地方干部由被动到主动之间的"左"倾暴动实践。[①] 虽说这些革命起义经历了短暂的全盘挫折，但都组织过革命武装，有的还建立过政权，开创了数块农村革命根据地，孕育着革命向工农武装割据转变的成功。客观而言，这些频繁的暴动实践催熟了共产国际中国革命战略，助推了中共工农武装割据局面形成，这也为后来各革命根据地的建立奠定了坚实的经验和情感基础。仅就革命的叙事而言，中央苏区的妇女解放运动是伴随着苏维埃革命的推进而进行的，中共领导开展的苏维埃革命是中央苏区妇女解放运动普遍兴起并推向深入的直接动因。而运动条件是否成熟，又成为运动能否顺利发展的关键。在革命的冲击下，革命张力使得中央苏区农村社会在阶级结构、经济结构、政治结构、社会结构、思想文化结构等方面都出现了显著变化，从而影响到妇女的方方面面。赣南、闽西革命根据地的开辟和苏维埃政权的成立，直接、有力地推动了苏区妇女解放运动的开展，并促进苏区妇女解放运动朝着有序的方向进行。

"大革命的失败，正在成长、尚处弱势的政党，努力寻找适合自己的生存空间，在夹缝中求取生存、发展，有其不得不然之理，中央苏区的生存发展之路，离不开这一政治通律。"[②] 无论是毛泽东所说的革命力量可以利用反动派之间的空隙而长期存在和发展，还是负责围剿中央苏区的国民党指挥官陈诚说的"赣南山乡辽远，遂致更成化外"，都注意到了革命发展中的地域因素。[③] 闽、赣两省成长为革命中心，根据毛泽东当时的解释，从区域角度看主要有两点：一是白色政权的长期分裂与战争造成红色政权发生和存在的可能，一是民主革命影响奠定了红色政权产生的条

---

① 参见王才友《被动与主动之间：江西暴动的策动与终止（1927—1928）》，《开放时代》2013年第3期。
② 黄道炫：《张力与限界：中央苏区的革命（1933—1934）》，社会科学文献出版社2011年版，第77页。
③ 同上。

件。① 当国共合作破裂，中共独立开展苏维埃革命时，其中心地区主要围绕着国民革命基本区域展开绝非偶然。在赣南闽西，薄弱的中央统治力量、大山屏蔽的自然环境、国民革命运动打下的良好基础、背靠广东这一与南京政府保持半独立状态地区的特殊地理态势，为红军和苏维埃的发展提供了难得的有利条件，也是这里成为苏维埃革命中心区的主要原因。对此陈诚也谈到，中共最初落脚于井冈山乃至赣南，可能是走投无路的一时权宜之计，但更多的还是因缘际会。陈诚分别从地理环境关系、政治环境关系、人口稀少、军事上的形胜之地四方面进行了深入分析，指出其必然性。②"历史如世事人生，任何人都不可能事先设计好一切，成功者的秘诀不在于全知全能，更多的还在于其发现、领悟、把握并适时创造机会的能力。"③

　　苏维埃革命高歌猛进的初期阶段，中共把革命的能动性发挥到了极致，革命的张力到了自己的极限，与此同时，妇女也在革命中得益。

　　首先是妇女地位提高。在土地革命中，苏区妇女群众确实"真正完全解放了"，她们"再不作奴隶，也不是货物，更不是玩意儿，她们已经是独立自由的人了"④。黄道炫先生充分肯定中央苏区妇女是"地位上升最快的群体"⑤。在革命前，苏区妇女地位很低，"她们没有政治地位，没有人身自由，她们的痛苦比一切人大"⑥。特别是，"男子压迫妇女，轻女重男的现象……丈夫打骂老婆，家婆打骂媳妇，还是认为天经地义"⑦，妇女吃饭时"没有资格上台吃饭，其余穿衣方面，什么一切都较男人要苦点"⑧。但革命后，苏区妇女翻身做了主人，她们与男子地位平等，腰

---

① 参见《毛泽东选集》第1卷，人民出版社1991年版，第49—50页。
② 参见《陈诚先生回忆录——国共战争》，台北"国史馆"，2005年版，第16—17页。
③ 黄道炫：《张力与限界：中央苏区的革命（1933—1934）》，社会科学文献出版社2011年版，第77页。
④ 娜姐：《中华苏维埃共和国内的妇女》，《斗争》第71期，1934年3月29日。
⑤ 参见黄道炫《张力与限界：中央苏区的革命（1933—1934）》，社会科学文献出版社2011年版，第145页。
⑥ 《毛泽东文集》第1卷，人民出版社1993年版，第240页。
⑦ 江西省档案馆、中共江西省委党校党史研究室编：《中央革命根据地史料选编》（上），江西人民出版社1982年版，第473页。
⑧ 中央档案馆、江西省档案馆：《江西革命历史文件汇集（1930年）》（二），1988年印，第114页。

杆直了，有了"话事权"①，甚至男子也要让她们三分，男人们"不敢打他们的老婆了，即使是十分呕气的事"。②

其次是妇女权益提升。共产党所到之处，打土豪，并把土地和地主部分财物分给农民，妇女史无前例地获得了和男子一样的权益，极大地赢得了她们的拥护和支持。朱德跟史沫特莱讲道："我们根本用不着围攻村子，整村人都迎到村外，甚至从几十里以外的地方赶来欢迎我们。妇女、儿童经常与我们一起前进，随身带着扁担和筐子，准备到地主家清仓。我们部队在自己的干粮袋里装满够吃三天的米，剩下的都由农民拿走。"③红军在农村站稳脚跟后，制定一系列男女权益平等的规章制度。如规定妇女与男子平均分配土地，在赣南的寻乌、兴国、宁都近10县农村，人均可分得六七担（合官秤100市斤）谷田④，"五六担谷田占大多数"⑤；在闽西地区1929年的分田中，"多至每人十担，少至亦三四担"，人均土地一般也应是5—7担谷田⑥。

最后是妇女束缚解除。废除一切压制妇女的封建礼教和风俗习惯。最为瞩目的是主张废除包办买卖婚姻，执行婚姻自由政策，妇女因而获得了自由。毛泽东在《寻乌调查》中提到，寻乌女子在革命后纷纷自动解除不合意婚姻，"各处乡政府设立之初，所接离婚案子日必数起，多是女子提出来的"，"十个离婚案子，女子提出来的占九个"⑦。中华苏维埃共和国建立后，即通过宪法赋予了女子与男子同样的土地分配权、参政权、教育权、劳动权、婚姻自由权等政治经济文化权利。妇女可以有选举权与被选举权，可以当干部，可以接受教育，婚姻自主，劳动时还有各种维护妇女特殊权益的规定，如与男子同工同酬、产前产后休息等。所以妇女很乐意、很积极地参加革命运动。

此外，党和红军时刻关心群众利益。毛泽东说："一切群众的实际生

---

① 刘长风：《苏维埃女工的话》，《红色中华》第159期，1934年3月8日。
② 《毛泽东文集》第1卷，人民出版社1993年版，第243页。
③ ［美］艾格妮丝·史沫特莱：《伟大的道路——朱德的生平和时代》，梅念译，生活·读书·新知三联书店1979年版，第295页。
④ 参见江西省档案馆、中共江西省委党校党史研究室编《中央革命根据地史料选编》（上），江西人民出版社1982年版，第458页。
⑤ 同上书，第352页。
⑥ 同上书，第302页。
⑦ 《毛泽东文集》第1卷，人民出版社1993年版，第240页。

活问题，都是我们应当注意的问题。"① 他又说："妇女群众要学习犁耙，找什么人去教她们呢？小孩子要求读书，小学办起了没有呢？对面的木桥太小会跌倒行人，要不要修理一下呢？……一切这些群众生活上的问题，都应该把它提到自己的议事日程上。"② 陈毅后来回忆说："我们自己却很节省，而对群众我们却很豪爽。敌人把老百姓的房子烧了，游击队给钱帮他修起来；坐了班房共产党帮他保出来；老百姓被打死了，我们送钱去救济。所有我们为农民、工人的解放，不计享受，对他们也是一个教育。我们和群众的利益是一致的。"③ 切实关心人民利益，人民自然能感受到。长冈乡的群众说："共产党真正好，什么事情都替我们想到了。"④ 所以，在这样的情况下，群众都拥护共产党，中央苏区的妇女怎么会不参加解放运动呢？在中共与苏区政府的领导下，苏区的妇女得到了解放；另外，得到了解放的妇女积极参加革命斗争，展现了劳动妇女的伟大力量。这是一股刚强并柔韧、勤劳又勇敢的力量，它推动了革命向前发展，反过来又赢得了苏区社会对妇女价值的承认与尊重，实现了妇女解放运动与苏维埃革命的良性互动。正如美国学者杜赞奇认为共产党在中国获得政权的原因"就是共产党能够了解民间疾苦：从殴打妻子到隐瞒土地，无所不知，从而动员群众的革命激情"。⑤ 杰克·贝尔登也说："在中国妇女身上，共产党人获得了几乎是现成的、世界上从未有过的最广大的被剥夺了权力的群众。由于他们找到了打开中国妇女之心的钥匙，所以也就是找到了一把战胜蒋介石的钥匙。"⑥

　　人类与战争的纠葛不同程度地影响着人类社会进程，也改变了个人命运，无论是非，这绝对是 20 世纪的一个重要时代主题。尽管时空不同，战争的形式和性质迥异，甚至同一场战争也可能对人的影响不同，对于不同人群中的表现形式也会有区别。⑦ 当燃烧的苏维埃革命到了结

---

① 《毛泽东选集》第 1 卷，人民出版社 1991 年版，第 137 页。
② 同上书，第 138 页。
③ 陈毅、肖华等：《回忆中央苏区》，江西人民出版社 1981 年版，第 568 页。
④ 《毛泽东选集》第 1 卷，人民出版社 1991 年版，第 138 页。
⑤ [美] 杜赞奇：《文化、权力与国家》，王福明译，江苏人民出版社 2008 年版，第 212 页。
⑥ [美] 杰克·贝尔登：《中国震撼世界》，邱应觉等译，北京出版社 1980 年版，第 394 页。
⑦ 参见李小江《让女人自己说话：亲历战争》，《读书》2002 年第 11 期。

构性限制时，它无法突破可以做、可能做、不能做的界限，中央苏区妇女自愿或被迫卷入突出阶级矛盾的土地革命战争中，从而影响了妇女对战争的态度：由无奈到不得不参战，由个别人的自由选择走向群体动作，最终激发妇女更加积极参与到自身解放运动中。朱、毛红军转战赣南闽西后，南京国民政府先后对中央苏区发动三次"会剿"和五次"围剿"；与之相对应，中国共产党则领导苏区人民进行了殊死抵抗，国共双方前后数百万军队鏖战在赣南闽西，战争之惨烈，破坏之严重，可谓空前绝后。战争所经之处，人口剧减、房屋被毁、田地荒芜，一片苍凉。根据历史统计资料，江西人口1916年为2509万人，1935年降到1569万人，人口损失以苏区为最，由全省人口总数的38.33%降为32.02%，32个苏区重点县（苏区和游击区合计占90%以上的县）由961万人降到502万人，20年间人口骤减459万人，其中瑞金县由49万人减为20万人，宁都县由59万人减为27万人。① 据游海华的统计分析，中央苏区及周边地区人口1929年前后是650万人，有35万—40万人的青壮年劳力参加红军，赣闽边界迁流出的难民65万人，因战乱导致的人口非正常死亡数（包括战死的士兵、无辜被杀的民众、饿死或病死的难民等）约150万人。② 国民党一心想要剿灭共产党，倾全力对中央苏区进行了疯狂进攻。大量的青壮年男子参加红军，导致性别比例严重失衡，中央苏区各县，普遍存在"女多于男"现象，"此非女子加多，实是壮丁减少"③。毛泽东的调查也证实了这个情况：兴国长冈乡16—45岁的全部青年壮年733人，出外当红军做工作320人，在乡413人中，男子只87人，女子竟占326人（1:4）；上才溪乡在乡的劳动男子69人，女劳力559人，男子仅占劳动力总数的11%。④ 国民党方面的记载也说明这点绝非虚言。刚收复后的连城县城，"女多男少，女超在两倍以上……青年妇女超过壮年男丁，有五六倍之多，故有人称之为'小寡妇'城"。⑤

---

① 参见《中国人口·江西分册》，近代江西人口统计资料，转引自廖信春《土地革命战争在江西的兴起与影响》，《江西社会科学》1993年第6期。
② 参见游海华《重构与整合：1934—1937赣南闽西社会重建研究》，经济日报出版社2008年版，第37页。
③ 黄炎培：《赣游见闻》，《游客话江西》，汗血书店1937年版，第285页；转引自黄道炫《张力与限界：中央苏区的革命（1933—1934）》，社会科学文献出版社2011年版，第136页。
④ 参见《毛泽东文集》第1卷，人民出版社1993年版，第301、330页。
⑤ 叶如音：《连城前方视察记》，《大公报》1934年9月17日第4版。

宁都县城，刚收复时"人口 7000，男仅 2000 余，女则多至 4000 余"[①]；宁兴于会瑞石六县（第二区），总人口仅有 42442 人，其中女子竟比男子多出 10902 人[②]；广昌之白舍，也是"女多于男"[③]。整个第八行政区所辖 7 县（宁都、广昌、石城、瑞金、会昌、于都、兴国），共有人口 1280977 人，其中男 616704 人、女 664273 人，女比男多 47569 人。[④] 边区人口性别比例严重失衡、女多男少现象，确是实情。大批壮丁的流失造成"普遍农村生产力的奇缺"[⑤]。

农民与土地的矛盾从来就是中国历史上剧烈的矛盾之一。历史上的农民战争多半以改朝换代为最佳结局，却从来没有给女人（包括参战妇女）带来多少实际利益，但是，因为有了现代政党的介入，又与"男女平等"的现代意识结合，十年土地革命战争使妇女得到了解放，使参战妇女（特别是底层贫苦女性）直接受益。[⑥] 由土地革命战争衍生出的妇女与战争的特殊关系，使广大妇女都有可能通过"参战"走出家庭、走上社会、走向"解放"。可以说，土地革命战争导致苏区妇女自发或被迫参与其中，这是触发中央苏区妇女解放运动开展的主要环境基础。

三 思想源泉：受益于各种思潮的巨大影响力

思想是行动的先导。妇女运动的主体是妇女群众，没有妇女的觉醒和对自身解放的追求，也就没有妇女解放运动。20 世纪前后，摧毁束缚妇女的传统礼教的呼吁引发了中国妇女解放的热潮。在辛亥革命、新文化运动和五四运动前后，剪发、放足、贞操、男女社交公开、婚姻家庭问题，妇女"身体解放"诉求拉开了中国妇女解放运动的大幕；娜拉式的"出走"成为中国现代妇女解放最耀眼的瞬间和最辉煌的意象，在中国现代资本主义开幕这一刻，娜拉式的"出走"所塑造的姿态具有中国古典戏

---

① 《赣省收复匪区现况》，《大公报》1935 年 1 月 24 日第 4 版。
② 参见陈瑞斋《宁兴于会瑞石六县农村救济实施概况》，《江西民国日报》1935 年 5 月 1 日第 3 版。
③ 《赣省收复匪区现况》，《大公报》1934 年 12 月 26 日第 4 版。
④ 参见黄炎培《赣游见闻》，《游客话江西》，汗血书店 1937 年版，第 286 页。
⑤ 陈学铨：《闽西的妇女》，《正气日报》1944 年 5 月 15 日。
⑥ 参见李小江《让女人自己说话：亲历战争》，生活·读书·新知三联书店 2003 年版，导言第 1 页。

曲中"亮相"一样的意义。① 身体的解放促进了思想的解放。② 在思想领域，当时中国思想界异彩纷呈、跌宕起伏③。中央苏区妇女解放运动的兴起主要受益于各种思潮的巨大影响力，一是对中国传统文化挑战的反封建主义思潮泛起，二是西方资产阶级女性主义大量输入，三是马克思主义的广泛传播和作为党的指导思想的确立。由于篇幅所限，只能简略介绍主要思潮的大概内容。

（一）传统妇女解放思潮的启迪

明、清时期，在李贽、俞正燮、曹雪芹、李汝珍等进步思想家、文学家的著作中，出现了反对男尊女卑和夫权压迫，反对贞操观念，要求个性解放，追求婚姻自由的男女平等思想的萌芽。太平天国农民起义运动响起了中国妇女运动的前奏曲，提出了"男女平等"口号，实行了一些有利于妇女独立的政策。戊戌变法时的维新以西方天赋人权、自由平等为武器，提出"男女平等、各自独立"、发展女子教育以及女子经济独立的思想和主张，他们把妇女解放同挽救民族危亡联系在一起，选择禁缠足、兴女学两个关系妇女形体解放和精神解放的问题作为突破口，对封建势力举起叛帜。邹容的《革命军》倡导男女平等，陈天华的《狮子吼》树立了争取女权的榜样，被誉为"妇女界的卢梭"的金一（金天翮）的《女界钟》更是一部划时代的呼吁女权的著作。少数知识妇女在观念上有所觉醒，提出了自身解放的种种要求，她们创办报纸，撰写文章，为妇女解放呐喊；据不完全统计，"1902 年到 1912 年的十年间出版的女子报刊约有四十种，这些报刊宣传资产阶级革命思想，鼓动妇女走出家门，参加社会政治斗争；无情鞭挞封建礼教对妇女的束缚，要求婚姻自由，谴责三从四德、贞洁观念和娼妓制度"。④ 这些为妇女解放奠定了思想基础。伴随资产阶级革命高潮，以妇女为主体的规模妇女运动也得以开展，参加辛亥革命的妇女开展了争取参政、教育、就业诸方面权利的斗争。五四运动前后以反对封建专制主义、封建伦理道德、提倡民主和科学为主要内容的新文

---

① 参见旷新年《妇女解放的历史条件》，《天涯》2007 年第 1 期。
② 同上。
③ 参见姜玉齐《新民主主义革命时期中国共产党对主要社会思潮的认识和态度的研究》，博士学位论文，华东师范大学，2012 年。该文用"四种政治思潮""两种文化思潮"与"三大势力"有关的思潮高度概括了当时的各种思潮。
④ 李静之：《中国妇女运动研究文集》，社会科学文献出版社 2011 年版，第 229 页。

化运动，从一开始就把妇女解放纳入自己的视野。国共合作后，北伐军横扫军阀的声威激励了众多困难的人群。康克清回忆，正是北伐军女兵"管吃管穿，又能练武，还能念书学写字、学道理"使她们那群童养媳极其向往，"要是我们都当上女兵，那不就有活路了吗？"于是到赣江边区希望能等到北伐军。① 在中国妇女运动历史上，一些先进知识妇女从女性角度，认识到妇女受压迫、被歧视及所处的非人地位的社会现实，提出争取人格独立、男女权利平等的要求，并意识到女性对社会的责任，这是妇女觉醒的表现。为此，助推了中央苏区妇女解放运动的开展。

(二) 马克思主义妇女观的传播

马克思主义传入之前，中国已经有了男女平权思想，主要体现于思想家反对封建制度的言论、农民运动领导者对理想社会的描述或爱国志士救亡图存的探索中，并没有系统化为一种切实有效的关于妇女解放的理论体系，妇女解放实践与理论指导间始终缺乏相互映衬和照应；也由于这个原因，五四运动以前的妇女解放思想都没有能够触动和改变中国沿袭了几千年的性别制度及其思想理论。马克思主义的传入在某种程度上唤醒了女性的主体意识，使部分女性的身体得到了一定程度的解放，也使部分女性获得了一些应有的权利，如受教育的权利等。十月革命后，中国人接受了马克思主义妇女理论并用以指导中国具体的妇女解放实践，中国的妇女解放运动才第一次有了科学系统的理论指导，逐步建立起了中国化的妇女解放话语体系。

马克思主义妇女观在中国的传播，需要与三股势力作斗争：束缚女性的封建礼教的妇女观、资产阶级女权主义、无政府主义的妇女解放观。② 对各种非马克思主义妇女理论进行批判与扬弃是我国早期马克思主义者如李大钊等进步人士担负的首要使命之一。他们在学习运用马克思主义妇女观分析、研究中国妇女问题的时候，首先指向的便是中国传统封建礼教及其卫道士。"三从四德"是禁锢女性的封建礼教核心，是最难攻克的封建

---

① 《康克清回忆录》，解放军出版社1993年版，第12页。
② 参见宋兆静《批判与扬弃：马克思主义妇女观是怎样在中国确立的》，《妇女学苑》1994年第5期；参见刘贵福《试论近代中国无政府主义的妇女解放观》，《辽宁师范大学学报》(社会科学版) 1990年第1期。杨之华在《中国妇女运动罪言》中概括为：守旧的宗法社会见解妇女观，基督教式的"欧化式"妇女观，妇女主义者的妇女观，国民革命的妇女观。见中华全国妇联妇运室编《中国妇女运动历史资料 (1921—1927)》，人民出版社1986年版，第560页。

堡垒；妇女问题的性质及妇女解放的道路则是对资产阶级女权主义批判与扬弃的聚焦；对群众极具吸引力的是无政府主义的妇女解放观，在当时具有启蒙主义色彩，但单枪匹马的自由解放只可能有纸上谈兵的效果，在解放手段和道路上具有不堪一击的缺陷。马克思主义妇女观的传播和女工运动的兴起，是社会主义妇女运动与各种妇女解放思潮和流派较量中绽开的新蕾。经历过五四运动反帝反封建战斗洗礼的先进知识妇女，逐渐同资产阶级、小资产阶级思想划清界限，选择了马克思主义妇女解放理论，并走上同劳动妇女相结合、投身民族民主革命以谋求妇女解放的正确道路。中国妇女解放运动开始进入以马克思主义为指导、以无产阶级妇女为主体、以社会主义为方向的新的历史时期。

其实中国人对马克思主义妇女理论的接触较早，开始于1903年马君武对第二国际《女权宣言书》的翻译和介绍；同年，金一的《女界钟》也提到了第二国际关于女权的宣言。1907年，无政府主义报纸《天义报》第一篇社论《女子宣布书》就以长篇幅描述了中国妇女问题的历史与现实，宣传妇女解放，在第16—19期连载了《共产党宣言》的第一章及《家庭、私有制和国家起源》中的少量内容。[①] 十月革命后，马克思主义妇女观闪现其光芒。苏俄妇女的解放状况吸引了关心中国妇女问题的先进知识分子，他们纷纷在《新青年》《每周评论》《妇女声》《妇女评论》等刊物发文介绍苏俄妇女现状、妇女解放的一些政策法令，翻译恩格斯、列宁、倍倍尔的马克思主义妇女理论，有力地促进了马克思主义妇女观在中国的传播。李大钊作为最早介绍苏俄社会主义的早期共产主义者，于1918年11月15日在《新青年》第5卷第5号上发表的《Bolshevism的胜利》，大约可以算作最早提到社会主义苏俄妇女解放的文章。

这些先进的报纸杂志也及时地传到了赣南闽西。据《上犹苏区史》记载，"宣传新思想、新文化、新科学的《新青年》、《向导》和《红灯》等进步书刊也先后传到上犹城乡各地。受其影响，一些知识分子思想上逐步产生革命的愿望，具有民主革命的初步要求"。[②]《兴国县志》载："袁玉冰将《新江西》、《红灯》陆续寄回兴国，许多知识青年受到启迪，走

[①] 参见陈文联《留学生与马克思主义妇女观在中国的传播》，《湖南大学学报》2008年第6期；参见《马克思主义妇女观在中国的历史命运和现代路径》，《湖南师范大学社会科学学报》2007年第2期。

[②] 上犹县党史县志工作办公室编：《上犹苏区史》，内部资料，2012年印，第2页。

向革命。""民国15年9月前后,陈奇涵、胡灿、鄢日新、萧以佐、凌甫东、黄家煌、余石生、萧以儒、谢云龙、洪雨龙、张佐汉等,陆续回兴国,各自利用自己的合法身份,在群众中宣传马克思列宁主义,传播革命思想,为兴国党组织的建立奠定思想基础。"① 同年9月17日,建立兴国党组织,创办支部刊物《奋斗周刊》。北伐战争前后,女共产党员贺服丹在赣州全面负责和领导赣州的妇运工作和"妇女解放协会"工作。② 在闽西,邓子恢创办的《岩声》刊载有关妇女的文章就有《离婚自己》《妇女解放自己》《妇女教育自己》《我们女人应有的觉悟》等20多篇;1924年创刊的《到民间去》和1926年创刊的《汀雷》都很注意对妇女的宣传鼓动,《汀雷》社还把"革除一切封建思想风俗及行动""提倡女子教育,促进女权发展"当作自己政纲的重要内容。③ 可见,早期马克思主义妇女观在赣南闽西得到了有力的宣传。

(三) 外来思潮的冲击

西风东渐,西方女性主义理念影响大城市这是毫无悬念的,能否同样影响到赣南、闽西农村呢?有学者认为赣南、闽西农村地方偏僻,农民保守、封闭、落后,西方理念无法影响到。但笔者查阅相关文献后持不同看法。

1. 消费观念的影响

一般情况下,生活方式、消费观念的变化一定会带动思想的变化。在男耕女织的自然经济中,农村确实比较闭塞。但帝国主义的入侵打破了这种流传了几千年的传统生产方式,农业趋于破产,女织也无法延续,"棉、蕉、苎、葛,向年皆能自织,自洋布输入,受大抨击,今已消灭于无形矣"④。寻乌的杂货市场"竟什么洋货也有卖"⑤,毛泽东在《寻乌调查》中统计出有131种洋货。寻乌的女人喜欢洋货,"不论城乡,不论工农商学,凡属'后生家'和'嫩妇女子',差不多一概打着洋伞"⑥;这些洋货,并非洋人强迫销售的结果,而是寻乌老百姓对生活消费品的自愿

---

① 兴国县县志编纂委员会编:《兴国县志》下册,1988年版,第483页。
② 参见江西省妇女联合会《江西妇女运动史专辑(1919—1942)》,内部资料,1982年印,第9、11页。
③ 张雪英:《中央苏区妇女运动史》,中国社会科学出版社2009年版,第29页。
④ 谢竹铭:《寻乌乡土志》,1923年编,1937年抄本,第4页。
⑤ 《毛泽东文集》第1卷,人民出版社1993年版,第134页。
⑥ 同上书,第155页。

和主动选择，是近代寻乌农民"喜好洋货"消费偏好的真切反映。[1] 近代以来，在西方列强炮舰、资本的冲击下，以及商品、文化等的大量涌入，中国传统社会、经济结构受之影响产生了质变，中央苏区的市场网络也在传承中产生嬗变，从而达到有机整合。这种有机整合助推了社会经济发展，也自然影响到人们的消费观念。消费观的变化使妇女生产方式、生活方式随之发生巨大变化，所以思想观念便一起也悄悄发生了变化。因此，可以推断西方女性主义新思潮对赣南闽西是有影响的。

2. 外国传教士的影响

随着帝国主义轰开了中国的大门，西方传教士也踏上了中华土地。传教士在华传教过程中开展了戒缠足与办女学等一系列解放妇女的活动，在一定程度上影响了国人的妇女观，促使中国妇女运动迈出第一步。"1889年，在中国的女传教士为707人，占全部传教人员的54.6%，进入20世纪后，女传教人员达到了60%左右，超过男性人数。"[2] 各教派不仅派出大量女传教士，还专门组成妇女传教团。至1900年，在中国活动的妇女传教团体有天主教仁爱会、方济格圣母德教会、基督教女公会、监理会女差会以及基督教外围组织女青年会等十几个。一方面这些传教士活动频繁，西方思想逐渐蔓延，赣南闽西的传统文化受到了冲击。"江西民情强悍，民教久不和"，"教案频出，江西为甚"[3]；从另一个方面也证明了传教士在江西的活动和影响大，才会有领先于全国的教案。闽西由于地处沿海，思想开放，教会盛行，最为偏远穷困的上杭教堂和教徒最多。20世纪20年代，上杭的教堂有30多个，到1937年，汀州光天主教堂就有57个，其中永定11个、上杭32个、武平7个、长汀3个、连成2个、宁化1个、清流1个，共有教徒两千多人。[4] 毛泽东在调查中发现寻乌"耶稣、天主两教，县城一个耶稣堂二百多人，一个天主堂一百多人，篁乡一个耶稣堂一百多人，牛斗光一个耶稣堂七八十人，吉潭一个耶稣堂一百人左右，澄江一个耶稣堂七八十人左右，计耶稣堂五个七百人左右，天主堂一

---

[1] 参见万振凡等《苏区革命与农村社会变迁》，中国社会科学出版社2010年版，第60页。
[2] 汤清：《中国基督教百年史》，香港道声出版社2001年版，第550—551页。
[3] 《光绪朝东华录》，中华书局1958年版，第46、49页，转引自万振凡等《苏区革命与农村社会变迁》，中国社会科学出版社2010年版，第78页。
[4] 参见林金水、吴巍巍《德国多明我会在近代闽西地区的传教活动》（http://www.doc88.com/p-473112829102.html）。

个百多人,共八百多人","教徒成分,寡妇(内有贫农)及老年妇人(地主婆)占百分之三十"。①

与教堂相比,教会的医院和学校尤其是女校对妇女的影响更大。1922年出版的《中华归主》记载当时福建全省有英、美宣教士共 454 人,其中 43% 为女宣教士,正式教堂 965 个,布道区 1164 个,教会学校 533 所,其中女校占 180 所。② 如长汀亚盛顿女子初中、华英女校、古田毓馨女校、培贞女子学校、古田妇女圣经学校、漳平的作新女校(城区)和维新女校(永福)、上杭美华女子学校和明德女校。教会女校招收穷苦女子,免收学费,提供膳宿生活和路费,这对于渴望学习又缺乏学习机会的平民百姓而言无疑是一块绿洲,加之学校能够深入偏远贫困地区,对于渴望受教育的穷困女性确实是一个福音。福建全省有教会医院 41 所③,如长汀的福音医院,漳州协和医院,古田怀礼医院,长汀的诊所 21 个。江西省有教会医院 8 所④,但都在九江和南昌,赣南由于地理和交通问题,没有教会医院。

洋人和教堂对当时的人们来说有相当的神秘感,大多数妇女对其持反感和排斥态度,对教徒也是鄙夷和孤立。但医院、诊所和学校就不同了,虽然也是洋人开办的,但毕竟是面向穷人,实行免费教育和诊疗,或者只收少许低廉的成本费,能看得见实实在在的好处。在学文化和诊病的过程中,赣闽妇女思想开始转变。比如寻乌的女传教士宣传科学的生育方法大大降低妇女生育的死亡率,教会女校的开办打破了"女子无才便是德"的传统。外国传教士和教会女校当然不可能传播马克思主义,实际受惠人数也有限,但教会女校使妇女掌握了新知识,能够接受新观念尤其是一些进步的外来思想,这为马克思主义的顺利传入扫清了道路。贺子珍便是在福音堂办的女校接受教育,接受了共产主义思想,"俄国十月革命胜利的消息,传遍了中国,也传到了永新;共产主义学说的传播,使永新一批激进青年热血沸腾"。⑤ 这些杰出女性接受教育后传播革命道理,对苏区妇

---

① 《毛泽东文集》第 1 卷,人民出版社 1993 年版,第 238 页。
② 参见赵容《近代教会学校对福建女性启蒙的影响》,《党史研究与教学》2002 年第 3 期。
③ 参见中华续行委办会调查特委会《中华归主》,商务印书馆 1922 年版,第 36 页,转引自周典恩《近代福建基督教教会医院述略》,《厦门广播电视大学学报》2010 年第 1 期。
④ 参见周标《江西省卫生志》,黄山书社 1997 年版,第 220 页。
⑤ 江西省妇女联合会编:《女英自述》,江西人民出版社 1988 年版,第 3 页。

女投身解放影响巨大。

3. 国外见闻的影响

赣南、闽西近海，出国谋生的人很多。出国的男女及其见闻直接给赣闽妇女树立了活生生的榜样和向往的目标。

（1）出国做工的见闻影响。客家人因为居住地人多地少，一直有到南洋等地赚钱发家的传统。如清末民初，长汀许蔚堂、许葛汀等在泰国合资开办广福烟草公司，胡屏山在印度尼西亚开办"大道行"，陈汉川父子在新加坡开办金银首饰店，许祖根在新加坡开设杂货店，等等。① 19世纪至20世纪初，梅县便有两三千人出洋，民国时期，出洋人数每年少则数百，多则上千人。② 毛泽东调查发现于都的打铁匠很多，"共有铁工一万三千左右。他们打铁在江西，而且打到福建、广东，打到南洋去的也有"。③ 因而，有出国者的家庭、亲朋和随夫出洋的家眷④就成了赣闽粤妇女了解外国妇女状况的主要渠道。因为自然灾害、战争和贫困，闽粤女子独自到海外谋生的比例逐年加大。这些妇女大多数是农村妇女，"凡闽粤各县都有。她们在国内不能谋活了，就跑来南洋洗琉琅，等到积蓄下来许多金钱，才写信去叫她的丈夫或家人到南洋来"。⑤ 她们的发迹使禁锢的风气得以迅速开化。这些妇女对西方女权主义有一定程度的了解和体验，她们与国内亲人的信件和交流对于国内妇女的闭塞思想有很大程度的触动。

（2）出国留学的榜样影响。留学国外的女学生更是中国妇女学习的榜样。毕业于纽约大医院附属女子医科大学的金雅妹于1888年回国后在厦门开设诊所救助病人；留美女学生康爱德（1873—1931）和石美玉（1873—1954）1896年回国后在九江和南昌创办医院与护士学校，两人每月都各要诊治3000多名病人，影响巨大；1907年江西有10名女学生赴日留学。⑥ 民国以后，因美国退还庚子赔款时制定了有利女性留学的章

---

① 参见《长汀县志》，1993年，第559页。
② 参见《梅县志》，1994年，第1077—1078页。
③ 《毛泽东文集》第1卷，人民出版社1993年版，第163页。
④ 本来中国因男女大防而禁止妇女出洋，但1859年英国政府特派来华主办英属西印度招工事宜专员奥斯丁在广州贴出"招工通启"，奖励愿往英属西印度殖民地的劳工携家眷出洋，广州地方政府也只得对此予以正式承认。咸丰十年（1860）10月，《北京条约》正式承认中国妇女出洋为合法。
⑤ 刘牵夫：《华侨妇女生活》，《华侨半月刊》1936年第92期，第26页。
⑥ 参见周一川《清末留日学生中的女性》，《历史研究》1989年第6期。

程，因而留学女生人数剧增。这些女留学生因为她们出色的工作和社会影响而为妇女树立了榜样。

（3）外国见闻书籍的影响。钱单士厘①以外交使节夫人的身份于1899年开始各国游历考察，她将所见所闻撰写成《癸卯旅行记》和《归潜记》，详细介绍日本、俄国和西欧的情况。她一生著作颇丰，尤其对中外妇女进行对比，积极提倡女权，指出外国妇女值得我国妇女效仿之处，所以，可以说钱单士厘的著作"像启蒙时代的一颗明星，为黑暗中摸索的中国妇女带来了希望之光"。②

4. 女校兴办的影响

赣闽区域的妇女教育始于教会女校。这些教会女学开办的目的是传教，当地老百姓多有抵触情绪，但女孩上正规学堂的教学模式还是让当时妇女羡慕不已。20世纪初，民主思想风起云涌，"论教育根本，女尤倍于男"③，江西女学开始发展。1905年，萍乡创办"萍乡正本女子学堂"，这是江西最早的女子中学。受全国女学创办的影响，赣南、闽西的一些具有资产阶级民主思想的知识人士和绅商开始创办女学。1909年，赣县创办"赣州幼女公学"，为赣南女校之始；1915年，兴国创办"女子私立高等小学堂"，1926年扩建为"兴国县忠实女子小学"；1923年，宁都县创办了第一所女子学校"宁都县立女子小学"。④ 在闽西，龙岩的章启贤1912年在城区创办了县立女学、平权女子小学及钟灵女子初级小学，1923年在西山社、白土溪兜乡各设立了一所初级女学。女学教育虽在赣南、闽西开禁了，但这些女子学校都是民办性质，囿于经费不足、师资缺乏、规模不大，接受教育女子数量有限。但这批妇女走出了闺阁，接受了正规教育，吸收了新思想，个人的人生发展比其他人更顺利，在当地有较高的知名度，甚为其他妇女瞩目，形成了示范作用；同时，这批知识妇女在教育自己的儿女方面也可起到不可估量的进步作用；还有一些妇女自觉宣传自由民主、倡导男女平等、提倡妇女教育等先进的思想，为赣南、闽西妇女的进步和自身的解放创造了条件，也为马克思主义妇女观的传播起

---

① 钱单士厘（1856—1943），女，光绪年间外交官钱伯门的妻子。
② 李可亭：《单士厘和她的〈癸卯旅行记〉》，《商丘师专学报》1999年第1期。
③ 钱单士厘：《癸卯旅行记》，湖南人民出版社1981年版，第31页。
④ 参见江西省妇联赣州地区办事处《赣南妇女运动史料选编》第1册，1997年印，第180页。

到了开路先锋的作用。

5. 先进知识分子的宣传

"十月革命一声炮响,给我们送来了马克思列宁主义。"马克思主义及其妇女观在中国的传播,不仅使一直作为分析妇女问题理论武器的资产阶级人权学说遭到摒弃,阶级斗争和唯物史观取而代之成为新的理论利器,而且使她们认识到"不与无产阶级携手的妇女运动,不是真正的妇女运动"[①],只有把妇女运动的中心从第三阶级移到第四阶级,才有妇女解放事业的胜利[②]。俄国十月革命后,马克思主义引起了国人的兴趣,在外地读书的学生纷纷把马克思主义传播到家乡,赣南妇女对于新思想、新思潮接受相当快,参加革命运动很积极。五四运动的消息传来后,赣南的赣州、上犹、南康、崇义、于都等县都开展了"五四"声援游行。五四运动的爆发在上犹引起了很大震动,在赣州读书的尹迪珠、李洁如等四位上犹籍学生的宣传组织下,上犹开展了宣传和声援运动。[③] 消息传到于都后,于水昌村中学、于水昌村保权女子小学的师生共一千多人在县城孔圣庙举行了反帝爱国大会,提出"抵制日货,提倡国货""打倒日本帝国主义,反对廿一条不平等条约""打倒卖国贼曹汝霖、章宗祥"等口号,当时在南昌读书回到于都的郭云英到会作了演讲,会后举行了游行示威。[④]五四运动犹如一声春雷,撼动了赣南妇女身上的枷锁,她们由此挣脱锁链,开始了新的觉醒,走上了新的人生之路。康克清在回忆自己参加革命之时,兴致勃勃地谈道:"罗塘湾大禾场有个曾天宇,他在北京大学读书,参加了中国共产党。1924年寒假回到万安县,邀集了本县张世熙等十多名先进知识青年,组织'万安青年学会',创办《青年》杂志,举办平民夜校,组织俱乐部,宣传讲演,开展社会调查,和农民谈天说地。"[⑤] "1925年到1926年这期间,我们那一带闹革命了,一批读书人从南昌回到村里,四处找农民谈天。我第一次从他们那里听到,世界上有个苏联,说是人家那里已经由工农当家做主,再不给地主当牛做马了!他们鼓动我

---

① 虚若:《对于目前妇女运动说几句话》,《妇女声》1922年第5期。
② 参见李静之《中国妇女运动研究文集》,社会科学文献出版社2011年版,第158页。
③ 参见上犹县党史县志工作办公室编《上犹苏区史》,内部资料,2012年印,第2页。
④ 江西省妇女联合会:《江西妇女运动史专辑(1919—1942)》,内部资料,1982年印,第2页。
⑤ 《康克清回忆录》,解放军出版社1993年版,第12页。

们起来反封建，要求妇女解放，反对婆婆打媳妇，男人打老婆；反对包脚，说是妇女只有自己站出来才有出路！说得我们心花怒放，大家私下里议论纷纷。我们还风言风语说什么地方有个黄埔军校，校里招收女兵。年纪比我大的几个妇女，还商量要去当女兵。想是想，我们这些穷山沟里的姑娘，一没文化，二没见过世面，到哪里去找招收女兵的队伍呢？但我却有了主意，别看我年纪小，到时候看我敢不敢跳出去！那些日子，真是连晚上做梦都想着这些事啊！"① 各地在外面读书的知识分子成为农村妇女解放的启蒙者。1926年，赣南党的早期创始人之一肖韶任《民国日报》编辑，《民国日报》在赣南各县传播马列主义的革命思想，马列主义的影响很快超过了其他思潮。②

闽西青年在五四运动时就积极参加革命运动。在闽西的上杭，有进步学生袁文奎、郭上徽等人组织学生罢课游行示威一天，激发群众参加爱国斗争，并查禁和查封日货，使得上杭日货几乎绝迹；在连城有何其伟、李竹秋、吴进德组织学生和工农群众示威游行、查抄日货声援北京学生运动，这些发生在身边的大事震撼了愚昧封闭的妇女，促使她们开始思考自身悲苦命运的解放。1921年，从赣南崇义回到闽西龙岩的邓子恢联合一批进步青年组织了"奇山书社"，创办《岩声》，积极宣传妇女解放。《岩声》发表了大量文章揭露封建制度对妇女的压迫、束缚，造成妇女政治经济地位低下、迷信落后、愚昧无知的状况，揭示了妇女解放的重要性和迫切性。1925年，吴荻舟创办《苔藓》，宣传民主科学和婚姻自由。同时，《汀雷》《连钟月刊》《钟声》《雷鸣》《曙汀》《武平农民》《奋斗》刊物纷纷创办，马克思主义妇女理论迅速传播。此外，闽西虽地处偏僻山区，但文化比较发达，外出到北京、上海、日本、法国留学的人不少，这些知识分子成为宣传马列主义妇女理论的先锋，他们打破妇女对女权运动的幻想，指示她们只有在无产阶级领导之下，参加整个革命斗争才是妇女真正的出路。

20世纪早期的赣、闽乡村社会处于一个激荡的状况。宗族、国家共同控制农村社会的状况没有改变，而且宗族组织对基层社会的全面渗透成

---

① 瞭望编辑部编：《红军女英雄传》，新华出版社1986年版，第28页。
② 参见陈奇涵《赣南党的历史》，载《回忆中央苏区》，江西人民出版社1981年版，第2页。

为基层控制力量的主流。赣闽政局开始陷入军阀政治的不断争夺之中,时局越发复杂。各种思潮的内激外荡,马克思主义妇女理论迅速传播成为中央苏区妇女解放的思想基础。而工农阶级开始登上历史舞台,力量迅速崛起和不断壮大,为后来苏维埃运动的兴起奠定了坚实的基础,更为妇女解放运动创造了极佳条件。

当然,孤立地用上面三力结构性分析并不意味着能囊括当时的所有历史背景。其实列宁早说过,对于一场革命的爆发而言,仅有"下层不愿"照旧生活下去通常是不够的,还需要"上层不能"照旧生活下去。[①] 当妇女生活无助、政府的无能、社会的无序交织时,尤其是当"支配阶级照旧维持其统治时",社会革命性政治危机就出现了。[②] 当农民以外的社会力量之间产生冲突之时,当统治者内部发生分裂或外国入侵之时,农民(当然包含妇女)的态度和行动的决定性作用就会充分表现出来。这种潜能是否会变成现实,主要取决于农民是否能够协调一致地行动,而不管其是否建立了正式的组织。中国共产党的成立,并愿意为广大劳苦大众代言,致力于解放妇女,为妇女谋幸福带来了胜利的曙光。

第二节 中央苏区妇女解放运动的理论基础与愿景梳理

愿景是人或组织对未来希望达到的图景,是其意愿的表达,蕴含未来的目标、使命及核心价值,是最终希望实现的目标。革命运动向来以团体组织为领导,以团体活动为主要模式,有具体斗争纲领或行动计划和目标,进行一定规模的具体实践活动。基于半殖民地半封建的社会属性,近代中国妇女解放要想取得彻底成功,自然包含性别解放、社会解放、阶级解放等多重内容。在土地革命时期,中共把马克思主义妇女观植根于中国国情,紧密与当地实践相结合,将妇女解放融入以社会主义为旨归的阶级革命洪流之中,抢占妇女解放运动话语权,建构起崭新的中国妇女解放运动话语体系,形成了妇女解放运动新的运作模式,这是中国妇女解放运动

---

① 《列宁选集》第2卷,人民出版社1995年版,第461页。
② [法]古斯塔夫·勒庞:《革命心理学》,佟德志、刘训练译,吉林人民出版社2011年版,第33页。

的一个分水岭，中央苏区的妇女解放运动更像一块试验田，取得了显著成效，形成了独具特色的妇女解放指导思想、政策决议和实践活动。中央苏区妇女解放运动的愿景即中央苏区妇女解放运动的目标、使命和核心价值，它多体现在党关于妇女运动的决议、纲领、主要路线、宣传口号等意识形态中。正如迈阿密大学教授恩格尔所言："政治意识形态是一个信仰的体系，它为既存的或构想中的社会，解释与辩护为人所喜好的政治秩序，并且为其之实现提供策略。意识形态提供了对过去的一种诠释，对现在的一种解释，以及对未来的见解。它的原则表明了政治生活与权力的目的、组织与界限。"[①]

如果以中华苏维埃共和国成立时间和中央主力红军长征时间为界，以1921年至1937年中共妇女运动主要文献为素材，笔者通过事件横剖研究和时续纵贯研究将中央苏区妇女解放运动的愿景大致归纳为两个时期，第一时期历经1929年1月至1931年11月，为策略转折下的中央苏区妇女解放运动的理论愿景；第二时期历经1931年11月至1934年10月，为国家政权形式下的中央苏区妇女解放运动的愿景实践。当然，为了弄清事情的来龙去脉，使文章的脉理更为清晰，在研究和论述的过程中对1929—1934年这个时限作适当的前伸后延，有必要对1921年中共建党后至1929年中央苏区建立前以及1934年10月至1937年10月后苏区时代下的中央苏区妇女解放运动愿景作必要的简单梳理和交代。

一　目标调适：前苏区时代中共妇女解放愿景及理论基础

历次党的重要会议都关注妇女运动问题，就推进妇女解放运动作出了明确的政治承诺，制定了与党的中心工作相统一的妇女运动纲领，尤其是充分利用自己掌握的资源，直接支配着妇女解放运动实践及其话语建构，最大限度地赋予妇女解放的政治、经济和社会文化权利，成为妇女解放的憧憬蓝图、价值取向。1921年中共"一大"南湖会议上讨论了"妇运工作"，提出"保护女工"，虽然当时仅是"略略谈到大要，决定交未来的中央负责处理"[②]，但也体现出了中国共产党人在马克思主义指导下已经

[①] ［美］恩格尔：《意识形态与现代政治》，张明贵译，台北桂冠图书股份有限公司1986年版，第5—6页。

[②] 张国焘：《回忆中国共产党"一大"前后》（二），人民出版社1980年版，第181页。

关注到妇女解放问题。1922年7月，中共"二大"制定了党的最高纲领和最低纲领，通过了《关于妇女运动的决议》，这是党的第一个妇女运动的纲领。该决议旗帜鲜明地指出："妇女解放是要伴着劳动解放进行的"，"只有无产阶级获得了政权，妇女们才能得到真正解放"，"在资本主义生产制度之下，妇女是得不到解放的"，"在私有财产制度之下，妇女真正的解放是不可能的。前进，才能跑进妇女解放的正路"。① 这不仅揭示了妇女解放的奋斗目标和纲领，而且指出了达到目标的正确路径，明确指出妇女解放要通过无产阶级的解放斗争才能获得，划清了同资产阶级女权运动的理论界限，开辟了社会主义妇女运动的新时期。从此以后，中国社会主义妇女运动就在中国共产党领导之下，紧紧同中国反帝反封建的革命连在一起，成为中国革命运动的重要组成部分。② 中共"二大"还决定了在党中央设妇女部，由中央第一位女中共委员向警予任部长。妇女部工作的重点是在女工中开展工作，组织女工自觉起来开展经济斗争和政治斗争。一批女性被吸收加入了共产党，如缪伯英、刘清扬、王辨、郭隆真、向警予、蔡畅等。1923年6月，中共"三大"确定了统一战线方针，"三大"《关于妇女运动决议案》申明了劳动妇女在阶级斗争中的重要与意义，并强调除"全国妇女运动大联合"等运动口号外，还应有"打倒军阀""打倒外国帝国主义"的口号。这时党领导的妇女运动的任务，就是促成全国妇女结成反帝反封建的联合战线，"引导占国民半数的女子参加国民革命运动"③，在统一战线方针指导下，努力争取和团结各地女权运动组织，扩大各界妇女的革命联合。④

1924年，在国共合作形势下，共产党倡导和推动了妇女要求参加国民会议的政治权利运动。上海女界国民会议促成会首先成立，刘清扬、向警予、杨之华等共产党员被选为执行委员。继而，北京、天津、山东、河南、温州、汉口、江西等地都相继成立了类似的组织。尽管这次运动没有

---

① 中共中央文献研究室、中央档案馆编：《建党以来重要文献选编（1921—1949）》第1册，中央文献出版社2011年版，第160—161页。
② 参见李静之《新民主主义革命时期中国共产党妇女运动指导思想的确立和发展》，《妇女研究论丛》2001年第8期。
③ 中共中央文献研究室、中央档案馆编：《建党以来重要文献选编（1921—1949）》第1册，中央文献出版社2011年版，第266页。
④ 参见李静之《新民主主义革命时期中国共产党妇女运动指导思想的确立和发展》，《妇女研究论丛》2001年第8期。

取得胜利,但它第一次把争取女权同争取民权结合起来,是中国妇女运动同阶级解放运动相结合的一个试点,预示着中国妇女运动将进入一个新的阶段。1925年1月,中共"四大"第一次明确提出了无产阶级在民主革命中的领导权和工农联盟问题,通过的《对于妇女运动之议决案》指出:"本党妇女运动应以工农妇女为骨干,在妇女运动中切实代表工农妇女的利益,并在宣传上抬高工农妇女的地位,使工农妇女渐渐成为妇女运动中的主要成分。"[1] 这是党的文件第一次涉及了"农"妇。在党的以工农妇女为基础的思想指引下,妇女积极参与五卅运动。参加五卅反帝罢工的女工,仅上海一地就有16万人。这次运动还把打倒帝国主义的呼声由通都大邑传到穷乡僻壤,使不少农妇接受了革命洗礼。在五卅运动中,各地参加政治示威的劳动妇女多达200万人。广大女学生同劳动妇女一起参加反帝斗争,标志着相当多的知识妇女已脱离资产阶级女权运动的窠臼,投向社会主义妇女运动的洪流了。1926年9月党的相关会议预见到:"将来的农妇运动在中国妇女运动上一定要占一个很重要的位置,我们此时虽不能有怎样的具体的计划,但我们至少要开始严重注意这个问题,开始准备作农妇运动的人才。"[2] 这是党对工农妇女尤其是农妇运动指导思想的明确化和具体化。虽说1925年、1926年党的有关会议预见了农妇的重要性,"所以农妇的宣传应极力注意"[3],但也看到"自处反动环境以来,本党妇女运动似乎停顿了一半……"[4] "农妇运动虽在扩大会议决案上提出要开始进行,但因人才种种关系,妇女部不能有十分注意。中央妇委曾于数月前发出调查表,要各地开始调查,但至今没有接到调查材料。根据粤区、湘区报告,广宁农民协会有三万女会员,衡阳农协会有三千余女会员,其他对于农村妇女的宣传只有零碎做过一点。总之对于农妇运动,没有具体的计划去进行。"[5]

---

[1] 中共中央文献研究室、中央档案馆编:《建党以来重要文献选编(1921—1949)》第2册,中央文献出版社2011年版,第250页。
[2] 中共中央文献研究室、中央档案馆编:《建党以来重要文献选编(1921—1949)》第3册,中央文献出版社2011年版,第320页。
[3] 中华全国妇女运动历史研究室编:《中国妇女运动历史资料(1921—1927)》,人民出版社1986年版,第400页。
[4] 同上书,第2页。
[5] 中国妇女管理干部学院编:《中国妇女运动文献资料汇编(1918—1949)》,中国妇女出版社1987年版,第171页。

1927年8月21日，党中央通过了《最近妇女运动决议案》，要求恢复各地妇女部的工作，发展进步力量，集中力量吸收女工农妇，领导她们斗争；不过因为这时国民党也在"极力想拉拢工农群众"，党认为必须继续加强与工农群众的联系，妇女运动的团体还是"必以女学生和其他知识分子为中心"，"在她们的营垒中必须根据我们的政策和理论，建筑一种革命舆论的中心"来"对抗反革命者的进攻"①，以上也点明了妇女运动话语权建构的重要性。由于革命环境的恶劣，1928年党的"六大"在莫斯科召开。会议除指出"只有共产党，只有无产阶级革命、社会主义的完全胜利才能完全解放妇女"②外，还进一步明确提出了在发展农村妇女运动中帮助妇女争取自身权利的指导思想。而在《农民问题决议案》中也肯定"吸收农民妇女群众加入斗争有极大意义"，认为"农民妇女乃斗争着的农民中最勇敢的一部分，轻视吸收农民妇女到运动中来，必然会使农村革命减少力量"。③为此，特别强调："党的最大任务是认定农民妇女乃最积极的革命的参加者，而尽量地吸收到一切农民的组织中来，尤其是农民协会及苏维埃。"④可见在中共"六大"上农妇作为重要革命力量的地位被确定下来。中共"六大"还提出当苏维埃政府成立时，就要及时颁布解放妇女的律令，以实现对妇女的承诺。⑤此次会议由于众所周知的原因脱离了中国国情，但为妇女运动指明了前进的方向和目标。在大革命浪潮中妇女解放运动丰富实践的基础上，以马克思主义为指导的妇女解放理论得到了丰富和发展，同反帝反封建的革命运动紧密结合在一起的妇女解放道路也得到了明确概括。

大革命失败后，为民族解放和自身解放而奋战过的妇女，或是血溅刑场，或是身陷囹圄，或是潜伏地下，或是转战山野，也有的俯首于反动派之前，或沉溺于温柔之乡。在革命环境极端恶劣的情况下，仍在坚持革命或等待革命的妇女成为日后妇女解放的骨干和先锋。正如1927年毛泽东在《湖南农民运动考察报告》中所说："最近农民运动一起，许多地方，

---

① 中华全国妇女联合会妇女运动历史研究室：《中国妇女运动历史资料（1927—1937）》，中国妇女出版社1991年版，第1—2页。
② 中共中央文献研究室、中央档案馆编：《建党以来重要文献选编（1921—1949）》第5册，中央文献出版社2011年版，第498页。
③ 同上书，第428页。
④ 同上。
⑤ 同上书，第505页。

妇女跟着组织了乡村女界联合会，妇女抬头的机会已到。"①《湖南农民运动考察报告》标志着马克思主义妇女观与中国妇女运动真正结合的开始，中共对妇女运动的指导方针演变实质是马克思主义妇女观中国化的过程表征。

　　1927年后的10年，妇女运动朝着两个不同方向发展。国民党反动统治建立后，一些资产阶级、小资产阶级妇女，重新打起"提高女权"的旗号，向南京政府要求参政权。虽然争到了几个国民会议的代表名额，但她们所提的修改"民法亲属编"，禁止娼妓，推广女子中等教育，禁止蓄婢、纳妾以及缠足等提案，无一获得结果。劳动妇女更没有得到任何好处。而且，歧视、摧残女性的逆流泛滥，贤妻良母主义、回厨房运动、花瓶制度、男女分校决定等，都是对"提高女权"的讽刺，表明女权运动已走向末路。除了极少数女性做官、当议员外，它再也搞不了什么推动妇女解放的活动了。直到1928年的中共"六大"，国共合作宣告破裂，中共放弃了国民革命中侧重于"一般的妇女运动"②的妇运方针，把妇运的主要任务定为"争取劳动妇女的群众"，对城市女工运动（针对工会）、农村妇女运动（针对农会）、青年女工（针对青年团）运动分别作出了具体的指示。实践上，国共分裂之后，中共真正领导和实践的劳动妇女运动是苏维埃政权下的农妇运动。在苏区，以农妇为主体的妇女解放运动获得了重大进展。

二　梦想构建：策略转型下中共妇女解放运动的理论愿景

　　秋收起义失败深入农村建立革命根据地后，中国共产党在城市和苏区的妇女运动中心也分别为女工和农妇。然而，数量偏小的女工与众多农妇相比，显得微不足道，比如，江西小手工业的妇女群众仅有三千余［人］：分为织袜（八百余人）、茶叶（千余人）、藤箱（二百余人）、烟业（五百余人）、成衣（二百人）、织布（百余人）、纺纱（二百余人）七类女。③中共将革命重心转移到农村后，面对的是一个完全陌生的农村

---

　　①《毛泽东选集》第1卷，人民出版社1991年版，第32页。
　　② 中共"六大"妇运决议案中的"一般的妇女运动"是指小资产阶级的妇女运动，侧重于从宗法制度下解放妇女。
　　③ 参见中国妇女管理干部学院编《中国妇女运动文献资料汇编（1918—1949）》，中国妇女出版社1987年版，第170页。

现实。在以家庭为单位、血缘地缘为核心，相对独立封闭、有"男逸妇劳"传统的农村社会，没有妇女的支持和参与，党的革命活动寸步难行。[①] 共产党人亟须对农村妇女的生存状态、精神变迁以及她们的物质需求进行理论分析，并以此为依据，由过去女工为主体转为依靠农妇为主体，确立开展农村妇女运动的方针和策略。

1929年6月《中共中央政治局向六届二中全会的工作报告纲要》提出，"青工女工的工作，中央过去只给了相当的注意，各地在这些工作上都只有很少的成绩"。[②] 全会在《中共六届二中全会关于中央政治局工作报告的决议》中指出"妇女运动——尤其是女工运动，需要中央切实的注意。农委与妇委应加强自己的经常工作"。[③] 1930年5月《中华苏维埃共和国国家根本法（宪法）大纲草案》提出："工农兵会议（苏维埃）的政权，真正是劳动群众自己的政权。""苏维埃国家根本法原则之三，就是不但彻底的实行妇女解放，定出合理的不受一切宗法封建关系和宗教迷信所使得的男女关系以及家庭关系的法令，承认结婚离婚的自由，而且还要实行各种保护女性和母性的办法，要发展科学和技术，使妇女能够事实上有脱离家务束缚的物质基础，而且参加全社会的政治文化工作。"[④] 中共充分认识到："夺取广大的妇女群众为党目前任务之一。过去妇女运动偏重于小资产阶级的女权运动，而忽略了广大劳苦妇女中的工作，这是非常错误的。"为纠正此种错误，指明了"苏维埃区域里面，就要完全实现共产党对于妇女问题的政纲"，这些政纲既重视"女工的劳动法上的保护""农妇与男子同等的有分配土地之权"，也关注"劳动妇女和男子平等的享有选举权和被选举权以及一切政治自由和权利"以及"婚姻的自由和母性婴儿的保护"。[⑤] 还特别强调"决不能仍旧只是一种宣传的口号，更不应当在实行的时候投降富农意识而实际上修改了共产主义的妇女政纲"。[⑥] 总

[①] 参见王思梅《试论中国共产党推进农村妇女解放的理论与实践》，《妇女研究论丛》2001年第4期。

[②] 中共中央文献研究室、中央档案馆编：《建党以来重要文献选编（1921—1949）》第6册，中央文献出版社2011年版，第247页。

[③] 同上书，第263页。

[④] 同上书，第224页。

[⑤] 中华全国妇女联合会妇女运动历史研究室：《中国妇女运动历史资料（1927—1937）》，中国妇女出版社1991年版，第74、75页。

[⑥] 同上书，第75页。

之，中共革命重心转移后，伴随中央苏区的创立，积极争取农妇、动员农妇、调动劳动妇女群众参加苏维埃革命战争，成为中央苏区党的重要工作。而且为实现妇女运动主体的重大转型，公开申明"在苏维埃政府成立之后，就要立刻公布解放保护妇女的法令，给予妇女政治经济法律教育上与男子同等的待遇"。[①] 并特别承诺"苏维埃政权下的劳动妇女应有土地权、选举权、被选举权，婚姻自由权，劳动法上规定保障劳动妇女利益的条例并彻底的实行之"。[②] 这些政纲使广大劳动妇女对未来充满憧憬。

马克思主义者以苏联模式为蓝图，希望中国也通过翻天覆地的变化，来实现妇女解放，实现男女平等。思想的自由不是毫无限度的，理想蓝图的勾勒是需要底线的。中国共产党人坚持理论与实际相结合，在运用马克思主义妇女观指导中国妇女运动时，紧密结合农业中国的现实国情，看到了农业中国的突出特点，突破了以女工为主要对象的马克思主义路径，逐渐转变为以农妇为主要对象的中国特色革命道路。中共第一次为妇女解放实践建构起了一个完整而清晰的理论体系，它对妇女的社会历史根源、妇女解放的社会前提、妇女解放的未来图景及现实道路作出了系统而明确的阐述，由此建构形成的通过社会主义革命实现妇女彻底解放的政治信仰，凝结形成了"妇女解放梦"，产生了前所未有的妇女动员效应。

三 践诺尝试：苏维埃共和国政权下的妇女解放运动愿景实践

秋收起义后，中共开创了多块农村革命根据地，各苏维埃政权围绕保障妇女权益进行了一些有益尝试。但直到1931年11月中华苏维埃共和国临时中央政府宣告成立，才标志着中国共产党领导建立的正式、统一的中央政权第一次登上了政治舞台。这个被称为"山林里的国度""山坳里的中国""马背上的共和国"的政权是中国历史上第一个由工农劳动人民当家做主的新型政权。虽说它还只是一个完整国家的雏形，但却预演着治国安民的雄才大略，体现在国家意识形态、法律制度、政策

[①] 中华全国妇女联合会妇女运动历史研究室：《中国妇女运动历史资料（1927—1937）》，中国妇女出版社1991年版，第75页。

[②] 同上。

体系及政治运动中的国家力量,这些成为推动中央苏区妇女解放运动实践的最重要力量①,从而大胆践行了对动员妇女参加革命诺言的伟大尝试。

中共进入农村创建革命根据地后,动员妇女走出家门,进入公共领域,参与社会生产劳动,以及各项政治运动,很自然地成为"国家政治理想"②的一部分。随着中华苏维埃临时中央政府的建立,苏维埃政权设中央、省、区(市)、县、乡五级,实行分级管理,以基层苏维埃为基础,构成了一个完整的政府体系,这个体系深入群众之中,取代了农村原有的传统乡村政权体系。随之通过的《中华苏维埃共和国宪法大纲》及《婚姻法》《土地法》《劳动法》,赋予了妇女在政治、经济及婚姻等方面的平等权利。这种迅速而激进的政治化的妇女解放运动,无论是相对于当时的国统区,还是苏区劳动妇女自身的权利诉求,都是极为超前的。《婚姻法》确定的一夫一妻制和男女婚姻自由原则,婚姻登记制度,禁止收童养媳、纳妾蓄婢,废除包办买卖婚姻等律令,从根本上规范以及保障了妇女权益,为后来的婚姻法定下了基调;《劳动法》规定"男女做同样的工作领同样的工资"及其他根据妇女特殊情况而制定的特殊规定,如产后休息权等③;《土地法》规定"雇农苦力劳动农民,均不分男女同样有分配土地的权限"④。苏区各地允许妇女根据自己的婚姻等实际情况自由处置属于自己的那份土地,"凡妇女出嫁时,土地由本人自由处理"⑤,这些规定保证了妇女对土地的所有权和使用权,即都赋予可独立的经济权。⑥ 制定这些法令和规章的目的其实在1932年4月28日的《妇女生活改善委员会组织纲要》中说得非常清楚,即要"消灭封建旧礼教对于妇女的束缚,使她们在政治上经济上得到真实的解放"⑦,真正使劳动妇女

---

① 参见《毛主席的称谓从何时开始?》,中国红故事(http://www.honggushi.com/article/gjlx/200909/11233.html)。

② 佟新、龙彦:《反思与重构:对中国劳动性别分工研究的回顾》,《浙江学刊》2002年第4期。

③ 江西省档案馆、中共江西省委党校党史教研室:《中央革命根据地史料选编》(下),江西人民出版社1982年版,第137页。

④ 同上书,第459页。

⑤ 同上书,第466页。

⑥ 参见李静之《中国妇女运动史上的三座里程碑》,《妇女研究论丛》1999年第11期。

⑦ 中华全国妇女联合会妇女运动历史研究室:《中国妇女运动历史资料(1927—1937)》,中国妇女出版社1991年版,第230页。

"实际取得与男子享受同等的权利"①，并且"能切实地享受苏维埃政府对于妇女权利之保障"。② 中央苏区制定妇女权益保护的目标并切实实行，极大地鼓舞了妇女解放的热情。中共在各种场合宣传"苏联妇女的道路就是全世界劳动妇女解放的唯一道路"③，说明中共以马克思主义妇女观为指导的初衷。

为更好地团结动员妇女，了解妇女解放的成果和确立今后的妇女工作，中央苏区于1933年3月在基层建立了女工农妇代表会议（之前称劳动妇女代表会议）。1933年底，各省先后召集了盛况空前的第一次女工农妇代表大会。江西省的女工农妇代表大会有来自20个县及国家企业的249名代表参加，在7天的会期中，每个代表都不知疲倦、争先恐后地发表意见，她们就宣传教育、婚姻家庭、经济建设、慰劳红军、支援前线、扩红拥军等方面进行了热烈讨论，决定在年底完成全省扩大红军35000人、做军鞋30万双的战斗任务，充分显示出苏维埃政权之下劳动妇女当家做主的责任感和伟大的革命力量。

随着中央苏区苏维埃政权建立后一系列保护妇女权益的条例法令的颁布和施行，以及妇女组织为保障妇女权利所进行的努力和斗争，苏区妇女的解放事业得到了极大的推进，妇女在经济、政治、文化和婚姻等方面的地位也都发生了深刻的变化。诚然，不可否认，党之所以在当时对解放妇女表现出这样一种异乎寻常的热情，恰恰与当时苏区所面临的极其严峻的反"围剿"形势有着莫大的关系。因为中国共产党人创建的中央革命根据地，自它的产生、发展到撤离的全过程，始终都伴随着国民政府残酷的军事"进剿""会剿"和"围剿"。1934年主力红军撤离后，国民党占领苏区，在原中央苏区立即进行了社会秩序的恢复和重建。由于国民党的残酷报复以及中央苏区发展的结果是以强制性变革行动换来的，因而具有不稳定性和不巩固性，进入后苏区时代的中央苏区妇女解放运动逐渐向革命前回归。

中央苏区践行男女平权的原则，使苏区广大劳动妇女拥有与男子同等的权利，这是阶级社会妇女们破天荒第一次享受到婚姻自由权、经济独立

---

① 中华全国妇女联合会妇女运动历史研究室：《中国妇女运动历史资料（1927—1937）》，中国妇女出版社1991年版，第230页。

② 同上。

③ 同上书，第360页。

权、文化教育权、参政议政权，此时的她们扬眉吐气，意气风发。自1929年1月中央苏区开辟到1934年10月主力红军撤出苏区，中央苏区创造了近代中国妇女运动的巨大成就，为我国妇女解放事业作出了重要贡献。当然，中央苏区的妇女平等权利来之不易，它既是中国共产党人遵循马克思主义妇女观、实施男女平等、解放妇女的一次伟大实践，也是当时革命战争客观环境迫切需要所致①。中华苏维埃共和国是与国民党政府两党对峙、格局对立的政权，其第一职能就是组织武装斗争打败国民党军队的会剿、围剿，苏维埃共和国的一切都要服从和服务于战争的需要。"边界的斗争，完全是军事的斗争，党和群众不得不一齐军事化。怎样对付敌人，怎样作战，成为日常生活的中心问题。"②毛泽东的话准确地概括了军事斗争期间军民的真实情况。所以，"苏维埃的第一个任务就是武装民众，组织坚强的铁的红军，组织地方部队与游击队，组织关于进行战争的给养与运输"。③而组织、政治、经济、教育、文艺、妇运等各项事业的发展虽是苏维埃共和国的辅助职能，但也必须围绕革命战争这个首要的中心任务来行使。④因此，中央苏区妇女的翻身解放几经波折，而其中反映的民主势力与封建势力的斗争，妇女解放与社会发展的关系更加耐人寻味。

中国共产党成立前，中国妇女解放运动停留在少数知识妇女、上层妇女范围内，基本运动形态是女权运动。中国共产党成立后，妇女解放运动出现了多种形态并存的局面。中国共产党从反帝反封建的革命任务以及解放一切被压迫人民的历史使命出发，以实现妇女的经济独立权、婚姻自主权、参政议政权、文化教育权……为愿景，自觉地将领导妇女争取解放视为己任，从党创建之时起，就把妇女解放纳入它所领导的革命运动之中。⑤中国共产党在奋勇前行中不断总结经验教训，及时调整、完善、优化指导理论，并依据中国妇女的特殊情况，基于不同时期的革命任务，为妇女解放运动选择、确立明确的行动纲领和具体的奋斗目标，制定了相应

---

① 参见林颂华《中央苏区妇女问题初探》，《中共宁波市委党校学报》2002年第5期。
② 《毛泽东选集》第1卷，人民出版社1991年版，第63页。
③ 《毛泽东军事文集》第1卷，军事科学出版社、中央文献出版社1993年版，第337页。
④ 参见杨青《中华苏维埃共和国与中华人民共和国开国政权体制的比较研究》，《党史研究与教学》2001年第12期。
⑤ 参见李静之《中国妇女运动史上的三座里程碑》，《妇女研究论丛》1999年第11期。

的方针、政策，已经在探索中形成了中国特色的妇女解放理论。

总之，中央苏区的斗争历史，前后历时数年，党关于妇女运动的指导方针时有调整，主要路线时有偏差，目标聚焦点虚实交替，主要使命时有差异，但核心价值相对趋同，都是基于一个美好愿景：推翻妇女所受压迫，解除妇女所受束缚，主张为实现妇女的经济独立权、婚姻自由权、参政议政权、文化教育权等而努力，真正达到"男女平等"，为最终彻底解放妇女而奋斗，只是在不同阶段、不同环境和条件下，其具体执行有多少之别、缓急之分，其具体实现程度有大小之异而已。

本章小结

在漫长的历史过程中，为摆脱妇女受压迫地位，人们不断探索，从而产生了不少有关解放妇女、妇女解放的真知灼见，也涌现出林林总总的相关理论，可谓"赤橙黄绿青蓝紫"。特别是五四运动前后涌现的解放妇人、妇女解放潮，从不同的立场出发来解答"妇女解放"问题，都试图在有意无意间争夺"话语主导权"。而妇女解放问题破解之策其内容也是五花八门、琳琅满目，涉及妇女生活的方方面面，有的关注女子人格独立，有的侧重于教育平等，还有的涉及经济独立，以及婚姻变革、家庭改制、社交公开等。大浪淘沙，思维碰撞、智慧叠加，经过交流、交融、交锋与竞争，马克思主义妇女观因其实践性、科学性、革命性、阶级性、开放性特征[1]，在各种社会思潮中抢占高地、独占鳌头，居于主导地位。事实上在那个革命张扬的时代，无论是迷醉于革命这坛烈酒的革命者，如主张"国民革命"的国民党、主张"阶级革命"的共产党、主张"全民革命"的青年党等，还是那些痛恶革命风潮，认为其违背人道主义而游离、逃逸于革命阵营之外成为看客的人，在革命洪潮退却、激情棱角磨平之后，各方都在深入、多方面地进行兴趣盎然的检讨、反思。[2] 这种多元和趋同交叉的现象，既蕴含了时代的迫切要求，又显示了历史的丰富多彩；既反映了各类仁人志士在社会大变革中探索以不同渠道解放妇女的构想，

---

[1] 参见王全宾《浅析马克思主义妇女观的基本特征》，《山东女子学院学报》2012年第4期。

[2] 参见黄文治《鄂豫皖苏区道路：一个民众动员的实践研究（1920—1932）》，博士学位论文，上海师范大学，2011年。

也表明了新旧交替时期思想界对传统妇女价值观的突破。也正是这种共趋，体现了妇女解放热潮奔腾的时代价值，留下了久远的历史回响。①

　　人类的一切活动离不开特定的环境、社会构成和时人的特定行为。中央苏区妇女解放运动源流具有多样性，复杂背景的撞击力和诱惑愿景的感召力为中央苏区妇女解放运动蓬勃开展提供了可能性，也与以毛泽东等为代表的中共领导人的政治敏锐力、政治精英人物的机遇把握力密不可分，苏维埃革命为妇女提供的平等、权利、尊严、身份感，是妇女投身解放运动不可忽视的政治、心理原因。毫无疑问，中央苏区妇女解放运动的兴起和发展，尤其彰显了中国共产党人理论信念之力、坚韧不拔之志和脚踏实地之功。没有极强烈的改变现状的坚强意志力，没有一定超越性的执着信念，没有愈挫愈勇的乐观心态，中央苏区妇女解放运动的画卷也许没有这般激情、壮美与奇特。倘若不具有现实性和地方性的思维与举措，那也只能让运动曲折中前行，这自然涉及宏观愿景的微观实现路径问题、愿景实现过程中妇女参与态度问题、愿景预期效果与动员问题，妇女动员和妇女参与都是政治主体实现政治目标的手段途径。这些也正是后几章需探讨的重点。

---

① 参见陈文联《五四时期妇女解放思潮研究》，博士学位论文，湖南师范大学，2002年。

第二章

而今迈步从头越：中央苏区妇女解放运动的路径展开

> 雄关漫道真如铁，而今迈步从头越。
> ——1935年2月毛泽东《忆秦娥·娄山关》①

不论何种解放，无论解放愿景多么诱人，均需有切实对应之解决路径。"只有在现实的世界中并使用现实的手段才能实现真正的解放"，"当人们还不能使自己的吃喝住穿在质和量方面得到充分保证的时候，人们就根本不能获得解放"。② 中国妇女解放运动发端于戊戌维新运动时期，成型于辛亥革命时期，高涨于五四运动时期，质变于土地革命时期。每个阶段都有无数仁人志士在苦苦寻求妇女解放之道。特别是，五四新文化运动前后，各种主义、思潮都对妇女解放道路作出自己的回应，形成、派生出了种种妇女解放路径。当时有人把这些主张概括为四大类型："1. 谋政治权的平等，而妇女参政权的呼声举；2. 谋经济权的平等，而妇女职业活动的开放兴；3. 谋知识的平等，而男女同学的禁例开；4. 谋道德的解放，而自由结婚、自由离婚的理论倡。"③ 然而，人们对这些权利的追求总是阶段性和片面性的，或重于妇女教育权，或重于妇女经济权，或重于妇女参政权，或重于婚姻自由权，没有认真思考过这些权利与妇女解放途径的内在关系，以至于观点各异、行动不一，最终使妇女解放运动备受挫折。随着点滴式改良的一再碰壁，妇女解放运动究竟应采取怎样的方式？选择

---

① 公木：《毛泽东诗词鉴赏》，长春出版社2001年版，第84页。
② 《马克思恩格斯文集》第1卷，人民出版社2009年版，第527页。
③ 吉生：《妇女运动底径路》，《妇女评论》1921年第20期。

何种路径？这是摆在时人面前亟须解决的问题。中共力量在苏区的崛起、土地革命的推进和作为国家雏形的中华苏维埃临时中央政府的建立，体现在国家意识形态建构、法律制度保障、政治动员、组织干预中的国家力量成为推动妇女解放运动的最重要力量。"苏维埃区域里面，就要完全实现共产党对于妇女问题的政纲。"① 从此，中央苏区妇女解放运动在中共领导下，在国家政权干预下采取了解决经济权、唱好婚姻曲、扩大教育面、提升参政度、构建组织网五维路径，"而今迈步从头越"，全力全方位推进，取得了显著成绩。

第一节 解决经济权：妇女解放的要旨

一 经济权利：妇女诸权的基础和保证

经济基础决定上层建筑，马克思认为经济制度是政治上层建筑借以树立起来的基础②，"权利决不能超出社会的经济结构以及由经济结构制约的社会的文化发展"③。人必须首先解决了衣、食、住、行的问题，然后才会关注其他权利，所谓"衣食足而知礼节"。所以经济权是实现其他一切权利的基础和保障。经济问题是一切社会问题的总根源，经济问题解决了，其他社会问题就容易解决。

经济权指公民享有的经济生活和物质利益方面的权利，是公民实现其他权利的前提条件和物质基础。经济权包括财产权、继承权、劳动权、休息权、物质帮助权、生活保障权等。公民享有实际权利的多少反映了他们在国家、社会生活中地位的高低。自私有制产生、阶级出现以后，妇女便失去对生产资料的所有权。从此，家庭中的所有包括妇女自己都属于男子，在人类社会中一直处于从属地位。恩格斯指出妇女不平等受压迫"不是妇女在经济上受压迫的原因，而是它的结果"④，德国共产主义者奥古斯特·倍倍尔⑤掷地有声地说："社会上的一切依附与压迫都来源于被

---

① 中华全国妇女联合会妇女运动历史研究室编：《中国妇女运动历史资料（1927—1937）》，中国妇女出版社1991年版，第75页。
② 参见《列宁专题文集 论马克思主义》，人民出版社2009年版，第69页。
③ 《马克思恩格斯文集》第3卷，人民出版社2009年版，第435页。
④ 《马克思恩格斯文集》第4卷，人民出版社2009年版，第87页。
⑤ 奥古斯特·倍倍尔（1840年2月2日—1913年8月13日），德国社会民主党创始人之一，恩格斯的战友。

压迫者对压迫者在经济上的依赖","妇女在很久以前,在经济上就处于从属地位,这一点为我们展示了人类社会的发展史"。① 因此,获得经济权利是妇女解放的前提和表现。而妇女参加社会生产劳动是妇女获得经济独立的重要途径,恩格斯强调"妇女解放的第一个先决的条件就是一切女性重新回到公共的事业中去"。②

以家庭为单位的小农经济是传统农业中国的主要社会经济。《汉书·食货志》说"一夫不耕,或受之饥;一妇不织,或受之寒",可见在家庭中男女双方都是不可或缺的主要劳动力。男耕女织自给自足的自然经济维持着家和国正常运转的需要。这是一种适合中国情况,男权统治下,男女共同出力维持生计的经济形式。不过,耕和织的成果所有权,却只是男性所有,女性没有所有权。女性虽然终生辛勤劳苦,但都被视为辅助性劳动,没有价值,也不具有增值作用,故没有地位,屈居男子之下。男子的劳动成果支撑家庭运转,被当作家中的顶梁柱,在家庭生活中起主导作用,"依恃自己的财富挤上了首位,把妇女挤到了第二位"。③ "男子在婚姻上的统治完全是他的经济统治的结果。"④ "妇女是人类中最先成为奴隶的人。"⑤

土地革命前赣南、闽西地区妇女与中国其他地区的妇女一样都是"经济没有过问权"——没有土地权、财产继承权和支配权,即使是母家陪嫁的嫁妆,也都归男子所有和支配。不裹足的客家妇女,在经济生产中担当与男子相当甚至更大的责任,"她们除了在家里洗衣服煮饭养儿纺织,饲牲畜缝纫等事外,还有参加耕种"。⑥ "赣南妇女都是和男人一样的大脚,耕田做工都是和男人一样的负担,一般的以为一个女子能自己做事养活男子是光荣"⑦,但这些妇女却是只能拼命劳动不能要求拥有和男人

---

① [德]奥古斯特·倍倍尔:《妇女与社会主义》,葛斯、朱霞译,中央编译出版社1995年版,第4页。
② 《马克思恩格斯文集》第4卷,人民出版社2009年版,第88页。
③ 同上书,第181页。
④ 同上书,第96页。
⑤ [德]奥古斯特·倍倍尔:《妇女与社会主义》,葛斯、朱霞译,中央编译出版社1995年版,第4页。
⑥ 江西省妇女联合会、江西省档案馆编:《江西苏区妇女运动史料选编》,江西人民出版社1982年版,第14页。
⑦ 同上书,第32页。

一样的经济权；裹足的妇女，虽然"家里煮饭纺织等事宜"一样也不能少干，但还是"经济完全依靠男子不能独立"。① 在寻乌，"女子与男子同为劳动的主力。严格说来，她们在耕种上尽的责任还要比男子大得多"②；在兴国，"乡村雇农女工比男工的工作加重工资减低"，"在城市的女工在工场和工厂卖力，非但不比男子差，有的还胜过男子，工资反特别低，工作和工作的时间，特别的加重和延长"③；在闽西，"妇女都要劳动，与男子一样担负生产的责任。即以龙岩的小脚女人，除极少数的富家妇女外，没有一个不为穷困所驱逐出来与男子同样劳动"，"闽西妇女在生活上比男子更苦，因为工作上除与男子负同等的生产，格外还要担任家里一切琐碎的事情。同时，劳动力的价值比男子低，如龙岩、上杭、武平、长汀等县女工工资比男子少一半，永定女工只得男工工资的1/3"。④ 妇女虽然终身从事农业生产和家务劳动，从没有休息的时候，但难逃被剥夺的命运，但"由于遗传和教育，妇女把她们的从属地位视作理所当然"⑤。

在阶级社会里，经济权力就是阶级权力，就是一个阶级对其他阶级在经济领域中的阶级统治和阶级压迫。⑥ 李大钊说"物质上不受牵连，经济上才能独立"⑦，"物质既常有变动，精神的构造也就随着变动……妇女在社会上的地位随着经济状况变动"。⑧ 他还特别指出："经济问题的解决，是根本的解决，经济问题一旦解决，什么政治问题、法律问题、家族制度问题、女子解放问题、工人解放问题都可以解决。"⑨ 陈独秀在《妇女问题与社会主义》一文中指出："妇女问题虽多，总而言之，就是经济不独立。因经济不独立，遂生出人格的不独立，因而生出无数痛苦的事

---

① 江西省妇女联合会、江西省档案馆编：《江西苏区妇女运动史料选编》，江西人民出版社1982年版，第14页。
② 《毛泽东文集》第1卷，人民出版社1993年版，第239—240页。
③ 江西省妇女联合会、江西省档案馆编：《江西苏区妇女运动史料选编》，江西人民出版社1982年版，第7、8页。
④ 中华全国妇女联合会妇女运动历史研究室：《中国妇女运动历史资料（1927—1937）》，中国妇女出版社1991年版，第33页。
⑤ ［德］奥古斯特·倍倍尔：《妇女与社会主义》，葛斯、朱霞译，中央编译出版社1995年版，第4页。
⑥ 参见王沪宁《政治的逻辑》，上海人民出版社1994年版，第228—231页。
⑦ 李大钊：《物质和精神》，《新生活》1919年12月第19期。
⑧ 李大钊：《物质和道德》，《新潮》第2卷第2号，1919年12月1日。
⑨ 李大钊：《再论问题与主义》，《每周评论》第35号，1919年8月17日。

情。……如果女子能够经济独立,那么必不受父、夫的压迫。"① 这说明,使妇女获得经济权是妇女获得解放的根本条件,也是妇女能够享有和行使各种权利的基础。在中共"二大"的《妇女运动决议案》中即已指出"经济既不平等,妇女是得不到一切平等和自由的。他们不但成为资本家用以操纵劳动市价更廉贱的生产奴隶,并且负担资本主义社会组织中家庭的和母性的负担"。② 毛泽东依据马克思主义的基本观点,结合对妇女现实命运的深入考察,将压迫妇女的力量形象地概括为"四条极大的绳索",而要完全挣脱,"还要待农民的经济斗争全部胜利之后"。③ 这种具有中国话语风格的概括,是马克思主义妇女理论中国化极富代表性的观点。相比李大钊、陈独秀等人的学理化的表达,这一概括更显社会动员效果,对日后中国妇女解放理论的建构产生了极大的影响。

从经济权利入手阐释妇女问题的制度根源,是妇女解放路径探索的重大成果。妇女解放的核心问题到底是什么?自五四运动以来理论界的各种争论及妇女运动的各种主张,都明确指出妇女解放的核心问题是经济独立,其含义并非仅指自食其力,更是指在劳动关系中男女要处于平等地位,故要解决半殖民地半封建社会妇女解放的核心问题,正确指向只有消灭私有制一途,从而为妇女解放必须伴随阶级解放和劳动解放进行这一原则提供了理论前提。④ 也将妇女解放顺利纳入阶级解放和民族解放的轨道。

二 中央苏区妇女经济权的获得与保障

(一)打土豪分田地获取财产权

土地是农民安身立命之本。在乡村生活的妇女,土地是她们最主要的生产资料及维持生活的来源。中华苏维埃共和国临时中央政府成立之后,即在革命理想主义的指导下进行了广泛的土地分配运动,规定妇女与男子一视同仁,并以此为基础推动苏区的各项经济建设,其目的即在于满足苏

---

① 陈独秀:《妇女问题与社会主义》,载中华全国妇女联合会妇女运动历史研究室《五四时期妇女问题文选》,三联书店1981年版,第81页。
② 中共中央文献研究室、中央档案馆编:《建党以来重要文献选编(1921—1949)》第1册,中央文献出版社2011年版,第160页。
③ 《毛泽东选集》第1卷,人民出版社1991年版,第33页。
④ 参见韩贺南《阶级与性别的"联盟"——中共首部妇女运动决议及相关文献研究》,《党的文献》2011年第1期。

区群众的经济诉求。当然，不可否认，这一建设也是与筹款的目标紧密结合在一起的。实践证明这是一个双赢的举措。

土地革命时期，红军每打到一地，即"打土豪分田地"，把获得的财物和土地分配给农民。红军通常通过集中分配这些地主财物和土地以动员群众参加推翻反动地主的革命。针对妇女胆小、积极性不高、怕地主报复心理以及固有的封建观念，红军加紧革命宣传，教育"妇女们要得到彻底解放，必须参加土地革命，与男子共同斗争，以彻底推翻整个敌人（自地主豪绅一直到军阀帝国主义）的同时，这样才能彻底解放"。① 黄长娇回忆，"1929年红军来到了赣县。共产党领导群众打土豪分田地，天天开会宣传革命道理，号召我们妇女同男人一起打土豪分田地"。② 于是，"土地斗争发展，许多地方女子勇敢地参加斗争，这回四军二纵队打篁乡反动炮楼，篁乡的女子成群地挑柴去烧炮楼，又从反动地主家里抢了谷子出来"③，"永新的妇女大多均能参加斗争，与男子同样的"④。在赣西南，"每次调群众去打靖卫队，或到哪个地方打游击，妇女都有参加"，而且表现"相当力量"。⑤ 苏区轰轰烈烈的大分田运动，掀起了"分田分地真忙"的土地革命热潮，"在很短的时间内，就在闽西纵横三百里的地区内，解决了50多个区500多个乡的土地问题，约60万人得到了土地"。⑥ 整个赣南苏区平分了土地，约80万贫苦农民分到了土地。⑦ 据蔡畅回忆，"在打土豪分田地的土地革命中，苏区妇女都和男子一样分得一份田地，并在苏区颁布的《土地法》上加以确认，使广大妇女在经济上得到翻身，她们第一次感到自己是个独立的人。随着妇女切身利益的逐步解决，她们

---

① 中华全国妇女联合会妇女运动历史研究室：《中国妇女运动历史资料（1927—1937）》，中国妇女出版社1991年版，第91页。

② 江西省妇女联合会编：《女英自述》，江西人民出版社1988年版，第285页。黄长娇（1911—1993），女，江西赣县人，1928年加入中国共产主义青年团，1932年加入中国共产党，历任江西省妇委委员、总工会妇女部部长、汀瑞游击队队长、中华苏维埃共和国中央执行委员，新中国成立后任瑞金县副县长。

③ 《毛泽东文集》第1卷，人民出版社1993年版，第240页。

④ 江西省妇女联合会江西省档案馆：《江西苏区妇女运动史料选编》，江西人民出版社1982年版，第3页。

⑤ 同上书，第12页。

⑥ 余伯流：《中央苏区经济建设》，中央文献出版社2009年版，第6页。

⑦ 参见陈立明、刘维菱、章克昌《江西苏区纪事》，江西人民出版社1993年版，第106—107页。

参加革命斗争的热情和自觉性越来越高"。① 为此，参加了革命的妇女在社会和家庭中的地位日益升高，有了行动的自由，妇女经济权的获得也水到渠成。

通过革命手段把传统的封建地主土地所有制转变为农民土地所有制，使农民获得了世世代代都没有的命根子——土地，中国共产党由此获得了农村妇女的拥护和支持。杰克·贝尔登指出："共产党的土地政策，在中国夺取政权的斗争中，起了决定性的作用。因为它动员了多少年来受压抑的广大群众奋起推翻旧社会。土地革命从两个方面打破了中国农民似乎是千古不变的蛰伏状态，一方面是精神的，另一方面是物质的；一方面是从内部起作用，另一方面是从外部起作用。"② 在精神方面，土地改革唤起了妇女农民的希望，妇女在土地革命中表现出高昂的兴趣。1933年6月5日的《国闻周报》刊文称："赤区土地问题的基本意义却是政治的，而非经济的，是一种手段而非一种目的。赤党是以解决土地问题为夺取群众、欺骗群众的号召口号，使一般头脑简单的农民群众迷小利的诱惑，供其驱使、供其利用。而遂达其政治上的欲望。"③ 尽管该文语言恶毒，但一针见血地点明了经济活动的政治性质，也看到了土地问题的巨大威力。1933年9月25日，国民党要员孙科直抒心声："总理在党纲上所规定的平均地权，为我们自己所没有实行，而共产党在江西却部分地剽窃，部分地实行了，凡是在他们匪区内所有的土地，完全取消私人原来的所有权，以之重新分配给穷苦的人民，这样他们满得了一部分人民的同情，而受他们死力的拥护，共产党在江西因为得到了这基础，所以有这样大的力量，这是我们一个很大的教训。"④ 斯大林在1926年11月的《论中国革命的前途》中即指出展开农村革命满足农民最切身要求的极端重要性，"如果要真正推进革命，就应当设法满足农民最迫切的要求"⑤。胡乔木在《中国共产党的三十年》中也阐述了土地革命的重要性："如果第一次国内革命战争因为没有正确地领导农民解决土地问题而失败，那么，在新的条件

---

① 江西省妇女联合会编：《女英自述》，江西人民出版社1988年版，第238页。
② [美] 杰克·贝尔登：《中国震撼世界》，邱应觉等译，北京出版社1980年版，第189页。
③ 成圣昌：《赤区土地问题》，《国闻周报》第10卷第22期，1933年6月5日。
④ 郭若平：《理解农民理解革命：中共党史研究范式转变的尝试》，《党史文苑》2013年第10期。
⑤ 《斯大林选集》上卷，人民出版社1979年版，第492页。

下正确地领导农民的土地斗争,就是复兴革命运动的希望所在。"① 所以土地是农民最为迫切的要求,土地还是革命的根本问题。通过土地政策的变革,取得农民的支持,中共领导中国革命取得胜利也就在情理之中了。反观国民党,"蒋氏政权没有解决中国民众的贫困和平民的悲苦生活这一国家最紧迫的问题","蒋氏政权只是把土地作为有效提取战争资源的机器,而不是用来动员觉悟民众的力量来复兴国家"。②

(二) 立法定规保障经济权

中共苏维埃政权建立一系列法律法规,在国家法律层面上有几经修改的宪法性文件《宪法大纲》;有政权机构组织法令,如《中华苏维埃共和国地方苏维埃暂行组织法(草案)》《中华苏维埃共和国中央苏维埃组织法》等;有选举法令,如《中华苏维埃共和国的选举细则》《苏维埃暂行选举法》等;在行政法部分有行政管理法令,如《中华苏维埃共和国妇女生活改善委员会组织纲要》《优待红军家属礼拜六条例》等;有民政管理法令,如《关于中国工农红军优待条例决议》《中国共产党中央委员会中华苏维埃共和国人民委员会关于优待红军家属的决定》等;有文教卫生科技管理法令,如《托儿所组织条例》等;在民法部分有《中华苏维埃共和国婚姻条例》《中华苏维埃共和国婚姻法》等;在经济法部分的法令有《劳动互助社组织纲要》《劳动法》《土地法》等,这些法令都或多或少涉及妇女权益保护。如苏维埃政权赋予妇女土地拥有权,出台了数项土地法,尽管阶级性问题不断探索,但保证劳动妇女土地权益的宗旨没有改变,保证了妇女享有和同阶级男性相同的土地分配权,为妇女争取人身独立和各方面的自由解放提供了必备的首要条件,这在妇女解放运动史上具有极其重大的意义。

中共第一部土地法——《井冈山土地法》规定了"以人口为标准,男女老幼平均分配"③的原则,明确了男女拥有相同的土地分配权利,这一原则在以后各时期根据地得到了较好的传承和运用。如1929年4月颁布的《兴国土地法》④和1930年2月赣西南苏维埃《土地法》均规定

---

① 胡乔木:《中国共产党的三十年》,人民出版社2008年版,第23页。
② [美]石约翰:《中国革命的历史透视》,王国良译,东方出版中心1998年版,第198、197页。
③ 江西省档案馆、中共江西省委党校党史教研室:《中央革命根据地史料选编》(下),江西人民出版社1982年版,第361页。
④ 同上书,第364页。

"应依乡村人口数目，男女老幼平均分配。"① 1930 年，中央制定的指导农村妇女斗争的纲领性文件明确指出："苏维埃政府之下农村妇女与男子享有同等土地权，并且妇女亦与男子一样有独立支配自己所分配得来的土地的自由——她的土地或与父母舅姑兄弟的土地共耕或自己单独耕种都可以，依她自由意志去决定。"② 1931 年 11 月，"全苏一大"通过了《中华苏维埃共和国土地法》，规定："被没收的旧土地所有者不得有任何分配土地的权限，雇农苦力劳动农民，均不分男女同样有分配土地的权限。"③

对于女性弱势群体或不合理的对妇女不利的传统习俗，中央苏区也特别关注。比如规定：寡妇可以分田，妇女结了婚，原分得的土地仍归她所有，这样保证了所有妇女的土地占有权和使用权。中央苏区在各种权利分配的规章制度中还对离婚妇女的权益作了特别强调，且面对质疑时，坚持要"偏于保护女子"④，如 1931 年 11 月的《婚姻条例》第二十条规定："离婚后，女子如未再行结婚，男子须维持其生活，或代种田地，直至再行结婚为止。"⑤ 1934 年的《婚姻法》规定："离婚后女子如果移居到别的乡村，得依照新居乡村的土地分配应分得土地。如新居乡村已无土地可分，则女子仍须有原有的土地，其处置办法或出租或出卖或与别人交换，由女子自己决定。决定归女子抚养的小孩，随母移居后，其土地分配或处理办法，完全适用上述规定。"⑥

1932 年 6 月 20 日《红色中华》第 36 期就公布了一些根据地不认真执行婚姻条例和违反婚姻条例使妇女经济权受损的情况："有许多地方妇女与丈夫离了婚，土地房屋仍然没有随着女子带去，而政府的工作人员，不但不注意这些问题，不去保护妇女应享受的权利，反而干涉妇女财产享受的自由权，如禁止离婚女子带衣服走等等。"第 38 期又登载当时中央

---

① 江西省档案馆、中共江西省委党校党史教研室：《中央革命根据地史料选编》（下），江西人民出版社 1982 年版，第 378 页。
② 中华全国妇女联合会妇女运动历史研究室编：《中国妇女运动历史资料（1927—1937）》，中国妇女出版社 1991 年版，第 77 页。
③ 江西省档案馆、中共江西省委党校党史教研室：《中央革命根据地史料选编》（下），江西人民出版社 1982 年版，第 459 页。
④ 中华全国妇女联合会妇女运动历史研究室编：《中国妇女运动历史资料（1927—1937）》，中国妇女出版社 1991 年版，第 151 页。
⑤ 同上书，第 153 页。
⑥ 同上书，第 374 页。

苏区妇女生活改善委员会主任周月林介绍江西省各革命根据地违反婚姻条例的某些情况："有少数政府负责人把没有老公的妇女归入流氓（如广昌）一类，以及青年寡妇和童养媳（如赣县山下区），都不分给土地。有些政府把婚姻法藏起来，说离婚要有条件，甚至有的政府将要离婚的妇女处以禁闭，有只反对无理打骂老婆或媳妇的现象。"① 对这些错误做法，中央都及时进行严厉的批评："这不仅是苏维埃政权下的耻辱，而且证明这些政府反抗中央的法令，继续过去压迫女子的封建行为！"② 然后决定："各级政府应坚决实行婚姻条例全部，尤其是女子与她丈夫离了婚，田地房屋随着女子自己来处理。要禁止买卖婚姻、强迫婚姻、童养媳、打骂妇女这些压迫女子的行为。对于各阶级政府工作人员中如再发生压制妇女和放弃保护妇女权利的错误，应给以无情的打击。各级妇女生活改善委员会，更要注意发动妇女起来为拥护和实现苏维埃保护妇女法令而斗争，要在改善妇女生活中更加强妇女斗争积极性和积极参加苏维埃一切斗争。"③

中央苏区提出男女要同工同酬，要维护妇女经济权益，而且"对坚决勇敢当红军的劳动妇女应享受优待红军条例的一切权利"；同时也严厉批评了歧视女工、损害妇女权益的行为："特别是男女工资不平等，如兴国合作社女工工资比学徒还少，福建南洋区，冲米工人男女做同样的工作，但是工资女工比男工少一半。这是蔑视无产阶级妇女最不可容许的错误。"④

（三）发动妇女参加生产壮大经济实力

土地的拥有为妇女经济自立、参加社会生产奠定了基础。恩格斯指出："只要妇女仍然被排除于社会的生产劳动之外而只限于从事家庭的私人劳动，那么妇女的解放，妇女同男子的平等，现在和将来都是不可能的。"⑤ 列宁也认为"要彻底解放妇女，要使她们同男子真正平等，就必须有公共经济，必须让妇女参加共同的生产劳动"。⑥ 发动妇女参加生产，既是妇女解放本身的需要，也是发展根据地农业生产的迫切需要。为了鼓

---

① 中华全国妇女联合会妇女运动历史研究室编：《中国妇女运动历史资料（1927—1937）》，中国妇女出版社1991年版，第246页。
② 同上书，第233页。
③ 同上书，第235—236页。
④ 同上书，第233页。
⑤ 《马克思恩格斯文集》第4卷，人民出版社2009年版，第181页。
⑥ 《列宁选集》第4卷，人民出版社1995年版，第47—48页。

励生产劳动，中共中央妇女部提出了"每个劳动妇女英勇地踏上生产战线，如像红军战士上火线一样英勇"①的口号。

　　为克服农业生产缺乏劳动力的困难，帮助妇女树立革命信心，毛泽东提议组建劳动互助社来团结和组织妇女进行农业生产。1931年夏收期间，上杭县才溪乡群众根据毛泽东的提议，创办了中央苏区第一个劳动互助社，成为我国农业合作运动最早的发源地。②为了规范苏区的劳动互助社，1933年秋，苏维埃中央政府还颁发了《劳动互助社组织纲要》，推动劳动互助社的健康发展。到1934年上半年，中央苏区的劳动互助社发展到鼎盛时期。据1934年5月的统计：瑞金拥有社员8987人，兴国拥有社员51715人，长汀拥有社员6717人，西江拥有社员23774人（8月统计）。③在遍布中央苏区的众多互助合作社中，瑞金县叶坪乡的互助合作社，曾被苏维埃中央政府的机关报《红色中华》誉为"模范劳动互助社"。

　　为使妇女生产顺利进行，中央政府要求各乡苏维埃政府都要设立妇女劳动教育委员会进行指导，请有经验的老农教妇女学习犁田、耙田，还动员小脚妇女放脚和鼓励她们赤脚下田。但当地长期盛行"妇娘学犁，母鸡学啼，触犯天理，要遭雷劈"的迷信说法，对妇女精神上的束缚和威胁很大，乡间从没有女人敢摸犁耙。为此，毛泽东亲自教蔡畅、贺子珍等犁田，再由她们教各乡的妇女代表。妇女犁田打破了妇女会被雷劈的传言，妇女参加犁田、耙田、蒔田的逐渐增多，获得了毛泽东的夸赞。兴国长冈乡妇女耕田队长李玉英还成了苏区著名的女犁耙能手，荣获苏维埃中央政府的嘉奖（两头大水牛和一条蓝布裙）。长冈、兴国的经验迅速推广到全省苏区。据《红色中华》1934年5月28日报道，福建的春耕中，已学会犁耙和蒔田的妇女有1600多名，在兴国有1080多名，瑞金有1480名。④正因如此，苏区"生产搞得很好，年年增产，不但保证了自己的口粮，还保证了红军的给养"⑤，1933年5月，毛泽东在武阳召开几千人的

---

　　① 江西省妇女联合会：《女英自述》，江西人民出版社1988年版，第169页。
　　② 参见《毛泽东文集》第1卷，人民出版社1993年版，第332页。
　　③ 参见革命根据地财政经济史编写组《革命根据地财政经济史长编（土地革命时期）》（上），浙江新华印刷厂1978年版，第504页。
　　④ 参见王观澜《春耕运动总结与夏耕运动任务》，《红色中华》第194期，1934年5月28日。
　　⑤ 江西省妇联赣州地区办事处：《赣南妇女运动史料选编》第1册，1997年印，第235页。

春耕生产运动大会,将春耕模范奖旗赠给了武阳区,据统计,1933年武阳全县共有43000多名妇女参加了生产。① "上杭才溪乡80%以上的妇女参加生产,占了全体劳动者的半数以上,而她们做了80%以上的工作。"② "才溪乡妇女以崭新的精神面貌承担了后方的革命和生产的艰巨任务……不到三年时间,在反动派严重的经济封锁的情况下,仍使生产比暴动前增加了30%以上。"③ 才溪乡的妇女豪迈地唱着"革命红旗迎风扬,妇女耕田又开荒,支援红军打胜仗,多收粮食送前方"。④

因为战争的缘故,苏区田地抛荒的很多。为发展农业生产多打粮食,中央苏区实行奖励开垦荒地政策,鼓励群众积极开荒。妇女在开荒运动中同样表现了不亚于男人的干劲儿,"守化一个女同志开了15担荒田,兴国上沙区杨登乡杨牛村红属钟氏一人开18担荒田。胜利车头区中段乡十五岁女孩王春发,自己学会犁耙后,领导妇女及红军家属的妇女十多人学习"。⑤ 毛泽东在《才溪乡调查》中有过生动的描述:"开山开得女同志'争'起来,我要开,你也要开。竞赛的效力很大。全区粮食,暴动前不够甚远(加以那时做粉干的多),去年已够食,今年则已有余了。"⑥ 1934年中央苏区开荒即达21万担。⑦ 由于占人口一半的妇女这个人力资源被动员出来了,中央苏区农业生产在男子急剧减少的情况下不但没有减产,反而连年增收。据统计,整个苏区农业,"1933年赣南、闽西区域比1932年增长15%;1934年,中央苏区农业收成又比1933年增加一成左右"。⑧ 正是中央苏区妇女参加农业生产,苏区人民群众的衣食问题才得以解决,苏区军队的粮食供给才有了着落,这是中央苏区妇女的重大贡献!妇女参与到社会劳动中,突破了女性的被奴役地位,证明了马克思主义的妇女解

---

① 参见江西省妇联赣州地区办事处《赣南妇女运动史料选编》第2册,1997年印,第214页。
② 娜姐:《中华苏维埃共和国的妇女》,《斗争》第71期,1934年3月29日。
③ 革命根据地财政经济史编写组:《革命根据地财政经济史长编(土地革命时期)》(上),浙江新华印刷厂1978年版,第532页。
④ 同上。
⑤ 余伯流:《中央苏区经济建设》,中央文献出版社2009年版,第29—30页。
⑥ 《毛泽东文集》第1卷,人民出版社1993年版,第332页。
⑦ 参见亮平《把春耕的战斗任务提到每一个劳苦群众的面前》,《斗争》第49期,1934年3月2日。
⑧ 江西省妇女联合会:《江西妇女运动史专辑(1919—1942)》,内部资料,1982年印,第67页。

放理论和妇女解放途径的正确性。

简言之,农妇就是如此,经济上需要切切实实的利益,更需耐心细致的工作,恰恰共产党给予了及时满足,农妇这支从来没人关注的力量被发动了起来,成为一支响当当的"突异军",显示了极大的力量,为中国革命作出了重要贡献。

第二节 唱好婚姻曲:妇女解放的主题

一 婚姻自由:妇女解放的重要标志

婚姻家庭是人类社会永恒的主题曲。人类的繁衍、家庭的幸福、社会的构成、文明的象征都离不开婚姻。婚姻家庭是人类社会发展到一定阶段出现的社会形式,是人们的个人生活领域,也是从深层反映妇女地位的一个重要指标。婚姻家庭制度,不仅直接决定妇女在家庭中的地位,而且也影响着妇女的整个社会地位。"不管遵循怎样的原则,婚姻仍然是一种极其不完善的制度。"[1] 婚姻问题的解决、婚姻制度的改革始终是人们关注的焦点,是人类解放尤其是妇女解放的重要内容。毛泽东曾强烈控诉封建婚姻制度对男女青年的迫害,在《对于赵女士自杀批评》中如是说:"是婚姻制度的腐败,社会制度的黑暗,意志的不能独立,恋爱的不能自由。"[2] 并在《大公报》上呼吁男女青年"你们自己的婚姻,应由你们自己去办,父母代办政策,应该绝对否认"[3],并从"合八字""订庚""择吉""发轿""迎喜神""拜堂"六个方面淋漓尽致地剖析了迷信对封建婚姻的维持和强化作用,强调"我们倡言改革婚制,这些关于婚姻的迷信应该首先打破,最要紧的是'婚姻命定说'的打破"[4]。婚姻自由作为妇女性别解放的重要标志,成为传统婚姻改造运动要达到的重要目标之一,同时又被当作解放妇女、引导妇女参加革命运动的重要手段、有力杠杆。

从历史变迁角度看,传统婚姻制度的弊端在五四运动前后遭到人们尤

---

[1] 《马克思恩格斯全集》第1卷,人民出版社1995年版,第349页。
[2] 《毛泽东早期文稿》(1912年6月至1920年11月),湖南省新华书店1990年版,第2页。
[3] 同上书,第5页。
[4] 同上书,第25页。

其是青年人的抨击和反对。然而，政府主导的对传统婚姻制度方面的改良甚至变革，主要集中在大中城市以及交通便利的平原地区，至于传统习惯势力盘根错节、陈陈相因的广大农村地区可谓微乎其微，广大农村在婚姻制度的变革方面更多地具有排拒性和泥古性。①中共在赣闽地区建立根据地后发现，农村封建宗法制度顽固不化，封建落后观念根深蒂固，群众"三从四德""男尊女卑"的封建意识相当浓厚，妇女遭受封建婚姻压迫的现象异常突出，封建包办、买卖婚姻，尤其是童养媳制度对农妇身心的摧残特别严重。广大农村妇女没有婚姻自由权，"父母之命，媒妁之言"是不容违反的礼教桎梏，男女直至进入洞房方才可以见面。男人是女人的主宰，丈夫对妻子拥有绝对权力，妇女整天忙忙碌碌，养育孩子，料理家务，生活的重担不比男子轻，但正像恩格斯所说，"妇女的劳动是无足轻重的附属品"②，农妇没有丝毫的权利，也没有婚姻自由的意识，"嫁鸡随鸡，嫁狗随狗"，在公婆和丈夫的歧视与压迫下苦活一世。更悲惨和普遍的童养媳问题十分严重。她们在婆家被当作苦力来使用，遭受残酷虐待和摧残，吃不饱，穿不暖，甚至被活活虐待致死。所以，妇女要求解除封建包办买卖婚姻的呼声十分强烈，导致妇女的婚姻问题一度成为苏区妇女解放问题中的主要问题。正如邓颖超1930年在《苏维埃区域的农妇工作》报告中所说："农妇中的婚姻问题，童养媳问题，成为普遍的严重问题。"③所以党对关系民生民心的妇女婚姻问题非常关注。

当中共建立自己的政权后，关心和维护妇女的应有权益，废除对妇女的剥削和压迫，打破旧礼教和婚姻习俗，建立新的婚姻制度，引导妇女关心时政，使其成为革命的先锋，便成了苏维埃区域内社会改革和妇女解放运动的主要内容之一。④在婚姻制度改革方面，《婚姻条例》和《婚姻法》在国家意志层面以法律的形式确定了婚姻自由以及妇女在婚姻、家庭中的平等地位，这还是近代中国的第一次。从国家意志来看，婚姻制度是规范两性关系的最重要的社会制度，妇女在传统婚姻制度下所处的依附

---

① 参见傅建成、王红岩《苏区时代中国共产党对传统婚姻制度改革分析》，《西北大学学报》（哲学社会科学版）1999年第8期。
② 《马克思恩格斯文集》第4卷，人民出版社2009年版，第181页。
③ 中华全国妇女联合会妇女运动历史研究室编：《中国妇女运动历史资料（1927—1937）》，中国妇女出版社1991年版，第78页。
④ 参见汤水清《苏区新式婚姻制度的建立和发展》，《党的文献》2010年第8期。

性地位，不仅决定了妇女受压迫、被奴役的命运，而且造成了妇女被长期封闭在家庭这个私人空间的局面，这既同党推进妇女解放的政治承诺形成了尖锐的冲突，也严重妨碍了国家动员妇女走出家门、投身革命的意志实现，因此，打破封建婚姻家庭制度，实现婚姻自由，是国家将妇女从男人和家庭控制中解放出来，实现将妇女从"家里的人"变成"国家的人"的必然选择。[1] 因此，中央苏区不仅以最快的速度颁布了《婚姻条例》和《婚姻法》，而且在贯彻实施过程中遇到阻力时以刚柔并济的方式加以克服。

二 中央苏区婚姻制度的探索

伴随五四时期妇女解放热潮的深远影响，经历过五四新文化运动洗礼的中共早期领导人，接受和遵从马克思主义的婚姻家庭学说，从阶级的视角来分析婚姻家庭问题，探索并制定了一系列根据地婚姻制度。中央苏区先后颁布了婚姻条例、决议、法律，在指导思想上，纠正了早期激进的"婚姻绝对自由原则"，确立了"婚姻自由原则"；在离婚问题上，建立了离婚登记制度和诉讼制度；在结婚问题上，明确提出结婚年龄要求，规定了结婚的禁止性条件，强调了婚约的法律效力；在对待特殊群体问题上，对非婚生子女的合法权益予以特别保护，出台保护军婚政策，废止童养媳制度，反对买卖婚姻……最终运用法律的武器发动广大群众，对旧的婚姻制度进行全面的改革，建立了新的与革命政权相适应的婚姻家庭制度。这是以毛泽东为首的中国共产党人将马克思、恩格斯、列宁、斯大林关于婚姻家庭和社会发展问题的学说具体运用来解决中国婚姻制度实际问题的最初法律文献，在理论和实践上都具有重大意义。然而，有些条文，尤其是苏区建立初期的一些规定，主要是从妇女解放和废旧立新的抽象概念出发，脱离了当时当地的实际，造成了混乱现象，遭到了军民的反对。[2] 尽管中共及时进行有效治理，但对苏区的社会稳定和建设以及对党的形象还是产生了一定的消极影响。

（一）大革命前后婚姻自由的探索

赣南闽西妇女包办婚姻很严重，且盛行收养童养媳，妇女生活十分悲

---

[1] 参见揭爱花《国家干预：中国妇女解放实践模式的体制建构》，《湖北社会科学》2011年第10期。

[2] 参见汤水清《苏区新式婚姻制度的建立和发展》，《党的文献》2010年第8期。

苦。把幼小女孩给别人当童养媳或等郎妹大都是因为贫穷，为生活或为还债卖女，如危秀英被卖了9元钱用于还债，李坚真8个月大时被卖了8串钱给人当童养媳，康克清一个多月大时、吴富莲刚满一周岁时送给人当童养媳。南京国民政府司法部对赣南地区的调查也证实："人民为避财礼负担计，于是收养童养媳者几于十而五六。"① 童养媳长到十几岁，不管怎么不相称，不管愿不愿意，择好日子"圆婚"便成夫妻。② 赣南闽西地方的党组织为改变这种状况一直在努力探索。1927年2月江西第一次农民代表大会上通过了《农村妇女问题决议案》，提出严禁虐待童养媳妇，婚姻须得女子之同意，反对买卖制度，取消聘金等。③ 1927年4月1日，龙岩县各界代表联席会议提出解放妇女，提倡男女平等，婚姻自由，禁止养童养媳、纳妾、买卖婚姻；反对讲聘金彩礼，父母包办、媒婆撮合等；提倡寡妇可以再嫁，打破"三从四德""从一而终"的封建旧礼教。④ 但由于共产党自身还没有建立强有力政权，党的工作重心是在城市发动工人运动，加上宗法制度统治下的农村封建思想太过顽固，这些婚姻条例收效甚微。

　　大革命失败后，血腥屠杀使"女同志大半不见了"⑤。为发动妇女支持革命，朱毛红军到了赣南、闽西即着手解决妇女切身感受最为深刻痛苦的婚姻问题。1928年1月，江西第一个县级苏维埃政权——万安县苏维埃政府成立⑥，随即组织妇女会宣传妇女解放、婚姻自由。中共江西遂川县委拟定的《施政大纲》中即有"废除聘金聘礼，反对买卖婚姻"的规定，毛泽东将其改得更加通俗易懂——"讨老婆不要钱"。⑦ 1928年7月

---

　　① 南京国民政府司法行政部编：《民商事习惯调查录》下册，中国政法大学出版社2000年版，第878页。
　　② 关于小婚情形，庄英章《华南地区的婚姻形态（1930—1950）》（《华南农村社会文化研究论文集》1998年3月，第20页）的调查和分析也持相同的观点。
　　③ 参见江西省妇联赣州地区办事处编《赣南妇女运动史料选编》第1册，1997年印，第3页。
　　④ 参见陈仙海、邱林忠《大革命前后的龙岩》，《龙岩文史资料》1981年第1期，第22页。
　　⑤ 中华全国妇女联合会妇女运动历史研究室编：《中国妇女运动历史资料（1927—1937）》，中国妇女出版社1991年版，第3页。
　　⑥ 参见中共江西省委党史研究室编《中国共产党江西历史简编（1921—2003）》，江西人民出版社2003年版，第43页。
　　⑦ 黄东：《红色苏区婚姻改造述论》，《首都师范大学学报》（社会科学版）2003年第6期。

10日,中共"六大"《妇女运动决议案》提出"应提出'反对多妻制、反对年龄过小之出嫁(童养媳)、反对强迫出嫁、离婚权、反对买卖妇女、保护女雇农的劳动'的宣传"[①]。1928年8月,闽西革命根据地第一个区苏维埃政权——永定县溪南区苏维埃政府[②]率先颁布了《婚姻条例》,这也是苏维埃政权颁布的第一个婚姻法令。内容主要有:第一,男女结婚以双方自愿为原则,不受任何人干涉,寡妇和婢女准其自由结婚。第二,对离婚的条件作了规定:"土豪劣绅的妻妾、媳妇要求离婚者""男女年龄相差太远的""妇女受翁姑、丈夫压迫,情况属实的""夫妻间确无丝毫感情或者被强迫结婚者",都准其离婚。第三,废除旧礼教,取消聘金和礼物。第四,男女结婚,必须向区苏维埃政府报告。[③] 随后,永定县委、上杭、龙岩及闽西苏维埃政府相继颁布了《婚姻条例》。

(二) 中央苏区时期婚姻自由的探索

1929年1月,朱毛红军出击赣南闽西建立了苏维埃革命根据地后,各地党组织或苏维埃政府先后颁布了涉及婚姻问题的规定、政策和法律,主要有:1929年7月中共闽西第一次代表大会通过的《妇女问题决议案》;1930年3月25日闽西第一次工农兵代表大会通过的《保护青年妇女条例》和《婚姻法》等。[④] 这些婚姻条例,提出了几条重要原则:一、男女结婚,以双方同意为原则,不受任何人干涉;二、取消聘金及礼物;三、符合十一条离婚条件或夫妻双方愿意离婚者,准予离婚。还提出了离婚后妇女分田地、生活、子女抚养等问题的处理办法。致使封建礼教有所松动,包办婚姻受到限制,受夫家严厉压迫的妇女有了解除婚姻脱离苦海的机会和希望,允许寡妇再婚,特别是"取消聘金和礼物"使男性农民非常感兴趣,因为以往贫困农民就因为穷而结不了婚。这些婚姻自由的政纲和法律法规探索,为中华苏维埃共和国成立后制定统一的婚姻条例和法规提供了重要经验。

但是,这些婚姻法规的制定也是一波三折,经过了不断的探索和完

---

① 中共中央文献研究室、中央档案馆编:《建党以来重要文献选编(1921—1949)》第5册,中央文献出版社2011年版,第503页。

② 参见中共福建省龙岩市委党史研究室《闽西人民革命史(1919—1949)》,中央文献出版社2001年版,第113页。

③ 张雪英:《中央苏区妇女运动史》,中国社会科学出版社2009年版,第98页。

④ 参见郭静《苏区的阶级与婚姻研究》,硕士学位论文,江西师范大学,2007年。

善。1929年在赣西苏维埃的成立大会上，共青团赣西特委首次提出"婚姻绝对自由"[1]的口号，这是首次提出结婚离婚绝对自由政策[2]；1930年寻乌县第三区苏维埃大会提出"离婚结婚绝对自由"提案，而提案人陈述时说，"四军的人说了，有条件的离婚包含了封建思想"[3]；江西省苏维埃政府的"离婚、结婚有绝对自由"在1930年10月成立的政纲中确认[4]；广昌县、兴国县在1931年1月实行"结婚离婚绝对自由"的原则[5]；其他苏区也相继通过这项政策。"离婚结婚绝对自由"政策在各苏区是一条当时具有普遍性的政策。

但这带有明显激进色彩的"绝对自由"在一定程度上冲击了社会和家庭的稳定，结果引起了离婚热潮。在追求婚姻自由过程中，妇女们"毫不顾及"，"一般女子要求离婚特别厉害"[6]，原因是"过去女子受压迫太厉害，所以一得到这些男女平等自由的口号，所以就统统起来了"[7]，结果"离婚结婚问题也是照着法律讲的，但一经发动，就如水之就下不可制止。城郊一乡跑了十几个妇人"。[8] 赣南寻乌县"各处乡政府设立之初，所接离婚案子日必数起，多是女子提出来……十个离婚案子，女子提出来的占九个"[9]，闽西苏区"龙岩湖邦妇女更是自动地召集妇女群众大会，向政府提种种要求解放的事件，龙岩县委简直没有一天不有几件妇女

---

[1] 江西省档案馆、中共江西省委党校党史教研室编：《中央革命根据地史料选编》（上），江西人民出版社1982年版，第192页。

[2] 参见罗雄飞、赵剑《社会经济问题探索》，华龄出版社2005年版，第231页；参见汤水清《苏区新式婚姻制度的建立和发展》，《党的文献》2010年第4期。但何友良先生（《中国苏维埃区域社会变动史》，当代中国出版社1996年版，第197页）持不同意见，认为赣西南最早确立结婚离婚绝对自由是1930年3月由共青团赣西南特委提出，在赣西南苏维埃第一次代表大会上得到认可，同年10月，江西省苏维埃政府成立时颁发的政纲，再次确认"离婚结婚有绝对自由"。

[3] 《毛泽东文集》第1卷，人民出版社1993年版，第242页。

[4] 江西省档案馆、中共江西省委党校党史教研室编：《中央革命根据地史料选编》（下），江西人民出版社1982年版，第108页。

[5] 江西省妇女联合会、江西省档案馆：《江西苏区妇女运动史料选编》，江西人民出版社1982年版，第23、25页。

[6] 中华全国妇女联合会妇女运动历史研究室编：《中国妇女运动历史资料（1927—1937）》，中国妇女出版社1991年版，第85页。

[7] 同上书，第82页。

[8] 《毛泽东文集》第1卷，人民出版社1993年版，第242页。

[9] 同上书，第240页。

离婚的案子"。①

离婚热潮的同时伴随着结婚热潮。由于反对买卖婚姻，娶妻不要钱，以致各地"讨老婆者非常多，甚至还娶童养媳"，还有"勒逼寡妇出嫁、抢亲的怪事"，一度引起了未婚者的恐慌，结了婚的农民则"恐惧其已有的老婆被小白脸的知识分子夺去"。②因婚姻问题几乎酿成村民间的械斗③，在兴国还出现杀夫杀妻的惨剧④。婚姻绝对自由遭到抵制，"几引起农民的反抗"，那些被抛弃的"老婆"也"群起反对"。⑤"离婚结婚绝对自由"政策也动摇了军心。一些原与红军士兵订了婚的女子，"现在多废了约"⑥，引起士兵对地方政权和废约女子的怨恨；尤其是"受伤的红军士兵大起讨老婆不到的恐慌，很多请假回家"，而且由于规定"男子出门一年未归者，女子得自由嫁人"，男人都不愿离开家乡去参军了。⑦据毛泽东在兴国长冈乡的调查，暴动后的4年半中，约有1%的妇女结过3次婚。⑧

对于婚姻乱象导致社会和军队的人心惶惶，各地纷纷着手治理。比如刘作抚在巡视赣西南之后给中央的报告中提出，"至于婚姻问题我们也不要提倡绝对自由，也不要禁止"⑨；寻乌县政府考虑到这种情况，1930年2月下令纠正："已结婚之男女，不准与另一男女发生性交，私奸者严办"，"反对一夫多妻、一妻多夫制度，原有夫或妇未经离婚，不得另找

---

① 中华全国妇女联合会妇女运动历史研究室编：《中国妇女运动历史资料（1927—1937）》，中国妇女出版社1991年版，第85页。
② 江西省档案馆、中共江西省委党校党史研究室编：《中央革命根据地史料选编》（上），江西人民出版社1982年版，第192、193页。
③ 参见《毛泽东文集》第1卷，人民出版社1993年版，第241页。
④ 中华全国妇女联合会妇女运动历史研究室编：《中国妇女运动历史资料（1927—1937）》，中国妇女出版社1991年版，第85页。
⑤ 江西省档案馆、中共江西省委党校党史研究室：《中央革命根据地史料选编》（上），江西人民出版社1982年版，193页。
⑥ 《CY鄂豫皖中央分局给团中央的综合报告》（1931年10月8日），参见何友良《中国苏维埃区域社会变动史》，当代中国出版社1996年版，第199页。
⑦ 江西省档案馆、中共江西省委党校党史研究室：《中央革命根据地史料选编》（上），江西人民出版社1982年版，第192—193页。
⑧ 参见《毛泽东文集》第1卷，人民出版社1993年版，第313页。
⑨ 江西省档案馆、中共江西省委党校党史研究室：《中央革命根据地史料选编》（上），江西人民出版社1982年版，第260页。

爱人，过去有错误的应即马上离去，只同一个结为夫妇"①，长冈乡讨论婚姻问题时，提出"要正确的自由，不要流氓的自由，不要一开口就离婚"②。

1931年11月28日，中华苏维埃共和国临时中央政府在继承和吸收各革命根据地的婚姻条例、条令和决议的实践经验教训基础上，以《中华苏维埃共和国宪法大纲》为依据，通过了《中华苏维埃共和国婚姻条例》③。这是中国有史以来第一部实行男女婚姻自主的民主进步的婚姻法规。它确定了结婚离婚须登记制度，明确结婚离婚自由和一夫一妻政策，规定了男女可以结婚的年龄和禁止结婚的条款，废除封建包办强迫婚姻、礼金等；对男女双方离婚后的子女抚养及土地、财产分割等，都作了明确规定，而且这些规定明显是偏向于保护妇女利益的。对此，苏维埃中执委解释说："女子刚从封建压迫之下解放出来，她们的身体，许多受了很大的损害（如缠足），尚未恢复，她们的经济尚未能完全独立，所以现时离婚问题，应偏于保护女子，而把因离婚而起的义务和责任，多交给男子负担。"④《婚姻条例》颁布实行后受到苏区广大妇女的热烈欢迎，迅速在全苏区得到贯彻执行，在反对包办婚姻、童养媳，婚姻自由方面，"确实收到了相当的效果"。⑤《婚姻条例》废除了封建包办买卖婚姻，开创了马克思主义婚姻家庭制度的先河，奠定了社会主义中国婚姻家庭制度的基础。新中国首部法律——《中华人民共和国婚姻法》就对1931年的《婚姻条例》给予高度评价，认为它是"中国婚姻制度底大革命开端"⑥。

但正如汤水清博士研究所言，"对苏区婚姻立法产生直接影响的，应该说是苏联的法律及其实践"，《婚姻条例》"照搬了苏联《婚姻、家庭及监护法》第18条的规定"，不切合当时当地实际。⑦《婚姻条例》在对农

---

① 《毛泽东文集》第1卷，人民出版社1993年版，第241页。
② 同上书，第313页。
③ 参见江西省档案馆、中共江西省委党校党史教研室编《中央革命根据地史料选编》（下），江西人民出版社1982年版，第194页。
④ 中华全国妇女联合会妇女运动历史研究室：《中国妇女运动历史资料（1927—1937）》，中国妇女出版社1991年版，第151页。
⑤ 江西省档案馆、中共江西省委党校党史研究室：《中央革命根据地史料选编》（上），江西人民出版社1982年版，第473页。
⑥ 陈绍禹：《关于中华人民共和国婚姻法起草经过和起草理由的报告》，载中国人民大学国家与法权理论教研室《国家与法权理论参考资料》，中国人民大学出版社1957年版，第82页。
⑦ 汤水清：《苏区新式婚姻制度的建立和发展》，《党的文献》2010年第4期。

村传统联姻情况、战争时期音信不通时期的特殊情况以及军婚上没有明确规定。为此,苏维埃政府及时进行了完善和修复,1934年4月8日颁布了《中华苏维埃共和国婚姻法》。规定废除一切包办、强迫和买卖婚姻,而不仅限于"封建的";将《婚姻条例》中的"禁止五代以内亲族血统结婚"改为"禁止三代以内血亲结婚",这与农村熟人联姻知根知底更放心的社会心态相吻合,尊重了农村传统的社会习惯;增加了"凡男女实行同居者不论登记与否均以结婚论",将大量按照乡村习俗结成的事实婚姻予以了法律承认;对军婚进行规定,根据战士的特殊情况,规定"红军战士之妻要求离婚,须得其夫同意。但在通信便利的地方,经过两年其夫无信回家者,其妻可向当地政府请求登记离婚,在通信困难的地方,经过四年其夫无信回家者,其妻可向当地政府请求登记离婚"。[①] 这项规定兼顾了军人和妇女双方权利,获得了红军战士及其家属的欢迎和拥护。毛泽东曾赞扬说:"这种民主主义的婚姻制度,打碎了数千年束缚人类尤其是束缚女子的封建锁链,建立了适合人性的新规律,这也是人类历史上伟大的胜利之一。"[②]

列宁早就清楚地预见到:"在建设当中,性关系的问题、婚姻和家庭的问题,将成为流行的问题。同时,如果必要的话,你必须随时随地从事斗争。你必须设法使这些问题不致被人们用非马克思主义的方法加以处理,不要让这些问题成为越轨和阴谋的根据。"[③] 中央苏区的婚姻制度经过"包办—婚姻自由—婚姻绝对自由—婚姻自由"的探索,逐渐形成了健康的、符合群众利益的婚姻观。中央苏区婚姻制度的建立是一个马克思主义妇女观与中国实际不断结合的过程,是一个通过实践检验不断克服"左"倾错误的纠错过程,为中国共产党实事求是思想路线的形成提供了实践经验。中央苏区的婚姻立法是中国婚姻制度史上一场具有影响意义的变革,它的实行,"使苏维埃取得了广大的群众的拥护,广泛群众不但在政治上经济上得到解放,而且在男女关系上也得到解放"。[④] 更为重要的

[①] 中华全国妇女联合会妇女运动历史研究室编:《中国妇女运动历史资料(1927—1937)》,中国妇女出版社1991年版,第374页。
[②] 江西省档案馆、中共江西省委党校党史研究室编:《中央革命根据地史料选编》(下),江西人民出版社1982年版,第332页。
[③] 《马克思恩格斯列宁斯大林论恋爱、婚姻和家庭》,红旗出版社1982年版,第39页。
[④] 江西省档案馆、中共江西省委党校党史研究室编:《中央革命根据地史料选编》(下),江西人民出版社1982年版,第332页。

是，它为后来中国共产党继续对传统婚姻制度进行实事求是的改革奠定了理论基础和经验教训。

在贯彻婚姻条例的过程中，苏维埃政府干部和许多妇运干部作出了不懈努力，常常走家串户，深入农民家庭，帮助生产，鼓励妇女，与其丈夫、公婆谈心，参与调解婚姻家庭矛盾，解除不合理婚约，勇敢地为受害妇女说话，使许多妇女摆脱了旧式封建婚姻的痛苦。他们的宣传与教育，启发了妇女的觉悟，也唤起了妇女解放意识。

第三节 扩大教育面：妇女解放的基础

一 教育开拓："脱盲"妇女的塑造

马克思说："我们必须先解放自己，才能解放别人。"① 妇女解放作为人类历史发展过程中的一个特殊现象，也具有自己特殊的一面。这种特殊性表现在，妇女在历史上受压迫地位的形成还有更为复杂的社会文化、心理等因素。因此，妇女要获得解放，除了要满足政治解放、经济解放等客观条件以外，必须在思想解放方面付出更大的努力。②

中央苏区的妇女几乎全是文盲。要发动和利用这个巨大的人力资源，教育是先决条件。唯此，才能最终树立妇女的主体性意识，鼓励妇女依靠自身的努力来达到精神解放、思想解放。如果不对妇女进行切实有效的政治教育、军事教育和文化教育，妇女无法摆脱封建思想意识和小生产观念的影响，无法接受无产阶级的思想领导，也无法自觉支援前线和动员男人上前线去战胜强大的反动军队，取得革命战争的胜利，更无法达到马克思曾说的"自我认识是自由的首要条件"③。正确的自我认识需要正确的人生观、价值观、世界观去引领，这就需要有目的的政治教育。列宁说："只要还存在文盲现象，那就很难谈上政治教育，这并不是政治任务，这是先决条件，没有这个条件就谈不上政治。""文盲是处在政治之外的，必须先教他们识字。不识字就不可能有政治，不识字只能有流言蜚语、谎

---

① 《马克思恩格斯文集》第 1 卷，人民出版社 2009 年版，第 23 页。
② 参见袁惠仪《马克思妇女解放的历史逻辑——妇女解放与人类解放关系探析》，《中华女子学院学报》2009 年第 2 期。
③ 《马克思恩格斯全集》第 1 卷，人民出版社 1995 年版，第 421 页。

话偏见，而没有政治。"① 李达说："女子若有了智识就觉悟到自身所受到的苦痛，生出反抗行为，不甘做男子的奴隶和牛马。"② 在五四新文化运动时期，解放妇女从教育做起已是共识。杨之华说："为妇女争教育上的平等和自由——打倒宗法社会的'女子无才便是德'的旧观念，因为不是这样，女子便因为没有教育和技能，始终不能得职业上经济上的独立，始终要依赖男子做家庭的奴隶。"③ 陈东原也指出："'五四'后妇女解放的先声，便是教育上的解放；要提高女子的人格，非男女教育平等不可。"④

从春秋战国时期孔孟先哲开始，我国教育历史迄今已有两千多年。纵观中国教育的历史，长期被排斥在校门之外的妇女，有受教育机会者寥寥无几。进入近代社会后，长期被禁锢的妇女，争自由、求独立，少数人开始有接受教育的机会，后来也有少数人从事了教育工作。在封建时期，中国妇女没有在社会上受教育的权利，但这并不意味着不对妇女进行教育，而是对妇女进行着在目的、内容、方式、方法、手段上与男子截然不同的教育。在内容上主要是三从（未嫁从父，既嫁从夫，夫死从子）、四德（妇德、妇言、妇容、妇功）；三纲（君为臣纲，父为子纲，夫为妻纲）、五常（父子有亲、君臣有义、夫妇有别、长幼有序、朋友有信），其教育核心内容就是男为乾，女为坤，男为天，女为地；天尊地卑，男尊女卑；男主外，女主内；男刚健，女柔弱；男女有别。在教育目的上，是提高服侍丈夫、教育子女的能力。因此，中国古代妇女越是受教育，就越是从精神上、身体上认可自己依附于男子的从属地位，就越是剥夺了独立的人格。民国时期的女子教育从法律上肯定了国民受教育的机会一律平等。伟大先行者孙中山在民国建立之初就宣告："处于今日，自应以提倡女子教育为最要之事"；"教育既兴，然后男女可望平权。女界平权，然后可成此共和民国。"⑤ 民国时期的妇女教育在形式上得到了法律的肯定，但各级各类教育总体上还十分落后，广大劳动妇女实质上并未享受到民国法律

---

① 《列宁专题文集　论社会主义》，人民出版社 2009 年版，第 267、268 页。
② 李达：《平民女学是到新社会的第一步》（1922 年 3 月），载安树芬、耿淑珍《中国妇女教育资料选编》，中国妇女出版社 1995 年版，第 2 页。
③ 杨之华：《妇女运动概论》，亚东图书馆 1927 年版，第 1 页。
④ 陈东原：《中国妇女生活史》，上海书店出版社 1984 年版，第 387 页。
⑤ 《孙中山全集》第 2 卷，中华书局 1982 年版，第 358 页。

规定的教育权。

中国共产党坚持妇女解放和革命事业同步的原则,在党成立之初就将妇女教育纳入中国的革命事业和民族解放事业之中。1921年10月,中国共产党在上海创办第一所培养妇女干部的学校——平民女校,目的是培养妇女运动人才,为开展妇女解放运动创造条件。在1922年党的"二大"宣言中,就把妇女在教育上享受平等权利列为民主革命时期的奋斗目标之一,宣言规定:"保护童工和女工;废除一切束缚女子的法律,女子在政治上、经济上、社会上、教育上一律享受平等权利;改良教育制度,实行教育普及。"①为中国共产党发展妇女教育树立了航标。在1923年党的第三次全国代表大会通过的《妇女运动议案》中明确地提出了"男女教育平等"②的主张,妇女教育不仅在广度和深度上有所增进,而且取得了在当时条件下开创性的成就。1928年的中共"六大"提出:"在一切党的与一切职工会的学校、训练班中,都应当吸收一定的百分数的妇女,而在她的教育大纲中,须研究妇女问题及工作方法,为工作者认识实际的工作。必须推动劳动妇女去积极工作,在党中、职工会中、农民的组织中,尽力帮助她们的工作。"③可见党中央对妇女的教育问题是很重视的。建立正式政权后,中华苏维埃共和国临时中央政府教育人民委员部训令(第一号)指出:"苏区当前文化教育的任务,是要用教育与学习的方法,启发群众的阶级觉悟,提高群众的文化水平与政治水平,打破旧社会思想习惯的传统,以深入思想斗争,使能更有力地动员起来,加入战争,深入阶级斗争,和参加苏维埃各方面的建设。"④由于中共在苏区竭力推行教育,扩大了教育覆盖面,苏区妇女群众受教育水平提升较快。天津《益世报》指出:"四五年来农民知识渐有进步。例如匪祸前,农民不知国家为何物,更不知世界上尚有其他国家,今则知之;昔之认为须有皇帝以统治天下,至今则认为人民也可以管理国家;昔不知开会为何事,今则不但知之,且可选举委员,当主席。此外农民所知新名词亦不少。"⑤避开其阶

---

① 中共中央文献研究室、中央档案馆编:《建党以来重要文献选编(1921—1949)》第1册,中央文献出版社2011年版,第180页。
② 同上书,第266页。
③ 同上书,第504页。
④ 江西省教育厅编:《江西苏区教育资料选编》,江西教育出版社1960年版,第125页。
⑤ 张思曾:《一个匪区农况变迁之描述》,《益世报》1934年11月24日。

级立场，这篇报道足以证实苏区教育之成效。当然，这种状况和苏维埃革命为普通妇女农民提供的政治训练、社会角色、活动空间及社会政治地位流动直接相关。

二 中央苏区多管齐下发展妇女教育

中央苏区妇女教育随革命形势的发展分为两个阶段。在中华苏维埃共和国临时中央政府成立前，由于革命根据地处于初创阶段，红军长期没有固定的根据地，游击性和流动性都很大，非常不稳定，因而这个时期的妇女教育也是不稳定的和不平衡的。"对于劳动妇女的教育工作，还有很多缺点，苏区的妇女生活改良委员会与妇女干部训练班，还没有切实地普遍组织起来，白区内的妇女教育团体（如姊妹团、读书班）也是凤毛麟角，关于妇女生活或斗争的刊物，更是微乎其微。"[①] 中华苏维埃共和国临时中央政府成立后，由于自上而下地建立和健全了教育行政管理系统，中央苏区妇女教育工作有了集中统一的领导与管理，妇女教育轰轰烈烈地发展了起来。中央苏区妇女教育的基本格局、主要成就和基本经验，是在这个时期形成和取得的。

（一）实施政治化的教育方针

中国共产党重视教育，即使是在极其困难的白色恐怖期间也不忘教育事业。1927年9月，江西省革命委员会颁布《行动政纲》时就规定："男女在经济上、法律上、教育上一律平等。"[②] 同年11月的《江西省苏维埃临时政纲》具体提出了发展教育的四项任务，即"实行普及义务教育及职业教育"；"注意工农成年补习教育及职业教育"；"发展农村教育，提高乡村文化"；"发展社会教育，提高普通文化程度"[③]。在苏区立足后，立即着手发展教育。如瑞金县苏维埃政府文化委员会第一次会议决定了"目前教育施教的方针，以养成智力和劳力作均衡的发展为原则，并与劳动统一的教育之前途"[④]。提出了发展适应"革命战争环境中所需要的"

[①] 中共江西省委党史研究室：《中央革命根据地历史资料文库·党的系统》，中央文献出版社、江西人民出版社2011年版，第1926页。

[②] 江西省档案馆、中共江西省委党校党史研究室编：《中央革命根据地史料选编》（下），江西人民出版社1982年版，第1页。

[③] 同上书，第14页。

[④] 江西省教育厅编：《江西苏区教育资料选编》，江西人民出版社1960年版，第125页；另见李国强《苏维埃教育方针初析》，《江西教育科研》1986年第5期。

干部教育、社会教育、义务教育的任务，使智力与劳力均衡发展，教育与劳动统一的方针。针对劳动妇女受教育困难的现实，1930年《中央关于劳动妇女斗争的纲领》提出"设立成年妇女补习学校，训练她们参加政权和政府机关群众团体的工作能力，如政治军事及普通办事的常识和学习生产技能提高妇女职业地位"。[①] 1931年11月，《中华苏维埃共和国宪法大纲》以根本大法的形式赋予妇女教育权："中华苏维埃政权以保证工农劳苦民众有受教育的权利为目的。在进行国内革命战争所能做到的范围内，应开始施行完全免费的普及教育。"[②] 这里的"工农劳苦民众"当然包括了妇女的教育权。而且《苏维埃教育法规》对妇女教育作了特别规定："各级教育部要特别注意妇女教育与妇女干部培养"，号召开展"反对家婆禁止媳妇、老公禁止老婆参加文化教育的斗争"，以使广大妇女能参加夜学、识字班及俱乐部学习。[③] 各地苏维埃政府还制定了更为详细的可操作措施，如有的提出"加紧文化教育的宣传鼓动工作，提高妇女对读书的积极性，硬要做到每个妇女都能识得字及鼓励大批的劳动妇女自动地到女职校去谋求职业，切实改善妇女生活。在十四岁以下的妇女都要加入到列宁学校，特别是童养媳都要统一加入"。[④] 其目的是"提高妇女政治水平与共产主义认识，使之自觉担负起社会一切工作"[⑤]。1932年5月，江西省工农兵第一次代表大会关于文化教育工作的决议规定：必须"使文化教育与目前革命斗争联系起来，使文化教育与工农群众实际生活联系起来，使劳动与知识联系起来，简单说来，就是要使文化教育社会化、政治化、实际化、劳动化"。[⑥] 中央苏区要求学龄女童要入校学习，成年妇女要扫盲。1932年6月20日，《临时中央政府文告人民委员会训令（第

[①] 全国妇联妇运史研究室：《中国妇女运动历史资料（1927—1937）》，中国妇女出版社1991年版，第75页。

[②] 中共中央文献研究室、中央档案馆编：《建党以来重要文献选编（1921—1949）》第8册，中央文献出版社、江西人民出版社2011年版，第651页。

[③] 参见赣南师范学院、江西教育科学研究所《江西苏区教育资料汇编》（一），1985年印，第117页。

[④] 中央档案馆、江西省档案馆编：《江西革命历史文件汇集（1932年）》（一），中共江西省委办公厅1992年印刷，第23页。

[⑤] 中共龙岩地委党史资料征集委员会、龙岩地区行政公署文物管理委员会编：《闽西革命史文献资料》第4辑，1983年印，第122页。

[⑥] 江西省档案馆、中共江西省委党校党史研究室编：《中央革命根据地史料选编》（下），江西人民出版社1982年版，第584页。

六号)》规定:"各级的文化部应设立妇女半日学校,组织妇女识字班,可办家庭临时训练班,田间流动识字班,教员由政府及各地学校教员及群众团体的干部来担任。"[①] 1933 年全苏区教育建设大会的决议要求妇女"不论她大脚小脚,与男人同等年龄,进同等学校",并且"各补习学校,妇女数量,要超过男子"。[②] 在党和苏维埃政府的重视下,短期内中央苏区各地就办起了夜校、半日学校、补习学校、短期妇女干部训练班、女子职业技能学校等,妇女教育事业发展迅速,为巩固和壮大苏维埃政权及中央苏区各项建设作出了极大的贡献。通过这些法律、法规、政策的制定和实施,中央苏区妇女平等接受教育的权利得到保障,各级各类妇女教育顺利推行。

(二) 构建系统化的教育机构

为发展中央苏区教育,中央苏区构建了系统化的各级教育机构。中央设中央教育人民委员部,省、县、区、市设有教育部,乡设教育委员会。省、县、区教育部,在行政系统上直接隶属上级教育部及中央教育人民委员部,绝对执行上级的命令,同时受同级执行委员会及主席团的指导与监督。城市则受市苏维埃的领导,称教育科。省、县、区、市教育部均设教育委员会,为讨论和建议关于文化教育各种问题的机关。县、区、市教育部下设普通教育科和社会教育科,省教育部则增设编审出版委员会。普通教育科管理成年补习教育、青年教育(如夜校识字运动等)及儿童教育(如列宁学校)等;社会教育科的职务是管理俱乐部工作、地方报纸、书报阅览所、革命博物馆及巡回演讲等;编审出版委员会的职务是编辑普通教育、社会教育的各种材料,审查下级编辑的材料,并以之出版,系统化的教育机构为妇女教育的发展奠定了组织上的保证。[③] 此外,中央苏区高度重视教育立法工作。1931 年至 1934 年中央和地方先后颁布了 41 项有关教育的条例、纲要、办法、章程、决议、法规。其中《苏维埃教育法规》紧密结合了赣闽客家的实际情况,使妇女教育建设可行性高,能切实得到贯彻执行。中央苏区还注意优待教师,稳定教师队伍。《小学教员

---

① 江西省妇女联合会、江西省档案馆:《江西苏区妇女运动史料选编》,江西人民出版社 1982 年版,第 63 页。
② 江西省妇联赣州地区办事处:《赣南妇女运动史料选编》第 1 册,1997 年印,第 106 页。
③ 参见江西省教育学会编《苏区教育资料选编(1929—1934)》,江西人民出版社 1981 年版,第 225 页;另见邬开荷《论中央苏区的客家教育》,《南方冶金学院学报》1997 年第 12 期。

优待条例》规定教师的待遇与当地政府工作人员的标准一样，同等享受工资或代耕、减纳土地税和享受公费医疗，并规定了奖励教师的条件和办法，较好地调动了本就稀缺的教师坚持教学的积极性；党的高级领导干部都对教育极有热情，毛泽东兼任苏维埃大学校长，并亲自上讲台讲课。朱德、周恩来、张闻天、蔡畅、康克清、瞿秋白、徐特立、董必武、王稼祥、林伯渠、任弼时等党政军领导都在学校担任过教师，甚至有的担任校长，为中央苏区教育事业作出了卓越贡献。[①]

针对各种年龄层次和有实际困难的妇女，中央苏区采取了多种教育方式。

首先是国民教育体系的正规学校义务教育。一般为列宁学校，村设列宁初小，区乡设列宁高小。当时规定各乡应在3里内设立一个列宁学校，招收学龄男女儿童，实行男女合校制。学习年限为列宁初小4年，高小2年（有的各3年），规定7—15岁的儿童入学，此为义务教育，教育经费为各级苏维埃政府承担。教学方法采取启发式和讨论式，废除呆板的注入式。[②] 低龄和有条件的女童上全日制班级。因有的女童要帮家里干活儿，故大多上半日制，半天劳动，半天学习。半日制的教学体制使劳动不耽误，学习有进步，很多干部对此很欣赏，新中国成立之初风靡一时的共产主义劳动大学即采用半工半读的教学方式。在各级苏维埃政府的推动下，列宁学校发展很快。据毛泽东在"二苏大"报告中所作的部分统计，中央苏区有列宁小学3052所，学生89710人；在兴国，进入列宁小学的儿童12806人，其中女生3981人，占入学儿童的31%。[③] 中央苏区学龄儿童的入学与失学的比例为60%与40%，而同时期国民党在教育最为发达的江苏省学龄儿童入学率为13%，失学率为87%。[④] 中央苏区文化教育发展迅速，每个月新增学校和学生的数量大。如1932年8月，江西12县的列宁学校有1660所，而到1932年10月止，据1932年11月28日《红色中华》报道的《江西省苏报告》称，江西胜利等14县有列宁小学

---

① 参见邹开荷《论中央苏区的客家教育》，《南方冶金学院学报》1997年第12期。
② 参见《江西革命根据地的文化教育》，载赣南师范学院、江西省教育科学研究所《江西苏区教育资料汇编》（六），1985年印，第75页。
③ 参见江西省档案馆、中共江西省委党校党史研究室编《中央革命根据地史料选编》（下），江西人民出版社1982年版，第329页。
④ 参见《江西革命根据地的文化教育》，载赣南师范学院、江西省教育科学研究所《江西苏区教育资料汇编》（六），1985年印，第76页。

2277所，其中有女生19681人，占学生总数的24%。中央苏区的文化教育极大地改变了苏区儿童尤其是女童教育的落后面貌。

其次是社会教育，主要有三种类型：

类型一是妇女干部教育。分专门培养妇女干部的和男女同校的两种类型，主要采用举办短期训练班和创办干部学校两种办法。短期培训班以训练在职干部为主，因时间短、教学内容精练，又可流动举办，非常适宜残酷的战争环境，为各级党政组织经常采用。在干部学校方面，专业的有女子大学等，男女同校的有中央干部教育学校、马克思共产主义大学、苏维埃大学、列宁师范、高尔基戏剧学校、中央农业学校等[1]，培养了大量妇女干部。

类型二是职业培训。为解决根据地需要的各种技术型人才而开设，主要因地制宜，本地革命和生产需要什么人才即培养什么人才。如卫生学校、师范学校和银行学校等专门学校。如由于医院缺乏医护人才，即专门发布了《选派活泼青年女子入看护学校的通告》，兴国县女子看护学校招收学生100名，为15—20岁的女青年，毕业后去红色医院从事看护工作；1931年底刚创办的中央红色医务学校第1期招收的妇女学员就有30名，占招生总数的50%[2]；银行专修学校有一期全部招收女生[3]，永新县女子职业学校主要培养了大量纺织人才。

类型三是扫盲学校。分日校和夜校。因为很多妇女白天都需要干活儿，只有晚上有时间参加，所以夜校以妇女学员为主。1929年，毛泽东在闽西新泉创办了中共第一所妇女夜校——新泉工农妇女夜校，受其影响，很快新泉区妇女夜校就办了18所，有学员700多人；中央苏区时期闽西的2053所夜校中，60%是妇女夜校，上杭、长汀、宁化等县的夜校，妇女占了70%。[4] 据毛泽东调查，长冈乡有夜校9个，学生300多人，女生约70%；上才溪乡有夜学4个，无校长，教员由日学教员兼任，学生共120多人，多是女子；下才溪乡有夜学8个，学生共240人。[5]

---

[1] 参见《江西革命根据地的文化教育》，载赣南师范学院、江西省教育科学研究所《江西苏区教育资料汇编》（六），1985年印，第76页。
[2] 同上。
[3] 参见《红色中华》1934年9月29日。
[4] 参见黄马金《客家妇女》，中国妇女出版社1995年版，第254—255页。
[5] 参见《毛泽东文集》第1卷，人民出版社1993年版，第341页。

（三）配置多样化的教育资源

为保证教学的正常进行，1932年6月22日《中华苏维埃共和国临时中央政府人民委员会命令第十五号》要求各级政府、群众团体和军队不得占据学校房屋及搬移学校器具，妨碍学校工作，教师也不得偷闲停办学校。① 中央苏区因为在战争期间，教育场地和经费都有限，因而在扫盲教育方面主要是发动群众办学。教育所需要的一切，大都来自群众的筹集和群众的智慧。没有正规的校舍，就利用地主大院、宗族祠堂、道观庙宇做校舍，或由群众找寻、修缮废旧房屋解决校舍，或就地取材用树木或砖石搭建校舍；用牌匾或将涂上黑烟灰的门板、木板当作黑板；用家里搬来的桌凳当作课桌椅子；用白石泥或石灰做粉笔；用"朱红土"研磨成粉加水代替红墨水；点燃松枝当作灯；用树枝做笔；用沙地或泥地当作纸；当支付不出教师的生活费时，就由学生家长依次轮流派饭或组织群众帮助教师代耕来解决。② 正是依靠群众的力量，解决了教育资金短缺的困难，使中央苏区妇女教育得以顺利发展。国民党也在江西推进教育发展，但囿于经费场地所限，无法维持，故蒋介石以为共产党竭力保证教育经费充足，而国民党教育经费被挪用，他说："比方崇仁地方，所有的高小学校就完全停下来了，土匪他们什么经费可以少，教育经费一定要筹到，我们却反而要常常拿教育经费来做旁的用。"③ 不过，如果深入观察中共在教育方面的作为，可以发现，蒋这段话其实并未发现问题的关键，苏区在教育上的投入经费并不像其想象的那样多。湘赣苏区1932年9月至1933年8月一年中，共支出252612元，其中用于教育的经费为275元，只占总支出的1‰强。④ 就这一点而言，远远无法和同时期国民政府3%左右的教育支出相比。中共开展教育的主要思路是利用民间力量、民间财力办教育，学校经费"原则上或由学生自纳，或由人民捐款"，同时大力提倡因地制宜、节省办学："黑板常利用祠堂、庙宇之牌匾，加以刨平，涂以光油；或即就壁上刷黑一块。灯油粉笔，由学生自备。"⑤

---

① 参见《红色中华》1932年6月30日。
② 参见邬开荷《论中央苏区的客家教育》，《南方冶金学院学报》1997年第12期。
③ 蒋介石：《以自强的精神则必亡的赤匪》，载秦孝仪主编《先公总统蒋公思想言论总集》第11卷，中国国民党中央委员会党史委员会、"中央文物供应社"1984年版，第130页。
④ 参见赵可师《赣西收复区各县考察记》（四），《江西教育旬刊》1934年第10卷第8期。
⑤ 同上。

(四) 采取全员化管理模式

（1）实行强迫教育。1929年7月，毛泽东倡议创办的新泉工农妇女夜校，是闽西苏区第一所夜校，也是中央苏区妇女教育的开端，但入校妇女只有十几人。由于封建传统观念的影响，有的家庭担心妇女夜晚在外面出问题，或是没学好文化反而学了坏，有的怕妇女有文化后不再听话会生异心，而且妇女在家里家外活计很多，所以妇女受教育既不被重视，也不受欢迎，尤其是童养媳要接受教育阻力很大。为了改变这种状况，使妇女受教育权能够落实，苏维埃政府规定实行强迫教育，规定16岁以下者入学校学习，16岁以上的妇女都到平民夜校上学，有谁不去，妇女干部和积极分子就拥进门去，七嘴八舌地"围攻"，如有公婆阻挠，先进行宣传教育，教育几次还顽固，就捉去戴高帽子游乡，使原来一盘散沙的农村，上学、开会只要一打锣，妇女们都来了。有些地方还把识字牌放在村口、路口和主干道上，经过者必须先识字，否则不让通过，逼迫妇女能够真正识字，导致主动上夜校的妇女日渐增多。1933年全苏区教育建设大会的决议要求妇女"不论她大脚小脚，与男人同等年龄，进同等学校"。并且"各补习学校，妇女数量，要超过男子"。①

（2）采取灵活教学。针对教员缺乏的情况，徐特立提出，"老公教老婆，儿子教父亲，秘书教主席，马夫教马夫，伙夫教伙夫，识字的教不识字的，识字多的教识字少的"②。行之有效的"以民教民""互教互学"的扫除文盲教育工作的方法，效果很好，在中央苏区各地得到普遍推广。朱德说："教师实在太少。部队里每一个能讲解一些东西的人，只要有空暇，都去教授普通常识和政治常识。……到了上课时间去看吧，几乎全村人都来了，从老祖父到怀抱婴儿的母亲，跟他们的孩子并排坐在学校板凳上，有时人多得挤在院子里，教师们尽量讲解，过了不久，便选出成绩最好的孩子，让他们充当'小老师'。"③在教学时间上，可以白天上，也可以上夜校，完全看自己的时间安排；在教学地点上，除了要在学校上以外，实际随时随地都在学习，田间地头、大道口、小路间、识字所、读报团等，都是学习的地方；在教学内容上，通常是教会妇女日常生活中能见

---

① 江西省妇联赣州地区办事处：《赣南妇女运动史料选编》第1册，1997年印，第106页。
② 陈志明：《徐特立传》，湖南人民出版社1984年版，第105页。
③ [美] 艾格妮丝·史沫特莱：《伟大的道路——朱德的生平和时代》，梅念译，三联书店1979年版，第312页。

第二章　而今迈步从头越：中央苏区妇女解放运动的路径展开　115

到或用到的事物和文字，同时寓革命道理于教学中，达到识字的同时又传播了革命思想的效果。杰克·贝尔登描述了苏区灵活的教育方法：

> 共产党的办法很简单，容易推广。他们把教育与生活结合了起来。农民并不在学校里学习（冬天除外），共产党教他们认与他们自己的生活和劳动有关的字。例如，羊倌学认'羊'、'狗'、'棍'、'草'等字，农民学认'地'、'谷'、'麦'、'骡'等字。教学法很巧妙，也很有趣。一个学童在午间休息时要串五六家门，在门上、桌上、灶台上贴上代表该对象的字。这样，家庭妇女可以一边干活一边认字。第二天，学童又会带来三个新的字。我还见过农民耕地时，在地两头的大牌子上各贴一个字，这样来来回回认它一天，头脑再简单也能记住那笔划复杂的方块字。不论我走到哪个村子，到处都能看到那些不久前还与教育无缘的泥腿子们在聚精会神地做功课，或者成群结队地上冬学，或者在场院观看乡村剧社的演出，或者倾听人用号筒读报上的新闻，或者研究刷在墙上的标语并费力而耐心地把其中的字读出来。①

这些灵活多样的教育方式容易为深受压迫和束缚的农村妇女所接受，妇女都非常热爱学习，政治上的优势和政策上的保障也使得妇女能放心参加学习，群众运动的方式更促进了教育的普及度。中央苏区的妇女把学习文化看作同打土豪一样的头等大事。"青壮年妇女在紧张的劳动之余，拖儿带女到夜校学习；年老的妇女也不甘落后，她们婆媳同学或是祖孙同上学。能者为师，一天学几个字。字识多了，妇女们慢慢能看书报，懂得了许多道理，她们可以自由地讨论国家大事。"②通过这种深入的群众性的文化教育运动，不仅使相当一部分妇女摘掉了文盲的帽子，而且培养了一批妇女人才，如范乐春、李坚真、邓六金、吴富莲、李美群、危秀英等原来都是一字不识的童养媳，通过参加工农补习夜校的学习，不仅可读书看报、提笔成文，而且成为能独立开展工作的优秀妇女干部。通过各方努

---

① ［美］杰克·贝尔登：《中国震撼世界》，邱应觉等译，北京出版社1980年版，第141页。
② 王予霞：《中央苏区文化教育史》，厦门大学出版社1999年版，第173—174页。

力，中央苏区的妇女扫盲运动取得很大成绩，有的乡村妇女扫盲率高达90%，如1934年1月才溪区除小孩外的6400余人中，只有10%的人不识字，基本消灭了文盲。①

(五) 严格数字化考核要求

为防止妇女学习走过场，中央苏区还规定了考核要求。要求每个妇女每天至少要认识和写熟3个生字，3个月后要认熟270个生字，每晚识字1—2小时。开展个人与个人、村与村、乡与乡的识字竞赛，并定期评奖。在俱乐部，每位妇女都要出墙报，自己写不出来就把意见交给别人代写，每10天出一期，张贴在热闹的地方。读报组每5天读报一次，政治讨论会和各种研究会，每月举行两次，组员都要当众发表意见，进行讨论，妇女由此政治觉悟和演讲能力大增，很多成了扩红的标兵。严格考核要求的效果是"很多不识字的女孩子，参加了革命以后能写很短的信及标语之类的东西"。②

(六) 推行阶级化的教育目的

列宁说："我们都不能抱着教育不问政治的旧观点，不能让教育工作不联系政治。"③ 瞿秋白说："所谓政治教育，乃是说教育的含有政治作用的。"④ 为培养更多的革命者和支持者，中央苏区的妇女教育在教学内容上非常注重以马克思主义理论来提高妇女的政治素质和政治觉悟。妇女占据人口的一半，要把妇女动员到革命队伍中，必须打破其原有的封建思想代之以无产阶级信念。而这必须靠教育手段，提高她们的文化素质，认识到剥削的本质，意识到革命斗争的合理性和必须性，并帮其树立共产主义信念。"最适当的办法是在引起劳动妇女对于政治问题社会问题的兴趣，领导她们参加阶级斗争，用各种教育的方法，使之觉悟。"⑤ 反映在教材上，控诉黑暗社会、讴歌党和红军的政治内容占很大比重，教材密切联系革命战争和阶级斗争的实际，宣传革命道理，提高妇女的阶级觉悟，鼓动妇女支援前线，号召妇女深明大义，让自己的丈夫、儿子参军参战。如《工农

---

① 参见黄宏、林仁芳主编《古田精神》，人民出版社2007年版，第171页。
② 江西省档案馆、中共江西省委党校党史教研室编：《中央革命根据地史料选编》（上），江西人民出版社1982年版，第355页。
③ 《列宁选集》第4卷，人民出版社1995年版，第302页。
④ 《瞿秋白文集》第1卷，人民出版社1987年版，第209页。
⑤ 中共江西省委党校党史研究室：《中央革命根据地历史资料文库·党的系统》，中央文献出版社、江西人民出版社2011年版，第1928页。

兵三字经》："苦一年，剩只身；饥寒迫，无处行；血汗钱，剥削尽；没出路，去当兵；入共党，组红军；打土豪，铲劣绅；毙军阀，莫容情；阶级敌，一扫清；世界上，一样人；人类中，永无争；大同现，享安宁；此等事，非现成；全靠的，工农兵；努力干，齐动劲"①，"你做一顶雨帽，她做一双草鞋，送到前方去，慰劳红军"。②区区几个字，就把唯物主义、阶级意识、支持拥护红军体现出来了。教材《红色儿童读本》二册："上屋有个大地主，下屋有头大肥猪，吃了饭，不做事……"三册："梭镖磨得光，擒贼先擒王；肃清反革命，推翻国民党……"四册："天天吃南瓜，打倒资本家；淡菜锅中煮，杀死恶地主……"五册："靖卫狗，好残酷；牵耕牛，烧房屋；抢走床上被，挑走仓里谷……"六册："土豪劣绅是条蛇，专咬赤脚客，不用怕，不用怕，叉住七寸恨恨〔狠狠〕打，把它打个稀巴烂。""土豪劣绅是只狗，单咬衣褴褛，不用走，不用走，抓住颈皮狠狠揍，把它揍个呜呼哉。"③《为什么要革命》"因为受了地主豪绅资本家的剥削，工人农民要饭吃，要衣穿，要房子住，就要起来革命"。④

妇女教育还采取墙报宣传、读报会、识字运动、讲演晚会等形式，配合当时当地的中心工作和政治任务来进行。墙报宣传的主要内容则是配合中心任务反映群众的生产和生活，像生产计划、介绍经验、扩大红军等，对妇女群众起了很大的教育鼓动作用。读报会是指让每一个妇女在群众中当众读报纸并讲解时事，既促使妇女认真识字并理解，又使其从中受到政治教育，提高政治觉悟。识字运动和讲演晚会也是采取相同的原理达到相同的目的。

中央苏区多种妇女教育形式使妇女快速提高了阶级觉悟，积极投身到革命运动中来。《赣西南（特委）刘士奇（给中央的综合）报告》中提到了群众的觉悟，"计算自攻取吉安到现在，群众总牺牲了将近一万，没有哪一个有怨恨，打死了自己家属收埋，被白匪烧了的房子，亦有很多，不但不怪红军，苏维埃，共产党，而且很痛心的怀恨反动派"。⑤

---

① 录自江西省会昌县博物馆。
② 录自江西省兴国县革命历史纪念馆。
③ 萍乡市教育志编纂委员会编：《萍乡市教育志》，江西高校出版社2009年版，第351页。
④ 赣南师范学院、江西省教育科学研究所：《江西苏区教育资料汇编》（七），1985年印，第20页。
⑤ 江西省档案馆、中共江西省委党校党史教研室编：《中央革命根据地史料选编》（上），江西人民出版社1982年版，第351页。

对苏区普遍的群众教育，国民党方面也如此评判：匪党之所谓"文化教育""提高工农群众文化水平"，其麻醉力量较任何宣传煽惑为尤大；盖以邪说灌输脑海之中，改造群众之心理，潜形默化，卒至相率盲从，日趋危途，甘受欺骗而不自觉；尝观匪列宁室墙报处之"识字竞赛"，其进步之程度与麻醉之力量，殊可惊异。① 据国民党对兴国的调查也可证实："一般男女匪民，只知公历为某某年，而不知民国年号，只知有马克斯[思]、列宁，而不知其它，麻醉之烈，匪化之深，于此可见。"② 对赣西的调查也是同样的结果："每一伪乡政府之文化部，必到处设有识字牌，每日书有宣传性或麻醉性之语句强迫附近民众，无论男女老幼务必前往认识并通晓其语意而后止。故当该县初收复时，试任叩一儿童以'阶级斗争'、'无产阶级'或'资本主义'等之意义，彼必能不假思索，对答如流，一如素有研究者然。"③ 以致1930年鲁涤平电蒋说赣西南的80岁老翁和3岁小孩都是"共匪"④。国民党攻占宁都后的调查（《宁都社会调查》1934年底）称，红色区域对于教育，比革命前更为积极，到1933年夏，宁都一县即办列宁小学184所，夜校368所，识字班5861个，因此认为中共对教育的"办理精神足资仿效"。⑤ 难怪国民党第十八军副军长罗卓英说："教育问题，则颇堪吾人注意。在匪徒自己检阅其文化教育，尚系认为失败。但其匪化一般儿童之成绩，已至足惊人。据匪之统计，在十三县中已设三千余所列宁学校，入学儿童五万余人，成年人补习班者六万八千余，在人口百五十万中，受教育者已达百分之八云云。我们要真正消灭共匪，更应来树立起教育基础。"⑥

（七）施展人性化的教育理念

在中央苏区鏖战的国共双方有个耐人寻味的异同点。相同点在于为争取民心都不占据民房。不同点在于，共产党到达和占领一个地方，就会把

---

① 参见《新丰特别区政治局局长刘千俊报告匪区民众根本动摇情形匪之维持残局原因及所拟对策》，《军政旬刊》第7期，1933年12月20日。
② 《江西兴国县收复后六个月实况报告书》，江西兴国县档案馆藏档案，131/2－8－2/77。
③ 赵可师：《赣西收复区各县考察记》（三），《江西教育旬刊》第10卷第4、5期合刊。
④ 参见江西省档案馆、中共江西省委党校党史教研室编《中央革命根据地史料选编》（上），江西人民出版社1982年版，第348页。
⑤ 何友良：《江西通史·民国卷》，江西人民出版社2008年版，第173页。
⑥ 钟贡勋：《江西农村视察记》，《中央日报》1935年3月21日。

当地的祠堂和庙宇作为司令部和住房；国民党占领和到达一个地方，就会把当地学校作为司令部和军队驻扎地。祠堂和庙宇，在农村中是神圣的地方，一般人不敢擅自进入，否则据说会遭受神灵的处罚。共产党不信神，占领祠堂，把菩萨推倒，改造祠堂，结果共产党不断地取得胜利。

共产党征用祠堂原因有三点：一是不能扰民，尽量不占用民房。二是因陋就简，节约开支，据调查发现中央苏区政府所在地瑞金现存的 100 多处革命旧居旧址中，仅有 6 处为中央政府设计兴建的，而 5 处还是纪念性建筑。① 而且祠堂往往宽敞，便于多人议事和办公，也便于放置重要设施如电台等。三是证明共产党确实是无神论者，共产党以实际行动告诉群众反封建，神怪不足为惧，也改变了传统的妇女不能进祠堂的劣习。国民党实行愚民政策，尊神敬孔，敬畏祠堂，到了一个地方即占领学校，结果一而再地失败。其原因正如蒋介石所说："现在的情形，我们军队无论到一个什么地方，首先就把地方好点的教育机关学校占来做司令部，还有，一个地方只要军队一到，教育经费就没有了，所有的教育机关都是要停顿起来，一般学生因而失学，他们的父母，即城乡一般农工商人，看到我们军队如此摧残教育，表面上虽然不敢公然与我们为敌，心里却已经把我们当成他们的仇敌了，这样一来，哪里还能运用民众来帮助我们剿匪呢？以后凡与教育有碍的一切行为，再不许发生了。"②

中央苏区妇女教育具有平民性、以妇女为本、灵活性、革命性的特点。在党和苏维埃政府的领导下，中央苏区的妇女教育蓬勃地发展起来，毛泽东在"二苏大"由衷赞叹：妇女群众要求教育的热烈，实为从来所未见！他说："兴国学龄女童 8893 人，进入列宁小学的 3981 人，而在国民党时代，入学儿童不到百分之十。""兴国夜学学生 15740 人中，女子 10752 人，占 69%。兴国识字组员 22519 人中，女子 13519 人，占 60%。在兴国等地妇女从文盲中得到初步的解放，因此妇女的活动十分积极。妇女不但自己受教育，而且已在主持教育，许多妇女是在作小学与夜学的校长，作教育委员会与识字委员会的委员了。"③ 如兴国县，全县办了 1000

---

① 中华苏维埃共和国第二次全国代表大会会址——临时中央政府大礼堂位于沙洲坝，其他分布在叶坪红军广场的红军检阅台、红军烈士纪念塔、红军烈士纪念亭、公略亭、博生堡。

② 曹伯一：《江西苏维埃之建立及其崩溃》，高级研究生论文，台湾政治大学，1968 年，第 579 页。

③ 《红色中华》第 3 期，"二苏大"特刊，1934 年 1 月 26 日。

多个夜校，有 16000 多名学员，其中妇女就占了 11000 人，参加妇女识字组学习的学员有 15300 余人，占全县识字组学员的 60%。① 1936 年，徐特立跟斯诺谈道："从兴国撤出时，文盲已减少到全部人口 20% 以上！"②《红色中华》的报道指出："妇女群众，是从几千年的黑暗生活中解放出来了，她们和男子受着同样的教育。在许多专门学校里面，妇女占着极大的数量。"③ 朱德后来在跟史沫特莱的谈话中高度盛赞这是"中国历史上最大的学习运动"④。中央苏区在教育方面的努力，连蒋介石也为之折服，他说："匪区里面最紧张的就是教育！最有纪律的，就是教育！最有精神的，也就是教育！而我们现在各地方的情形却不然。"⑤

受中央苏区大办教育得民心的刺激，蒋介石下决心要肃清民众的所谓"匪化""恶化"思想，使之"确信三民主义"，"以正确其思想，健全其人格，发展其生计，扶植其生存"，"在使受教育者以后能协助剿匪而不为匪用"；针对中央苏区一县开办列宁小学多至数百所的情况下，蒋介石 1933 年 9 月致江西省政府电："其以财政之枯竭，尚能积极办学，若经国军收复，反不能努力教民，或仅于县治设校一所，徒具观瞻，致遍地儿童失学，不唯视匪有愧，且将无以振迪愚蒙，消泯恶化。"⑥ 但由于战争环境、部队占用学校及江西无力筹措经费等，更因为蒋介石国民党军队本身的反动性，江西教育发展并未如蒋介石所愿。在 20 世纪 30 年代国共对峙的社会环境下，这份来自中共敌对者的报道文章为后世研究者了解中共苏区妇女运动提供了一份有价值的史料，上述文章中渲染苏区妇女运动存在的强迫性等，基于敌对者的立场，这些描述和评论并不让人吃惊，相反其调查结果从敌对者的角度证实了中央苏区妇女教育的成功。

---

① 参见谢济堂《浅谈第二次国内革命战争时期的苏区教育》，《历史教学》1982 年第 10 期。
② [美]埃德加·斯诺：《西行漫记》，董乐山译，三联书店 1980 年版，第 211 页。
③ 王昌期：《苏区教育的发展》，《红色中华》1934 年 9 月 29 日。
④ [美]艾格妮丝·史沫特莱：《伟大的道路——朱德的生平和时代》，梅念译，三联书店 1979 年版，第 311 页。
⑤ 蒋介石：《以自强的精神剿必亡的"赤匪"》，载秦孝仪主编《先总统蒋公思想言论总集》第 11 卷，中国国民党中央委员会党史委员会、"中央文物供应社" 1984 年版，第 130 页。
⑥ 江西省教育厅特种教育股编：《江西特种教育概览》，1936 年，第 1 页。

第四节 提升参政度：妇女解放的衡量尺度

一 妇女参政：妇女解放的反映程度

列宁指出，政治就是参与国家事务，给国家定方向，确定国家活动的形式、任务和内容。① 政治参与就是参与管理国家政治事务的行为。妇女参政即指妇女参与国家和公众事务的管理，是妇女解放在政治领域中的具体实现和重要标志。妇女只有参政，才能激发起她们强烈的社会责任感和对政治生活的积极参与态度，能在权益政策制定时代表女性的整体利益，反映女性的合法要求，使妇女的合法利益能在政治层面得到确认和保障。妇女参政是实现妇女解放的必要条件，是政治民主的体现，是女性获得自由的途径。

女性作为一个群体一直被排除于政府关键性决策部门与政党领导席位之外，这就是政治的性别化本质，这也是西方女权主义者长期批评的形式平等和实质平等之间的差距。妇女参政是衡量妇女地位和社会进步的重要尺度，一个国家妇女享有参政权的多少反映了这个国家妇女利益的维护程度和妇女解放的程度。妇女参政是一种政治活动，既含参政意识，也包括参政能力。妇女参政是一种客观的政治活动，这种活动无疑是主观意识与客观行为的统一，但妇女只有切实地进入了各级领导机关或在行动上真正能够参与或影响国家或社会事务的管理，才是完整意义上的参政。妇女参政活动主要包括：妇女作为与男子平等的社会人具有自觉的参政意识，并能充分行使选举权和被选举权；妇女参加政党并投身其活动；代表妇女群体利益的妇女组织参与国家民主管理和监督，协助政府指定维护妇女参政权利的法规和政策；妇女中的优秀人才进入各级党政领导岗位，直接管理事务。②

近代先进人士为妇女享有参政的权利进行了不懈的斗争。中国历史上参政权只限于统治阶级内部的男子。《礼记·郊特牲》规定："妇人无爵。"直到近代，先进的知识分子才为妇女鸣不平。在民国以前，明确提出妇女参政的突出代表是金天翮的《女界钟》，其主张是以后妇女参

---

① 参见《列宁全集》第31卷，人民出版社1985年版，第128页。
② 参见郭宁《新中国妇女参政初探》，硕士学位论文，华东政法大学，2012年。

政运动的理论基础①；为中国妇女争取政治权利而斗争的先驱是秋瑾，她为争取妇女政治权利和自由进行了艰苦卓绝的斗争，并为此牺牲了自己年轻的生命。1912 年 3 月 19 日，唐群英②等人率领女子参政同志会十多名会员"大闹参议院"，公开要求参与国政，引起了社会震惊，但女子参政愿望并未实现。五四时期各界名流为妇女权利公开发表文章，要求民主自由和男女平权。李大钊在《妇女解放与 Democracy》中强调"'人民'这个词绝不是男子所独占的，那半数的妇女一定也包括在内"，"有了妇女解放，真正的 Democracy 才能实现，没有妇女解放的 Democracy 断不是真正的 Democracy，我们若是要求真正的 Democracy，必须要求妇女解放。没有妇女参加活动的社会必定是一个专制刚愎横暴冷酷干燥的社会，断没有 Democracy 的精神"。③ 1921 年中国共产党成立后，把妇女解放作为党的奋斗目标之一，重视妇女的斗争力量，一批信仰马克思主义的先进妇女，如向警予、蔡畅、杨之华等，成为妇女运动的领袖和中共早期女党员。土地革命时期，苏维埃政府高度重视妇女参政，重视发挥妇女干部在妇女群体中的领导和示范作用，注意妇女参政权的真实享有以获得妇女群众的积极拥护。正如临时中央政府所提："各级苏维埃政府应承认妇女在革命战争中有力的作用"，同时，批评了那些很少注意或轻视妇女的倾向，并强调："苏维埃政府之下男女是一律平等的，不但劳动妇女在政治上有选举权及被选举权，并且应吸收妇女参加政权机关的一切工作，使广大妇女群众团结在苏维埃政权的周围积极为实现她们自己全部权利而努力。"④ 中国共产党推行了一系列措施提升苏区妇女参政意识，提高妇女参政水平，切实保障妇女参政权利，最大限度地发挥妇女作用。

---

① 参见何黎萍《西方浪潮影响下的民国妇女权利》，九州出版社 2009 年版，第 289 页。
② 唐群英（1871 年 12 月 8 日—1937 年 4 月 25 日），女，字希陶，号恭懿，湖南省衡山县人，中国近代民主革命家、早期女权运动领袖、辛亥革命功臣、双枪女将。她认为："国之兴亡，匹妇亦应责无旁贷。不是天下兴亡，匹夫有责，而是人皆有责！"她投身辛亥革命，为推翻帝制、建立民国立下奇功，被孙中山赞誉为"创立民国的巾帼英雄"，被授予"二等嘉禾"勋章。她首倡女权，为我国妇女解放作出了卓越贡献。被全国政协副主席、全国妇联名誉主席康克清尊称为"一代女魂"，被我国政府向第四次世界妇女大会推介为八位中华百年女杰之一。
③ 李大钊：《妇女解放与 Democracy》，载中华全国妇女联合会妇女运动历史研究室编《五四时期妇女问题文选》，三联书店 1981 年版，第 26 页。
④ 《临时中央政府文告人民委员会训令第六号》，《红色中华》第 26 期，1932 年 7 月 7 日。

二 中央苏区妇女参政的实践拓展

(一) 赋予妇女选举权与被选举权

邓颖超说:"中国之民主政治运动……如果没有占全国人民半数之广大妇女大众参加与拥护,她的本身将是不健全的。"[①] 选举权和被选举权是妇女政治权利的主要指标,其实现水平是妇女解放,也是衡量一个国家民主政治和社会文明的重要标志。[②] "妇女争取选举权的意义绝不仅仅在于争取一般公民权,因为选举权除公民权的意义之外,还具有政治权力的意义。选举权对于参政有两重含义:作为选举人,选举行为本身是在行使自己的一份政治权力;作为被选举人,一旦通过选举进入政治权力机构,则可以代表选举人的利益行使权力。因此,选举权的获得和对选举过程的参与是妇女参政的基本方式之一。"[③]

在1922年中共"二大"通过的中共第一个《妇女运动决议案》中即以"帮助妇女们获得普通选举权及一切政治上的权利与自由"[④]为奋斗目标。1926年7月,中共第三次中央扩大执委会制定的《职工运动议案》特别强调:"在青年工人和女工的工会内,必须选择他们的能干分子,当选为工会委员会委员。"[⑤] 1927年11月,中共江西省委制定《江西省苏维埃临时政纲》确定男女绝对平等原则,《江西省苏维埃临时组织法》规定凡年满16周岁以上的劳动者都有选举权与被选举权。1930年3月,闽西苏维埃政府颁布《苏维埃政府组织法》,规定凡年满16周岁而非剥削劳动者、非宗教徒和反革命者,都有选举权和被选举权。1931年11月,中华苏维埃第一次全国代表大会通过的《中华苏维埃共和国宪法大纲》即指出"在苏维埃政权领域内的工人、农民、红军士兵及一切劳苦民众和他们的家属,不分男女、种族、宗教,在苏维埃法律前一律平等……在十六岁以上均享有选举权和被选举权,直接选派代表参加各级工农兵会议

[①] 邓颖超:《国民参政会与妇女》,《妇女运动的理论与实践》1938年10月,转引自全国妇联妇女研究所理论室《妇女参政导论》,红旗出版社1993年版,第12页。

[②] 参见沙棘《中国共产党推动妇女参政的历史经验》,《中国妇运》2011年第8期。

[③] 李银河:《女性权力的崛起》,中国社会科学出版社1997年版,第5页。

[④] 中共中央文献研究室、中央档案馆编:《建党以来重要文献选编(1921—1949)》第1册,中央文献出版社、江西人民出版社2011年版,第161页。

[⑤] 中共中央文献研究室、中央档案馆编:《建党以来重要文献选编(1921—1949)》第3册,中央文献出版社、江西人民出版社2011年版,第295页。

（苏维埃）的大会，讨论和决定一切国家的地方的政治事务"，"中国苏维埃政权以保证彻底地实行妇女解放的目的。承认婚姻自由，实行各种保护妇女的办法，使妇女能够从事实上逐渐得到脱离家务束缚的物质基础，而参加全社会的政治的文化的生活"。① 这是中国有史以来第一次以宪法条文形式规定了妇女的参政权利，为中央苏区妇女参与政治提供了法律保障。

为突破农业社会根深蒂固的"男主外，女主内"的传统观念，助力妇女参政议政，党在获得局部政权的根据地开始尝试按比例选举的模式：1930年2月6日闽西苏维埃政府明确规定"各县代表中要有妇女代表参加"②，1930年7月20日，闽西根据地对全区第二次代表大会选举工作作出规定，"在全体工农兵代表中，妇女要占20%"，这是党第一次提出妇女参政的比例。③ 1932年，瑞金县苏区召开全县代表大会，在178名代表中，有25名是妇女代表。④ 1933年苏区中央局还特别规定，基层代表会议选举中，妇女代表至少要达到25%的比例⑤，而实际选举中有的地方甚至达到了60%，"上杭县的上才溪乡，75个代表中妇女43个，占了60%，下才溪乡91个代表中妇女59个，占了66%，广大的劳动妇女是参加国家的管理了"。⑥ 妇女们因为有与男子一样的政治权利和政治地位，参政意识明显提升，说话办事也很有底气，"她们不再死守在家里，她们从事各种社会活动。她们的政治文化水平普遍提高，认识了她们的出路，并且知道要组织才有力量"。⑦ 由此，苏维埃的革命运动有了妇女这支积极生力军，革命氛围十分浓烈，促动男人也积极地参加革命运动。

---

① 中共中央文献研究室、中央档案馆编：《建党以来重要文献选编（1921—1949）》第8册,中央文献出版社、江西人民出版社2011年版，第650、652页。
② 江西省档案馆、中共江西省委党校党史研究室编：《中央革命根据地史料选编》（下），江西省人民出版社1982年版，第36页。
③ 参见沙棘《中国共产党推动妇女参政的历史经验》，《中国妇运》2011年第8期。
④ 参见中共中央党史研究室编《土地革命纪事（1927—1937）》，求实出版社1982年版，第280页。
⑤ 参见江西省妇女联合会、江西省档案馆《江西苏区妇女运动史料选编》，江西人民出版社1982年版，第109页。
⑥ 江西省档案馆、中共江西省委党校党史研究室编：《中央革命根据地史料选编》（下），江西省人民出版社1982年版，第307页。
⑦ 娜姐：《中华苏维埃共和国的妇女》，《斗争》第71期，1934年3月29日。

(二) 培养和发展妇女干部

培养妇女干部,是党进行有组织引导妇女参政意识觉醒的重要步骤。只有造就一批妇女人才,使之成为根据地妇女运动的中坚,才能以此形成广泛的妇女参政运动。在发展妇女运动中,各级政府普遍感觉到妇女干部的缺乏对妇女运动的开展有着极大的限制,"我们历来最缺少的干部是妇女干部"[①],"现在最困难的问题,就是做妇女工作的同志没有"[②],因而中央苏区党和各级苏维埃政府十分重视对妇女干部的引进和培养,不仅注重在实践中培养提拔妇女干部,还开办培训班和建立学校如苏维埃大学、马克思共产主义大学、女子大学以及卫生学校、师范学校等大规模培养妇女干部。

地方和各部门也十分重视妇女干部的选拔、培训。如闽西党要求"每个支部至少要吸收一个女同志","提拔妇女干部参加妇女指导机关"[③];江西省妇女部在宁都就办过两期妇女干部培训班,每期培训 200 人左右;江西省苏维埃政府在《创办江西省苏维埃干部学校计划书》中规定,在应接受培训的"360 人中,应有 1/3 的女性"[④];向来由男子担任的工作如司法审判等也开始有女性参与,如 1933 年中央人民司法委员部开办训练班时规定"省裁判部特别规定,某些县派送劳动妇女来受训练……将来要做到裁判机关的工作人员的大部分是劳动妇女来担任……要注意吸收积极的劳动妇女,来充实裁判机关的组织"[⑤]。红军学校也专门开办了女子义勇队,朱德总司令的夫人康克清担任队长,资深女红军吴仲廉担任指导员,培养了 100 多位能文能武又能做地方群众工作的妇女革命骨干。经过努力,中央苏区的各级领导岗位上涌现出很多优秀的妇女干部。据蔡畅回忆:"到 1933 年,江西苏区 16 个县,就有县一级的妇女干部 27 人,兴国一个县有 20 多名妇女担任乡主席。还有很多妇女当选为优

---

① 《毛泽东文集》第 2 卷,人民出版社 1993 年版,第 225 页。
② 江西妇女联合会、江西档案馆选编:《江西苏区妇女运动史料选编》,江西人民出版社 1982 年版,第 13 页;另可见谢庐明《苏区时期中国共产党培养妇女干部的经验及其启示》,《中共福建省委党校学报》2011 年第 3 期。
③ 中华全国妇女联合会妇女运动历史研究室编:《中国妇女运动历史资料(1927—1937)》,中国妇女出版社 1991 年版,第 34—35 页。
④ 江西省妇联、江西省档案馆:《江西苏区妇女运动史料选编》,江西人民出版社 1982 年版,第 105 页。
⑤ 同上书,第 111—112 页。

待红军委员会、教育委员会、卫生委员会、粮食委员会等部门的委员，在苏维埃政权建设方面发挥了骨干作用。"① 作为最高权力机关的中央执行委员会，1931年的"一苏大"选出的63位中央执行委员就有范乐春女中央执行委员，1934年的"二苏大"选出女中央执行委员大大增多，175位中央执行委员中女性有16位，占比为9.14%。从纵向分布看，妇女在各级政治机构中所占比例虽是逐级降低，但并没有"权力尖端缺损"② 现象。这些妇女干部既能胜任自己的本职工作，又能就妇女权益积极向政府提出议案，一方面既是不让须眉的巾帼英雄，另一方面又是妇女的带头人和卫护者，深受群众爱戴。1934年10月跟随主力红军突围长征的女干部就有贺子珍、康克清、邓颖超、蔡畅、刘英、李坚真、金维映、刘群仙、李伯钊、萧月华、廖似光、陈慧清、李建华、邱一涵、周月华、杨厚珍、曾玉、邓六金、吴富莲、吴仲廉、钱希钧、李桂英、阚思颖、钟月林、刘彩香、王泉媛、危秀英、谢飞、蔡纫湘、谢小梅、危拱之等32位，还有不少女红军在斗争中英勇牺牲，如吴静焘、刘志敏等。③ 当然，从总量上看，妇女干部所占比例仍偏少，正如中央局检查江西16个县情况证实，在419个干部中，"妇女干部数目字的少达到惊人的程度，只占总数6.4%"。④

（三）大力发展妇女党员

妇女党员是妇女参政的骨干。由于政府领导重视，妇女干部的辛勤工作有巨大成效，发展女党员的工作有声有色，妇女党员得到迅速发展。1930年《中央通告第93号》中指出，"各级党部和团必须坚决的于十月革命纪念日至广州暴动纪念日的期间，在各支部中应开始一个征求女党员女团员的大运动"⑤；1933年任弼时在《目前党组织上的中心工作》报告上强调要"坚决向劳动妇女开门，现在女党员的数量很少，在江西九个

---

① 江西省妇联编：《女英自述》，江西人民出版社1988年版，第240页。
② 游海疆、林修果：《妇女领导：多重悖论分析与开发机制建设》，《理论探讨》2006年第5期。
③ 参见谢庐明《苏区时期中国共产党妇女工作的经验及其启示》，《赣南师范学院学报》2009年第5期。
④ 江西省档案馆、中共江西省委党校党史研究室编：《中央革命根据地史料选编》（上），江西人民出版社1982年版，第687页。
⑤ 中华全国妇女联合会妇女运动历史研究室：《中国妇女运动历史资料（1927—1937）》，中国妇女出版社1991年版，第70页。

县的统计中，4 万多党员中只有 5 千女党员，只占总数 18%，这是极不够的"。① 据 1932 年 12 月统计，兴国的党员中有妇女 894 人，约占总数的 10%。② 到 1933 年，江西有党员 97451 名，女党员总数从 7567 名增加到 10294 名（于都无统计）。③ 1934 年 4 月苏区中央局妇女部长李坚真的工作总结记载：经过一个月的动员，福建 8 个县发展女党员 1173 人，江西 7 个县发展女党员 2544 人，其中兴国 20 多天就发展女党员 358 人。④ 在 1933 年的"红五月"中，江西部分县发展党员 14951 名，其中女党员 3026 名，占 20%，具体如下：

1933 年"红五月"中央苏区 13 县党员征收统计表⑤

县 名	党员总数（人）	女党员数（人）	女党员比例（%）
瑞 金	2245	266	12
博 生	2282	431	19
兴 国	1481	443	30
石 城	2618	386	15
胜 利	1496	1100	74
公 略	1137	398	35
永 丰	1092	263	24
乐 安	914	116	13
赣 县	598	95	16
广 昌	402	74	18
万 泰	292	67	23
宜 黄	289	64	22

---

① 江西省档案馆、中共江西省委党校党史研究室编：《中央革命根据地史料选编》（上），江西人民出版社 1982 年版，第 673 页。

② 参见江西省妇女联合会《江西妇女运动史专辑（1919—1942）》，内部资料，1982 年印，第 132 页。

③ 参见江西省档案馆、中共江西省委党校党史研究室编《中央革命根据地史料选编》（上），江西人民出版社 1982 年版，第 676 页。

④ 参见中华全国妇女联合会妇女运动历史研究室《中国妇女运动历史资料（1927—1937）》，中国妇女出版社 1991 年版，第 385、386 页。

⑤ 本表根据《党组织状况——全省代表大会参考材料之四》整理而成（原文数据如此），载江西省档案馆、中共江西省委党校党史研究室编《中央革命根据地史料选编》（上），江西人民出版社 1982 年版，第 675 页。

续表

县　名	党员总数（人）	女党员数（人）	女党员比例（%）
信　丰	134	27	20
总　计	14980	3730	25

妇女参政，调动了妇女的革命积极性，也激发了妇女的主体意识，她们积极活跃在革命运动的各方面，即使是平时的群众大会和示威活动中"妇女群众成为一支主要的队伍，就是小脚老太婆也去参加"[①]。妇女党员、代表、干部的大量增加具有极强的示范作用，极大地激发了妇女参与革命的热情，吸引广大的妇女主动参与到苏维埃建设上来。

第五节　构建组织网：妇女解放的有力支柱

一　健全组织：妇女解放的重要依托

列宁曾指出，因为妇女有特殊的要求、利益，所以在男女劳动者共同组织之外，对妇女群众需要在她们中间进行工作的适当组织形式和特殊鼓励方式。[②] 妇女既是妇女解放运动的主体，又是妇女解放运动的客体。妇女解放是妇女自身的事业，要靠自身奋斗，有赖自身主体意识的觉醒。没有组织就没有力量，毛泽东认为，要领导中国妇女运动，尤其是在广大的农村，没有健全的妇女组织，没有一批"能干而专职"的妇女干部是不行的。[③] 亨廷顿也说："无组织的参与会蜕化为大众运动；而缺乏参与的组织则会蜕化为个人小集团。强大的政党需要高水平的政治制度化和高水平的群众支持。'动员'和'组织'，这两个共产党政治行动的口号恰恰确定了增强政党力量的道路。能够综合这两者的政党和政党制度便可以使政治现代化与政治发展协调一致。"[④]

---

① 江西省妇女联合会、江西省档案馆：《江西苏区妇女运动史料选编》，江西省人民出版社1982年版，第168页。
② 参见仝华、康沛竹《马克思主义妇女理论发展史》，北京大学出版社2004年版，第86页。
③ 参见《毛泽东文集》第2卷，人民出版社1993年版，第225页。
④ [美] 塞缪尔·亨廷顿：《变革社会中的政治秩序》，李盛平译，华夏出版社1988年版，第390页。

土地革命战争时期，各根据地的妇女组织普遍建立起来，成为党和苏维埃政府联系群众的桥梁和宣传动员妇女的主要堡垒。当时的妇女组织机构主要有两种：一是党委部门的妇女部或妇女运动委员会，内分成妇部和青妇部。成妇部日常工作由党委直接分配，青妇部设在团委，和团委一起办公，直接受成妇部领导，乡一级不设妇女部。二是政府部门的妇女运动委员会（或妇女工作委员会）和妇女生活改善委员会，主要任务是教育动员妇女参加武装斗争，学习政治文化，反对买卖婚姻，吸收妇女参加政府工作，区乡一级都有这两种组织。妇女干部有时是两块牌子一套人马。此外，在乡以下设立妇女的基层组织——女工农妇代表会议。中央苏区初步奠定了涵盖党、政、群三大系统的妇女组织体系框架，即形成党内设妇委（或妇女部），苏维埃设妇委、妇女生活改善委员会，工、青、农等群众团体中设妇女群众组织，城乡基层设妇女代表会的动员体系；在实践中，为动员苏区妇女参加苏维埃，逐步形成了以党的妇委会（妇女部）为主干，以城乡女工农妇代表会为神经末梢，以工、青、农等群众团体妇女部为辅助力量的网络化组织体系。①

中国共产党的领导作用和苏维埃政府行为对妇女运动的引领，表现在不同时期和不同革命任务情况下，建立了不同性质的妇女组织，都各自发挥了不同的作用，形成了解决妇女问题的强大社会动员合力，使妇女素质不断提高，女性主体意识、群体意识逐渐增强，引发一场自上而下的解放妇女的社会变革。在这场变革中，妇女组织发挥了重要作用，正如有的专家所言"妇女组织是妇女运动的产物，是女性觉醒的标志，妇女组织的行为、领导起着激励、沟通、控制、监督妇女解放运动的重要职能"②，特别是为了实现妇女解放目标而有意识建立起来的妇女的集合体（如妇女生活改善委员会等），它的演变是妇女解放运动阶段性的客观反映。

二　中央苏区妇女组织的历史演变

中央苏区妇女组织随着根据地的建立和发展而蓬勃发展起来。1927年8月21日，中共中央常委会发布《最近妇女运动的决议案》指出，要

---

① 参见顾秀莲《20世纪中国妇女运动史》上卷，中国妇女出版社2008年版，第330页；参见庞振宇《苏区妇女组织建设研究》，《中国革命与苏维埃运动学术研讨会论文集》，2011年，第321页。

② 张桂华：《关于妇女组织性质与发展的思考》，《长白学刊》1993年第5期。

恢复各级各地妇女部工作①。此后，又发出一系列指示，强调在苏维埃政府成立后，要立即公布解放保护妇女的法令，给予妇女与男子平等的待遇。1931年11月"一苏大"后，苏维埃各级政府设立妇女委员会或妇女生活改善委员会，在基层建立女工农妇代表大会。苏区法律的颁布实施和妇女组织的建立，推动苏区妇女运动蓬勃发展。

　　白色恐怖中，面对"自处反动环境以来，本党妇女运动似乎停顿了一样"的革命形势，中共中央常委会强调要"恢复各级各地妇女部工作"②。1928年7月，中共在"六大"上提出，"在党的妇女运动中，最重要的任务是发展党和团的组织"③，妇女运动应在党的直接领导之下，并由党制定出统一的路线，"农民组织中要有妇女委员会，妇女必须参加苏维埃政权"，"可以召集长期的、有系统的'农妇代表会'，如可能时，应使革命的女工与附近的农妇联合召集联席会议"④。在共产国际的指导下，中共在"六大"上已形成领导苏区妇女组织建设的基本理论。苏维埃政权建立后，虽然党的各级妇女委员会（或妇女部）积极号召妇女加入苏维埃，但由于妇女没有"一种组织，仍是散漫，不易号召"，于是决定在苏维埃内建立妇女委员会（或称妇女工作委员会），指导县区妇女工作，属权力机关；同时，在县、区、乡苏维埃成立劳动妇女会，会员加入暴动队中的作战队或特种队（如洗衣、粮食运输、侦探、慰劳、救护）等，是群众组织，各级劳动妇女会选出执委会，直接受各级苏维埃妇委会指导。⑤

　　1930年，中共中央决定党与团及苏维埃政府机关合并为一，成立各级妇女工作委员会，在各级苏维埃政府内单独设立办公机关，为苏维埃政府工作部门之一。是年夏，赣西南党团特委联合发出第二号通告，决定党与团及苏维埃政府妇女机关合并。随即，赣西南妇女工作委员会成立。各

---

① 参见中华全国妇女联合会妇女运动历史研究室《中国妇女运动历史资料（1927—1937）》，中国妇女出版社1991年版，第1页。
② 中华全国妇女联合会妇女运动历史研究室：《中国妇女运动历史资料（1927—1937）》，中国妇女出版社1991年版，第1页。
③ 中共中央文献研究室、中央档案馆编：《建党以来重要文献选编（1921—1949）》第5册，中央文献出版社2011年版，第501页。
④ 同上书，第503、504页。
⑤ 参见江西省妇女联合会、江西省档案馆《江西苏区妇女运动史料选编》，江西人民出版社1982年版，第5—6页。

级苏维埃政府妇女工作委员会设立后,党、团组织内部的妇委书记(或组织部长、妇女干事)虽仍在,但属党、团组织内部的工作机构。① 苏维埃政府设立妇女工作委员会作为指挥妇女群众斗争的机关,在苏维埃运动中发挥了重要作用,但暴露出一些问题:"表面上好像加强妇女工作,实际上竟把妇女群众形成另一个系统,使妇女群众的阶级观念非常模糊,反而削弱阶级力量",而且有些"苏维埃工作委员会的设立,多年是形式而无实际工作的表现,形成了一个空头机关。"② 于是,由政府包办妇女工作的做法受到质疑和指责。1931年3月26日,江西省苏维埃政府发布第1号通告,撤销苏维埃政府之下的妇女工作委员会。该会中的人员,按照其能力参加政权机关,参与手工业工会、雇农工会、贫农会等群众团体妇女部女工部的工作,妇女群众则按照其职业分别加入上述群众团体,参加各种实际的斗争。③

但此举却使妇女权利遭到忽视,轻视妇女的现象随处可见。为纠正过去对于保护妇女的工作错误与缺点,中央政府决定建立各级妇女生活改良委员会,专门讨论改良妇女生活与妇女要求的问题,并交苏维埃政府执行。④ 1933年5月,中共中央政治局决定"结束妇女生活改善委员会"。理由是"因关于改善妇女生活问题应由苏维埃直接负责,经常讨论和实行怎样完全实现保护妇女的各种法令(如婚姻法、劳动法等)同时要引进妇女到政府内来工作,因此,妇女生活改委会可不要,代表会议改选后结束工作"。并指出:"代表会由各级妇委会直接领导。"⑤ 这样,中央苏区妇女组织体系就简化为党的各级妇委会直接领导覆盖广大劳动妇女的区、乡女工农妇代表会的格局,区、乡代表会有定期的会议,省、县女工农妇代表大会的召开由党的妇委会临时召集。此后,苏区社会就是通过这一组织体系,动员劳动妇女参加苏维埃,由苏维埃直接负责妇女解放问题。

---

① 参见江西省妇联赣州地区办事处《赣南妇女运动史料选编》第2册,1997年印,第3—4页。
② 中华全国妇女联合会妇女运动历史研究室:《中国妇女运动历史资料(1927—1937)》,中国妇女出版社1991年版,第161页。
③ 参见江西省妇女联合会、江西省档案馆《江西苏区妇女运动史料选编》,江西人民出版社1982年版,第222页。
④ 同上书,第228页。
⑤ 同上书,第342页。

根据中央苏区妇女组织建设理论的演进，可把中央苏区妇女组织建设大致分为三个阶段。

第一阶段，从1927年土地革命开始到1930年苏维埃政府中成立妇女工作委员会，这一阶段主要通过党的各级妇女运动委员会来领导妇女工作，主要对妇女灌输受压迫的根源及妇女解放的途径，把妇女纳入党群各组织，号召她们"起来参加斗争，参加土地革命，参加地方暴动与建立苏维埃的工作"①。

第二阶段，从1930年初开始在苏维埃政府中成立妇女工作委员会到1933年5月撤销苏维埃政府中的妇女生活改善委员会。这一阶段苏区形成了党、政、群三大系统的妇女组织体系框架（自区委至特委都建立妇运委员会，各级政府都已成立妇委员会）②。政府系统的妇女组织经历了从设立作为政府机构之一的妇女工作委员会到设立只具有咨询功能的妇女生活改善委员会，再到彻底取消苏维埃政府中独立的妇女组织。1930年前后所颁布的多个《苏维埃政府组织法》中都规定设立妇女委员会（或妇女工作委员会、妇女部）。1931年3月后，在苏区妇女工作不应由政府包办思想的指导下，苏维埃政府下的妇女工作委员会被取消，组织妇女生活改善委员会（有的称"妇女生活改良委员会"）作为政府的咨询机构。1932年6月20日，中央人民委员会发出第六号训令，对"妇女生活改善委员会"的性质作了规定，即"是政府组织中一个关于改善妇女生活的专门委员会，不是政府的一个行政部分，仅限于上下级委员会对于工作之指导"。③ 1932年1月2日中共苏区中央区设立劳动妇女代表会议，1933年3月，苏区中央局把劳动妇女代表会议改称女工农妇代表会议，并特别指出"女工农妇代表会议是传达共产党及工会的影响到女工及农妇群众中去的最好的组织形式"。④

第三阶段，从1933年5月撤销苏维埃政府中的妇女生活改善委员会建立女工农妇代表会议到1937年7月女工农妇代表会议扩大为各界妇女

---

① 中华全国妇女联合会妇女运动历史研究室：《中国妇女运动历史资料（1927—1937）》，中国妇女出版社1991年版，第78页。
② 同上书，第84页。
③ 江西省妇联赣州地区办事处：《赣南妇女运动史料选编》第2册，1997年印，第12页。
④ 中华全国妇女联合会妇女运动历史研究室：《中国妇女运动历史资料（1927—1937）》，中国妇女出版社1991年版，第302页。

联合会。这一阶段，苏区妇女组织体系简化为党的各级妇委会直接领导覆盖广大劳动妇女的城乡女工农妇代表会的格局。苏区社会通过这一组织体系，组织劳动妇女参加苏维埃，由苏维埃直接负责妇女解放问题。党的妇委会成为这一时期妇女组织体系的主干，而女工农妇代表会议则围绕在党的妇委会周围，构成覆盖广大妇女群众的组织网络，成为中共动员苏区妇女的神经末梢。中国共产党把争取妇女的彻底解放作为反封建斗争的一项重要内容，支持男女平等，为妇女参与政治行动提供了重要平台，而靠名副其实从枪杆子里出来的"埃（我）政府"的各级组织为巾帼群英开始在这里以独立、公开的身份大显身手提供了助推器、试验区、运动场，将其主体性和能动性发挥得淋漓尽致。为此，石仲泉认为中央苏区"是马克思主义中国化的一个重要实践基地"。[①]

各级各类妇女组织的组建，为女性提供了情感和心理上的支持，吸引、团结、凝聚了不少劳动妇女。在轰轰烈烈的革命运动中，由于妇女组织的创立，许多女性开始参加妇女团体，锻炼了从事妇女运动、发动群众的能力。

与之形成鲜明对比的是，从20世纪20年代到30年代，国民党的妇女政策也经历了一个急剧的变迁过程。最初，国民党对于妇女运动的态度是相当积极的，尤其是在1924—1927年，国民党建立了许多妇女组织，广泛动员妇女参加国民革命和女权运动，反抗传统礼教的压迫。这一时期，在国民党的妇女运动政策中，主要关心的是如何使妇女得到解放，包括在家庭、社会政治、教育与职业机会等方面使她们赢得与男人一样平等的权利。但是，随着国民党右派背叛革命，妇女政策也发生了变化。现代妇女成了国民党右派攻击的目标，认为她们是对国家秩序的极大挑战和破坏者，许多激进的女性和女权主义者被镇压或杀害（尽管她们中的许多人并不是共产党员）。[②] 与此同时，妇女运动开始受到控制，许多曾经活跃一时的妇女组织被迫解散。吕云章曾指出："自民国十六年北伐完成，十九年党部组织改变，妇女部取消后，轰轰烈烈，轰动一时的妇女运动，逐渐冷静而趋于消减。降至民国二十年春，全国各地，除尚有名存实亡的

---

① 石仲泉：《马克思主义中国化的历史发展》，《中共党史研究》2006年第4期。
② 参见 Louise Edwards, *Policing the Modern Women in Republicn China Modern China*, Vol. 26, No. 2, April 2000。

妇女团体，妇女机关外，切实从事妇女工作者，屈指可数。"① 取代原来的组织，重新成立了在国民党统一领导下的"妇女会"。根据新的章程，"妇女会"的主要目的是激发妇女对于国家的责任，促进妇女道德与精神的发展，改善妇女生活。② 事实上，尽管章程依然强调了改善和提高妇女地位与妇女生活，但是，"权利""解放""平等"等字眼已经不复存在，更多的是开始强调妇女对民族国家的责任，曾经被提倡的争取解放和平等的女性形象已经开始被"贤妻良母"所取代。③ 由此可见，国共两党的妇女组织演变中折射出了民心向背。

中央苏区通过发挥各类妇女组织作用，把苏区妇女高昂的革命热情调动起来，并取得很大成就。如在兴国，"所有的人无论工人、农民、妇女、老年、青年、儿童都分别参加到相应的组织中，可以说没有一个人在组织之外"。④ 1930年朱昌谐的报告中指出"普通一般妇女（三十五岁以上）统统加入赤卫队，二十岁以下的加入少先队，在每次斗争中，不但可以参加并且表现一部分相当力量，（如在攻吉中，不但有广大妇女参加作战并且他们亦有组织冲锋队）可以拿武器如红军一样冲锋，尤其是在每次群众大会，妇女更比男人来得多些"。⑤ 整体组织比松散的个人单枪匹马的斗争力量更加显著且易于领导和宣传，"团结就是力量"，毛泽东曾经用沙子和沙堆来浅显地比喻个人和组织的力量，他认为要组织民众团体，无论是工人、农民、青年、妇女、儿童、商人、自由职业者，都要依据他们的政治觉悟和斗争情绪提高的程度组织起来，民众如没有组织，则不能表现其力量。⑥ 亲历者谢觉哉在总结苏区经验时，指出其中重要的一条是"群众组织发达，没有人不有他特殊利益的团体"，他将其称为"也是整个民主的有力支柱"，认为苏区"用这方法发展了群众的力量，提高了群众的情绪，得到意外的成绩"。⑦ 老革命家黄知真也说："苏区扩大

---

① 吕云章：《妇女问题论文集》，女子书店1933年版，第16—17页。
② 参见《妇女会组织大纲》，《妇女共鸣》第1卷第10期，1932年10月。
③ 参见张素玲《革命与限制——中国共产党早期妇女领袖（1921—1927）》，河南大学出版社2010年版，第22—23页。
④ 余伯流、何友良：《中国苏区史》下册，江西人民出版社2011年版，第831页。
⑤ 江西省妇女联合会、江西省档案馆：《江西苏区妇女运动史料选编》，江西人民出版社1982年版，第12页。
⑥ 参见《毛泽东选集》第2卷，人民出版社1991年版，第424页。
⑦ 觉哉：《边区政府的组织与建设》，《新中华报》1937年6月23日。

后，在这个基础上各地的群众组织和群众工作基础都非常坚固，每个村庄百分之八十以上的人都参加了群众组织。"① 这样，中央苏区共产党通过把群众纳入各种组织就构建了一个严密紧凑的领导体系，把群众紧密地团结在自己的周围。不过，由于战时特殊环境和根据地之间难以沟通，各根据地的妇女群众组织种类繁多、名称殊异，有些妇女群众组织没有单独的组织系统，在设置上从苏维埃中央到省、区、县、乡、村程度不同地延伸，一般接受共产党各级党团的领导。② 但是，因部分中小地主、富农、游民的投机行为而使他们掌握了领导权，他们的阶级劣根性致其在所统领区域欺上瞒下、胡作非为，从而极大地伤害了苏维埃政权的形象，影响到妇女等团体的战斗力。

本章小结

中央苏区妇女解放运动的路径选择及其种种内在规定性，深刻地植根于这一社会实践发生、演进的特殊历史情境。同整个社会思潮的变动相一致，中央苏区妇女解放运动道路的选择，同样经历了从妇女面临的具体问题的解决到谋求妇女问题的整体解决的演变。妇女解放运动是一项系统工程。中央苏区妇女解放运动有着极为丰富的内涵。妇女权利内容广泛，权利获得与保障的方式各异，权利实现的路径殊异。限于篇幅，本章仅探讨了妇女解放的经济、婚姻、教育、参政、组织五维路径，突出妇女解放运动路径推进的重点，也反映了妇女解放的不同侧面，其中政治是核心基础，教育是主观基础，经济是保障基础，婚姻是客观基础，组织是行为基础。它们之间既各自独立又相互联系、相互依存，共同构成一个有机的整体，在这个整体中它们处于不同的地位，起着不同的作用，总体关系是互相包容中亦有序列。

在阶级社会里，经济上的独立是妇女解放的基本前提，经济地位的提高为妇女地位的提高奠定了坚实的物质基础；婚姻自由是妇女解放的重要标志，婚姻自由是政治上当家做主、经济独立和精神解放的必然结

---

① 方志敏、邵式平等：《回忆闽浙皖赣苏区》，江西人民出版社1983年版，第146页。
② 参见顾秀莲《20世纪中国妇女运动史》上卷，中国妇女出版社2008年版，第329—330页。

果,参与政治、经济独立和精神解放是婚姻自由的保障;接受教育是妇女解放的重要基础,只有妇女具有了知识,拥有了经济地位和独立人格,妇女才能享受选举与被选举权,才能更好地融入组织,中央苏区妇女文化程度的提高为她们婚姻地位的提高、参政水平的提升做了思想上的准备;参与政治是妇女解放的根本标志,妇女政治地位的提高为妇女婚姻地位的提高作了有力支持;健全组织是中共领导妇女解放运动的有力推手,妇女加入组织是妇女解放的重要体现,组织是妇女实现自我解放的重要载体、有效平台。中央苏区妇女解放运动围绕实现妇女的婚姻自由权、经济独立权、教育平等权、参政权等,形成了较为完善的指导思想、行动策略、方法步骤、保障制度,全方位、系统性、立体式推动妇女解放,产生了积极效应,苏区妇女一改过去的被压迫地位,展现了获解放的新面貌,印证了法国女权主义者波伏娃所说的"女人不是天生的,而是后天形成的"[①]至理名言。但此时的男女平权归根结底是在政权强力之下的以阶级解放为基础的政治解放,并非完全是妇女作为性别个体解放为核心内容的社会解放。基于当时服从服务于民族解放和阶级解放的大背景,妇女完全的个体解放让位于为国家做贡献。按照恩格斯的分析,父权制文化的形成是人类文明史的开端,其中引起的阶级矛盾和冲突,对女性文化的否定和压抑,贯穿于人类文明史的各个阶段;妇女的社会解放是对人类有史以来的文明形式的批判,使解放的内容由政治领域拓展到日常生活领域,从法律的平等植入到观念的平等,真正实现妇女与男子的事实平等。[②]

中共和苏维埃政权运用法律、行政和舆论手段以确保妇女与男子享有平等的权利和机会,大大缩小了妇女在婚姻、经济和受教育程度等方面与男子的差距。毫无疑问,中央苏区妇女解放运动的种种路径效应,也给这一实践带来了某些负面影响,比如平等措施后面隐藏的事实上的不平等。但不可否认的是,这一实践模式大大缩短了苏区妇女实现其基本价值诉求的历程。中央苏区妇女解放运动路径安排与展开要取得实质效果自然离不开妇女动员,那么中共有何动员机制?广大妇女作为妇女解放运动的构成

[①] [法]西蒙娜·德·波伏娃:《第二性Ⅱ》,郑克鲁译,上海译文出版社2011年版,第9页。

[②] 参见何萍《中国女性问题与中国社会的变革》,《武汉大学学报》(人文社会科学版)2005年第6期。

主体，也是被解放的客体，面对中共和苏维埃政府解放妇女的路径多元、方法多维的"组合拳"，她们会持何种回应态度？这些又是不能回避的问题，将分别在第三、四、五章中予以探讨。

第三章

唤起工农千百万：中央苏区妇女解放运动的动员机制分析

万木霜天红烂漫 天兵怒气冲霄汉 雾满龙冈千嶂暗
齐声唤 前头捉了张辉瓒
二十万军重入赣 风烟滚滚来天半 唤起工农千百万
同心干 不周山下红旗乱
——1931年春，毛泽东：《渔家傲·反第一次大围剿》[1]

"唤起工农千百万，同心干"，毛泽东以诗情画意的豪迈气概，极为贴切地表述了土地革命时期动员与参与的状况，正如后来毛泽东认为革命50多年来的经验教训就是"唤起民众"[2]。所谓动员，本意多指国家由和平转入战时状态下集中所有人力、物力、财力以应对战争需要的一种紧急措施，也可指以组织、宣传、统战等手段把个体的、散沙似的力量团结、凝聚起来，为完成某项重要任务而采取的措施、手段，从而使潜在的力量转化为现实的力量。通常将动员的表现形式称为动员方式，而称动员的结构形式为动员模式。无论从何种角度理解，中央苏区妇女解放运动都是一项浩大的系统性工程，自然离不开妇女动员。"苏维埃区域里面，就要完全实现共产党对于妇女问题的政纲。"[3] 那么，为了实现政纲，中共和苏维埃政权如何进行妇女动员的？妇女动员具有什么方式？妇女动员模式有何特点？中央苏区妇女解放运动的妇女动员功效如何？本章将对妇女动员

---

[1] 公木：《毛泽东诗词鉴赏》，长春出版社2001年版，第64页。
[2] 《毛泽东文集》第2卷，人民出版社1993年版，第312页。
[3] 中华全国妇女联合会妇女运动历史研究室编：《中国妇女运动历史资料（1927—1937）》，中国妇女出版社1991年版，第75页。

方式作些细致的展示,并对妇女动员模式进行归纳和窥见,对妇女动员功效进行些许分析。

第一节 多管齐下:中央苏区妇女解放运动的妇女动员方式

学界认为,妇女动员方式是指动员主体采用多种策略、手段和途径来实现动员妇女的目标的方法,是动员的具体表现形式,一般可涵括以下几种方式和手段:宣传鼓动,培训控制,组织控制,典型示范,权威控制,蒙蔽性诱导,强制性参与,以及大规模的妇女群众运动。妇女动员大致有三个方面的因素:一是思想宣传的说服力,二是人际关系的建设,三是集体行动的具体目标,包括思想、组织、具体行动三个方面。[①]毛泽东曾说:"如果我们单单动员人民进行战争,一点别的工作也不做,能不能达到战胜敌人的目的呢?当然不能。我们要胜利,一定还要做很多的工作。领导农民的土地斗争,分土地给农民;提高农民的劳动热情,增加农业生产;保障工人的利益;建立合作社;发展对外贸易;解决群众的穿衣问题,吃饭问题,住房问题,柴米油盐问题,疾病卫生问题,婚姻问题。"[②]可见动员内容涉及群众利益的方方面面,十分宽泛而又具体。对此,在井冈山时期罗荣桓还总结出"七部曲"动员方法,即"打土豪分田地"以发动群众;加强各类宣传以鼓动群众;建立工会、农会等以组织群众;组织赤卫队以武装群众;建立党的支部或区委以领导群众;举办训练班以培训群众;建立工农民主政权。[③]可见苏区动员工作程序之缜密、动员手段之多样、动员方法之巧妙、动员目标之明晰。

根据前几章内容,并结合相关史料,笔者将中央苏区妇女解放运动的动员方式大体归纳为:以土地革命为内容的经济动员,以政治参与为目标

[①] 参见李斌《政治动员与社会革命背景下的现代国家构建》,《浙江社会科学》2010年第4期。

[②] 《毛泽东选集》第1卷,人民出版社1991年版,第136—137页。

[③] 参见罗荣桓编辑组《罗荣桓传》,当代中国出版社1991年版,第83页。另可见张宏卿、肖文燕《"边缘化战略":中共动员与中央苏区民众的基本利益、社会感情》,《开放时代》2011年第8期;参见张宏卿《农民性格与中共的乡村动员模式——以中央苏区为中心的考察》,中国社会科学出版社2012年版,第161页。

的政治动员，以阶级思想灌输为方法的文化动员，以群众路线为途径的组织动员，以及以诉苦、控诉为形式的情感动员等多种方式。对于这样一个庞杂的系统，笔者难以备述①，鉴于相关内容在前面已有具体而微的阐述，考虑到不过多重复和文章篇幅，只能择要就口头动员、文艺动员、文字动员作些阐释。

一　口头动员方式

中共在《妇女运动决议案》强调要"特别注意到对妇女的口头宣传，并须抓住妇女实际生活中的可怜事实去作宣传鼓动工作"。②

（1）个别谈心。个别谈心亲切，能很快打消妇女的顾虑，是苏区妇女动员开始阶段的常用方式。张闻天说："我们都要采取发动群众、经过群众、依靠群众的路线。因为在这里的问题，不［是］简单的捉几个人或杀几个人，或没收征发一些地主和富农的东西，而是一个怎样在执行我们的明确的阶级路线中发扬群众的积极性、提高群众的觉悟程度、团结与组织群众在苏维埃政权的周围［的问题］。"③ 1929年红四军政治部还就具体方法发布宣传须知："宣传要看清对象，看什么人说什么话，不要只知几句口头禅，呆板的不懂变化。步骤①先用平常应酬与之接近亲密。②再由家常事务如职业，家财，婚姻，子女等或新发明的故事，政府新闻，苛捐杂税，物价高涨，收获丰歉，战事等，谈到目前世界不好，以及他切身的痛苦。③用切身的痛苦谈到革命的问题上来，指示他革命的出路。④谈到革命的问题时，应站在第三者地位，提出党的主张及中国现时任务向他宣传。态度：①态度要适当，不可过于口严，使群众不易接近，但亦不可过于表现轻口态度，使群众不专心听，反而被人轻视。②要从容镇定和颜悦色，不可粗暴疑狂致令人讨厌。③服装宜群众化，对什么群众宣传便穿什么衣服。④要保持平常态度，不可特别装腔作势令人怀疑。"④妇女干部通过亲戚朋友带领走家串户接近农妇，争取她们的信任，关心了

---

① 参见胡军华、唐莲英《论中央苏区的妇女政治动员》，《江西社会科学》2013年第3期。
② 中华全国妇女联合会妇女运动历史研究室编：《中国妇女运动历史资料（1927—1937）》，中国妇女出版社1991年版，第257页。
③ 张闻天：《是坚决的镇压反革命还是在反革命前面的狂乱》，《红色中华》1934年6月28日。
④ 赣州市文化局编：《红色印迹　赣南苏区标语漫画选》，文物出版社2006年版，第23页。

解妇女的具体困难，进行开导并作思想动员。

(2) 诉苦、控诉和集会。毛泽东说："不注意推动群众团体，不注意开群众大会做宣传，那末，要达到目的是不可能的。"① 毛泽东在《乡苏怎样工作？》中指出："群众大会，是极能够教育群众、动员群众执行苏维埃任务，提高群众斗争情绪的，应该把它看作一种重要的动员与教育群众的方法。"② 妇女受四权压迫，被压在社会最底层，苦不堪言，每个人心里都是一肚子苦水。把妇女集中起来诉苦，妇女的革命情绪易受影响和感染。按照集体行动的逻辑，当一个人处于集体当中时，会"去个性化"，产生从众心理。③ 法国著名社会心理学家古斯塔夫·勒庞认为，"个人在群体影响下，思想和感觉中道德约束与文明方式会突然消失，原始冲动、幼稚行为和犯罪倾向会爆发，群体的无意识行为代替了个人的有意识行为"。④ 在诉苦集会中，妇女们有共同的苦难，感同身受，越说附和者越多，情绪越来越激昂，在革命者的引导下，激发其阶级仇恨，诉自己的苦逐步变成了对封建主义和国民党反动派的控诉，继而萌发了要与其斗争到底的意志，甚至成为终身的信仰。在群众的集会中，大家讨论问题时可以充分发表自己的意见，这能满足人们被尊重的需要，又因为所有的决策过程自己是清楚且表过态，因而执行决策时感觉就是为自己工作，而不是被动地为他人工作，从而能保证任务的顺利完成。中央苏区通过妇女会议、学校扫盲、妇女诉苦大会、节日表彰大会、对地主婆的批斗会、专项动员大会等对妇女进行教育，效果显著。曾碧漪⑤回忆："在寻乌一次群众大会上，康克清被请去讲话，她讲了中国妇女受苦最深，号召妇女参加革命，谋求自身解放，积极为红军为穷苦人做工作等，会后她深入到妇女当中去，影响很好。很久以后，寻乌的妇女还惦记她。"⑥ 妇女天生具有感性趋向，受暗示性强，集会中群体的氛围使妇女动员效果大大增强，因为"在共同的激情的鼓舞下，我们在集会上变得易于冲动，情绪高昂。

---

① 《毛泽东选集》第1卷，人民出版社1991年版，第124页。
② 《毛泽东文集》第1卷，人民出版社1993年版，第353页。
③ 参见胡军华、唐莲英《论中央苏区的妇女政治动员》，《江西社会科学》2013年第3期。
④ [法]古斯塔夫·勒庞：《乌合之众：大众心理研究》，冯克利译，中央编译出版社2000年版，第1页。
⑤ 曾碧漪（1907年—1997年3月29日），毛泽东第一个女秘书，1928年任江西寻乌县委妇委书记、县苏维埃妇女部部长。
⑥ 江西省妇女联合会编：《女英自述》，江西人民出版社1988年版，第226页。

而这是仅凭个人的力量所难以维系的"。① 刘士奇在向中央汇报经验时就提出要"多开会议",因为开会"加强了群众的政治教育,严密了群众的组织","行动多一些开会多一些的地方,一次有一次的成绩","到会妇女群众都全体参加,这一时期,妇女都组织起来了"。② 集会能为参与者提供一种"选择性激励"③,使妇女自觉遵照集会精神指导自己的行动,因而能使妇女按照党的意志树立起合乎要求的价值观和人生观,逐渐汇入革命的洪流中来。

二 传媒动员方式

革命意识形态政治化、多元化、民间化,具体表现形式多样,载体多种,包括标语、口号、绘画甚至装饰、服装等。为此,中共十分重视报纸、小册子、宣言、传单、布告、漫画、对联等传播媒体的宣传动员作用,利用传媒的综合性、即时性、感染性特点,借助传媒介质登载保护妇女的各项法律文件、口号,维护妇女权益,监督苏维埃政府执行解放妇女政策,极大地拨动了妇女的革命心弦,激发了妇女参与意识,为加强党和妇女群众联系发挥了积极作用。

(1)报刊动员。中共重视用报刊对妇女进行宣传。1921年12月10日即在上海创办了我党第一个妇女专刊——《妇女声》。中共"二大"决定在机关报中特辟妇女专栏作为妇女宣传的阵地。这个方法以后为我党沿用,中央苏区的报刊大都会辟妇女栏目进行妇女动员。1928年底中共赣西南特委机关报《红旗》秘密出版。1929年春《政治通讯》创刊,这是福建省委指导各县党组织政治工作的一份内部刊物。第一份军报《浪花》于1929年7月27日由红四军创刊。1929年毛泽东在古田会议决议中提出"红军的宣传工作是红军的第一个重大工作"的观点,从此,军队创办了大量报刊。红一军团创办了《战士报》(1930年6月),红三军团主办了《红军日报》(1930年7月29日),红五军团主办了《猛进报》(1933年

---

① [法]涂尔干·爱弥尔:《宗教生活的基本形式》,渠东、汲喆译,上海人民出版社1999年版,第280页。
② 江西省档案馆、中共江西省委党校党史研究室编:《中央革命根据地史料选编》(上),江西人民出版社1982年版,第348页。
③ [美]曼瑟尔·奥尔森:《集体行动的逻辑》,陈郁等译,上海人民出版社1995年版,第42页。

1月初),红七军团创办了《火炉报》(1931年7月18日)。总军医处创办了《健康报》(1931年秋)、《红色卫生》(1933年5月、6月)、《红色医报》(1933年)等。中革军委创办了《红军报》(1930年底)、《苏维埃》(1931年7月1日)、《红星报》(1931年12月11日)。《红星报》与中华苏维埃共和国中央政府机关报《红色中华》、中共中央机关刊物《斗争》被称为中央革命根据地的"两报一刊"。此外,中央苏区出版的发行量大的报纸、杂志有30多种。如1931年6月创刊的中国共产主义青年团苏区中央局机关报《青年实话》发行2.8万份,《红星报》达1.7万份,《红色中华》发行量在四五万份,其他报刊也很受群众欢迎。大量的报纸、刊物宣传妇女解放的政策,如"建立农村学校,农民不要钱有书读。没收土豪田地分给贫民实行土地革命,推翻封建剥削。反对预征钱粮。焚烧田契债约。不还租不还税不还粮不还地主的债。土豪的谷子不要钱发给贫民。高拍谷价的杀。欺压贫民的杀"。① 又如,《红色中华》以连载的形式介绍苏联妇女的解放状况,给苏区妇女以极大的吸引。据统计,《红色中华》共计出了240期,其中刊登有关妇女的文章202篇,刊登提及妇女的文章308篇。有的文章对做得好的妇女表扬,做得不好的则批评,劝导以先进的妇女为榜样。如劝说妇女要积极参与扩红运动,否则就会落后,成为嘲笑的对象。这类报道主题统一——以当时当地的中心任务为主题,语言朴实生动——以普通妇女为对象,尊重并引导她们的习惯和价值取向,容易为妇女所接受。

(2)标语动员。中共认为"应经常有对妇女的单独宣传。宣传品,可做简浅通俗的传单,才能适合妇女的需要。反对过去的长篇大套文章"。② 宣传标语操作简便,花费不高(一个石灰桶,大小毛笔各一支即可),易于传播,效果明显,是当时运用极为广泛的动员方式。红军每到一个地方,即在墙上或门板上、木板上或岩石上、石壁上刷标语。标语或墨水写,或石灰浆,或土红粉,或石刻,或木刻,很灵活。"凡红军经过的地方,墙壁门板上统统写满红军标语;因此红军到达一个县城只要三个小时,宣传工作可以普遍;群众说红军一到满街鲜红,等于

---

① 赣州市文化局编:《红色印迹 赣南苏区标语漫画选》,文物出版社2006年版,第40页。
② 中华全国妇女联合会妇女运动历史研究室编:《中国妇女运动历史资料(1927—1937)》,中国妇女出版社1991年版,第257页。

过年。"① 当时针对妇女解放的内容主要有:"实行婚姻自由,反对买卖包办婚姻""反对翁姑虐待媳妇""废止童养媳""保护女工童工""青年工农不做夜工及有害身体的工作""废除压迫妇女的旧礼教""打破包办婚姻""劳动妇女有参加工农兵政府组织之权""男女平等""女工工作与男工同等的须得同等工资""夺取赣州完成政治经济教育!男女一律平等""夺取赣州实行结婚离婚绝对自由""三八纪念劳动妇女有集会(言论)自由"。② 因为标语书写在人们生活起居的地方,总在人们视线范围之内,所到之处映入眼帘的都是这样的标语,日复一日,口口相传,耳濡目染,在不知不觉中,标语所写内容成为人们行为的准则,起到了规范和约束的作用,在一定程度上,达到了发动群众动员群众的目的。所以江西省赤色总工会宣传动员令中规定:"无论墙壁桥板,渡船堂屋房间茅房树林石壁只要可以写的地方都要写好。"③ "要发动每一个同志写一个,革命人民都×他写一回……这样不费力气可以普遍,自然画壁队是不可少的,同志们要注意用每一个标语,抵得上一支红军啊!"④

(3)漫画动员。中央苏区妇女动员重视漫画直观的宣传方式。1928年12月25日,毛泽东在写给党中央的报告中,就提到缺少美术人才:"文字宣传,如写标语等,也尽力在做。每到一处,壁上写满了口号。惟缺绘图的技术人材,请中央和两省委送几个来。"⑤ 如红军漫画中可见到一列插五星红旗正行进的火车,车厢写着:"创造铁的红军,扩大江西红军",这实是号召要提高红军的质量和数量;还有一幅画着一只兔子(指蒋介石)和一只老鼠(指冯玉祥)的漫画,旁边的文字是:"老鼠说:小白兔,小白兔,你是我的哥哥,我是你的弟弟;白兔说:老鼠老鼠,你的尾巴长,我的尾巴短,我不是你的哥哥,你不是我的弟弟。"⑥ 生动地表现了当时蒋介石和地方派系之间的微妙关系。还有大量出现的把"国民

---

① 刘云、吴水弟、朱家柏等:《中央苏区宣传文化建设》,中央文献出版社2009年版,第14页。
② 赣州市文化局编:《红色印迹 赣南苏区标语漫画选》,文物出版社2006年版,第19、72页。
③ 中央档案馆、江西省档案馆:《江西革命历史文件汇集(1931年)》,1988年印,第10页。
④ 同上。
⑤ 《毛泽东选集》第1卷,人民出版社1991年版,第67—68页。
⑥ 赣州市文化局编:《红色印迹 赣南苏区标语漫画选》,文物出版社2006年版,第108页。

匪党"四个字变化组成一只大恶"狗"模样的漫画①,"蒋介石"几个字则变化组织成一只小小"狗"的模样,"帝国主义"几个字则变化组织成两个"洋鬼子"的模样。画面简洁生动,一目了然,给群众留下深刻的印象。在《红色中华》上有一幅《优待红军家属》的漫画,此幅画以慰问、耕田队、挑水、砍柴、优待4组漫画形式把优待红军家属的做法表现得形象具体②,对后方群众做好优待红军家属工作有重要的启示作用。

三 文艺动员方式

中央苏区对文艺特别重视,因为文艺形式最容易接近群众,也更容易被群众接受。中央苏区充分发挥钱壮飞、李伯钊、沙可夫、胡底、胡筠、李月华、施家四姐妹、赵品三、王普青等一批知识分子的作用,在中央建立了中央苏维埃剧团,各县建立了工农剧社、蓝衫剧团、文明新剧团,演出了一大批话剧、歌剧、活报剧、歌舞、舞剧、木偶剧、皮影戏等。因真实地反映了中央苏区人民的斗争生活,深受群众的欢迎。如《富农婆压迫毒打童养媳》《拥军优属》《优待红军家属》《送郎当红军》《几家欢乐几家愁》《懒二嫂不努力耕田》《小脚妇女积极参加生产》《不识字的害处》等,题材广泛、形式灵活多样。无论何时演出,不管白天还是晚上,四方八村的男女老少成群结队来观看:"当看剧团公演时总是挤得水泄不通,老的、小的、男的、女的,晚上打着火把,小的替老的搬着凳子,成群结队的来看,最远的有路隔十五里或二十里的。"③ 在剧情中,贯穿党的政策和意志导向,引导妇女反帝反封建反国民党反动派,争取男女平等和妇女解放,为变革传统的思想文化观念发挥了不可替代的作用。中央苏区还大量借鉴当地的采茶戏、山歌、民间小调,外地的三角班、大鼓词、黄梅戏、苏联歌舞等旧戏种与话剧等进行新剧种创作,如九子鞭、歌舞活报、苏联舞蹈等,开展了如火如荼的戏剧运动,构建了由俱乐部、宣传队、苏维埃剧团、剧社、剧校、随军剧团等组成的演艺平台,组织了一支专兼结合的创作演唱队伍,以各种大会、节庆、重大纪念日为重要演出时段,在田间地头、集市圩镇、行军途中,作战前线、战前动员、战后庆功

---

① 赣州市文化局编:《红色印迹 赣南苏区标语漫画选》,文物出版社2006年版,第99页。
② 同上书,第9页。
③ 《苏维埃剧团春耕巡回表演纪事》,《红色中华》1934年4月26日。

进行表演，波澜壮阔地开展了宣传动员运动。

埃德加·斯诺说："在共产主义运动中，没有比红军剧社更有力的宣传武器了，也没有更巧妙的武器了"，"你知道在某种意义上，你也可以把整个中国共产主义运动史看成是一个盛大的巡回宣传演出，与其说是为了保卫某种思想的绝对正确，不如说是为了保卫这种思想的存在权利。我现在很难说，但是这很可能是红军最有永久价值的贡献，即使他们最终遇到失败和打垮。"① 中共和苏维埃政权凭着以小见大、观微见著而又富有耐心的做法，从群众的日常生活中"捕捉"到动员的引子，口头动员、文艺动员、文字动员，多管齐下，激发妇女的"阶级意识"，鼓励妇女的叛逆精神，促进妇女解放意识的觉醒，从而扩大马克思主义理论的普及面，提高了马克思主义大众化的时效性、主动性和感召力，形成了强大动员合力。②

第二节　特色彰显：中央苏区妇女解放运动的客家山歌动员方式

在众多动员方式中，客家山歌因其亲和力、表现力与感召力，而被卓有成效地纳入妇女解放运动的妇女动员之中，成为动员方式的优秀范例。1929年12月《古田会议决议》第一次从政治上、思想上、组织上给文艺宣传提出了一条正确的路线，是中央苏区文艺工作总的方针、路线和理论集成，该决议对革命歌曲非常重视，要求"各政治部负责征集并编制表现各种群众情绪的革命歌谣"③。在党的倡导和鼓动下苏区军民以山歌、民歌、民谣等形式为基调改编或新创了数以万计气势磅礴、激荡人心的英雄诗篇，其数量之多、内容之丰富、题材之广泛，堪称奇迹。因为始终坚持贯彻通俗化与艺术化相结合的宗旨，马克思主义不但在苏区深深扎根，并且获得了"最大化"效果，让这些具有群众性、地域性、时代性、政治性的山歌传唱及发挥功效，妇女功不可没。而坚持意识形态艺术化、政治文化大众化、大众文化话语本土化、民间文化资源体制化，是马克思主

---

① ［美］埃德加·斯诺：《西行漫记》，董乐山译，三联书店1980年版，第99、100页。
② 参见林志友《大革命失败后中国共产党农民动员模式探析》，《河南师范大学学报》（哲学社会科学版）2009年第1期。
③ 《毛泽东文集》第1卷，人民出版社1993年版，第101页。

义中国化历史建构的基本策略①，大量的新编客家山歌强化了对共产党和马克思主义的传播，形成了独具特色的中央苏区红色文化现象。围绕中央苏区妇女解放运动，客家山歌动员方式具有"六全"特色，将动员的主体、客体、介质、环境、功效囊括其中。

一 全员参与动员活动

全员参与动员是指全体参与交互动员。客家山歌之于客家人民的密切关系，是"开口不离歌"，山歌是客家人日常生活中一个不可缺少的组成部分。刘英回忆说："江西老乡喜欢打山歌，一打山歌，劲头就来了。"②在苏区，无论大人、小孩，男的、女的，几乎每个人都会唱山歌，也爱听山歌，形成了中央苏区全员参与动员的独特现象，这也是苏区妇女解放运动蓬勃发展的坚实社会基础。当山歌被注入革命的思想内容后，便焕发了新的光彩，成为宣传革命、号召解放、鼓动参军、竞相生产的一种重要的艺术表现形式。如鼓励学文化的《男女老少把书攻》的山歌："苏区建立大不同，男女老少把书攻，男人就有好妻子，女子就有好老公。"③激励尚没有参与进来的男女老少积极参加。宣传动员下的妇女，身上焕发出了无穷的力量，她们从锅台边解放了出来，像男子一样，积极投身于土地革命斗争的疾风暴雨之中，如《妇女力量大如天》："妇女力量大如天，你上前方我耕田，战胜敌人同努力，春耕胜利好明年。"《翻身妇女学犁田》："黄牛牯来两角尖，翻身妇女学犁田，前方勇士勿挂念，后方生产来支前。"④

中央苏区的部队首长、普通战士、专业人才、业余爱好者、政府干部、普通群众，人人参与创作和歌唱。文化部门的首任教育部长瞿秋白就利用民间文艺的形式创作了许多革命歌谣，如《消灭白狗子》《红军打胜仗》《送郎参军》《王大嫂》等；被称为"山歌部长"的闽西苏区重要领导人邓子恢和红军学校工农剧社社长阮山等编唱了大量的新山歌，作为少共领导的胡耀邦也创作了许多山歌，如"苏区农民分了田，快乐如神仙，

---

① 参见张剑峰《中央苏区文论研究 1927—1937》，硕士学位论文，南昌大学，2007 年。
② 刘英：《在历史的激流中——刘英回忆录》，中共党史出版社 1992 年版，第 48 页。
③ 危仁晸：《江西革命歌谣选》，江西人民出版社 1991 年版，第 158 页。
④ 同上书，第 152 页。

白区农民有饭吃，阿妹哭涟涟哭涟涟，只有革命才能出头天"①；时任中共苏区中央局代理书记的任弼时拜"山歌大王"曾子贞为师，不到两天时间就能登台表演，获得如雷掌声；被称为"山歌书记"的李坚真②在新中国成立后出版了自己的歌集《李坚真山歌三百首》。中央苏区将党的政策、要求、任务编入山歌传唱，群众接受很快，即使一时难以接受的，开一场山歌晚会，便立即收效。"有时，宣传员关于扩红的口头演讲未能收到显著效果，便给群众演出扩大红军的戏，或者召开一个山歌晚会，这样一来，便能立即收到良好的效果，有些青年看了戏或参加了山歌晚会后，受到了鼓舞和教育，当场报名参加了红军。"③ 难怪苏区失陷后，《申报》记者陈赓雅等人前往调查时发现："举凡赤党开会仪式，口号标语，主义意义，质之白叟黄童，恕其无罪，莫不对答如流。"④ 由此可见，苏区的山歌全员动员结出了坚实的硕果。

二 全员列为动员对象

全员列为动员对象，即将男女老少全部人员纳入动员对象。如动员穷苦人民的《穷人叹》唱道："第一叹来叹劳工，无家无产两手空，一朝劳力被榨尽，逐出工厂一个可怜虫。第二叹来叹女工，苦比男人加一重，产前产后冇人理，日做夜做冇闲空。第三叹来叹童工，工作时间一样同，工价便宜还小时，身体摧残罪更重。第四叹来叹雇农，苦与牛马一样同，清早起来做到暗，还怕得罪主人翁。第五叹来叹佃农，日在地主压迫中，田埂田坎都打谷，放下禾镰饭樽空。第六叹来叹耕农，捐派繁苛粮又重，豪绅官厅齐宰割，将来也是一样穷。"⑤ 这里把"劳工、女工、童工、雇农、佃农、耕农"六类人员都唤起，使他们深深感到"千般叹来万般恨，思前想后越伤心，出路唯有来革命，杀尽资产与劣绅"。⑥ 而且在《叹五更》

---

① 荣天玛：《中国现代群众文化史 1919—1949》，文化艺术出版社 1986 年版，第 66 页。
② 李坚真（1906—1992）：原名李见贞，时任长汀县委书记，中共闽西特委、福建省委、苏区中央局妇女部长。
③ 刘云：《中央苏区文化艺术史》，百花洲文艺出版社 1998 年版，第 294 页；另见尹信《兴国山歌在苏区第二次国内革命战争中的作用》，《人民音乐》2004 年第 9 期。
④ 陈赓雅：《赣皖湘鄂视察记》，载沈云龙主编《近代中国史料丛刊》第 19 辑，台北文海出版社 1968 年版，第 28 页。
⑤ 谢济堂：《中央苏区革命歌谣选编》，鹭江出版社 1990 年版，第 2 页。
⑥ 同上。

中还鼓动"大家穷人联合起,联合起来势力强,杀得白派一扫光"。① 对敌军士兵也进行广泛动员,号召他们弃暗投明,如《告白军士兵歌》所唱:"白军士兵你来听,你们都是穷苦人,因穷苦才抓去当兵。……欢迎白军士兵们,迎来暴动当红军,这才是你的出路。"② 通过对比,让白军士兵们认识到共产党和红军才能真正代表他们的阶级利益,才能让他们过上"真正好"的生活,最终"掉转枪头打你长官","迎来暴动当红军"。③ 1931年夏,兴国长冈乡妇女山歌队就用唱山歌的方法动员了白军一个班拖枪向红军投诚。而国民党恼怒至极,凶残恶极,在兴国牛坑一次就杀害了10多名女山歌手。④

三　全区范围广泛动员

客家人爱唱爱听爱对山歌,哪里有客家妇女,哪里就有山歌。山歌成为革命宣传动员手段后,更是山歌不断、歌声缭绕。从枪炮轰隆的反"围剿"战场到安静的乡村田野,从人流汇集的圩市到人烟稀少的山林,清脆婉转、充满活力的山歌小调无处不在。她们用山歌述说过去的苦难,感激党的恩情,劝说人们当红军,发动妇女参加劳动生产,鼓励红军勇敢战斗,耻笑逃兵的怕死和软弱,整个中央苏区弥漫在激昂、兴奋、革命的氛围中。新中国成立后,当年的苏区革命干部每当回忆苏区时代时,第一个印入脑海的就是山歌。20世纪30年代被毛泽东称赞为"唱起歌来像画眉子叫"的"山歌大王"曾子贞新中国成立后应邀在北京怀仁堂唱山歌,再次唤起了毛泽东、朱德、周恩来等在苏区时的战斗情怀,他们都眼含泪花,感慨不已。而《十送红军》等客家山歌传遍全国,至今深受人们喜爱。在众多闽西山歌手中,较有代表性的歌手仅永定县就有阮山、张锦辉、范乐春等人。阮山,被誉为"把革命战鼓擂得最响的人,时代号角吹得最嘹亮的人,是永远不知疲倦的歌手"⑤,创作了大量的革命山歌;张锦辉,被誉为"红色小歌仙",因山歌唱得好,年仅15岁就被敌人杀

---

① 谢济堂:《中央苏区革命歌谣选编》,鹭江出版社1990年版,第5页。
② 同上书,第349页。
③ 同上。
④ 参见刘云《中央苏区文化艺术史》,百花洲文艺出版社1998年版,第243页。
⑤ 中共龙岩地委党史资料征集研究委员会:《闽西革命根据地史》,华夏出版社1987年版,第194页。

害；范乐春，被称为善于用山歌发动群众的妇女部长。这些著名山歌手，不仅创作了大量优秀客家山歌，而且将客家山歌带到客家地区的每一个地方，唱遍了苏区每个角落，使之成为动员群众、组织群众、教育群众的重要宣传手段，成为打击敌人、瓦解敌军的有力武器。①

四　全程持续动员

全程持续动员是指既重视节日纪念日的动员，又注意平时的动员，一年全程持续不断。中共善于抓住重要节日或纪念日对妇女进行重点动员。在这样的日子中，苏区党会召开庆祝活动。节庆活动是一种政治仪式，也是一个政治符号，有其特有的政治功能。平时的动员就是指在日常革命和生活中无所不在地动员。另外，很多山歌歌词中就有不少从一月持续唱到十二月的内容，如《十二月妇女苦》《十二月劝同志》《十劝同志》《十二月革命歌》《十送郎歌》《十二月结婚歌》等。

如节庆对妇女的动员，通常将三八国际劳动妇女节作为"有着革命传统的节日，是鼓舞动员妇女的时机"，每年的纪念活动都以当时的中心任务为主题，每次庆祝活动都无一例外地山歌阵阵，尤其是活动开始前的热场，更是山歌的海洋。应时山歌有《唱三八》《庆三八》《三八纪念进行曲》《纪念三八》等。如《三八纪念进行曲》"三八纪念节，劳动妇女坚固团结推翻国民党的统治，争取自由，求得解放，时刻准备着动员起来啊！"《纪念三八》"……站在稠人广场中，我们不会怕羞怕丑，我们已是新时代的斗士，个个都像那健美的大树！"② 在儿童节则唱《儿童节歌》，用"劳苦儿童的日子"，激发母亲怜子爱女之心，"参加参加革命的战争，拥护拥护我们的红军"③ 则鼓舞了女性的阶级意识和勇敢精神；"四一二反革命政变"纪念日则唱《反对白色恐怖》，控诉"帝国主义忠顺走狗国民党，屠杀革命战士不眨眼。世界工农群众，永远地记着，革命先烈血的遗迹"④。激发了妇女对国民党的仇恨。

重要节庆日对全体劳动人民的动员山歌则更多，规模更大。一般让著名的歌手如"红色小歌仙"张锦辉、"山歌大王"曾子贞等上台献唱。如

---

① 参见谢一彪《论三十年代赣南闽西的客家山歌》，《赣南师范学院学报》1993年第2期。
② 谢济堂：《中央苏区革命歌谣选编》，鹭江出版社1990年版，第179页。
③ 同上书，第182页。
④ 同上书，第183页。

通过《五一劳动节歌》争取"八时工作，八时教育，八时休息"①，增强劳工维权意识；通过《"五卅"纪念歌》号召大家不要忘记"南京路殷红的血迹……争取民族革命战争的全部胜利"②。在《八一武装示威曲》中号召"走向苏维埃新中国的道路"③；在9月《国际青年节歌》中呼吁"创造红色新中华，争取青年彻底解放"④。在《纪念十月革命歌》中呼唤"纪念十月革命，赤化全中国！我们的武器——列宁主义，要创造世界的红十月！"⑤在12月的《纪念广州暴动》中唱道，"国民党是刮民党，他的坏处百多样。升官发财争地盘，军阀年年大打仗。许多徒子与徒孙，专门拉伕抽捐饷。屠杀工农各相夸，还有奸淫并打抢"⑥，从而号召人们"起来打倒国民党！消灭帝国主义者！起来拥护共产党！受无产阶级领导！高举红旗，苏维埃中国革命的胜利！高举红旗，苏维埃世界革命的成功！"⑦几乎每个重要节日的纪念活动都通过山歌唱出党的政策和对人民的号召，达到了动员的目的，也为马克思主义中国化、时代化、大众化提供了源头活水，有力地推动了马克思主义中国化、时代化和大众化的历史进程。

五　全速创作动员

客家山歌以腔从词，即兴行腔为歌，人们可以根据情景、情绪、对象和兴趣的不同填上相应的歌词来行腔歌唱，随编随唱，故客家山歌极其浩瀚。中央苏区时期，在短短的几年时间内，原创了成千上万首客家革命山歌，数量之大，不可谓不全速。中央苏区创办的一些报纸杂志，刊登了大量客家山歌，如《红星》报，专门辟有"山歌"等专栏，当时出版的各种诗歌集、歌曲集、课本和手抄歌谣本以及相关的档案资料、历史文物，也收录了大量的客家山歌，如《革命歌谣选集》《革命歌曲第一集》《革命歌集》《革命歌曲选集》等。遗憾的是，由于受战争恶劣环境影响，当时很多山歌没有办法付梓，加之年代久远，有很多山歌失传。客家人根

---

① 谢济堂：《中央苏区革命歌谣选编》，鹭江出版社1990年版，第190页。
② 同上书，第192页。
③ 同上书，第198页。
④ 1916年，国际青年局定每年9月的第一个星期日为"国际青年节"。同上书，第199页。
⑤ 同上。
⑥ 同上书，第204页。
⑦ 同上书，第202页。

据革命宣传的需要，临时自编自唱而没有付梓的客家山歌，更是不计其数了。至于其具体数字，已难以考究，但从现今能够查阅的一些客家山歌资料中，仍可略见其规模十分可观。比如，文化工作人员深入兴国一个县的乡村，就挖掘、整理、收集了5万余首山歌，后精选出1420首出版发行了《兴国山歌选》和《兴国山歌选续集》。作为在客家人中传唱的口头文学，当时各地成立的蓝衫团、戏团、剧团等众多的文艺团体也编演了大量通俗易懂的客家山歌，在中央苏区广为传唱。诚如客家山歌所唱："山歌好比山泉水，源源不断汇成河。"它非常形象地唱出了客家山歌创作数量之多的那种繁荣景象。当然，所谓原创，更多的是套用、模仿原有的山歌曲调、节奏、旋律、风格等，而依据当时实际工作环境或事件的动员需要，编排、创作出全新的歌词，仍然难脱传统客家山歌的影响。现在看来，这些山歌既有鲜明的政治倾向性，又有清新的乡土气息，还带有浓郁的生活情调。这种艺术叙事方式和创作方式的彰显，得到了当时党的领导人瞿秋白的高度赞誉："通俗的歌词对群众教育作用大，没有人写谱就用民歌曲谱填词。好听、好唱，群众熟悉，马上能流传。比有些创作的曲子还好些！"[1] 所以，他积极"鼓励大家搜集民歌来填词"。[2]

六　全面应景动员

所谓应景动员，就是根据时境、环境变化而唱出不同山歌来动员。客家人"出门三步就打歌"，"一路行来一路歌"，客家山歌内容十分丰富，歌词内容繁多。做什么活儿就爱唱什么歌，随编随唱，采茶有茶歌，放牛有牧歌，砍柴有樵歌，还有情歌、生产、生活、时政等，内容涵盖方方面面，天文地理、三皇五帝、柴米油盐、男婚女嫁、情人初会、祈福消灾、添丁寿筵、新房竣工等；或为消除疲劳，对歌打趣；或诉幽怨、泄愤懑，都一一展现在世人面前。[3] 列宁说："不言而喻，没有被反映者，就不能有反映。"[4] 革命战争赋予客家山歌新的革命内容，或宣传号召，或政策

---

[1] 周平远、杜吉刚：《从苏维埃文化到新民主主义文化——马克思主义文论中国化历史演进的内在理路与基本线索》，《文艺理论与批评》2012年第5期。

[2] 江西省、(福建省)文化厅革命文化史料征集工作委员会：《中央苏区革命文化史料汇编》，江西省人民出版社1994年版，第574页。

[3] 参见王宇扬、伍润华《论江西兴国山歌内容的多元性与时代性》，《艺术教育》2011年第11期。

[4] 参见《列宁选集》第2卷，人民出版社1995年版，第66页。

解析，或抒发婚姻自由的欢乐、翻身解放的激情，或鼓励工农子弟参军参战，或动员白军士兵倒戈投身革命，等等，形成了席卷中央苏区的红色山歌运动，其数量之多、内容之丰富、题材之广泛，堪称中国民歌史上的奇迹。[①] 中央苏区军民根据革命的要求和时代的需要，因情、因景、因人而异，随机应变地演唱，其内容主要有：

（1）倡导妇女解放。号召苏区妇女身体解放，把剪发放足作为自己反封建、自我解放的实际行动，在《剪发放脚歌》中鼓动"革命高潮大家要剪发，我和你们青年们，切切要做到。剪头发样样好，事事工效高，免得头发乱又长，做事受干扰"。[②] 因此，在苏区掀起了妇女剪发放脚运动，她们剪掉髻子，放开小脚，更加精神、更加意气风发。又如《妇女解放歌》唱道："一早起来，做到日落西，雨打风吹，有谁人知，真正痛苦呀，真正可怜呀，劝我妇女们，快快觉悟起。字又不会写，书又不会读，拿起算盘，又不会算，一生受人欺。永世不自由，劝我妇女们，读书不可慢。地主豪绅，剥削我穷人，挑拨离间，破坏我团结，我们要热心，加进工农会，打破旧封建，实行新社会。共产党领导，妇女的工作，我们来唱，妇女解放歌，振起我精神，巩固我力量，努力去奋斗，胜利归我们。"[③] 在《工农妇女上夜校》中宣传："工农妇女上夜校，读书识字开心窍。"[④] 号召《劳动妇女学犁耙》："手拿犁耙翻翻转，学会劳动好持家。保卫红军万万岁，革命成功使牛马。"[⑤] 妇女解放成为中央苏区的重要任务。

（2）讨伐婚姻不公。如《妇女苦情歌》中唱道："荷树叶子叶连连，想起妇女真可怜，一周三岁拿来卖，当猪当狗卖给人"，"荷树叶子叶青青，细生妹子唔当人，家娘家官常打骂，拳打脚踏不留情"。[⑥] 如会昌、黎川的《妇女解放歌》，遂川的《十杯茶》，井冈山的《妇女暴动歌》等，都唱出了封建妇女婚姻苦难，翻身的苏区妇女做主人，提倡婚姻自主的心声。正如莲花的山歌所唱："红梅岭上画眉叫，清水塘中鲤鱼跳。苏

---

① 参见时珍《兴国山歌曾唱遍苏区为"扩红"立下大功》，《江西晨报》2014年1月22日C05版。
② 刘云：《中央苏区文化艺术史》，百花洲文艺出版社1998年版，第284页。
③ 谢济堂：《中央苏区革命歌谣选编》，鹭江出版社1990年版，第357页。
④ 同上书，第410页。
⑤ 刘云：《中央苏区文化艺术史》，百花洲文艺出版社1998年版，第285页。
⑥ 细生妹子：指童养媳。家娘家官：指丈夫的妈妈爸爸。

区婚姻讲自由,心投意合两相好。"① 又如《妇女山歌》所唱:"竹筒吹火火焰红,拥护朱德毛泽东,领导我们分田地,自由结婚配老公。"②

(3) 宣传阶级斗争。在《妇女的使命》中唱道:"起来斗争吧,在礼教魔宫里面酣睡的奴隶!伟大战斗已经开始了,鲜红的血潮已冲激着我们的肢体。压迫我们的不是男性,是不合理的社会阶级!只有坚决死战乱,毁坏阶级制度,世界妇女才有解放的日期。站在红旗之下吧,与一切被压迫者一同努力!创造彻底解放妇女的苏维埃,夺回我们久已失去的权利。是血钟在响的时代,是妇女抬头的时机打破资产阶级的请愿,参政式,我们用血来将世界洗涤!"③ 在当初以阶级斗争为主的环境中,这首山歌旗帜鲜明,号召妇女牢记自己的使命。

(4) 配合土地革命。土地革命的实行,使中央苏区农民分得了土地,农民群众的革命热情空前高涨。在残酷的斗争实践中,她们也充分认识到插牌分田的成果是以武装斗争为保障的,没有红军的发展与壮大,没有革命战争的胜利,就不可能有土地革命的顺利进行,就不可能有自身的彻底解放,就不可能有世代持续稳定的自由幸福生活。于是,积极动员和鼓励自己的亲人踊跃报名参加红军,就成为苏区人民生活中的一件非常光荣的事情。《送郎当红军》就是一首反映妇女们动员丈夫、恋人参加红军、支援革命战争的红色歌谣,表达了千千万万的妇女高度的思想觉悟和对丈夫的一片深情。"送郎当红军,切莫想家庭,家中的事务,妹妹会小心……"④ 歌词令人感动,其姊妹篇也有不少,如《劝郎当红军》《妹送哥哥当红军》《我去当兵妹放心》等。

(5) 着力经济提升。发展好苏维埃经济是做好其他工作的基础。由于战争环境残酷,苏区男子成批参加红军,奔赴前线,致使农村劳动力严重不足,农业生产陷入困境。中央苏区妇女响应党的号召,成了农业生产战线上的主力军。"春耕运动,帮助战争,同志格嫂们,都来努力学习","四月里来春耕忙,赤色妇女齐下田,你学犁来我学耙,定夺丰收来支前"。⑤ "嗳呀来!革命世界不比先,劳动妇女学犁田,犁田耙田都学到,

---

① 《中国歌谣集成·江西卷》,中国ISBN中心2003年版,第161页。
② 谢济堂:《中央苏区革命歌谣选编》,鹭江出版社1990年版,第176页。
③ 同上书,第450—451页。
④ 危仁晸:《江西革命歌谣选》,江西人民出版社1991年版,第53页。
⑤ 同上书,第151—153页。

增加生产笑连连。"《对面桐树》中唱道,"对面桐树开白花,劳动妇女学犁耙,手拿犁耙翻翻转,同志哥,学会劳动好自家"。① 为克服生产困难,苏区妇女在自愿、互助和互利的基础上,组建了许多帮工组、耕田队、犁牛合作社、劳动互助社等互助合作组织。动员后,广大妇女积极投身参与生产建设,使中央苏区的农业生产得到迅速恢复和发展,"连续几年增产,到处可见一片丰收的景象"。②

(6) 创新马列传播。中央苏区开辟之前,当地劳动妇女几乎百分之百的不识字,要在短时间内使她们接受作为外来先进思想的马克思主义理论,这确实是非常艰巨的任务。③ 成功的马克思主义传播和接受应该是"觅马"与语境建设的统一④,而最初马列主义在广大落后的农村有效传播"必须完全脱下它的外国服装"⑤与现实语境有效结合。因此,中央苏区充分利用妇女善唱山歌的特点创新马列主义的灌输形式,从而做到通俗化、大众化,起到很好的动员效果。如在《纪念马克思曲》中唱道:"斩断你手上的锁链,获得整个的世界,马克思给我们创造了共产主义的武器。……胜利的前进向前进,中国的工农红军,革命的大旗共产国际马克思列宁主义。同志们纪念马克思,学习马克思主义,举起马克思列宁旗帜大踏步奋勇前进。"⑥ 又如《马克思列宁同志歌》所唱:"马克思列宁同志,世界革命导师。无产者,劳动阶级,工厂里工人,农村里农民,军队里的兵,要推翻反动统治,一心团结起来,全世界无产者联合起来,打倒帝国主义。"⑦ 这些饱含革命思想的革命歌谣因为运用的是群众喜爱和熟悉的曲调,在乡间一唱就懂,一懂就像流行歌曲般万人传唱,对动员群众革命极为有利。像《共产三字经》中"马克思,倡共产,无产者,被唤醒。……也不论,男和女。"⑧ 朗朗上口,大家欣然接受。山歌为在文化

---

① 谢济堂:《中央苏区革命歌谣选编》,鹭江出版社1990年版,第326页。
② 《龙岩地区志》,上海人民出版社1992年版,第938页。
③ 参见陈始发《中央苏区时期马克思主义大众化的主要举措与启示》,《中国革命与苏维埃运动学术研讨会2011年论文集》。
④ 参见王刚《马克思主义中国化的起源语境研究》,博士学位论文,华东师范大学,2009年。
⑤ 《马克思恩格斯文集》第4卷,人民出版社2009年版,第323页。
⑥ 谢济堂:《中央苏区革命歌谣选编》,鹭江出版社1990年版,第172页。
⑦ 同上书,第174页。
⑧ 同上书,第414页。

水平不高的妇女中传输马克思主义创造了条件，也为传播马克思主义起到了很好的作用。

（7）坚定胜利信心。《十送我郎去长征》中唱道："……五送我郎去长征，冲锋杀敌要争先，纵为主义牺牲了，革命事业我继承，哥啊，我的哥哥，革命事业我继承。……"① 又如"哥哥北上去长征，妹妹生产在家庭，哥哥得胜万里转，妹妹接你百里亭"。② 第五次反"围剿"失败后，红军即将远征，中央苏区老百姓纷纷前来送行。苏区妇女们对自己当了红军的情郎、丈夫更是依依不舍。但是，经过革命的熏陶和战争的洗礼，苏区妇女的思想觉悟有了极大的提高，她们压抑住自己内心的依恋和生死离别的伤痛，千叮咛，万嘱咐，要自己的男人认清革命道路，坚决依靠工农群众，绝对服从党的命令，勇敢消灭敌人，夺取最后胜利。同时，也向男人表示坚持在农村进行斗争、继承革命事业的决心，充分表达了苏区妇女对革命必将取得最后胜利的坚定信心和对革命的无限忠诚。从这些场景可以看到山歌动员营造的温情与荣耀，在妇女"欢送同志们到前方，消灭敌人才回乡，共同来做革命事，夫妻相爱正之长"③的歌声中，红军战士感受到"望君莫回头"的压力，取得了极好的动员效果。④

"革命文件不如革命口号，革命口号不如革命歌谣。"⑤ 客家山歌作为客家民系祖祖辈辈在长期的劳动实践中创作的民间歌谣，伴随时代进入土地革命战争时期后，客家山歌深深烙上了时代的印记，它能紧紧围绕革命战争的中心任务，围绕妇女解放运动的需要，成为革命文化重要的有机组成内容，并演变为苏区文化内容的中坚，也开启了中国历史上革命的大众文化新阶段。客家山歌既有鼓励表扬，也有规劝和批评，动之以情，晓之以理，明之以义，其鼓动性极大，效果也极为显著。套用毛泽东"长征是宣言书，长征是宣传队，长征是播种机"之说，我们可以认为中央苏区时期山歌动员达到了"山歌是发动器，山歌是播种机，山歌是感染源"之效。党领导的伟大的土地革命给中央苏区社会带来了翻天覆地的变化，

---

① 谢济堂：《中央苏区革命歌谣选编》，鹭江出版社1990年版，第276页。
② 萧三：《革命民歌集》，中国青年出版社1959年版，第317页。
③ 谢济堂：《中央苏区革命歌谣选编》，鹭江出版社1990年版，第314页。
④ 参见张宏卿、肖文燕《农民性格与中共的乡村动员模式》，《开放时代》2010年第10期。
⑤ 王焰安：《红色歌谣》，广东人民出版社2011年版，第9页。

同时赋予了客家山歌新的内容和艺术形式,使其焕发出革命的风采,使之成为动员群众、激发士气的重要宣传手段,成为人民群众战斗生活中不可或缺的精神食粮,成为打击敌人、瓦解敌军的投枪和匕首,成为唤醒广大妇女积极参与、投身解放运动的绝好动员方式。它犹如摧阵的战鼓,引发了苏区妇女反封建的革命行动,也引发了翻身妇女拿起武器、站岗放哨、积极生产、支援前线,为保卫全新生活而投入土地革命战争的坚韧与执着,产生了"一首山歌三个师"的佳话。[①]

2006年兴国山歌获批首批国家非物质文化遗产名录,足见山歌魅力之所在。从现存的苏区文艺作品中,我们仍可强烈感受到那个时代所特有的理想、信念与追求,以及为实现这一理想追求而不惜流血牺牲舍生取义的具有道德与审美双重意义的崇高精神。这种理想追求与精神崇高,正是我们这个时代所需要的精神财富与资源。最近习近平总书记指出:"牢固的核心价值观,都有其固有的根本。"[②] 苏区客家山歌作为古老的民间艺术,包含了浓厚的民俗风情,也以其独特的艺术魅力,在土地革命战争时期发挥了积极作用,绽放过夺目的光彩,它是博大精深的中华优秀传统文化之一,是社会主义核心价值观来源之一。在《国务院关于支持赣南等原中央苏区振兴发展的若干意见》颁布的新时期,在助推赣南等原中央苏区振兴的热潮中,研究客家山歌与红色历史、红色文化的关系,对于广泛开展社会主义核心价值观宣传教育,助推赣南发展有着不言而喻的重要意义。我们要遵照习近平总书记讲话精神,"不忘本来才能开辟未来,善于继承才能更好创新。对历史文化特别是先人传承下来的价值理念和道德规范,要坚持古为今用、推陈出新,有鉴别地加以对待,有扬弃地予以继承,努力用中华民族创造的一切精神财富来以文化人、以文育人"[③]。

第三节　互利共生型:中央苏区妇女解放运动的妇女动员模式

学界认为,动员模式,是动员方式在一定时期内形成的一种固定的、

[①] 参见严洁《一曲山歌三个师》,《江西日报》2010年5月7日。
[②] 习近平:《把培育和弘扬社会主义核心价值观作为凝魂聚气、强基固本的基础工程》,《人民日报》2014年2月26日。
[③] 同上。

总体性的结构形式。① 任何不断重复出现的事件都会呈现出一种成型的、固定化的体系，即某种事物的结构特征与存在形式。结合史料和学界成果，笔者认为中央苏区妇女动员是一种"互利共生型苏区模式"。

一 "互利共生型苏区妇女动员模式"的概念提出

（一）学者的探索与成果

学界对中央苏区妇女解放从属于政治革命和国家建设的实践模式的动员有过反思，但至今没有发现有专家学者明确提出中央苏区妇女解放运动的动员模式。恰恰相反，对于苏维埃土地革命时期的动员模式研究，专家学者大致提出了几大模式类型。（1）依据动员功能划分，有"革命型"之说。比如，杨会清博士认为中国苏维埃运动"可以大体上将其看作是一种动员模式，或称之为革命动员模式"。② 罗凌波、唐治国两人基本持相同观点，认为"在中国革命、建设和改革开放时期，党根据时代需要和环境变迁，分别采取不同动员方式，形成了革命型、行政'全能主义'型、法理型三种不同的政治动员模式"。③（2）按照动员力量作用方向划分，有"命令型"提法。王宏伟、董克用认为革命时期中共动员是"命令型"社会动员模式④，这是相对于当前改革开放时期的"治理型"模式而言。（3）依据区域动员代表特点划分，有"中央苏区型"之说。张宏卿博士认为"中国乡村的风土人情、社会结构、政治变迁各具特色，走向乡村的中共党人动员民众的方式与路径也是大相径庭"，他把中共的乡村动员模式归纳为"华北模式""江南模式""中央苏区模式"三种，并对"中央苏区模式"特点进行了笼统归纳：知识分子与流氓无产者的融合；土地革命为核心；苏维埃运动作为革命的发动机。⑤ 一方面是较为发

---

① 参见罗凌波、唐治国《中国共产党政治动员模式的历史考察》，《党政干部学刊》2010年第1期。
② 杨会清：《中国苏维埃运动中的革命动员模式分析》，江西人民出版社2008年版，第1页。
③ 罗凌波、唐治国：《中国共产党政治动员模式的历史考察》，《党政干部学刊》2010年第1期。
④ 王宏伟、董克用：《应急社会动员模式的转变：从"命令型"到"治理型"》，《国家行政学院学报》2011年第5期。
⑤ 参见张宏卿《农民性格与中共的乡村动员模式——以中央苏区为中心的考察》，中国社会科学出版社2012年版，第13页。

达的商业和人们的盈利观念，另一方面是很看重约定俗成的传统。入区的中共党人面对动员的困境充分调动这种"民众的原初营利意识"，完成向革命积极性的转化；塑造革命的正当性与合法性，"破解"农民的享乐观念；革命初期的偏激行为与好走极端的"山区型权威人格"相互激荡。①
（4）依据动员力量来源划分，有"外力型""内生型"。黄琨将1927—1929年中国共产党革命根据地的动员归为"外力型""内生型"两种。②

（二）"互利共生型苏区妇女动员模式"的概念内涵

中国共产党成立伊始就已确立妇女解放运动的宗旨，虽其政纲不断调适，最终确立"苏维埃制度是真正解放妇女的道路"，仍坚持"确定妇女运动的正确路线"不能轻视"妇运的观念"，强调妇女运动不是"党的附属工作"③，将妇女运动作为"整体部分"而不是附属于党的工作的独立部分，可见妇女解放运动不是附属于苏维埃革命运动④。当然，从党的文件中也可看到中共坚持不能在妇女运动上犯取消主义，同时也不能搞"妇女主义"，即"不站在整个工作中去认识妇运的倾向"。⑤ 这种对于"妇女主义"和"取消主义"的担心和提防，使得妇女解放运动在彰显与隐约之间不时徘徊，从而造成一种"附属"错觉。植物生态学中有种生物与生物之间的复杂群落（群种）关系称共生（symbiosis），又依据其演变机理将共生中两种生物之间的利害关系粗略地分为共栖、互利共生、寄生等。受之启发，笔者把中央苏区妇女解放运动的妇女动员模式称为"互利共生型苏区妇女动员模式"。

概括地讲，"互利共生型苏区妇女动员模式"指的是在苏维埃土地革命期间，中央苏区妇女解放运动在中共领导下，坚持以争取妇女政治解放、阶级解放为导向，以土地革命为载体，以婚姻自由为核心，以普及教

---

① 参见张宏卿《农民性格与中共的乡村动员模式——以中央苏区为中心的考察》，中国社会科学出版社2012年版，第231页。
② 参见黄琨《革命与乡村——从暴动到乡村割据（1927—1929）》，上海社会科学院出版社2006年版，第33—44页。
③ 中华全国妇女联合会妇女运动历史研究室：《中国妇女运动历史资料（1927—1937）》，中国妇女出版社1991年版，第50页。
④ 参见韩贺南《整体化、自省与特别关注——中国共产党的妇女工作理念与方法（1927—1937）》，《妇女研究论丛》2004年第5期。
⑤ 中华全国妇女联合会妇女运动历史研究室：《中国妇女运动历史资料（1927—1937）》，中国妇女出版社1991年版，第51页。

育为手段，以健全法制为保障，围绕妇女解放这个轴心展开动员，实现了与苏维埃革命运动的高度耦合、互利共生，最大限度地解放妇女自身的同时助推了苏维埃革命运动各项工作开展。其具体表现方式为：以土地改革为内容的经济动员、以政治参与为手段的政治动员、以阶级思想灌输为方法的文化动员、以群众路线为途径的组织动员和以诉苦、控诉为形式的情感动员等多种方式。

二 "互利共生型苏区妇女动员模式"的本质特征

"互利共生型苏区妇女动员模式"具有以下八个方面的本质特征，至于其内在机理的相关问题在前几章（尤其是在第二章）已做过论述，在第五章中也有论及，故重复部分在此不再赘述。

（1）以中共为领导核心。中国历史实践已经证明，坚持党的领导是革命成功的关键。妇女受压迫的根源是私有制，妇女解放的根本目的是铲除私有制，实现男女平等，它与无产阶级解放的目标一致。"只有社会主义的胜利才能彻底解放妇女，现时中国的民权革命中也只有在无产阶级领导之下彻底的摧毁封建宗法社会的束缚，才能引导妇女群众到解放之道路"，"只有共产党，只有无产阶级的革命、社会主义的完全胜利，才能完全解放妇女"。① 这些相关文献表述和苏维埃革命实践已充分表明共产党作为妇女解放的领导核心地位处处得以体现。正如党的文献明确所指："无论帝国主义与国民党，地主和资本家如何残酷的剥削与压迫，无论国民党及一切反动派别如何巧妙的欺骗与蒙蔽，中国劳动妇女的解放斗争，不但要爆发，而且已在爆发了。现在能够领导这种斗争的，当然只有唯一的拥护工农劳苦群众利益的中国共产党，这不但在过去已有很多的证据，而且在目前更成为铁一般的事实。"②

（2）以政治解放、阶级解放为导向。中国主张解放妇女的呼声早在戊戌维新前后就已产生，但要突破千年的封建压制的惯性和帝国主义列强的耀武扬威，妇女的个体解放意愿让位于民族民主解放的共同理想，解放妇女的主要目的转变为将妇女组织起来，"救亡图存"，"强国救种"，"富

---

① 中共中央文献研究室、中央档案馆编：《建党以来重要文献选编（1921—1949）》第5册，中央文献出版社 2011 年版，第 498 页。

② 中华全国妇女联合会妇女运动历史研究室编：《中国妇女运动历史资料（1927—1937）》，中国妇女出版社 1991 年版，第 146 页。

国强兵",抵御西方帝国主义列强的侵略,构成了中国妇女解放初始语境的核心目标。中国共产党一贯主张将民族、阶级解放和妇女解放相结合。苏区中共妇女政策的初衷和最终目标都是与阶级斗争息息相关的,"革命"意识可以说是俯拾即是。"当此资产阶级与帝国主义及封建军阀组织了反革命的联合战线,背叛了民族革命运动之际,阶级分化反映到一切民众中,劳动群众渐渐在共产党的周围团结起来与国民党成了不能调和的仇敌,妇女群众及妇女运动之中也就有这样分化。"由此"中国革命的阶级分化反映到妇女运动的分裂"。① 如在"六大"《妇女运动决议案》中坚决抨击"女权主义的妇女运动,离开政治离开革命而以和平方法和宣传以解放妇女"做法,申明"这完全是空想、幻想"。② 要积极"发动妇女群众参加政治斗争——我们劳苦妇女群众要得到彻底的解放,唯一的出路,就是革命",所以发动妇女群众参加政治斗争,"是目前最迫切的中心工作"。③ 又如,在婚姻问题上,指出"妇女要和革命的人结婚,不要与富农结婚,如有和富农结婚的,就是她的认识不真[正]确,可以看她和富农一样,至于和雇农离婚,而与富农结婚的可以认她是反革命"。④ 这开创了一种通过"阶级"的话语表达社会革命的动员模式;再比如在查田运动中"要坚决执行阶级路线……洗刷地方苏维埃中一切阶级异己分子及其他坏分子出去……彻底消灭农村中一切封建半封建势力"⑤,"查田不是到田里去丈量有多少亩田,而是要查阶级,查剥削"。⑥ 这其中革命话语、阶级斗争的导向性非常明确、强烈。为此,再三重申"提高劳动妇女的觉悟和对苏维埃政府及革命的认识。劳动妇女的解放与整个阶级胜利是分不开的,只有阶级的胜利,妇女才能得到真正的解放。因此,应使妇女知道为实现本身利益及保障既得利益而斗争,就应当为苏维埃政权

---

① 中共中央文献研究室、中央档案馆编:《建党以来重要文献选编(1921—1949)》第5册,中央文献出版社2011年版,第498页。

② 同上。

③ 中华全国妇女联合会妇女运动历史研究室编:《中国妇女运动历史资料(1927—1937)》,中国妇女出版社1991年版,第97页。

④ 《永定县苏维埃政府各区妇女运动委员会主任联席会议决议》(1930年11月11日),载中共龙岩地委党史资料征集研究委员会、龙岩地区行政公署文物管理委员会《闽西革命史文献资料》第4辑,1983年版,第362页。

⑤ 江西省档案馆、中共江西省委党校党史教研室:《中央革命根据地史料选编》(下),江西人民出版社1982年版,第478、479页。

⑥ 朱开铨:《六十六年之革命生涯》,江西人民出版社1993年版,第40—41页。

而斗争"。①

(3) 以土地革命为载体。"苏维埃区域对农妇的工作,最主要的前提,是动员广大的农妇群众,号召她们起来参加斗争,参加土地革命,参加地方暴动与建立苏维埃的工作。在斗争中一定要注意到农妇本身的解放运动。……在苏维埃区域以及斗争发动的地方,必须提出农妇本身的利益要求口号,联系到一般的政治经济的要求。这样,更能发动广大的农妇群众积极热烈的来参加斗争,扩大党在农妇群众中的影响,更能争取广大的农妇群众围绕在党的周围。"② 字里行间透露出土地革命与妇女解放运动的内在交织关系,表明了动员妇女的目的、手段。土地革命解决了妇女的经济权益问题,构成了苏区妇女经济动员的重要内容,也搭建了中共与妇女利益关系的重要桥梁,同时由土地革命而掀起的农村社会革命,也是乡村阶级再造的催化剂。在土地革命中增加力量,从而获得更多民众投身革命,最终使男男女女都跻身革命行列,两者相辅相成,互利共赢。

(4) 以婚姻自由为核心。中国共产党人认为"婚姻问题是目前男女间最纠纷的问题,也是妇女最关切的问题"。③"婚姻不自由是妇女群众所最痛苦的一件事,但这是由于旧社会制度政治上经济上之不平等。如果目前不积极参加革命斗争,争取苏维埃政权胜利,取得政治上经济上的真正平等,而幻想婚姻自由,妇女大解放是绝对错误的。"可见中共党人抓住了"最"字的核心所在,为此"应以整个革命斗争为主要,婚姻是必要的问题,但目前对于婚姻问题应保障实现苏维埃政府男女结婚离婚自由",确立了"男女婚姻,以自由为原则,废除一切封建的包办强迫和买卖的婚姻制度,禁止童养媳"的原则。④

(5) 以普及教育为手段。中共意识到"一些妇女思想陈腐""观念错误","所以加紧妇女宣传教育,提高妇女群众政治水平,阶级认识,文化程度,是目前迫切的中心工作,丝毫不容忽视的"。⑤ 并且,"改善妇女群众的生活,特别是组织红军家属,提高她们的文化教育,为消灭文盲的

---

① 中华全国妇女联合会妇女运动历史研究室编:《中国妇女运动历史资料(1927—1937)》,中国妇女出版社1991年版,第235页。
② 同上书,第78—79页。
③ 同上书,第93页。
④ 同上书,第151—159页。
⑤ 同上书,第98页。

第三章 唤起工农千百万：中央苏区妇女解放运动的动员机制分析 163

口号而斗争。每乡都要建立夜校、识字班、读报班，在妇女群众中作耐心的宣传解释工作，使她们深刻的了解自动来加入"。① 要 "多开办妇女看护学校，妇女劳动学校，工读学校，妇女训练班，学习各种技能造成做妇运的工作人才"。② 为此，采取了一系列教育手段，推行了形式多样、行之有效的社会教育，增长了妇女的文化知识，也洗涤了苏区妇女旧有心理意识，破除了妇女的传统旧俗。以遍布各个角落的宣传标语，"以读懂文件"为宗旨的扫盲运动，以充斥"共产主义""苏维埃"等革命词汇的课本内容设计，以对地主土豪仇恨控诉的群众集会，以歌唱翻身的戏剧歌舞演出，无一不是"润物细无声"的教育手段，无一不是面向妇女的革命直白动员，无一不是浸润着党和政府寓政治教化于文化教育的动员理念，无一不是对妇女进行的心灵涤荡。一个纵深立体化、网格化的社会教育网络在中央苏区已然成型，妇女在无孔不入的宣传教育中获得了新生；苏区社会俨然一个周密严实的教育堡垒，她们的情感、思维及最终的价值取向都朝向对革命的理解与认同。

（6）以健全法制为保障。邓颖超在 1930 年指出："在苏维埃政府成立的第一天，就应该公布解放保护妇女的法令，给予妇女在政治上，经济上，法律上，教育上与男子同等的待遇。苏维埃政权下的妇女（仅指农村妇女，不包括富农分子）应有土地权、选举权，被选举权、结婚权、离婚权等。"③ 武装割据后中共党人言行一致，在苏区颁布了大量的法令、法规、条例、训令来保护妇女权益，特别是中华苏维埃共和国成立后，陆续制定了宪法大纲、土地法、劳动法、婚姻法、选举法、政权组织法、刑事法规等系列法律法规，在社会政治经济关系的主要方面使妇女权利保障做到有法可依，从而确保广大妇女权益。

（7）以男权话语为主导。中国近代特殊的历史处境很大程度上造成了妇女解放过程中女性主体性被置换的男权主导特征，它不像西方女权主义运动是由女性发起和组织的，女权运动同时也是女性自我主体性外

---

① 中华全国妇女联合会妇女运动历史研究室编：《中国妇女运动历史资料（1927—1937）》，中国妇女出版社 1991 年版，第 390 页。
② 江西省妇女联合会、江西省档案馆：《江西苏区妇女运动史料选编》，江西人民出版社 1982 年版，第 6 页。
③ 中华全国妇女联合会妇女运动历史研究室编：《中国妇女运动历史资料（1927—1937）》，中国妇女出版社 1991 年版，第 79 页。

化和逐步建构生成的。就教育而言，妇女教育是妇女解放的前提和重要内容，维新人士经元善率先开办中国第一所女子学校，开妇女教育风气之先；辛亥革命之前，最早系统研究妇女解放问题并著《女界钟》的是金天翮；提倡妇女自由，男女平等，在大学首开女禁的是中国资产阶级教育制度确立者蔡元培；而将妇女解放付诸法律，作为自己奋斗任务的则是中共"二大"的男性领导集团。[①] 男子在妇女解放的思想和实践发展过程中充任着提倡者、指挥者和践行者的角色。中央苏区妇女解放运动的兴起和行进是近代救亡图存的民族解放运动的延续，更是始终伴随着苏维埃革命的兴起与发展，发动和领导妇女解放的主体是男性政治精英，他们以革命的暴力性、革命正当性、政治合法性置换了妇女解放运动中女性的主体性。它不是单纯为妇女争取权益和生存空间的运动，而是社会革命的组成部分，处于革命、民族、国家、政治本位及男权本位的主流话语之内。经过1927年一系列灾难性事件后，一直作为共产国际的一个支部的幼年中共在共产国际的帮助下快速反应，确定了实行土地革命和组织民众武装反抗的新政策，重新寻求生存土壤和联盟对象，不管是逼挤之下的抉择，还是理性思考的明智之举，在危急存亡之时中共把视野投向乡村。处于残酷、动荡的环境中，在没有成功或成熟政权建设经验指导的困境下，在动员农民尤其是农妇的问题上，仿效了第一个社会主义国家苏联的方法，采取的策略与方针与共产国际的指示和决议有着千丝万缕的联系。[②] 在这个过程中，女性的现实处境、心理体验及政治诉求凸显于服务国共战争、苏维埃政权建构状态中，最终呈现出来的是革命、阶级、国家、民族主义话语，这种主体置换遮蔽了漫长历史中形成的女性与男权文化结构的紧张关系，并且男性政治精英通过争取女权建构了自己的主体现代性。[③]

（8）以妇女解放与苏维埃建设双向互益为目的。斯大林指出："在人类历史上，任何一次重大的解放运动都不能没有妇女直接参加，因为被压

---

　　① 参见杨洁《关于妇女解放过程男性化的思考》，《陕西师范大学学报》（哲学社会科学版）1998年第12期。

　　② 参见张宏卿《农民性格与中共的乡村动员模式——以中央苏区为中心的考察》，中国社会科学出版社2012年版，第78页。

　　③ 参见丁琪《中国近代以来民族国家建构与妇女解放的互动》，《山东社会科学》2011年第2期。

迫阶级在解放道路上每走一步就使妇女的地位改善一步"。① 斯大林认为它"决定着无产阶级的命运，决定着无产阶级革命的胜败，决定着无产阶级政权的胜败"。② 妇女解放运动在苏维埃革命运动过程中的非独立性存在状态并不意味着它单向度地被掌控；相反，可以看作妇女解放运动与苏维埃革命运动在"民族、阶级"旗帜下的结盟，是"共生互益过程"，尽管它们在本质上隶属不同的两套话语体系，但它们资源互惠、利益共沾，在共同认可的现代性向度上构建各自的愿景与设想，两者的结合是"异质同构"，实施结果双方都获得了"超前性""跨越式"发展，中共得以生存和壮大，并在苏区建立了中华苏维埃共和国，而妇女解放运动也出现了"妇女解放，突起异军"的喜人局面，也才会有瑞金红属代表大会全体代表共同由衷地发出"我们知道苏维埃政府是开天辟地以来从未有过的好政府，是我们自己的政府"③ 的心声。当然，两者互动、互相取益并非结果对等，两者结合也并非总是一帆风顺，而是在互益中充满了内在紧张关系。迫于主客观情况，双方往往以妥协、让渡、协商的方式来处理冲突。面对深重的民族危机，在中国需要全面的社会动员的时候，苏维埃运动有时很大程度上可能被迫向妇女解放运动作出最大限度的让步和妥协，从而使妇女解放可以达到空前的程度，甚至使所获得的权利具有某种"超前性"④。例如，中共认为"党六次大会已经很坚决的指出妇女运动的重要，二中全会更特别指出目前女工农妇运动之迫切……占农村人口半数的农妇工作于是更加重要而迫切。……在不与整个农民的利益冲突时，要特别注意提出农妇的特殊要求，而发动农妇参加一切斗争"。⑤ 而且"现在我们知道，妇女运动并不是单纯的妇女解放运动，更不是少数的女同志的工作，乃是整个的革命部分"。⑥ 不得不提醒，两者"共生互益"并非

---

① 斯大林：《致山民妇女第一次代表大会的贺电》，《马克思恩格斯列宁斯大林论妇女》，人民出版社1978年版，第327页。
② 斯大林：《斯大林选集》（上），人民出版社1979年版，第315页。
③ 中华全国妇女联合会妇女运动历史研究室编：《中国妇女运动历史资料（1927—1937）》，中国妇女出版社1991年版，第400页。
④ 旷新年：《妇女解放的历史条件》，《天涯》2007年第1期。
⑤ 中华全国妇女联合会妇女运动历史研究室编：《中国妇女运动历史资料（1927—1937）》，中国妇女出版社1991年版，第31页。
⑥ 同上书，第44页。

固化的规律，也非总是良性互动，时间、空间的变迁对她们的动态建构产生了复杂影响，在这个过程中，双方都在以某种主动的姿态进行调适与重构，在有限范围内维护双方的权益，但仍不排除矛盾的存在，埋下了当下妇女解放实践所遭遇的"市场溃败"① 的种种根由。

事实上，中共成立后不久就把"男女平权"写进党纲，这既说明中共妇女问题的主张，也昭示出在民族、阶级矛盾上升时期，妇女与男性的利益在民族国家的召唤下趋于一致。在敌我矛盾上升革命下乡后，中共为了生存，高度重视并充分认识到"党的总路线是争取群众。在现在革命的时期中，大会提出关于取得广大的工农群众到共产党旗帜之下，建设苏维埃等口号。虽然中国革命暂时失败了……所以现在党的任务，应取得群众"。② 强调"党的妇女运动应群众化。在党的妇女运动中，最重要的任务是发展党和团的组织，尤其注意吸收在群众中的积极分子，这样才能使党的基础建筑在工农妇女群众之中，才能真正的群众化"。③ 凸显出妇女动员的重大价值性，而且再三强调妇女动员的重大意义，"妇女占劳动群众的半数，劳动妇女积极起来参加革命工作，对于革命有很大的作用：如妇女参加游击队，女子参加义勇军、赤卫队、少先队等，这都表现妇女参加各种斗争的革命积极性。如果不注意妇女问题，不实行保护妇女应得的利益，是会削弱妇女对革命斗争的积极性，这是对革命有损失的。尤其是在日益扩大向外发展的革命战争中，多数劳动男子均要到红军里去及参加前线的工作，则后方的工作与巩固保卫的责任，更要有妇女来担当"。④ 又十分讲究动员的策略性，做到实施"坚决实现保护与解放妇女的法令，领导与兴奋劳动妇女群众来积极参加革命战争，使与妇女运动密切的联系起来并很好的配合起来，以增加革命胜利的速度"。⑤ 在动员妇女进程中，逐步促进了妇女问题的发现和解决。总之，"互利共生型苏区妇女动员模式"反映了中央苏区妇女解放运动中的妇女动员前提、动员主体、动员方式、动员轴心、动员重点、动员对象、动员力量、动员区域、关联因素

---

① 揭爱花：《国家、组织与妇女：中国妇女解放实践的运作研究》，学林出版社2012年版，第1页。
② 中华全国妇女联合会妇女运动历史研究室编：《中国妇女运动历史资料（1927—1937）》，中国妇女出版社1991年版，第14页。
③ 同上书，第29页。
④ 同上书，第232页。
⑤ 同上。

等，体现了其内在机理和形成逻辑，将革命的理论、斗争的激情、适当的经济利益和理想的完美奇妙地结合在一起。

第四节　得失管窥：中央苏区妇女解放运动的妇女动员功效评价

中央苏区妇女解放运动动员效果十分显著，取得了种种超越经济社会发展历史进程、超越女性主体意识发展水平的令世人瞩目的重大成就，也让妇女为之付出了种种难以言说的代价，并留下后人诟病之处。

一　妇女动员的成效

（一）就妇女自身而言

妇女解放运动动员的成功至少体现在以下两个非常重要的方面。

（1）在思想观念上，中央苏区上上下下对"男女平等"的普遍认识迅速在以党领导的苏维埃制度下拥有了合法的意识形态背景。苏维埃革命的结果使妇女在极短时间内，跳出了封建家庭，广泛进入社会，从"家庭中人"变成"社会中人"，由封建社会直接跃进了现代意义上的民主国家。此举强化了妇女的社会主体意识以及主动参与社会的自觉性，使男女两性之间的历史差距迅速缩小，跳离了女性个人面对整个男权世界的孤军奋战弱势阶段。

（2）在法律上，广大妇女获得了与男性一样的广泛的法律平等权利与法律保障权益，高度体现了社会主义人人"平等"的原则。对应于当时妇女普遍素质，就"妇女解放"的起点而言，实际上已跨越了女权主义自我结盟、与"男性社会"抗争的启蒙阶段，而"男女平等"形式的立法实现超前于广大妇女的公民觉悟和基本社会素质。

苏维埃时期所有的社会变化中，妇女地位的改变可以说最为引人注目。正如1934年3月娜姐饱含激情地撰文歌颂道："现在全世界上，除了苏联，只有中华苏维埃共和国的劳动妇女真正完全解放了。……中华苏维埃的妇女，再不做奴隶……她们已经是独立自由的人了。"[①] 她又自豪地

[①] 中华全国妇女联合会妇女运动历史研究室编：《中国妇女运动历史资料（1927—1937）》，中国妇女出版社1991年版，第376页。

宣称："在苏维埃宪法上写着：她们在政治上、经济上和男子完全平等，她们有选举权与被选举权；女工获得劳动保护，与男子同工同酬，而且生育期间还有休假与照给工资的优待；农妇分得和男子同样的土地，并且可以自己处理；婢妾娼妓和童养媳的制度，孝顺贞节等道德，都已毁灭，结婚离婚一律自由；她们受教育的机会也和男子一样。总之，在法律上，已经消灭了一切男女不平等的痕迹。"① 并放声感慨："她们真是最解放最自由，面向着光明迈进。"② 这个高度的肯定显然不是随兴的恭维，然后又发出如此赞叹——"劳动妇女只有在苏维埃旗帜之下，才能做个真正独立的人啊！"③ 全文洋溢着从压迫到自由的释然感和自豪感。难怪美国学者 Tani. E. Barlow 赞扬中国共产党在农村根据地的实践，"改变了他们早期对欧洲马克思主义理论的盲从，欧洲妇女的模式被中国农村革命中的妇女所取代"。④ 言语间折射出马克思妇女观中国化的贡献，凸显了妇女动员成就。

（二）就妇女所做贡献来看

苏区妇女彻底改变了以往被压迫剥削的状况，"真正成为社会的主人"⑤。在苏区的妇女除地主富农家的以外，都能奋勇当先，唯恐落于人后地积极参加生产、扩红、支前等革命运动，而且在男子大都上前线的情况下，苏区妇女以自己的力量出色地完成了这些工作。在生产和战斗中，不少杰出妇女还成为光荣的共产党员，她们为苏区建设作出了积极贡献。

（1）参加生产劳动。中央苏区的青壮年男子大都离开了村庄，为维持社会生产正常运转，也为保障前线粮食供应，在"每个劳动妇女英勇地踏上生产战线，如红军战士上火线一样英勇"的口号号召下，妇女成了苏区生产的主力⑥，苏区妇女白天下田劳动，晚上纺纱织布，苏区生产问题得到解决，以至"扩大红军如此之多，生产不减少，反增加了"。⑦

（2）做好支前工作。苏区妇女积极参与洗衣队、慰劳队、宣传队、

---

① 中华全国妇女联合会妇女运动历史研究室编：《中国妇女运动历史资料（1927—1937）》，中国妇女出版社1991年版，第376页。
② 同上书，第384页。
③ 同上。
④ 鲍晓兰：《西方女性主义研究评价》，三联书店1995年版，第268页。
⑤ 余伯流、何友良：《中国苏区史》，江西人民出版社2011年版，第511页。
⑥ 胡军华、唐莲英：《论中央苏区的妇女政治动员》，《江西社会科学》2013年第3期。
⑦ 《毛泽东文集》第1卷，人民出版社1993年版，第301页。

运输队、担架队、救护队、向导队等,广泛开展支前工作①;她们利用一切空闲时间为红军做军鞋;在军费紧张时,她们开展节省运动,自觉捐卖首饰,节省费用,捐作军费;她们自发募捐,积极筹集款项,契合了当时服务战争的需要。

(3)推进扩红运动。妇女是苏区男子参加红军的重要推动力。苏区劳动妇女竞相宣传鼓动丈夫去当红军,替丈夫赶做包袱、鞋子,带领丈夫到苏维埃去报名;争先送儿子、兄弟、亲戚上战场的也有很多②,著名的有瑞金的"八兄弟"、太雷的"五父子"、会昌的"四房之独子"参加红军等光荣事例。1933年9月,兴国县"单独由妇女鼓动男子当红军的有625名"③。此外,她们还是督促苏区落后分子的锐利武器。她们采用各种宣传、报告、山歌来耻笑落后分子和逃兵,迫使他们觉悟并加入红军中去。1933年12月6日"江西全省女工农妇代表大会"就表彰了12名模范妇女,她们都是宣传群众当红军和劝回士兵归队的典型。④如有学者研究中央苏区的扩红运动时指出:苏维埃中央政府是扩红"发动机",地方是扩红"蓄水池",社会团体是扩红"扬声器、助产婆",个体是扩红的"兴奋剂",扩红运动反映了苏维埃时期的中央苏区国家、地方组织(包括群团)和民众之间三位一体的共存共荣效应,个人、集体和国家之间的利益整合成了一个坚固的共同体。⑤

(4)直接参加战斗。在战火纷飞的硝烟中,中央苏区妇女走出家庭勇敢参加战斗。兴国长冈乡的赤卫队,妇女占了全队的75%,少年先锋队中女子占了80%⑥;赣西南"普通一般妇女(35岁以上)统统加入赤卫队,20岁以下的加入少先队"⑦。即使到1934年4月第五次反"围剿"失利的情况下,据对江西省11县的统计,当地妇女加入赤卫军的仍占全

---

① 参见胡军华、唐莲英《论中央苏区的妇女政治动员》,《江西社会科学》2013年第3期。
② 同上。
③ 钟平:《战争动员中的革命妇女》,《红色中华》1933年11月23日。
④ 参见江西省妇女联合会、江西省档案馆《江西苏区妇女运动史料选编》,江西人民出版社1982年版,第143页。
⑤ 参见周榜师、曾金玉《从中央苏区"扩红"看国家、地方组织和民众的互动》,《党史文苑》2004年第8期。
⑥ 参见江西省妇女联合会、江西省档案馆《江西苏区妇女运动史料选编》,江西人民出版社1982年版,第169页。
⑦ 中华全国妇女联合会妇女运动历史研究室编:《中国妇女运动历史资料(1927—1937)》,中国妇女出版社1991年版,第81页。

体51.4%，其中，胜利县更是高达66.2%。① 女红军郭治妈坚持革命工作，不幸被捉，敌人威逼利诱不成，残酷割下她的乳房撒上盐而她仍然坚贞不屈；康克清、王泉媛多次指挥女红军作战；更有妇女在斗争前线"加入冲锋铁丝网与敌肉搏"②，"篁乡的女子成群地挑柴去烧炮楼，又从反动地主家里抢了谷子出来。斗争胜利的地方她们立刻有了个人的自觉"。③ 因为在战斗中妇女是"表现非常之喜欢的"④，是发自内心地拥护革命拥护中国共产党。白军士兵看到兴国女子赤卫军整连整排地上前线作战感叹说："红军怎能不打胜仗呢，看，连女子也上火线了，男女老幼一样齐心啊！"⑤ 据统计，赣南、闽西有1919名女英烈为国捐躯，中央苏区时期兴国就有382名女烈士为革命献出了年轻的生命；在闽西，土地革命时期的女烈士多达438名。⑥

（5）做好侦探和策反工作。苏区妇女经常三五成群地在国民党驻地旁边秘密侦探敌情、购买白军士兵枪支、游说白军投诚，令国民党为之头疼，特别下令"匪设有妇女训练班，经过训练后，装难民逃到我军地区求夫，以作兵运，及刺探我方消息，并作种种活动。请转令各部队，不论官兵，不得在匪区结婚，并禁止士兵与妇女交谈"。⑦ 害怕中央苏区妇女到不得与之交谈的地步，可见中央苏区妇女确实做了相当的工作和贡献。⑧ 妇女积极主动参与革命，为红军传递信息或策反白军，这样的情形连蒋介石都非常羡慕，"使民众信赖的政治工作和宣传工作比枪弹更为重要"⑨，也足见妇女动员威力。因而后来也就有了蒋介石在南昌大张旗鼓发动的"妇女新生活运动"，可惜由于代表大地主大资产阶级利益的蒋介石政府不可能触动自身的根基来满足妇女的根本利益和要求，最后也只得

---

① 参见《赤少队突击运动的总结与红五月动员》（社论），《斗争》第57期，1934年4月28日。
② 中华全国妇女联合会妇女运动历史研究室编：《中国妇女运动历史资料（1927—1937）》，中国妇女出版社1991年版，第85页。
③ 《毛泽东文集》第1卷，人民出版社1993年版，第240页。
④ 同上书，第242页。
⑤ 中共兴国县委党史工作办公室：《兴国人民革命史》，人民出版社2003年版，第119页。
⑥ 参见张雪英《中央苏区妇女运动史》，中国社会科学出版社2009年版，第235—236页。
⑦ 《训令东西北路总司令部令各部队不得在匪区结婚并禁止士兵与妇女交谈》，《军政旬刊》第30、31合刊，1934年8月20日。
⑧ 参见胡耳华、唐莲英《论中央苏区的妇女政治动员》，《江西社会科学》2013年第3期。
⑨ ［日］古屋奎二：《蒋介石秘录》，湖南人民出版社1988年版，第222—223页。

以一出闹剧收场，担任"妇女新生活运动"顾问的西方传教士在看清蒋介石"新生活运动"的实质之后①，也弃之而去。

二 妇女动员的缺失

（一）目标和现实的落差

虽然妇女动员取得很多成绩，但这些动员面临着现实的考验，这种目标和现实的落差一直困扰着苏区的政策制定者。事实上，部分妇女动员工作的绩效不佳也说明当时的一些忧虑和检讨并非夸大——"苏区的妇女工作，在过去是未充分做起来的，没有很实际的去注意妇女在封建束缚下所受的痛苦，联系到整个的革命利益来动员妇女"②。这份出现在1932年的检讨，体现了当时苏区妇女运动的缺失。一些问题虽然随着地方苏维埃妇女代表会议和各级苏维埃妇女生活改善委员会的成立而获得部分改善，但整体而言，妇女解放离苏区政府的目标还有一定差距。"妇女代表会议除传达决定关于政治的动员政治工作外，对于劳动妇女反封建束缚等斗争，还很缺乏。……因此在妇女代表会议中，有的劳动妇女代表竟喊出这种呼声：'一切革命工作，女子都去做，除红军外，后方工作，女子比男子还做得多，为什么女子还得不到真正的平等咧？'"③ 之所以出现目标和现实的落差，除了和政权的施政经验与战争的干扰有关外，也和妇女解放涉及家庭权力结构与男女性别关系改变有直接关系。妇女解放触及的是家庭的两性关系与权力地位改变，也是传统与现实的碰撞，它的复杂程度和实现难度不会比对抗南京国民政府简单多少。而上述的总结也表明，苏区的性别平等其实离文件、标语上的宣言还有距离，妇女动员和解放并非一时之功便可完成。这个目标和现实的落差，是我们看待苏区妇女动员不能忽视的一个方面，对苏区妇女的社会地位，也不能脱离当时具体的社会环境而估计过高。

（二）妇女解放过度服从于革命需要

如果说国家的动员和保障确实有助于妇女挣脱封建男权社会的束缚，但也不能忽视另一个问题，即妇女是否真正找到新社会结构中自己的性别

---

① 参见程伟礼《基督教与中西文化交流》，《复旦学报》（社会科学版）1987年第1期。
② 江西省档案馆、中共江西省委党校党史教研室：《中央革命根据地史料选编》（上），江西人民出版社1982年版，第472页。
③ 同上书，第473页。

定位。鲁迅曾对民国社会妇女解放运动的方向提出了一个很关键的问题：娜拉出走以后怎么办？由此我们得知，妇女解放应包括挣脱旧的束缚和创造新的女性生存活动空间两个方面。在革命过程中，妇女作为被解放者的同时也是革命依靠的力量，这样，广大妇女的命运就同革命紧密联系在一起。在妇女脱离旧家庭的同时，很自然地融入政治性活动而忽视了自身的诉求，女性自身主体意识的构建则在紧张的革命动员中被忽视。例如，苏区妇女动员对三八国际妇女节的挪用，使妇女节从争取性别权利和工作待遇平等的纪念日变成了妇女要贡献力量保卫苏区政权的图强日而离题甚远，这充分体现了妇女解放服从革命的面貌。例如，1933年的三八国际妇女节就演变成要求妇女武装拥护中央苏区的节日："现在是帝国主义国民党对中央苏区和红军大举进攻的时候……因之，我们必须执行下列几个任务：（1）每个工农妇女应当武装起来，积极地加入赤卫军，加入少先队去！（2）鼓励自己的丈夫、兄弟和儿子去当红军，完成共产党所提出的创造一百万铁的红军的战斗任务！（3）自动募捐，购买'三八'号飞机送给红军！（4）每个女工以一天工资，来帮助红军的战费；每个农妇以三升谷子，捐给红军，并且都来做草鞋袜子去慰劳红军。（5）提早春耕，多种杂粮，把田园家室好好处理，使前方红色战士，安心的去消灭敌人。"[1] 从这些任务的赋予，我们看到解放后的妇女面临着捍卫新政权的全新的政治空间。所以政治解放仅仅是妇女走出家门的第一步，这些繁多的政治责任和革命义务，让她们无法顾及自身仍待进一步解放的生存处境。这表明，革命和妇女的解放虽然在理论上殊途同归，而在当时紧张的斗争环境中，却表现出了后者对前者明显的退让，这也体现出革命是千万人为了理想而主动牺牲自我的利他性神圣事业。此外，苏维埃政权把非敌人的每一个妇女从体制外吸附到体制内，成为体制内的国家公民，这意味着提供极强保护的同时也伴随着极强束缚，让其为建立、维持扩张性苏维埃政权及制度服务，正如米格代尔所说：只有"在革命者成功地将农民并入一种独立的经济和政治制度之后，农民才会对该种制度产生义务感"[2]。

---

① 月华：《劳动妇女们！武装起来拥护苏维埃！》，《红色中华》1933 年 3 月 3 日；另见苗伟东、江静《中央苏区农村妇女参政叙论》，《党史研究与教学》2011 年第 2 期。

② ［美］J. 米格代尔：《农民、政治与革命——第三世界政治与社会变革的压力》，李玉琪、袁宁译，中央编译出版社 1996 年版，第 214 页。

本章小结

为实现中共妇女解放政纲，达到妇女解放的愿景，在光明的图像后面充满的是动员技术的挥洒和运用。中共凭借以土地革命为内容的经济动员、以阶级思想灌输为方法的文化动员、以群众路线为途径的组织动员、以政治参与为手段的政治动员和以诉苦、控诉为形式的情感动员等多种方式，唤醒妇女、宣传妇女、发动妇女、组织妇女，在危急存亡关头中共得以生存和壮大，建立了中华苏维埃共和国，推行了一系列政权建设措施，掀起了一场浩大的妇女解放运动，实现了妇女解放的"超前性""跨越式"发展，出现了"妇女解放，突起异军"的喜人局面。

中央苏区妇女解放运动的动员机制分析离不开妇女动员的方式、模式、特色、功效探究。"互利共生型苏区妇女动员模式"的提出也有待专家学者赐教。苏维埃政权通过全方位、立体式、密集型政治动员，是一种在家户和村落中对每个个体进行组织、镶嵌和再造的政权。"它的精细程度和推陈出新的做法，是国民党的训政工作和新生活运动都难望其项背的。"[①] 不言而喻，妇女动员功不可没。其实，中央苏区的动员方法、精髓和技术，并没有随着红军长征离开苏区和抗日战争的爆发、民族主义的崛起、新中国的建立而稍有止歇，反而在以后的革命、建设和当前的改革开放时期得以持续运用，变成了加强党的建设、治理国家的重要手段。中国共产党能在长征之后迅速恢复元气、扩大战果、巩固政权，就是将动员技术学而时习之的发展运用例证。当然，就历史结果而言，当初动员并没有全部成功，娜姐的亮丽歌颂也并没有反映全部事实，共产党员也从来不讳言其中的挫折。

中央苏区妇女解放运动之所以可能，必有其形而上的深刻维度。中国共产党和苏维埃政府提出了"一切苏维埃工作服从革命战争的要求"。[②] 在这个思考维度上，问题不应过多关注这次运动直接产生的历史后果，而应把关切的重点放在揭示其深层的精神动因。在这一卓有成效的动员场面

[①] 黄金麟：《政体与身体——苏维埃的革命与身体（1928—1937）》，台北联经出版事业股份有限公司2005年版，第253页。

[②] 《毛泽东文集》第1卷，人民出版社1993年版，第276页。

和声势中，自然动员"积极分子"必不可少。为此，促使笔者进一步思考在动员中妇女又会有怎样的参与呢？妇女干部群体又有怎样的能动性？这将在第四、五章的分析中，为诸多层面上的学术探讨储存、积淀和提升更宽更深的透视空间。

第四章

雄关漫道花枝俏：中央苏区妇女解放运动的巾帼群英考察

> 雄关漫道真如铁，而今迈步从头越
> ——1935年2月，毛泽东《忆秦娥·娄山关》
> 已是悬崖百丈冰，犹有花枝俏
> ——1961年12月，毛泽东《卜算子·咏梅》①

有效的动员具有"滚雪球"般的放大效应，对于动员者来说，其成败的关键在于如何动员起一批"积极分子"并发挥他们的能动作用，用积极分子的"四两"去拨普通群众的"千斤"，这是动员者屡试不爽的策略。斯大林说过，"在人类一切解放运动中，不仅产生了女英雄和女烈士，而且产生了在无产阶级的共同旗帜下胜利斗争的千百万劳动妇女的群众性的社会主义运动"。② 中央苏区妇女解放运动中也不乏这样一批"积极分子""女英雄""女烈士"，她们是杰出的巾帼英雄。那么，她们具有什么特质和优势？在妇女解放运动的动员中如何发挥各自能动性？本章将通过这些巾帼英雄代表样本分析给出些许答案。

第一节　身体印记：巾帼群英的整体肖像概述

在中央苏区，一批巾帼英雄脱颖而出，这些人要么长期生长、生活于

---

① 公木：《毛泽东诗词鉴赏》，长春出版社2001年版，第84、219页。
② 斯大林：《致山民妇女第一次代表大会的贺电》，《马克思恩格斯列宁斯大林论妇女》，人民出版社1978年版，第327页。

此，要么肩负使命先后来到苏区，群英荟萃，成为一个说不尽历史传奇的英雄群体。历史总是被岁月无情地冲淡。在积极投身中央苏区妇女解放运动中的女性，她们的故事很多都因时间的流逝而永远地封存了，并且可能无法再被人提及或追忆。本章只能以《中共党史人物志》《中央苏区人物志》《中央苏区人物谱》为基础，结合历史资料、人物辞典、回忆录、口述史进行整理编辑，仅针对资料相对翔实的60位巾帼群英作为分析样本，采用内容分析法，进行一些剖析。为确保其真实性与准确性，还对一些新材料做了较细致的求证工作。限于资料获得的可能性和可行性，分析样本大体包括当年参加了中央苏区妇女解放运动，并有较高知名度或有重要影响的革命英烈，以及参加了中央苏区妇女解放运动且新中国成立后担任过一定职务的领导干部。

一　运动起源时的巾帼群英

如果依据中央苏区六阶段划分，大致可以将中央苏区妇女解放运动历程划分为：1927年8月至1929年12月的起源阶段；1930年1月至1934年10月的勃兴阶段；1934年10月至1937年10月的衰退阶段。在运动起源时，巾帼群英主要是随着朱毛红军来到赣南、闽西的妇女干部，如贺子珍、伍若兰、康克清、曾志、吴仲廉、彭儒等人[1]。她们有的早年参加过革命暴动，如贺子珍参加了永新暴动，彭儒、吴仲廉1928年参与了湘南暴动；多在井冈山革命根据地积累了丰富的斗争经验，如曾志是1928年4月随部队进入井冈山的，担任过红四军后方总医院党总支书记，红四军组织科干事，红四军前委工农运动委员会民运股股长、妇女组组长等职务，她在1929年2月初红四军最困难的时刻挺身而出，与红四军内部以林彪为代表的轻视妇女的大男子主义进行坚决斗争，得到毛泽东的支持，保护了女红军战士们不受排斥和伤害。[2] 她们参加工作时间较早，而且经过妇运工作历练，如伍若兰1928年2月在耒阳县苏维埃政府成立时就当选为妇女界联合会主席。除康克清家境清贫从小无法读书外，其他基本出身为没落地主或官僚家庭，在参加革命工作前都接受过学校教育，在学校

---

[1] 据康克清回忆"井冈山上一共约有100个女人"。见江西省妇女联合会《女英自述》，江西人民出版社1988年版，第62页。

[2] 参见余伯流、凌步机《中央苏区史》，江西人民出版社2001年版，第656页。

还是活跃分子。她们普遍受到了具有进步思想的亲人、老师、朋友的革命思想感染，因此容易接受新生事物，思想开放。比如，因养父是万安县早期中共党员和乡农民协会主席，受之影响，康克清15岁时就从事妇女工作，那年"还不会读和不会写"，虽是文盲，但在1929年至1930年下半年从标语口号之类学起，通过"非常用功学习"，文化水平提高很快，1930年就担任"少年学校"的短期校长了。[①] 她们的革命伴侣大多是早期革命领导人，因此，跟随革命伴侣在开辟中央革命根据地中，她们为苏区妇女解放运动的开展做了大量开拓探索性工作（见表4-1）。

表4-1　　　　早期进入赣南、闽西根据地的巾帼群英
（按进入中央苏区时间先后排列）

姓名	籍贯	出生年份	入党年份	入区年份	主要任职/文化程度
贺子珍	江西永新	1909	1926	1929	临时中央政府机要科长/永新女子学校
伍若兰	湖南耒阳	1903	1926	1929	中共红四军前委妇女运动委员会书记/湖南省立第三女子师范
康克清	江西万安	1912	1931	1929	中华苏维埃共和国临时中央政府候补执行委员/文盲
曾志	湖南宜章	1911	1926	1929	中共福建省军委机要秘书/衡阳省立第三女子师范学校
吴仲廉	湖南宜章	1908	1927	1929	中央苏区女子义勇队政治指导员/衡阳省立第三女子师范学校
彭儒	湖南宜章	1913	1930	1929	苏区中央局妇女委员兼秘书/衡阳第三女子师范学校

资料来源：1. 中共党史研究会编：《中共党史人物志》，中央文献出版社2000年版；2. 中共赣州市委党史工作办公室编：《中央苏区人物志》，中共党史出版社2004年版；3. 张孝忠等：《中央苏区人物谱》，中央文献出版社2009年版；4. 江西省妇女联合会编：《女英自述》，江西人民出版社1988年版；5. 瞭望编辑部编：《红军女英雄传》，新华出版社1990年版；6. 中共党史人物研究会：《中共党史人物传》，中共党史出版社2010年版。

二　运动勃兴时的外来巾帼群英

妇女解放运动缘起之后是运动的勃兴。这个时期的巾帼群英主要是中央委派、调任的妇女领导干部或技术干部，她们来自全国各地，籍贯包括海南、重庆、河南、湖北、上海等。1930年朱昌偕在给中央的报告中说："现在最困难的问题，就是做妇女工作的同志没有，在上级做妇女工作的

[①] 江西省妇女联合会：《女英自述》，江西人民出版社1988年版，第60页。

女同志，能力亦非常差。"① 说明当时妇女干部少，为此他请求上级："如果能派几个有经验的女同志去就比较好，不然那边现在虽则各处妇女都蓬勃起来……所以还最感觉困难。"② 此后陆续有多位妇女干部派到中央苏区，主要有邓颖超、刘英、刘群先、李伯钊等，其中部分是由于爱人先到苏区工作，如邓颖超、蔡畅、李伯钊等人。1931年11月周恩来到苏区瑞金后，次年5月邓颖超也来到瑞金。在上海负责党中央委员会妇女部工作的她到瑞金后任过中共中央局宣传部、组织部干事，中央局秘书长，后改任中央政治局秘书等职。③ 又如，1924年与李富春结婚、蔡和森之妹蔡畅，因丈夫担任了苏区江西省委书记，1931年11月从白区转入，次年2月到中共江西省委担任妇女部部长并代理组织部部长。④ 后来她成了长征出发时年龄最大的女红军。另外，因中央苏区需要无线电干部，在莫斯科国际无线电学校毕业的刘英（当时名叫郑杰）辗转回国后被派到了瑞金，博古要她去电台工作，刘英到电台后看到那里并不缺人，因生性爱说爱动，就要求做群众工作，经允许后到了少共中央局担任巡视员，主要工作是培训青年干部，为此还编了一本《青年读本》。

这批妇女群英一般家境较好，文化水平较高，她们大多数拥有较好的学习背景、较高的知识水准，大多接受了良好的教育，受过低等、中等，甚至高等教育，有的还出国留过学，受过西方女性主义思想熏陶，相当一部分人接受了某种专门训练，这也是早期接触和了解妇女解放思想的重要途径。进入苏区后，她们发挥更强优势撰写宣传文稿、创作动员戏剧、充当培训教员，对于妇女运动的各个重大问题能注意研究总结经验，对妇女运动尽批评和指导责任。如蔡畅，与母亲葛健豪、哥哥蔡和森一起赴法助工俭学。在法国，她还加入了共青团，后转为中共党员。1925年回国，与何香凝、邓颖超一起领导了广东的妇女运动。又如，周月林、李伯钊等都有曾在国外生活、学习的经历。她们的这些阅历，无疑为中央苏区妇女解放运动的兴起，提供了必备的组织条件，奠定了较好的专业素质。

五四新文化运动，唤起了更多的妇女反抗封建婚姻制度，开创了男女

---

① 中华全国妇女联合会妇女运动历史研究室：《中国妇女运动历史资料（1927—1937）》，中国妇女出版社1991年版，第82页。
② 同上。
③ 参见江西省妇女联合会编《女英自述》，江西人民出版社1988年版，第171—177页。
④ 同上书，第235—236页。

共同做事氛围,挑战了男女有别的传统性别规范,这些深深影响过她们。因为具有较好教育,接受新鲜事物快,在寻求救国之路的过程中,都有通过自己的直接行动来改造中国社会政治生态的强烈愿望。邓颖超曾说:"五四运动时期,我们不是什么了不得的先驱者,当时,我们是满腔热血,想的就是要救中国,不当亡国奴,为国家不怕牺牲,为国献身是光荣的。"① 邓颖超在"二苏大"上,当选为苏维埃中央执行委员会执行委员。她虽没任过苏区妇女工作部门领导职务,但她热心群众工作,关心苏区妇女工作,许多在她身边工作的妇女因此耳濡目染,进步很快。她不顾自己体弱多病,率先垂范,赢得了苏区妇女尊敬。正是因为这些胸怀马克思主义妇女观的女性知识分子,具备炽灼的爱国激情、强烈的忧患意识和使命感,以及具备了多项近代化因子、积极的自我解放心态,成为推广和施展中共妇女解放意识形态、组织蓄势的主要载体,她们带着对既存的黑暗之道的无情挞伐,带着对光明前程的无限向往,走向了乡村,从而延续一种从中心城市向省城、县城再转入乡村的正统蓄势、传播路径、探索实践。不容忽视的是,虽然这种蓄势、传播路径、探索实践中的马克思主义意识形态及政党组织形态源于苏俄,但它根植于中国土壤,嵌入中国社会的途径也绝对是中国式的。因此,并不能说它完全是全盘外化的幼婴、全盘西化的产物。② 她们已彻底突破了狭隘的个人主义,走进苏区乡村,从而动员乡村妇女投身自我解放运动,又不失与男子联手共赴国难的壮举,为此后妇女解放运动的全面升华奠定了扎实基础。当然,她们行动成功与否,则取决于从传统社会结构中分离出来的妇女骨干的形成、团结、极化及与广大妇女群众勾连的程度(见表4-2)。

表4-2　**中共中央派到、调任中央苏区的巾帼群英（按到达中央苏区先后排列）**

姓名	籍贯	出生年份	入党年份	入区年份	主要任职
周月林	上海	1906	1925	1930	中共中央局妇女部长、妇女生活改善委员会主任/苏联海参崴党校中国班

---

① 中华全国妇女联合会:《蔡畅、邓颖超、康克清妇女解放问题文选(1938—1987)》,人民出版社1983年版,第367页。

② 参见[美]西达·斯考切波《国家与社会革命:对法国、俄国和中国的比较分析》,何俊志、王学东译,上海世纪出版集团2007年版,第206页。另见黄文治《鄂豫皖苏区道路:一个民众动员的实践研究(1920—1932)》,博士学位论文,上海师范大学,2011年。

续表

姓名	籍贯	出生年份	入党年份	入区年份	主要任职
陈慧清	广东番禺	1909	1926	1930	中共闽粤赣省委妇委书记
唐义贞	湖北武昌	1909	1932	1930	中革军委卫生部材料厂长/莫斯科中山大学
甘棠	四川南溪	1910	1926	1930	苏区中央局妇女部秘书/重庆中法大学/上海文治大学
李坚真	广东丰顺	1907	1927	1930	苏区中央局妇女部部长、中华苏维埃共和国中央执行委员
蔡畅	湖南双峰	1900	1923	1931	中共江西省委妇女部长/长沙周南女子师范学校/赴法勤工俭学/苏联莫斯科大学
钱希均	浙江诸暨	1905	1925	1931	中央政府机关合作社主任/上海平民女校
金维映	浙江定海	1904	1926	1931	中革军委武装部副部长
吴静涛	江苏武进	1904	1926	1931	中共宁都、建宁县委妇委书记
李伯钊	重庆	1911	1931	1931	临时中央政府教育部艺术局长/莫斯科中山大学
危拱之	河南信阳	1905	1927	1931	临时中央政府秘书/汝阳道立女子师范学校/黄埔军校武汉分校女生队/莫斯科中山大学
邱一涵	湖南平江	1907	1930	1932	红军大学总支书记
张瑾瑜	广东兴宁	1912	1928	1932	中央粤赣省、赣南省委执行委员，白区工作部部长
邓颖超	河南光山	1904	1925	1932	中共中央政治局秘书长/北京平民学校、天津直隶第一女子师范学校
刘英	湖南长沙	1905	1925	1932	少共中央局组织部长/长沙师范学校
陈琮英	湖南长沙	1902	1932	1932	机要秘书
戚元德	湖北武汉	1905	1928	1932	中央革命军事委员会机要科长
周越华	湖北广济	1904	1926	1932	卫生学校政治处主任/湖北省立女师
萧月华	广东大埔	1911	1937	1932	少共中央局收发员
刘群先	江苏无锡	1907	1926	1933	中华苏维埃共和国中央执行委员/苏联莫斯科中山大学
李贞	湖南浏阳	1908	1927	1933	在江西瑞金马克思主义学校学习
廖似光	广东惠阳	1911	1934	1933	女红军
谢飞	海南文昌	1913	1927	1934	政治保卫局工作人员/广东省立第六师范/新加坡/马来亚

资料来源：1. 中共党史研究会编：《中共党史人物志》，中央文献出版社2000年版；2. 中共赣州市委党史工作办公室编：《中央苏区人物志》，中共党史出版社2004年版；3. 张孝忠等：《中央苏区人物谱》，中央文献出版社2009年版；4. 江西省妇女联合会编：《女英自述》，江西人民出版社1988年版；5. 瞭望编辑部编：《红军女英雄传》，新华出版社1990年版；6. 中共党史人物研究会：《中共党史人物传》，中共党史出版社2010年版。

三 运动演变中的本地巾帼群英

伴随运动始终的演变过程，本地妇女发挥了重要作用，锻炼了一批妇女运动骨干，涌现出一大批巾帼英雄。1927年秋至1929年，在赣南和闽西等地爆发了吉安东固万安暴动、永丰暴动、赣县大埠暴动、信丰暴动、于都里仁暴动、桥头暴动、寻乌暴动、南康潭口暴动、兴国崇县暴动、平和暴动、龙岩后田暴动、永定暴动、上杭蛟洋暴动等数十起大大小小规模不等的暴动。[1] 广大妇女积极地投入了斗争的洪流，与男子一样，拿起镰刀、斧头，扛起大刀、长矛，表现得十分勇敢顽强。1928年1月9日万安暴动第四次攻打县城中，全县出动了4万多农军，其中妇女就有9000多名，她们在行动总指挥部的指挥下，从四面八方逼近县城，枪炮齐鸣，杀声震天，把敌军打得落花流水，胜利攻克了万安县城。英国《字林西报》评论说："万安匪乱，妇女亦极凶猛。"[2] 可见妇女在这次暴动中的作用。中共闽西"一大"决议案明确指出，妇女在革命斗争中发挥了重大作用，做侦探、任交通员、做宣传工作、参加斗争、做士兵运动、料理家务、守卫放哨、慰劳战士等，兼做男子能做到的一切工作；革命运动中涌现了一批妇女运动积极分子，如闽西的吴富莲、李兰英、范乐春、张锦辉、江满娘、张溪兜等；赣南的古婉玉、万香等。[3]

1930年中央苏区妇女解放运动勃兴阶段和衰退阶段，许多本土妇女（如李美群、危秀英等）经外来巾帼群英的动员和影响加入运动队伍中，得到了快速成长。蔡畅在苏区工作期间，风里来，雨里去，常常冒着生命危险，深入各县农村调查研究，指导全省妇女工作，与广大苏区妇女打成一片，成了苏区妇女的贴心大姐。她慧眼识珠，从苏区劳动妇女中发现、选拔和推荐了一大批妇女革命骨干到各级妇女工作机构和党政机关工作。她关心、激励、帮扶她们成长，手把手教育培养起来的就有后来担任过中共江西省委妇女部部长的谢玉钦、李美群，以及兴国县委妇女部部长谢佩

---

[1] 参见江西省妇女联合会《江西妇女运动史专辑（1919—1942）》，内部资料，1982年印，第55页。

[2] 同上。

[3] 参见邱松庆《福建妇女运动史话：福建革命史辑》，福建教育出版社1989年版，第6—13页。

兰、太雷县委妇女部部长赖月明等。① 又如南雄人曾碧漪 1925 年底"受当时在广州任妇女解放协会主席的蔡畅派遣，以妇女解放协会特派员身份回到南雄任妇女部长"②，在 1928 年南雄暴动失败后辗转到寻乌县从事妇运，并任县委妇委书记、县苏维埃妇女部部长。这些巾帼英雄最初领导了当地的武装暴动，是妇女运动的中坚骨干，在走向建立工农民主政权、分配土地和扩大根据地后，自我锻炼成为各地妇运负责人（见表 4-3）。

表 4-3　　中央苏区部分本地妇女干部（按入党时间先后排列）

姓名	籍贯	出生年份	入党时间	主要任职
曾碧漪	广东南雄	1909	1925	寻乌苏维埃政府妇女工作部部长/广东甲种工业学校
胡德兰	江西星子	1905	1925	中华苏维埃共和国国家医院院长
古婉玉	江西寻乌	1906	1926	寻乌苏维埃妇联主任/南昌女子师范学校
贺　怡	江西永新	1911	1927	中共公略县委妇女部部长、瑞金县委组织部长/吉安第四女子中学
谢佑莲	福建武平	1910	1928	武平县苏维埃政府妇女部部长
范乐春	福建永定	1902	1928	中央执行委员、福建省妇女生活改善委员会主任
张龙地	福建龙岩	1881	1928	龙岩苏维埃政府妇女部部长
张溪兜	福建龙岩	1904	1928	龙岩县最早的女共产党员之一/平民夜校学习
吴富莲	福建上杭	1912	1929	闽粤赣省委妇女部部长
李桂荣	江西兴国	1910	1929	会昌县妇女部部长
李华仁	江西兴国	1912	1929	兴国妇女协会会长
罗荣德	福建永定	1907	1929	永定县妇女运动委员会主任
万　香	江西兴国	1912	1930	中共兴国县组织部长
李建华	江西高安	1915	1930	红军总司令部电台报务员/高安某小学
李美群	江西兴国	1911	1930	中共江西省委妇女部部长、中央候补执行委员
李桂英	江西寻乌	1906	1930	粤赣省委妇女副部长
萧牡丹	江西信丰	1904	1930	信丰县苏维埃政府妇女部部长/读过几年私塾
萧菊英	江西信丰	1912	1930	中共赣西南特区委秘书

---

① 参见余伯流、凌步机《中央苏区史》，江西人民出版社 2001 年版，第 654 页。
② 江西省妇女联合会编：《女英自述》，江西人民出版社 1988 年版，第 223—225 页。

续表

姓名	籍贯	出生年份	入党时间	主要任职
傅才秀	福建上杭	1903	1930	粤赣省委执委兼省苏妇女部部长
谢玉钦	江西兴国	1900	1930	中央执行委员、省妇女部部长
谢小梅	福建龙岩	1913	1930	福建省委秘书处工作人员/小学毕业
吴秀英	福建长汀	1913	1931	北征县苏维埃政府副主席
杨厚珍	江西瑞金	1908	1931	福建军区机关合作社主任
何桃英	江西上犹	1909	1931	上犹县苏维埃妇女主任
黄发桂	江西兴国	1912	1931	江西省土地部长、妇女改善委员会主任
赖月华	福建永定	1905	1931	福建省妇女部部长
邓六金	福建上杭	1912	1932	中共福建省苏维埃妇女部部长
危秀英	江西瑞金	1910	1932	兴国县妇女生活改善委员会主任
黄长娇	江西赣县	1909	1933	中央执行委员、江西省妇委委员
王泉媛	江西吉安	1913	1934	中共中央妇女部干事
钟月林	江西于都	1915	1935	中共中央妇女部巡视员

资料来源：1. 中共党史研究会编：《中共党史人物志》，中央文献出版社 2000 年版；2. 中共赣州市委党史工作办公室编：《中央苏区人物志》，中共党史出版社 2004 年版；3. 张孝忠等：《中央苏区人物谱》，中央文献出版社 2009 年版；4. 江西省妇女联合会编：《女英自述》，江西人民出版社 1988 年版；5. 瞭望编辑部编：《红军女英雄传》，新华出版社 1990 年版；6. 中共党史人物研究会：《中共党史人物传》，中共党史出版社 2010 年版。

总之，分析上述三个阶段巾帼群英三种来源类型，大致可看出她们在运动中的角色分工。类型一、类型二人员属于有一定文化知识，抱定为人类解放事业贡献一切的职业革命家，或者嫁给了有"救世"的强烈愿望的职业革命家而被熏陶走上革命道路，她们普遍具有知识、信念、阅历、经验和组织权威等多重优势，尽管存在个体差异，但在妇女解放运动权力结构中多居主导地位，掌握较强的话语权和决策权，她们通过一定的组织网络成为妇女解放运动的中坚，成了妇女动员的"助推器""助燃剂""酵母菌"。而类型三人员一般都是性格开朗、能说会道、吃苦耐劳、聪慧能干的妇女，她们大多经过党和苏维埃政府举办的各种训练班或妇女干部学校的培养，或是被外来人员"劝说"动员参加运动的。这点可在1930 年闽西的一份报告中证实，报告提到"各级党必须注意提拔妇女中有信仰有工作能力的中心人材,教她工作方法,使她去接近妇女群众,在群众中活动,领导妇女斗争"。① 又着重强调:"这些干部要注意在劳动贫苦妇女中去找,要注意诚恳,积极,朴实,耐苦的分子。"② 类型三人员大致属于认同、向往革命的动员受众,并从受众中成长起来的新的话语主体,后又影响动员了大批普通妇女群众,这点在扩红工作中特别明显。总体而言,以上60位群英之所以走进妇女革命话语的中心,成为女性红色叙事文本的中心,主要是环境的造就,更多的是她们勇于解放自身的努力结果。在中国历史上男性主导的普遍现象中,她们从一般的受众中分离出来,经过分化、改造和锤炼终于再生为历史的主体,掌握了一定的话语主导权力,由此便进入了革命话语与叙事文本的中心。尽管她们的"成长"过程始终携带着被动因素,"再生"成的"主体"更多作为论证革命话语正当性的符号存在,作为承载革命话语的"大我"存在,但她们所获得的解放力度、速度、广度超越以往。她们的英雄事迹成为后来中国革命和建设,以及改革开放进程中的精神力量。她们中许多人担任过新中国成立后的妇联主席,很多人成为妇运领袖、骨干,她们仍然努力挑战传统的性别规范,彰显了其主体性和能动性。③

良好的家境为妇女信仰革命提供了物质基础。这批人一般进步更早、更快。60人中个别妇女出身于比较富裕的家庭,部分妇女出身于小地主、小官僚家庭或没落的地主、官僚家庭。比如刘英就出生于小地主家庭,其父是秀才。事实上,当时能够出去读书接受教育的妇女,除了亲戚朋友相助外,大多是家境条件比较好的。只有在一定经济能力家庭出生的人,最初才有可能为改善自身及自家的处境而去外地求学。宽裕的经济能支持她们与外界更多接触、对资本主义国家的实地考察、扩大交际网络、更早接受到先进理念,经过对各种学说的比较,实现了思想上的转变,成为马克思主义者,这也是先进思想得以传播的基础。如蔡畅,她思想开明的母亲葛健豪年近半百还能带着儿孙三代人进省城求学,后又携子女蔡和森、蔡畅远涉重洋赴法国勤工俭学。在法国期间,蔡畅集

---

① 中华全国妇女联合会妇女运动历史研究室:《中国妇女运动历史资料(1927—1937)》,中国妇女出版社1991年版,第92页。
② 同上。
③ 参见周蕾《性别、组织和政党——对建党初期女党员群体的历史考察》,《中华女子学院学报》2012年第2期。

中精力钻研了马克思主义理论，也学习了俄国十月革命的经验，从而确立了为共产主义事业奋斗的世界观。1923年，她成为中共旅欧支部的正式党员。如曾碧漪1923年就读于广东甲种工业学校，在苏区时曾任毛泽东机要文书、秘书。如李伯钊13岁考入四川省立第二女子师范，后到莫斯科留学，所以后来能胜任《红色中华》报编辑兼校对、高尔基戏剧学校校长、中央苏维埃剧团团长、教育部艺术局局长，并能创作出大量戏剧作品，鼓动、影响了大批苏区妇女投身革命、参与自身解放。《中共闽西特委第二次扩大会议关于妇女运动问题决议案》指出："培养妇女新的干部"，"不要同以前一样专找漂亮的小姐们，给社会上以不好的影响"。[①] 不是富家女哪能称得上"小姐们"？这份报告也无意中道出了早期妇女干部多出自富裕之家的事实。

贫寒之家推动妇女走上革命征途。本地妇女干部大多出身于穷苦家庭。新中国成立初授衔的唯一女将军李贞出生在"只种有两亩半租田的贫穷家里"，"姐妹6个，10岁时父亲去世"。[②] 中央执委黄发桂1912年出生于兴国县一户贫苦的农家。江西省妇女部干事、长征女干部危秀英1910年出生于江西瑞金县叶坪乡乌泥塘乡贫苦农民家庭，6岁时因父亲还不起地主的债以9块银圆卖做童养媳，被卖时她父亲想让不识字的她"记住自己的姓就捉到（赣南方言，意为抓住）"她的手在地上一遍一遍地画"危"字，而她把父亲教的"危"字用瓦片画在睡觉的墙角下，生怕忘了。[③] 苏区中央局妇女部部长李坚真1907年1月11日出生才8个月，便因生活所迫，以8吊铜钱的身价（按1个月1吊钱计），被卖给人家做童养媳，而养父也是贫农，以种田、砍柴、烧炭和帮人扎木排为生。正因为本地妇女"物质生活上既受如此的痛苦，精神上受旧礼教的束缚与家庭的压迫，她们热烈的革命情绪就在这地方长成了"。[④] 所以"妇女的革命情绪"一经动员触发，那么"反对压迫势力都能取得她们的拥护与赞助"。[⑤] 外来革命力量一抵达，便产生了"今年红军从到闽西后，各县妇

---

① 中华全国妇女联合会妇女运动历史研究室：《中国妇女运动历史资料（1927—1937）》，中国妇女出版社1991年版，第92页。
② 江西省妇女联合会编：《女英自述》，江西人民出版社1988年版，第114页。
③ 同上书，第254—255页。
④ 中华全国妇女联合会妇女运动历史研究室：《中国妇女运动历史资料（1927—1937）》，中国妇女出版社1991年版，第33页。
⑤ 同上书，第34页。

女纷纷起来参加革命"[①]的现象。从中可折射出妇女动员与被动员的内外原因，也说明了妇女动员的可能性。党的革命重心由城市转向农村后，面对着一个"以家庭为单位，血缘、亲缘、地缘为核心"[②]的相对独立和封闭的农村社会，党急需广大农民尤其是农村妇女的支持和参与。一般而言，出身家庭经济好的妇女较多成为早期运动中的中坚分子，活跃在各种场所而成了动员骨干；本地妇女更多成了早期被动员对象，经过来自外来群英的感化和教育，一步步投身到革命队伍中参加革命、解放自我。

年轻是她们的共性。她们当时年龄普遍在20岁左右，思想活跃，容易接受新事物。年龄最小的为钟月林，1915年出生于江西省于都县，15岁参加工作。她少年时期积极参加慰问红军伤病员等进步活动，1931年入团，1933年调中共中央局妇女部工作，是中央红军长征女战士[③]中年龄最小的，为此毛泽东的夫人贺子珍特别关心她。入苏区年龄最大的为已近50岁的张龙地，出生于1881年，幼年当童养媳，1927年秋在共产党人郭滴人、邓子恢的启发教育下，思想觉悟提高，率先加入秘密农会。从此，她以卖茶叶为掩护，走村串巷，向贫苦姐妹宣传革命道理，短短两个月内，就发动了80多名妇女加入秘密农会；1928年3月参加了著名的后田暴动；同年7月，她发动近200名妇女参加武装攻打龙岩城的战斗，10月入党。1929年5月，红四军攻占龙岩城，张龙地又发动300多名妇女协同战斗。同年9月当选为龙岩县苏维埃妇女部部长。她带头剪发髻、放小脚，深入城乡，发动群众，成为远近闻名的妇女干部。1957年7月26日，由邓子恢陪同，毛泽东在北京怀仁堂接见了她，对她的无私奉献表示了感谢和赞扬。年龄第二大的为蔡畅，到达中央苏区时已超过30岁，是长征出发时年龄最大的一位女战士。

期望解放是她们的共同动力。早期参与革命行动的失败、现实的残

[①] 中华全国妇女联合会妇女运动历史研究室：《中国妇女运动历史资料（1927—1937）》，中国妇女出版社1991年版，第34页。

[②] 张鸣：《乡土心路八十年　中国近代化过程中农民意识的变迁》，陕西人民出版社2013年版，第90—93页。另见林蓉、韩巍巍《浅析井冈山斗争时期红军女干部的特性》，《党史文苑》2008年第14期。

[③] 1934年10月，有32位女红军从中央苏区出发，跟随主力红军突围长征，她们是：贺子珍、康克清、邓颖超、蔡畅、刘英、李坚真、金维映、刘群仙、李伯钊、萧月华、廖似光、陈慧清、李建华、邱一涵、周月华、杨厚珍、曾玉、邓六金、吴富莲、吴仲廉、钱希均、李桂英、阚士英、钟月林、刘彩香、王泉媛、危秀英、谢飞、谢小梅、危拱之、黄长娇、彭儒。

酷，最后普遍信仰了马列主义并加入中国共产党，即便这时她们对此的理解还相当肤浅，但这并不影响她们意志的坚定及行动的敏捷。与男性入党的原因相比，其共同点是都有关注社会变革、挽救民族危亡的远大抱负，将改变不平等的社会制度视为自己的使命。正如李贞将军回忆说："'革命'，当时，我虽然还说不出它的意思，但仿佛意识到这会给自己命运带来一些改变。"① 对于女性来说，自身解放以及争取更多的妇女解放是她们加入中国共产党的强大动力。共产党支持男女平等给了这些激进女性挑战传统性别角色的机会和空间。她们希望能够在这个组织的支持下，通过推翻私有制，从而挑战传统的男女关系和不平等的性别制度。她们更多、更早地明白了妇女解放的重要性，在妇女动员中更多发挥了鼓手、酵母作用。

革命信仰催生革命伴侣。外来巾帼群英进入中央苏区时普遍已和革命者结了婚，要么随丈夫同时来到苏区（如蔡畅、吴静焘等），要么因丈夫先期已到而后随来（如邓颖超、陈琮英等）。因而在这批群体中，革命伴侣者众多，如朱德和康克清、周恩来与邓颖超、秦邦宪（博古）与刘群先、杨尚昆与李伯钊、吴静焘与余泽鸿、任弼时与陈琮英、毛泽民与钱希均等。还有个别人是作为单身妇女来到苏区，比如刘英，后与张闻天结婚。其实她在1927年就与林蔚结为夫妻，结婚才一个星期因战争就分离了，从此永别。金维映1931年7月中旬与邓小平一起被派往江西中央苏区工作，一路同行，后来他们结为夫妻，因邓小平受到打击而离婚，1934年在瑞金与李维汉结婚。周月林和五卅运动的领导人之一张佐臣结婚，在蒋介石发动的"四一二"反革命政变中，张佐臣不幸被捕，不久被敌人残酷地杀害，牺牲时年仅21岁。周月林后在苏联认识了梁柏台而与之结婚。

本地巾帼群英中童养媳多。如危秀英、李美群等从小被卖当过童养媳，康克清、危秀英、王泉媛、李坚真、李桂英、成双香、钱希均、钟月林、廖似光、邓六金、李贞、陈琮英、李友香等都当过童养媳。在旧中国南方地区，对于女人束缚最大的、伤害最深的就是童养媳这种风俗，这种婚姻鲜有和谐者。苏维埃时期及新中国成立后，人民政府命令禁止这种婚

---

① 江西省妇女联合会编：《女英自述》，江西人民出版社1988年版，第116页。

姻。① 童养媳普遍生活不幸，童养媳经历在她们心中埋下了求解放的种子。童养媳的普遍存在，激起了妇女的反抗意识，正如李贞回忆说，童养媳"这种屈辱的生活，使我产生了强烈的反抗情绪，于是我便约着附近的几个童养媳，一同逃跑出去，脱离这个牢笼"。② 这些人在苏维埃运动中很快就形成了特定群体。

这些巾帼英雄以革命为人生第一要务。她们中很多婚姻不顺，大多因丈夫献身革命或环境影响再婚，有的甚至结过三四次婚。如曾志的第一个丈夫是夏明翰的弟弟夏明震，在湘南暴动中牺牲；第二个丈夫是"八一"南昌起义的勇士蔡协民，因叛徒出卖而被杀；第三个丈夫是陶铸。她们饱经婚姻、子女和家庭的考验，但她们并没有因为自己频遭不幸而沉溺于悲痛之中，失去"小家"之后，便终生以革命队伍为"家"了。如曾志在严酷的革命战争时期生过4个孩子，生前3个孩子是在红军时期，战争环境使她无法抚养初生的婴儿，只好将孩子寄养到老乡家里后又重上战场。其中有个叫铁牛的孩子还被卖了100元大洋，充当革命活动经费，她也无怨无悔。③ 康克清给予朱德的求婚答复是"不做家务，不生孩子，不能剥夺我参与革命工作的权利"。④ 如此彻底的自我解放在当代都难以想象。为了工作把自己解放得如此轻松利落，恐怕当今世人也难以做到。

通过对这60位巾帼群英的归纳和概貌描述可知，她们从不同的地方聚集于中央苏区，以不同的方式汇聚红色土地，但相同的理想将她们凝聚在中央苏区，形成了一个对中国共产党的革命事业产生重要影响的历史性群体，炼成了一个对中央苏区妇女解放运动产生至关重要作用的历史性群体。妇运先驱和巾帼英雄的名字将永世流芳。

第二节　林树统观：巾帼群英的代表个案描述

这60位巾帼群英各具特点、各有千秋。中央苏区妇女解放运动中的巾帼群英感人励志之事实属普遍，运动中发挥作用争当楷模，因文字所

---

① 参见瑞金县志编纂委员会编《瑞金县志》，中央文献出版社1993年版，第790页。
② 瞭望编辑部编：《红军女英雄传》，新华出版社1986年版，第209页。
③ 参见曾志《我在共产党内七十年》，香港中华儿女出版社1999年版；国内版书名为《一个革命的幸存者》，广东人民出版社2000年版，第125页。
④ 刘丽丽：《她们——32个女人的长征》，中央文献出版社2006年版，第38页。

限,不能一一列举,下面撷取4个代表个案进行简单描述。

一 妇运领袖:李坚真

李坚真,1907年出生,8个月大时被卖作童养媳。1930年1月后,李坚真先后调任汀东县委书记、长汀县委书记,成为后来周恩来总理趣称的"第一位女书记"①。工作中她结合自身特点,依靠"腿勤、手勤、嘴勤"三勤工作法带领同事组织群众打土豪、分田地、搞生产、动员青年参军、组织地方武装。

李坚真参加过我党历史上的三次土地革命和土地改革运动,被称为"土地革命的专家"②。1931年在瑞金毛泽东询问她土地革命的情况,她提出:"分田时最好中间不动两头平。"③毛泽东后归纳说:"抽多补少,抽肥补瘦,中间不动两头平,即中农的土地不动,没收地主豪绅的土地和富农多余的土地,分给无地少地的农民。分田地,一定要注意把肥田和瘦田搭配均匀来分,替贫苦农民想周到一些。"④ 这些思想使得土地革命的政策逐步趋于完善。

李坚真还结合从小爱唱山歌的特长,结合形势、任务编成山歌和群众一起唱,宣传发动群众,提高群众的阶级觉悟,特别是组织群众在军鞋上绣上山歌,感动了前方战士,激励了前方战士的斗志:"新做军鞋四四方,阿哥穿了上前方。希望前方打胜仗,后方工作妹担当。"⑤ 李坚真文化程度不高,年轻有"蛮"劲,其"蛮"在勇猛顽强、敢拼敢闯,既不信邪,敢豁出来,但又很有涵养,工作有魄力,是一位做群众工作的行家里手,立足现实创造性地开展了大量工作。

1934年2月,李坚真出任中共苏区中央局妇女部第二任部长,在新的领导岗位上,她做了一系列工作,尤其是结合当时的反"围剿"工作重点,带领妇女为革命作出了重要贡献。她担任中央妇女部部长后,在组织妇女参加生产、放脚、办托儿所、动员妇女踊跃买公债方面成绩显著。斯诺的夫人尼姆·威尔斯赞誉李坚真:"刚毅果敢而且精明干练,实在是

---

① 王奋强:《赤胆忠心的"华夏女杰"》,《深圳特区报》2011年6月22日。
② 同上。
③ 江西省妇女联合会编:《女英自述》,江西人民出版社1988年版,第162—170页。
④ 王奋强:《赤胆忠心的"华夏女杰"》,《深圳特区报》2011年6月22日。
⑤ 同上。

中国最受压迫的阶级在革命领导的形式下，所能产生出来的最动人的标准人物。"①

二　扩红先进：刘英

刘英，1905年出生于湖南省长沙县，1925年入党，经党派往苏联留学回国后，于1933年6月辗转来到苏区瑞金。这位曾经以尤克娜的名字在莫斯科学习过两年无线电报务技术的优秀毕业生，因爱说好动喜爱群众工作的性格，主动请缨从事群众工作，到少共中央工作不久，就因扩红工作成绩显著而在全苏区远近闻名。1934年4月底，在错误路线指导下，第五次反"围剿"形势很不利。为了支援前方，扩大红军成了当时战斗动员的中心。5月10日前后，罗迈（李维汉）找她谈话并让她去于都县当扩红突击队队长。刘英带领突击队员向群众广泛宣传动员，经过努力，只用了一个半月就完成了原定3个月的扩红2200名任务，完成比例高达150%。刚刚调任《红星报》当编辑的邓小平大大夸奖她，称她可真是"不鸣则已，一鸣惊人！"② 在可资引用的案例中，1934年6月21日的《红色中华》这篇头版头条报道最富说服力，故整篇辑录。

> 于都县的破天荒——三个月计划一个半月完成
> 只要坚决的执行党的指示落后的县份也能赶上先进的县份
> 于都讯：于都在这次扩大红军突击中得到了光荣的成绩，中央所规定于都在三个月中须要完成的二千二百红军，已于一个半月中完成了，截至十七日止于都已完成三千三百余名了。
> 当五月十三号以前，全县总共只扩大了五十四名。因为那时没有以扩红为中心，大多数的区犯了平均主义的错误，认为红五月的工作有几个中心（节省运动，查田，肃反，发展党员），甚至有的区还把扩大红军放到附属地位去了，许多突击队与区委负责人回家莳田，所以那个时候完全看不出于都扩红的紧张性来。
> 十三号以后，因为详细讨论了中央的指示，加派了力量下去，抓

---

① 江西省妇女联合会编：《女英自述》，江西人民出版社1988年版，第162—170页；另见王奋强《赤胆忠心的"华夏女杰"》，《深圳特区报》2011年6月22日。

② 刘丽丽：《她们——32个女人的长征》，中央文献出版社2006年版，第40页。

紧了中心区的动员,首先是抓住了新坡古田的好例子到处去发扬,所以各个区便都行动起来了,特别是在十六号全县突击队与区委书记联席会上开展了对放弃红五月紧急的战争动员而归家莳田的一些份子的斗争后,我们的工作就大大转变了。

首先是从模范赤少队中有组织的去动员,发扬了里面党团员与班长以上的干部领导作用,解决了党员中的一些切身问题,如召集新战士的家属开茶话会(城区)调查他们的困难,然后具体地为他们解决,特别是实际的进行了优待红军家属的工作,发动了每个群众砍几担柴送到优待委员会分配给红属(如古田)。又联系到肃反和检举,检举出了破坏扩大红军的坏蛋,发现了反革命的组织铲共团暗杀团等。于是群众的积极性大大发扬起来了,大批大批涌到红军中去了。

于都这次的光荣成绩是过去从来所没有过的,这一次的成功在于都是一件破天荒的成功!虽然在现在的突击中,他仍然还有些缺点存在着(如政治鼓动工作仍然还不很宽泛,扩红和粮食动员的关系不很密切等),但是事实已经证明了于都的工作是在转变中了。

于都的成功充分证明了这一事实:谁能最坚决的执行党中央的指示,就能最先的得到成功!于都县!更加倍的努力起来!为争取工作的彻底转变而斗争![①]

通过该案例我们可以看出刘英工作的影响力和"破天荒"的突出成绩,明白了当时扩红工作的重要性(非附属地位),剖析战时动员目标(扩红2200名)、动员认识(纠错)、动员手段(抓好示范、解决困难、优待军属、结合肃反检举)、动员力量(领导带头)、动员效果(54比2200比3300、积极性大大发扬)、动员启示(坚持党的领导),反映了当时中共动员系统的完整性、动员工作的重要性、动员宣传的及时性。

三 文宣明星:李伯钊

李伯钊,1911年出生在一个穷苦知识分子的家庭。在母亲的熏陶下,李伯钊幼喜文学。1924年她考入四川省立第二女子师范,受到国文教员萧楚女、英语老师张闻天的影响,开始接受马克思主义。她因参加学生运

[①] 《红色中华》第1版,1934年6月21日。

动被学校开除，便和几个志同道合的同学一起到上海，后受党组织分配去办平民夜校，从事工人运动，教文化，宣传革命主张，还教唱革命歌曲。14岁在上海被逮捕。1925年冬经中共中央选派到苏联学习。1929年李伯钊和杨尚昆在莫斯科结婚。

1931年春，李伯钊从上海绕道香港进入闽西革命根据地，因对文化艺术工作的热衷与酷爱，便暂留闽粤赣军区政治部任宣传科科长兼闽西彭杨军事学校的政治教员，她把在苏联学到的各种理论知识融入人们熟悉的具体例子之中，并且换成了通俗的语言，以适应自己的教育对象和现实环境。比如有的军校学员问她"苏维埃"是什么，是不是个人名。她马上向大家详细地解释了这个俄文音译外来语的含义，进而讲解苏维埃政权的性质、任务和特点，使人既学到了知识，又提高了政治觉悟。她还给学生讲授苏维埃建设，教学员唱歌、跳舞。同年，转入瑞金担任中央红军学校政治教员，后还担任过《红色中华》编辑，以及高尔基戏剧学校校长，并在中华苏维埃政府教育部担任过艺术局局长等职。

中共向来重视宣传工作，考虑到主要宣传对象文化水平很低、文盲比例大的情况，苏区的宣传如何做到贴近群众、贴近生活，并以群众喜闻乐见、通俗的形式表现出来，就显得十分迫切和必要。苏区初期宣传工作主要采取唱歌、讲故事、说书和对口词等口头形式，后逐步发展为化妆宣传、编演活报剧和表演歌舞、双簧、杂耍等，这些形式单纯、风趣活泼的宣传方式颇受苏区群众的喜爱。随着不少城市知识分子来到苏区和加入红军，又出现了一些"文明戏"式的短剧、戏剧。由于李伯钊有丰富的艺术知识和表演经验，学过许多苏联歌舞，很快便成为演出活动的"台柱子"和主要组织者。随着演出活动不断增多，李伯钊及其战友开始酝酿发起建立了"八一剧团"，在党和军队的历史上，出现了第一个直接服务于工农武装和无产阶级事业的戏剧团体，在我国的革命文艺工作和现代戏剧史上写下了光辉的一页。李伯钊还创作编排了很多反映根据地工农兵生活的舞蹈节目，在瑞金乃至全苏区引起了轰动，为战斗紧张、生活艰苦的苏区军民提供了难得的文化享受和珍贵的精神食粮。1931年11月7日"一苏大会"期间表演的取材于外国小说的《农奴》戏剧引起了观众的强烈反应，为妇女运动的开展提供了强大动力。经毛泽东建议，创作了反映查田运动的话剧作品《战斗的夏天》，到各地示范性巡回演出，推动了查田运动的开展，达到了"充分利用活的宣传,来扩大我们的政治影响","已经把普罗戏剧的火星散到了各地"之效。① 后来她担任我党创办的第一所艺术学校——高尔基戏剧学校校长,学员中约有1/3是妇女②,先后为红军和地方培养了1000多名文艺骨干,为贫苦农家女孩进入文艺领域发挥了积极作用。李伯钊回忆说:"毛泽东在《湖南农民运动考查报告》中提到了14件大事,其中第12件专讲文化问题,可以看出文化与革命的关系。我党的文艺为政治服务,为革命战争服务,为苏维埃运动服务。"③ 从中也可看出中国共产党高度重视文艺工作。形式多样的文艺活动在动员文化程度极低的妇女中功不可没。

在当时交通闭塞、文化相当落后的中央苏区,竟然在极短的时间内发展成为当时国内文艺比较繁荣的地方,这其中凝结了苏区文艺革命者的辛勤劳动和汗水,毫无疑问,李伯钊的贡献不可低估!她是革命根据地我党我军文艺宣传工作的开拓者之一,被苏区人民誉为红军戏剧界的"赤色明星",人民戏剧事业的拓荒者。美国记者斯诺的夫人威尔斯在《续西行漫记》中写道:"头一个碰到的苏维埃妇女是李伯钊……她很聪明,曾写过好几个剧本,在苏区颇享声望。"④

四 支前标兵:李美群

李美群,1911年生于兴国一户贫苦农家。母亲一连生了9个女儿,她排行老四,出生还未满月,便被送人,养父母视其为亲生女儿,送她进入私塾读书3年。但命运不济,养父母不幸去世后,她不得不辍学回家务农。1928年12月,时年17岁的李美群参加了家乡暴动,还当选为乡妇女赤卫队中队长。1929年冬天,她入团并担任了村少共书记。次年6月,又转为中共正式党员。第一次反"围剿"战争中,李美群在筹粮筹款支援前线的群众大会上向男子挑战,发动全乡妇女,只用了五六天的时间便筹得银圆五六百块。接着,她率领乡妇女赤卫队,奉命前往红白交界的赣县江口、茅店一带,组织妇女充当秘密交通员和侦察员,冒着生命危险为红军运送弹药、物资和伤员。1930年12月,国民党19路军窜犯兴国。

---

① 参见陈安《红色戏剧家李伯钊在中央苏区》,《党史文苑》2010年第8期。
② 参见江西省妇女联合会编《女英自述》,江西人民出版社1988年版,第214—222页。
③ 同上书,第214页。
④ 杨绍明、杨李:《我们的母亲李伯钊》,《新民晚报》2011年5月10日。

当时敌强我弱，为保存革命实力，县委和县苏转移至乡村坚持斗争。李美群组织坝南城郊的妇女成立了"敌军士兵运动委员会"，配合红军游击队游说敌军，以瓦解敌军。她们还假装卖零食香烟，与敌军士兵接近，用语言挑起他们的思乡想家之情，启发他们的阶级觉悟。

李美群读过几年书，加之聪明伶俐，她利用兴国山歌曲调优美、具有巨大的吸引力与感染力的特点，将革命道理编成兴国山歌，带领妇女姐妹到兵营附近去引吭高唱："哎呀哩/敌军士兵哇你听/莫给豪绅来卖命/你们原也做工夫/天下工农一家人/哎呀哩/欢迎敌军当红军/红军纪律最严明/长官士兵一个样/没有人来压迫人。"① 这些耐心细致的工作果然收到了成效，有的士兵开了小差，有的则拖枪反水。当时，红军缺乏枪支弹药，李美群的"兵运"小组妇女，一手挎着满篮烧得香喷喷的油炸米粿、米粉鱼丸，一手拎着飘着酒香的酒壶，围着驻兵的街巷脆声叫卖，诱使白军士兵用子弹来换，为红军、游击队筹集了大量的弹药。1931 年 5 月底，白军被赶出了兴国。县委特别嘉奖了李美群和她的"兵运"小组。1931 年 6 月，李美群调任中共兴国县委妇女部部长。不久，她的丈夫钟延章不幸牺牲于第三次反"围剿"战斗。她闻讯悲痛万分，擦干眼泪，仍带着妇女慰问队，挑着鸡蛋、花生、果品和草鞋，到达高兴圩战场。她们冒着炮火，送茶送水，到医院驻地照顾伤员，缝补洗刷，得到红军前线总指挥部的传令嘉奖。

1932 年 4 月，李美群调任少共江西省委组织部部长，次年随机关迁驻宁都县七里村。李美群在钟延章牺牲后，全身心投入革命工作。1933 年夏天与省委组织部干部倪志善相爱，在征得原来的婆婆同意后，他们结了婚。但正值此时，中央号召扩大红军。在一次省委直属单位干部扩红会议上，她第一个站起来，为自己也替新婚的丈夫报名当红军。不久，她又返回家里，不仅动员了前夫的哥哥，还动员自己的弟弟加入了红军。她的弟弟李启焕是李家的"独苗"，母亲生了九个女儿之后才生了他，经她说服，父母高高兴兴地送独子上了前线。李启焕入伍后编入红三军团第六师十六团特务连，表现很好，多次受到表扬。他的入伍，在扩红运动中影响很大，一时传为佳话。在扩红运动中，李美群多次受到表彰，兴国广大群众都知道她送夫当红军、劝弟上前线的动人事迹。因此，她走到哪里，哪

---

① 《马前托孤：77 年前的生离死别》，《赣南日报》2011 年 11 月 11 日。

里的扩红工作就搞得轰轰烈烈。全县很快掀起了父送子、妻送郎、兄弟争先上前方的动人热潮。在这次扩红运动中，兴国全县 80% 的青壮年都当了红军，先后 8 万人参军参战，兴国被评为"扩红模范县"，受到毛泽东、朱德、周恩来、王稼祥等领导的通电嘉奖。李美群因为成绩突出，当选为江西省苏维埃第二届执行委员和第二次"全苏"大会的正式代表，并当选为中央候补执委。

1934 年 1 月 15 日，李美群回到坝南村生下一个女孩，为纪念革命先驱，更盼望"马列主义能传播全中国"，遂将女儿取名为"钟全列"，表达她对革命后代的殷切期望。生下女儿的第三天，李美群即赶赴瑞金沙洲坝参加第二次"全苏"大会。会后，正值第五次反"围剿"的前夕，中央苏区形势万分危急。李美群回到宁都，即投入紧张的反"围剿"斗争之中。1934 年 10 月中旬，国民党军进攻兴国县城，她利用支前参战的间隙，刚回到家里看望孩子，即接到少共省委要她立即返回省委驻地宁都，接受新的战斗任务的命令。这时她已经得到第二任丈夫倪志善在前线牺牲的消息，孩子是烈士的遗孤。她忍痛将孩子托付给婆婆，然后跨上了少共省委送来的骏马出发。兴国革命烈士纪念馆内陈列的塑像"马前托孤"表现的正是这一感人情景。

1934 年 10 月，中央红军主力转移。李美群在江西省委书记曾山、省苏主席刘启跃等带领下，转战在宁都、兴国、永丰、乐安、宜黄的崇山峻岭之间从事游击活动。随着斗争环境的日益险恶，游击队不得不决定化整为零，分散活动。由于大雪封山，与敌第 94 师周旋两个多月后，李美群带领的一支小分队弹尽粮绝，不幸被俘。经叛徒告发，身份暴露。敌人将她作为重要政治犯押送南昌，投入江西第一监狱，与方志敏的爱人缪敏和中共宜黄县委组织部部长万根秀等成为难友。李美群入狱后早已把自己的生死置之度外，她一心想的是：干脆利用自己的身份，争取时间，为党工作。她注意到万根秀的牢门前有"寄押"的标记，就鼓励万根秀说："你千万别怕，他们并没掌握你的真实情况，只要你主动要求审讯，和他们大闹，坚持上诉，他们就拿你没办法，会将你释放。"在她的帮助下，万根秀递交了"上诉书"，控告他们诬害无辜，过了几天，敌人实在拿不出证据，只得将她放了，却判了李美群 12 年徒刑。由于敌人的严刑拷打，加上狱中恶劣的环境，李美群不幸染上了肺病，于 1936 年病逝于狱中，时年25岁。① 这个案例让我们看到，妇女解放之路上的客家妇女的坚定信念、无私奉献和勇于牺牲的精神。

以上四则案例，无论是数量还是篇幅都难以全貌展示60位巾帼群英的风采，以及她们所代表的众多精英的丰功伟绩、心路历程、酸甜苦辣，唯有林树统观，见木思林、管中窥豹方能达效。1927年4月后国民党对中共的搜捕和屠杀使中共濒临瓦解，形势所迫下中共选择了乡村作为革命的嚆矢，并建立了根据地。巾帼群英在苏维埃革命中孕育而生，也赋予了巾帼群英时代的特色。四则个案与革命甚至战争关联紧密，个案内容也有采自当事人的回忆，但女人的战争记忆，往往不同于我们这些后人简单的述说或历代史家居高临下的反省。她们的个人故事在妇女争取解放的道路上可能获得另类解读：战争是残酷的，女人是战争的主要受害者。但第二次世界大战后欧美妇女的广泛就业和中国妇女的解放道路都已雄辩地证明，战争也可能为参战妇女走出传统性别角色和性别屏蔽打通道路。当然，女人对战争的解读，女人对战争中的女人的解读，个体差异肯定很大。艰苦卓绝的革命斗争迫切需要广大农村妇女离开家庭的私人劳动，或奔赴战场，或在后方缝军衣、做军鞋担当后勤保障，积极为革命奉献自己的一分力量。妇女走出家门实现与社会生产资料的结合是妇女解放的必由之路。革命战争时期，军事战争是最重要的社会实践，妇女直接参与其中，意味着她们在社会实践的所有层面和领域中都实现了与男子的平等权利，也使她们在战争和生产结合中找到了自身的发展方位，在中国革命的进程中实现自身作为女性的意识解放。战争是变革沉闷千年的女性生活的契机，尽管其中的恩怨得失已经不仅仅在于战争本身。②

第三节　胶合与同构：巾帼群英的核心价值解读

通过对以上中央苏区这60位巾帼群英的梳理、个案描述，尽管各人情况不同，家庭出身相异，资源禀赋迥异，但群体的核心价值在胶合与同构。我们可以看到巾帼群英有着共同的核心价值观：心怀对国家、对社

---

① 参见《马前托孤：77年前的生离死别》，《赣南日报》2011年11月11日。
② 参见李小江《让女人自己说话：亲历战争》，生活·读书·新知三联书店2003年版，第4页；另参见郭海文《性别视角下的女红军研究》，《唐都学刊》2011年第1期。

会、对自我的使命感、责任感、道德感，她们具有大义凛然、坚定信念、追求解放的牺牲精神，密切联系群众、艰苦奋斗、廉洁奉公的优良作风，注重调查研究、善于创新、求真务实的工作方法。正是由于有一批这样的巾帼群英，由自发到自觉地将五四运动中获得的性别平等理念付诸实践，并在实践中接受、丰富和发展马克思主义妇女观，在革命实践中争取机会和发展空间，致力于自身解放以及争取全部的妇女解放，成为实际推动中国共产党所领导的妇女运动不断发展的主体，同时唤起了更多妇女反对封建婚姻制度，争取自身解放，积极投身到妇女解放运动的洪流中。她们是"苏区精神"的塑造者、践行者、示范者，是社会主义妇女解放运动的先驱。

一 始终大义凛然、坚定信念、追求解放的牺牲精神

中央苏区妇女解放运动固然不能缺少正确的理论指导、组织系统、民众参与乃至一定的物质条件，同时也需要一种认同解放、支持解放、参与解放、推动解放、献身解放的心理认同，更需要对革命的坚贞、理想的笃定和信念的坚持。

1927年4月后国民党对中共的搜捕和屠杀使中共濒临瓦解。在白色恐怖的政治环境下，国民党反动军阀和保守人士凭借恐怖手段，对女性进行凌辱式的报复，用以压迫妇女退回到传统的妇女角色中，压制妇女的群众运动，惩罚妇女的政治参与，女共产党员更是遭到追捕和残杀。在白色恐怖中，郭隆真被捕，张挹兰被处绞刑，妇运著名领袖向警予被杀害，杨之华开始了颠沛流离的地下生活，刘清扬脱党过起了传统女性的家庭生活。国民党的妇女政策也经历了一个急剧的变迁过程，正如吕云章曾指出："自民国十六年北伐完成，十九年党部组织改变，妇女部取消后，轰轰烈烈、轰动一时的妇女运动，逐渐冷静而趋于消减。降至民国二十年春，全国各地，除尚有名存实亡的妇女团体，妇女机关外，切实从事妇女工作者，屈指可数。"[①] 中共领导的妇女运动也遭到了极大的损失，进入一个十分艰难的低潮时期。[②] 面对生死抉择，蔡畅、邓颖超、曾志等一大

[①] 吕云章：《妇女问题论文集》，女子书店1933年版，第16—17页。
[②] 参见张素玲《革命与限制——中国共产党早期妇女领袖（1921—1927）》，河南大学出版社2011年版，第354—356页。

批妇女毅然决然地跟随中共为解放天下穷人闹革命，不惧生命安危甘愿到苏区农村开展妇女运动。

而苏区本土巾帼群英在中共政策的渲染下，受到了妇女职业革命者的动员感染，跟随党组织起来革命。比如，红军长征以前，赣南客家子弟参加红军的就达 33 万余人，到长征时只有 5 万余人，大多数都牺牲在五次反"围剿"的斗争中。尤为值得一提的是，广大赣南客家民众在红军主力长征后，又遭到国民党的疯狂报复，妇女们面对国民党的屠杀抢掠，大义凛然，英勇不屈，付出了巨大牺牲。主力红军长征后，国民党反动派每侵占一地就进行灭绝人性的大屠杀。

中央苏区妇女投身革命，既不是为了光宗耀祖，也不是为了升官发财，而是为了天下受压迫受剥削的穷苦妇女能够在政治、经济、文化、婚姻上获得彻底的解放。每当个人利益与革命事业、与人民群众的利益发生冲突时，她们都能自觉地做到个人利益服从革命事业和人民利益，以实际行动树立坚定不移的共产主义信念。这是一种不怕牺牲、信念坚定、追求光明的精神感召，是一种追求解放自我、解放更多妇女的责任催使。诚如曾志在《我在共产党内七十年》中所说："我始终将自己的政治生命看得最为重要，而把家庭、子女、感情看得较轻、较淡。只要为了党的利益和需要，我可以舍弃一切，包括生命。因为我不仅是一个女人，更是一名战士。"[①]"更是一名战士"，这有赖坚贞不一的理想信仰来支撑，更需要牺牲奉献精神来着色。

二 密切联系群众、艰苦奋斗、廉洁奉公的优良作风

脍炙人口的兴国山歌"苏区干部好作风，自带干粮去办公，日着草鞋闹革命，夜走山路打灯笼"[②]，就是当年中央苏区干部优良作风的真实写照。毛泽东在中央苏区总结党的建设经验时曾指出："要得到群众的拥护吗？要群众拿出他们的全力放到战线上去吗？那么，就得和群众在一起，就得去发动群众的积极性，就得关心群众的痛痒，就得真心实意地为群众谋利益，解决群众的生产和生活的问题，解决群众的一切问题。我们

---

① 曾志：《我在共产党内七十年》，香港中华儿女出版社 1999 年版，第 1 页。
② 中共赣州市委党史工作办公室：《纪念中央革命根据地暨中华苏维埃共和国临时中央政府成立 80 周年》，《江西日报》2011 年 11 月 7 日。

是这样做了么，广大群众就必定拥护我们，把革命当作他们的生命，把革命当作他们无上光荣的旗帜。"① "苏区干部好作风"的内核和本质在于"真心实意地为群众谋利益"，这也是中国共产党和苏维埃政府的宗旨所在。广大巾帼群英正是"真心实意地为群众谋利益"的践行者、示范者、推动者。正如毛泽东所说："妇女在革命斗争中的伟大力量，在苏区是明显地表现出来了。在查田运动等各种群众斗争上，在经济战线上（长冈乡是主要依靠她们），在文化战线上（许多女子主持乡村教育），在军事动员上（她们的扩大红军与慰劳红军运动，她们的当短夫），在苏维埃的组织上（乡苏中女代表的作用），都表现她们的英雄姿态与伟大成绩。"② 苏区妇女干部以身作则，起到模范带头作用，时时、处处、事事都表现出来，她们响应"十带头"号召，成为"四个模范"。③

苏区妇女工作之所以能取得如此卓越的成就，除了党和苏维埃政府的领导和重视外，主要是因为有蔡畅、邓颖超、康克清、曾志、周月林、李坚真等一批中国妇女运动的先驱，在苏区开展了创造性的工作，一大批生于斯、长于斯，和广大的劳动妇女有着同样痛苦经历的妇女干部的宣传、鼓励和榜样带动作用。是她们点燃了积压在贫苦客家妇女意识或潜意识里的"怨恨、翻身"这一"星星之火"，才会使平日胆小怕事、委曲求全、得过且过的下层客家妇女，骤然集合起来，去坦然斗胆地反叛压迫她们的旧制度。也正因为有一批矢志革命的精英，她们才会积极开展革命宣传，把思想进步的妇女组织起来，为红军缝米袋、做草鞋、送信、送粮、照顾伤病员，使红军打了一个又一个胜仗。她们是后方工作的主力军、革命事业的贤内助、思想工作的好助手。

三 注重调查研究、善于创新、求真务实的工作方法

苏区妇女群英充满责任担当意识，在困难面前不断创新工作方式，在实际工作中求真务实，形成了一套行之有效的办法。她们深入群众家庭，

---

① 黄保华、赖昌明：《赣南客家与苏维埃革命》，中国文联出版社2005年版，第128—134页。
② 《毛泽东文集》第1卷，人民出版社1993年版，第314页。
③ "十带头"：带头学习政治、军事；带头遵守党的纪律；带头参军参战；带头生产劳动；带头执行勤务；带头购买公债；带头节约粮食，支援红军；带头优待红军家属；带头慰劳捐献；带头集股办合作社。"四个模范"：扩红的模范；干部作风的模范；土地革命的模范；经济文化建设的模范。

调查土豪情况，了解当地谁家有钱，谁家田亩多，谁家粮食储存多，把调查结果统计、总结出来，以此作为红军打土豪、筹军款的依据。这方面的访贫串联工作，女性更容易被群众接受，更能得到真实的情况。面对敌军围困和残酷的战争环境，如何把妇女吸引到革命队伍中来确实是个大问题。负责中央苏区妇女工作的巾帼群英没有被困难吓倒，她们以马克思主义妇女观为指导，紧密结合苏区实际，求真务实，敢于创新，勇于担当，传递给苏区妇女群众以"跟党走，得解放"的强大吸引力，迅速有效地把妇女发动了起来。苏区的妇女干部中，蔡畅、邓颖超、康克清、危秀英等都极具个人魅力，她们工作能力强，勇于吃苦，善于做群众工作，得到了苏区妇女群众的爱戴，党的政策也就能很好地得到贯彻。

在苏区妇女工作中，利用重大节日进行宣传和动员是一个重要的方法创新。如在"三八"纪念日、"五一"的"红五月"等节庆利用大集会的形式把广大妇女群众集中在党的旗帜之下。"三八"纪念活动，妇女干部"广泛地宣传三八妇女节的意义，特别要具体介绍苏联与中国区域妇女生活的情形"，"在斗争中根据女工、农妇的迫切要求，提出特殊的要求纲领，真正为着这些要求的实现而斗争"①。

在"红五月"如何完成扩大百万红军的任务？解决群众实际困难是根本。李坚真回忆："在扩大红军任务中，做好家属的工作，是个很重要的环节。家属工作一方面是做思想工作，一方面要安排好红军家属的生活和生产，解决她们的实际困难。我们把红军家属积极分子组织起来，成立突击队和宣传队。以现身说法的形式，一村一户地做宣传和鼓励工作，使妇女们感到当红军家属光荣，同时做好优待红军家属的工作，组织群众为红军家属代耕，组织红军家属学文化、办托儿所等等，使红军安心在前方打仗，这样大大激发了妇女送夫、送子当红军，保卫苏维埃政权的热情。"②在兴国长冈乡，贫农马荣海家失火，党即发动群众帮他盖起了房屋，红军家属刘长秀粮不够吃，乡政府和互济会就立即送米上门。在困难面前，妇女群众不用担心害怕，因为有党帮助。在这样的党群互动中，妇女群众对党的拥护和支持就在情理之中了。因而在国民党对苏区实行严密

---

① 江西省妇女联合会、江西省档案馆：《江西苏区妇女运动史料选编》，江西人民出版社1982年版，第75页。

② 《李坚真回忆录》，中共党史出版社1991年版，第65页。

的经济封锁情况下，为帮助红军解决食盐短缺的困难，苏区妇女千方百计从白区采购食盐。据康克清回忆，一个苏区妇女装扮成丧妇，号哭着，跟随在装满食盐的棺木后面，谎称去埋葬死去的丈夫，从而顺利把食盐运到了苏区。① 还有的妇女把进城挑粪的粪桶做成夹心层以帮助红军运送紧缺物资。她们还不断创新教育方式，遍布各个角落的宣传标语是面向妇女的革命直白；扫盲运动中"以读懂文件"为宗旨的目的安排，围绕"共产主义""苏维埃"等革命语汇的内容设计体现着党和政府寓政治教化于文化教育的动员理念；赋予了革命内容的戏剧、歌舞的纷纷上演则是"润物细无声"的新奇动员手段；而群众大会在宣讲革命思想的同时，其对旧权威的暴力打击更是对妇女心灵的涤荡。

本章小结

本章探讨了中央苏区妇女解放运动的巾帼群英群体特征，并列举了部分典型个案，解读了巾帼群英的核心价值。因史料所限，经过 80 多年的时间跨度和新旧两个世界的空间跨度，只能大体展示这些可尊敬的巾帼群英多姿多彩、曲折坎坷的生活道路。然而，在宏大叙事的故事背后，还有很多鲜为人知的故事无法剖析。这些故事伴随着女性的一生。比如，不同年龄、不同出身、不同环境背景下成长的妇女在经潮、中止妊娠和孕育生命过程中的真实体验，各种各样的心态，各种各样的价值观念，各种各样的处理工具和处理方法。它们应该属于不大为人重视和知晓的，不大在公共场所交流和沟通的，无声无息、自生自灭的经验碎片。她们既是巾帼群英又是普通女性，既有憧憬与追求又有欢乐与苦恼，她们加入了创造历史的行列，历史又反过来塑造了她们。她们把自己的命运与革命的前途紧紧地系在一起的奋斗，是人们永远不会忘怀的。当我们将注意力放在中央苏区妇女解放运动历史中的巾帼群英身上，站在她们的角度来重新审视妇女解放运动，我们或许可以不局限于问"她们在革命运动中扮演什么角色？发挥了怎样的能动性？"还可以尝试地问"革命运动在她们的人生历程中扮演了什么角色？"革命常被视为社会的非常态，因而社会群体在革命、动乱、战争中的表现常常被认作暂时的、异常的。然而，这些巾帼群英的

---

① 参见《康克清回忆录》，中国妇女出版社 2011 年版，第 198 页。

价值取向、角色定位、个性特征，对于突破女性传统的价值意识和推动妇女解放运动的深层次发展有着重要意义。对于精英人物个人来讲，其生命是有限的，但是对于精英群体来讲，其社会价值不断攀升，对社会发展和国家进步所发挥的作用和意义也越来越显著。巾帼群英的精神具有历史的穿透力，其核心价值历久弥新。放眼未来，在全面建成小康社会的实践中，在实现中华民族伟大复兴的事业里，在实现中国梦的征程中仍然需要越来越多的群英人物和越来越具有典型性和代表性的群英精神来提供持久性的动力。"榜样的力量是无穷的"，习近平总书记最近号召"广大党员、干部必须带头学习和弘扬社会主义核心价值观，用自己的模范行为和高尚人格感召群众、带动群众"。① 我们要学习巾帼群英精神，"要通过教育引导、舆论宣传、文化熏陶、实践养成、制度保障等，使社会主义核心价值观内化为人们的精神追求，外化为人们的自觉行动"。②

以农民为主体的泱泱大国，任何社会运动或变革，若没有农民的参与是难以想象的。而任何社会运动的发生并要达到其目的，首先必须有潜在的参与者，并把其中某些人改造成运动的坚定成员。就中央苏区妇女解放运动而言，其前提必须是有妇女愿意参加。中国共产党的创建以及党内知识分子关于性别观念的宣传倡导，使党组织不仅是一个革命团体，也成为一个变革传统性别关系、挑战传统文化的亚文化群，这吸引着早期妇女领袖参加党组织以实现人生抱负。在历史的裹挟之下，她们逐渐成为妇女运动的先驱，并在波澜壮阔的革命斗争和如火如荼的妇女解放运动中成熟起来，形成了巾帼群英。巾帼群英的出现，除家庭、社会因素之外，更是靠自身的自尊、自爱、自立和自强。借用萧延中教授的话③，由开始于几个激进的知识分子，进而经过思想转型的"星星之火"最终成"燎原之势"，这其中除了搞起"山大王"似的武装割据之外，在观念形态方面也必有"奥秘"，这就是巾帼群英的动员效应。

中央苏区妇女解放运动的兴起，尤其彰显出巾帼群英的理想信念之力、坚韧不拔之志和脚踏实地之功。任何一种社会政治理想的实现，都需

---

① 习近平：《把培育和弘扬社会主义核心价值观作为凝魂聚气、强基固本的基础工程》，《人民日报》2014年2月26日。
② 同上。
③ 参见杨会清《中国苏维埃运动中的革命动员模式分析》，江西人民出版社2008年版，序言第3—5页。

要有一大批怀有强烈的责任感、使命感和优秀道德品质的人，为它奋斗、为它献身，这在古今中外是一个带有规律性的问题。巾帼群英的革命思想和精英的产生，固然与个人和家庭境遇有关，但更主要的是社会现实以及她们接受到的新知识、新理论使然。对社会现实的极度不满，五四运动的熏陶和马列主义理论的传授，改造社会、解放妇女的志向目标，知识分子的社会责任感和使命感，等等，深深地影响和塑造着她们的世界观、人生观、价值观及行为方式，深深地影响着她们对个人生活道路和国家前途的思考，最终转变为革命者的共同原因。因此，一旦形势转变、中共中央决定独立领导土地革命时，她们立即将革命的理想转变成为革命的行动，从而催生了一波又一波的妇女解放运动。中国苏维埃革命、运动、制度、社会，无论从哪个角度看，都无疑具有浓郁的苏联模式色彩，但深入分析，也显示出中国第一代从事社会革命的马克思主义者基于国际形势、社会现实和历史文化价值所进行的选择与创造。

第五章

战地黄花分外香：客家妇女
参与运动的心态嬗变

> 人生易老天难老，岁岁重阳。今又重阳，战地黄花分外香。
> ——1929年10月，毛泽东《采桑子·重阳》①

历史既是精英人物的舞台，也是普通妇女的活动场所，是他们合力推动的结果。中央苏区所在的赣南、闽西，既是客家的"摇篮"，又是红军和苏维埃政权的"胎盘""摇篮""大本营"，红色根据地界与客家区域几乎重合，这些地区百分之八九十是纯客家地区，其余为客家边缘地区。②毋庸置疑，人口占半数的客家妇女在中央苏区妇女解放运动中扮演了重要的角色。她们所作出的重大贡献和牺牲精神，是永远值得称道的。

每一种社会运动都是历史的选择，归根结底也是人民的选择，是历史现实的要求在人民心理上的反映。社会心态作为人们行为活动的一种表达，它既是社会变迁的"风向标"，也是时代精神的"晴雨表"。人类历史是以人为主体的历史，只有了解主体的认识水平、感情倾向、思维方式等，才能较好地把握她们的行为活动。本章的旨趣不在于重复人们对客家妇女传统美德的赞誉，也不再重复妇女的各种参与方式，而是从心态史学的角度对参与苏区妇女解放运动的客家妇女群体心态的演变情况进行描述，从而探析中央苏区妇女回应中共动员会有怎样的参与态度，探讨客家妇女群体心态演变的深层原因，拷问人性的本能。如果抛弃非好即坏的二

---

① 公木：《毛泽东诗词鉴赏》，长春出版社2001年版，第39页。
② 参见谢重光《土地革命时期闽粤赣苏区的客家妇女生活》，《党史研究与教学》2005年第1期。

元思维模式，我们可以看到更复杂的历史面相，看到广大客家妇女自身的觉醒和努力，真正做到对历史事件的描述和理解，珍视客家妇女这些"战地黄花"的卓越贡献。

第一节　倒海翻江卷巨澜[①]：客家妇女参与运动的心态表征

革命运动的震荡深刻地改变着社会心理。党在乡村深入的过程，是一个农民心理上接受和认同的过程。伴随着时而革命暴动，时而温情动员，时而肃反打压，时而利益诱导，而且它们常常交织在一起贯穿于十年苏维埃土地革命运动过程中，处于动员与反动员、反动员与再动员的循环反复状态，广大苏区妇女参与运动的心态也发生着跌宕起伏、翻江倒海般的变化。陈独秀曾说："经一次冲突，国民改变一次觉悟。"[②] 革命运动前，苏区农村似乎并未被外部世界的政治风暴与喧嚣所惊动，中央苏区农民基本还是有着消极的麻木、冷漠、受压抑、自私自利等封闭保守、逆来顺受、"被动看客"、斗争泄愤的心态[③]，面对中共发动的诸如选举、识字、公债、借谷、春耕、查田、肃反、扩红等一系列运动，一般妇女则是揣着自身传统和固有的价值观念，在规避生命风险的同时，想尽量分享到运动给其带来的积极效果，因此妇女往往是以不同的姿态，如投入、接受、妥协、逃避、屈从和抗拒等，来显示她们的认同和融入程度。随着革命运动形势的急剧改变、运动风潮的消长，动员与反动员、反动员与再动员的交织，传统的社会心理定式开始出现倾斜、分解、异化，心理流累积，心理面扩展，开始重新组合新的心理结构。下面分五种心态来阐释这些问题。但需言明的是历史本身并未有严格的分界点，主要还是在学术上为便于阐述问题而作的笼统划分。此外，在妇女解放运动的过程中，妇女中既包括妇运骨干，也有广大的普通妇女，更有默默操持家庭的红军家属，这个群体并非完全是同质人群，她们教育背景的差异、身份角色的不同等，会导

[①]　公木：《毛泽东诗词鉴赏》，长春出版社2001年版，第91页。
[②]　陈独秀、李大钊、瞿秋白主编：《新青年》第1卷，中国书店出版社2011年版，第377页。
[③]　参见周小泉《土地革命前后农民心态的演变——以中央苏区为中心》，硕士学位论文，江西师范大学，2008年。

致她们在认知与实践等具体表现上的千姿百态，进而难以细分其群体内部的差异性，无法"深描"其丰富面貌。因此选择相对同质的客家妇女作为研究对象会更趋于科学，即便如此，仍有非完全同质的缺憾，再说，任何试图以一种性格去归纳群体妇女都是不全面的。

一　客家妇女游移不定的观望心态

土地革命之初，中共组织简单地认为，只要向农民灌输人人平等的观念，揭示他们在乡村中所受的剥削、压迫后，这些贫苦农民定会积极响应中共动员，从而接受革命、支持革命、参与革命，踊跃投身到为他们争取平等、公平的革命运动中去，但事实并非如此简单、顺利。正如黄琨博士研究所得，"这时中共既发现农民并不积极勇敢地参加革命，又认为农民有很高的革命情绪很容易发动起来"。① 这种悖反现象困扰着中共的乡村动员。妇女与男性农民一样，参加斗争的态度常随斗争状况的变化而变化。在苏区传统常态社会里，客家妇女是政治的观众，她们对有关政治的认知是朦胧的、含混的，政治似乎与她们关系不大，多愿苟且依恋生活在血缘、族缘、地缘差序格局特征的乡村社会中，尊崇"福、禄、寿、财、土、灶"神②。况且普通客家妇女本身就对政治有疏离感，更没有统治和管理的自我意识，不可能自觉肩负起提出和建立新的社会制度的任务，大部分情况下只是寄希望于外来的有效管理。但是当常态转换为非常态时，妇女就有可能由观众转化为"暴众"，横扫政坛如卷席。比如，蒋介石发动"四一二"反革命政变后，仅仅在1928年11月一个月内，国民党在江西屠杀的妇女就达到1512人，居各省之首③，"白色恐怖严重的笼罩着全省"④。面对这种情况，妇女人心惶惶。毛泽东也曾说井冈山斗争初期红军所到各地，群众冷冷清清。⑤ 妇女此时早已躲避起来了。这固然不能

---

① 黄琨：《从暴动到乡村割据——中共革命根据地是怎样建立起来的（1927—1929）》，博士学位论文，复旦大学，2004年。
② 参见张鸣《乡土心路八十年　中国近代化过程中农民意识的变迁》，陕西人民出版社2013年版，第15—17页。
③ 参见觉哉《国民党的屠杀成绩》，《红旗》1928年12月18日；另见张宏卿《中央苏区民众革命参与的动力机制探析——不以物质利益为中心的考察》，《江西师范大学学报》（哲学社会科学版）2012年第12期。
④ 星日：《悼袁孟冰杨超等》，《布尔塞维克》1928年3月第23期。
⑤ 参见《毛泽东选集》第1卷，人民出版社1991年版，第77页。

排除外来革命者与地方群众之间初始的陌生因素,更主要的是革命潮流低落使然,因为1927年至1929年在赣南、闽西先后发生的赣县暴动、大埔圩暴动、信丰暴动、南康暴动、于都暴动、寻乌暴动、永定暴动等均没有取得预期的胜利,严重挫伤了很多参与者的信心。革命初期,妇女参与改变自身现状斗争的实际行为结果,距离对苦痛的不满及改变现状的渴望之间有着很大的不一致,必然使她们对革命运动的初期认识多有不信任感,从而面对革命运动多采取犹豫、观望、欲迎还拒的态度,或者说是游移不定的矛盾心态。

此外,妇女当初对中共的乡村社会政策认识朦胧,对苏区社会原有政权结构突然被打破心理准备不足,并对红军能否长期存在时有怀疑,担心"今天苏维埃,明天又坍台",产生"国民革命军也好,工农革命军也好,横直老百姓吃苦"之类的认识[1],从而"把他们带入比现在更糟糕的地步","觉得于他们没有实际利益,而且有杀头烧的危险"[2],因此,产生了"等待红军打平天下后,再来安做苏维埃老百姓的心理"[3]。况且在整个中央苏区的创建及巩固阶段,往往因为红军战场转移、主力调动,反动势力视势、视时卷土重来或不时骚扰,妇女的利益也因此受到影响,遭到破坏。即使到了后来的反"围剿"斗争时期,红军与敌军的力量此消彼长,反复交替,妇女群众的心理仍然会产生很大的波动,既有分到土地的爽快、获得浮财的阵喜、打倒地主的高兴,也有对自己利益不能确保的担忧,更有怕再次沦为地主压迫、报复对象的焦虑。按一般规律,一个人从接触某一新事物到认同该事物,本身即需要一个过程。坦率地说,毕竟革命要冒极大风险,对于胆小谨慎的妇女本身而言,上述状况的出现也很正常。基于传统的社会舆论笼罩,长期的家庭观念还没有根本扭转,新型婚姻关系也未完全建立,男女界限未能彻底打破,这必然对她们参加革命形成阻碍。再说,革命性质那么残酷,革命初期效果也并非立竿见影,不同的客家妇女个体必然会权衡自身各种利弊,尽管这种权衡也可能不是完全理性的,因此即使认同革命也要一定的时间过程。所以,在这一情境下,

---

[1] 江西省档案馆、中共江西省委党校党史研究室编:《中央革命根据地史料选编》(上),江西人民出版社1982年版,第14页。
[2] 吴晓荣、何斌:《土地革命与江西苏区农民心态的变迁》,《农业考古》2009年第6期。
[3] 中央档案馆、江西省档案馆:《江西革命历史文件汇集1929年(一)》,1987年印,第280页。

她们对革命的态度只能是游移不定、静待观望了。

二 客家妇女应景迎合的投机心态

革命运动要否定旧的社会制度,变革旧有制度,那旧社会制度的支持者、既得利益者必然要竭力维护甚至起来反抗,因而敌我双方你死我活的斗争就不可避免地导致暴力、杀戮。暴力与革命结下了难分难解之缘。毛泽东说:"革命不是请客吃饭,不是做文章,不是绘画绣花,不能那样雅致,那样从容不迫,文质彬彬,那样温良恭俭让。革命是暴动,是一个阶级推翻一个阶级的暴烈的行动。"[①] 革命伊始或在革命遭受重大挫折之时,往往恐怖活动的实施带有一定的普遍性,且恐怖活动的实施与革命力量的强弱成反比。当赤白对立的局面形成时,不容置疑的是一种敌对双方"以暴易暴"的结果。1928年初,遂川县级苏维埃政府门前贴着这样一副对联:"你当年剥削工农,好就好,利上加利;我今朝斩杀土劣,怕不怕,刀上加刀"[②],表明了新政权对土豪劣绅等剥削阶级实行革命恐怖的鲜明立场,显示了不屈气势。当初中共认识到并在党的有关文件中明确指出,烧杀土劣及其房屋不是解决土地问题的根本策略,只不过是发动群众革命情绪的一种方法手段。[③]"厉行极端的红色恐怖,造成全省遍地的骚动,如放火抛炸弹,毁去反动的军事,政治,交通,工业等机关,暗杀反动首领,破坏交通,断绝电线,写恐吓信,造谣言,劫狱等,以扰他们的所谓社会安宁而动摇其统治"[④] 的行为也是时有发生,就是早年红军的供给有时也有赖于恐怖活动的实施。[⑤] 闽西永定溪南乡的农民发出了"杀尽城里人"的口号,大烧、大杀、大抢的"三大"主义也由此产生。[⑥] 而且大烧、大杀、大抢还被认为是布尔什维克的精神。[⑦]

[①] 《毛泽东选集》第1卷,人民出版社1991年版,第17页。

[②] 戴向青等:《中央革命根据地史稿》,上海人民出版社1986年版,第685—686页。

[③] 参见《湘鄂赣革命根据地文献资料》第1辑,人民出版社1985年版,第25页。

[④] 中共江西省委党史资料征集委员会、中共江西省委党史研究室:《江西党史资料》第4辑,1987年印,第89页。

[⑤] 参见张宏卿《中央苏区民众革命参与的动力机制探析——不以物质利益为中心的考察》,《江西师范大学学报》(哲学社会科学版)2012年第6期。

[⑥] 参见中共龙岩地委党史资料征集领导小组、龙岩地区行政公署文物管理委员会《闽西革命史文献资料》第1辑,中共龙岩地委党史资料征集小组1981年版,第258页。

[⑦] 参见黄琨《从暴动到乡村割据——中共革命根据地是怎样建立起来的(1927—1929)》,博士学位论文,复旦大学,2004年。

事实上，无论是共产党还是国民党，每当其政权占领一地时，都以单纯的二分法强迫群众在政治立场上作出抉择，要么亲共，要么反共。① 在南京国民政府武汉行营为进行第二次"围剿"所召开的绥靖会议上，便有人主张，为要彻底消灭"共匪"，必须"把全妇女彻底的组织起来，所有的妇女，只分是匪非匪两种，是匪便杀，非匪便要加入铲共团来打匪，依违两可，不能与匪立于反对地位的，概做匪论"。② 妇女参与运动的斗争活动更多的是一种应激性的反应行为，长期小农生产方式决定了妇女的狭隘性和目光短浅，导致普通妇女根本不会关注时代之如何变迁，以及变迁到什么程度，只有当其后果直接地影响到妇女的基本生活时，妇女才会作出回应。当在矛盾尖锐对立的处境时，平时所谓"安分守己"的妇女，至此亦可能大大地"觉悟"起来，不得不应景迎合产生投机心态。比如，万安暴动中的农民，就认为"我们不革命有两条死路，革命只有一条死路，还有一条生路。因为我们不革命，革命的要杀我们，反革命的也要杀我们，但是我们可以同革命的一起去杀反革命的"。③ 这是对应景迎合投机心态十分到位的解释。又如，于都县农民说："还是挂红旗好些，你看桥头不打白旗，又不出捐，反动派仍旧奈不何，我们打白旗又要出捐，又要遭屠杀，我们还是打红旗子。"④ 此外，肃反运动扩大化不仅给苏区平添恐怖气氛，而且向广大群众施加了巨大的心理压力，致使群众自觉不自觉地参与到苏区的各项动员工作中来。只有当对应的压力和需求产生时，才可能产生铤而走险的举措，从而追求生存的正当性，处于四周白色恐怖的包围中，加之中共其他动员机制的有效运用，妇女的多重选择、有效选择越来越单一，有的不得不迎合革命需要，而"理性"选择参与革命；有的进而试探性地进入革命的圈子，逐渐对革命产生了高度的认同。

---

① 参见张宏卿《中央苏区民众革命参与的动力机制探析——不以物质利益为中心的考察》，《江西师范大学学报》（哲学社会科学版）2012年第6期。
② 《国民党武汉行营绥靖会议及剿匪策略》，载中国工农红军第四方面军战史编辑委员会《中国工农红军第四方面军战史资料选编：附卷》，解放军出版社1993年版，第60页；另见张宏卿《中央苏区民众革命参与的动力机制探析——不以物质利益为中心的考察》，《江西师范大学学报》（哲学社会科学版）2012年第6期。
③ 江西省档案馆、中共江西省委党校党史研究室编：《中央革命根据地史料选编》（中），江西人民出版社1982年版，第36页。
④ 中央档案馆、江西省档案馆：《江西革命历史文件汇集1930年（二）》，1985年印，第187页。

三 客家妇女憧憬未来的乐观心态

经过中共的宣传动员、肃反后,客家妇女的阶级意识逐渐增强,阶级立场鲜明后的客家妇女被组织和发动起来参与革命的情绪也因此很容易受到感染,特别是"仇恨"的复苏,极具感染力与破坏性,加之后来苏区的各项建设逐渐走上正轨,从而使妇女在革命过程中获得了真实的解放,得到了真实的利益,也大大改变了她们对革命的态度。她们对革命的态度从当初的游移不定、投机迎合,进而大胆、积极地支持和参加革命。例如,宁冈县城南村一个叫肖翠环的女佣,因为有参加革命的念头,上了几天苏维埃办的妇女夜校,被东家龙恩南害死,在城南蹲点从事妇运工作的伍若兰开棺验尸,证实肖翠环被害无疑后,会同乡苏维埃,果断地处决了龙恩南及其一伙行凶者,让财大气粗的富绅为一地位低下的女佣抵命,这是破天荒的壮举!让妇女们看到苏维埃政权是真正为受侵害妇女主持公道的。[①] 因此,妇女们对苏维埃政权心存感激。特别是,中共又经常利用群众集会让那些昔日压迫妇女的头面人物垂下高昂的头颅,甚至被当场处决,妇女们真切地感受到革命力量的震撼,多年形成的内心深处的懦弱与不安在这弱势对强权的碰撞中被击得粉碎。苏区妇女朴素的情感里面,蕴藏着非常深的感恩图报观念。"滴水之恩,当涌泉相报""喝水不忘挖井人"等都反映了妇女的这种心态。加之,共产党在婚姻、经济、法律、组织、教育等方面采取了一系列"组合拳",使得苏区妇女的解放变得实实在在。妇女们纷纷用自己的方式表达着对共产党的感激之情。妇女认识到:只有苏维埃政府的政策才是为了妇女政权与妇女利益的政策,才是解放全体妇女出于水火的唯一政策,因此,"在帝国主义国民党的反革命政策之下受尽压迫剥削的妇女,对于苏维埃每一个具体的施政,简直如同铁屑之追随于磁石"。[②]

事实确实如此,随着妇女解放运动的深入,不仅大幅提升了苏区妇女的社会地位,而且使她们成为革命的既得利益者。正如当时党中央刊物《红旗》所述:"几千年从未见天日的劳苦妇女们,从九十九层地狱里翻

[①] 参见汤红兵《井冈山时期的人物群体研究》,博士学位论文,华中科技大学,2009年。

[②] 江西省档案馆、中共江西省委党校党史研究室编:《中央革命根据地史料选编》(下),江西人民出版社1982年版,第302页。

身起来了。在这里——苏维埃政权下，所有的劳苦妇女，得到了国民党统治下从来没有过的权利，享受了任何国家——除了苏联所未过的平等和自由。苏维埃政权不仅把政治上经济上的压迫者铲除尽光，同时把几千年束缚妇女，桎梏妇女的锁链——旧礼教旧道德'撕'得粉碎。"① 因而，她们对革命的态度也随之改变。美籍学者埃里克·霍弗曾经指出："很多人参加革命运动，是因为憧憬革命可以急遽而大幅地改变他们的生活处境。这是个不言自明的道理，因为革命运动明明白白就是一种追求改变的工具。"② 这一阶段，因为对未来生活的美好憧憬，她们开始大胆、积极地参加革命。③ 毛泽东在《寻乌调查》中说："土地斗争发展，许多地方女子勇敢地参加斗争，这回四军二纵队打篁乡反动炮楼，篁乡的女子成群地挑柴去烧炮楼，又从反动地主家里抢了谷子出来。斗争胜利的地方她们立即有了个人的自觉。""妇女在土地斗争中是表现非常之喜欢的，因为可以解决她们没有人身自由的束缚。"④

中共在乡村逐渐深入的过程，实际上是妇女在心理上认同和接受的过程，这与她们的切身利益息息相关。给妇女带来利益，才能取得妇女的支持；反之，将会把妇女推向对立面，这个道理并不深刻。对此，参加"围剿"的国民党十九路军战士大有感触。他们在接受记者采访时谈道："江西的妇女都是赞助红军的。当红军从某地撤退时，当地的妇女便完全跟着他们跑掉。等我们到达该地方时，他们已去得无影无踪，所有的粮食也都带走了。与红军作战非常困难，因为我们得不到米盐油等吃的东西。"⑤ 仅从"坚壁清野"的行动中，我们就可以看出，那些素来散漫的、无组织、无纪律之群众已经被动员组织起来了，并形成了一股强大的战斗力。妇女就是这么简单，"以德报得、以怨泄愤"，这是可以解释任何历史演变现象的定律。⑥ 革命是一个大磁场、大染缸。对于一般的革命者来说，也许是贫穷压迫所致，也许是出于时尚与从众的心理，也许是因为穿衣吃饭的现实所迫。但一旦你进入了这个行列，革命的演进让你有了奉献

---

① 邱松庆：《福建妇女运动史话：福建革命史辑》，福建教育出版社1989年版，第16页。
② [美] 埃里克·霍弗：《狂热分子：码头工人哲学家的沉思录》，梁永安译，广西师范大学出版社2008年版，第19页。
③ 参见杨会清《苏区妇女对革命的态度演变：1927—1934》，《长江论坛》2010年第4期。
④ 《毛泽东文集》第1卷，人民出版社1993年版，第240、242页。
⑤ 李皓：《与十九路军士兵谈话的记录》，《红旗周报》第35期，1932年3月24日。
⑥ 汤红兵：《井冈山时期的人物群体研究》，博士学位论文，华中科技大学，2009年。

精神；会议与宣传让你懂得了党的纪律与灵魂；而学习与肃反根除了个体的"弱点"，并加强了组织的忠诚感……因此，革命已深入血脉，革命已融为其生命。

四 客家妇女讴歌胜利的狂热心态

革命运动是一个政治剧场，常态往往会变形，在场的人都会进入另一种状态。只要运动的大潮涌起，即使再理智、再善于打小算盘的农民一旦被卷进"运动"的旋涡中，都会身不由己，从众性更强，狂热度在相互感染中升温，特别是会表现出超常的政治性。[1] 妇女虽不满现状却又能容忍既存的利益格局，苟且生存的保守心态是其常态，但一旦在获得超常利益或在超常外力的推动下，又易倾向激进。以平均地权为取向的土地改革提升了妇女的阶级地位，又有苏维埃国家政权的大力推动，广泛的基层政权渗透到妇女的组织之中，空前加大了妇女参与政治的空间，因此它使妇女的社会心理急速地由保守转为激进狂热。1932年中央巡视中央苏区后指出："群众得到了土地革命的利益，又被敌人摧残，斗争情绪当然好，对红军是极端拥护。"[2] 四次反"围剿"的胜利使苏区客家妇女信心大增，对自己的认同感和归属感有了提升，安全感也得到进一步巩固。妇女农民一旦进入革命的熔炉，并且获得了政治、经济、社会和文化利益后，思想也获得了大解放，传统心态历经空前的激荡和改造，就会持续支持革命，坚决捍卫自己的革命成果，革命激情加速上升，对革命全面讴歌的心态得到张扬。"韭菜开花一管心，剪掉髻子当红军。保护红军久久长，彻底解放妇女们。"[3] 这首在苏区家喻户晓的山歌反映了苏区群众全心全意支援红军的革命立场和情感，是当时的真实写照。她们积极参加生产，广泛筹款募捐，大力优待红军，积极慰问红军，在1933年的"红五月运动"中，苏区妇女更是成为后勤供给的主力军，彰显了妇女工作的积极性，发挥了极大的能动性。由此可见，苏区妇女对革命的态度之热切。"战争诚然是我们所不

---

[1] 参见张鸣《乡村社会权力和文化结构的变迁（1903—1953年）》，陕西人民出版社2008年版，第92页。

[2] 江西省档案馆、中共江西省委党校党史研究室编：《中央革命根据地史料选编》（上），江西人民出版社1982年版，第368页。

[3] 舒龙：《客家与中国苏维埃革命运动》，中央文献出版社2004年版，第72页。

讴歌的，但是民主主义的战争，减少军阀战争效率的战争，把人民从痛苦中解放出来的战争，在现在乃是我们不能不讴歌的。"① 早在1922年6月，中共在第一次发表对时局的主张时就说得如此精彩，这恐怕是早有的预言。

五 客家妇女面对挫折的变异心态

面对扩红目标的落差、肃反扩大化的打击、国民党的残酷镇压、第五次反"围剿"的接连失利，妇女心态急速变异，有的表现异常坚定，有的变得异常脆弱。一些人革命心态不老，不惧艰难继续斗争，不乏为坚定信仰不惜牺牲生命者；一些人则丧失了革命意志，陷入悲观之境，个中不乏抑郁而死者、遁入空门者、沦为妓女者；有的甚至叛变革命，见利忘义迅速倒戈，不能不说是时代的悲剧。

由于"左"倾错误的影响，在公债销售、粮食收集、扩红中各级政权形式主义和强迫命令成风，伤害过群众的感情；查田运动的错误倾向以及肃反扩大化侵犯了广大中农、贫农的利益，错把大批原来的贫农、中农划为富农、地主，弄得人人自危。面对奇高的各项任务指标，基层实在难以完成任务，除强迫命令外实在难觅他路、苦无对策，这也加剧了群众的对立情绪，瑞金、长胜等地发生了农民因缴不起粮食而自尽的事，"引起中农的恐慌与一般群众的不满"。② 当时群众逃跑现象有增无减，在红色首都瑞金已有"群众大批逃跑，甚至武装反水去充当团匪，或逃到白区去"。③ 尤其第五次反"围剿"的失利，主力红军进行战略转移，离开中央苏区，部分红军留守苏区并转入游击战争状态，国民党很快占领中央苏区，于是蒋介石叫嚷着要"掘地三尺""斩草除根"，决不让苏维埃政权"死灰复燃"。④

面对敌人的血腥暴行，客家妇女的心态发生了分化。如曾任中华苏维埃政府执行委员的兴国客家女李美群，于红军主力长征后，留在苏区

---

① 中共中央文献研究室、中央档案馆编：《建党以来重要文献选编（1921—1949）》第1册，中央文献出版社2011年版，第97页。
② 《粮食突击不能如期完成的危险在威胁着我们——粮食人民委员陈潭秋的谈话》，《红色中华》第210期，1934年7月5日。
③ 《总动员武装部副部长金维映同志谈扩红动员不能迅速开展的基本原因》，《红色中华》第234期，1934年9月16日。
④ 陈丕显：《赣粤边三年游击战争》，人民出版社1989年版，第3页。

坚持游击战争，在一次战役中被俘，历经一年多监禁的严刑拷打，始终坚贞不屈，最后因体伤和饥饿导致肺病加剧，于 1936 年春被折磨致死。曾任会昌县妇委书记（妇女部部长）的兴国籍客家女李桂荣，1934 年 9 月在第五次反"围剿"后打游击期间，不幸被敌人抓捕。面对敌人的乱棍、火烧等酷刑，李桂荣宁死不屈，坚定地说："我死也要死在共产党的旗帜下，不会投降你们的！"对此，敌人恼羞成怒，先把李桂荣下身阴部尿门用刀割下，然后再用刀把两个乳房割下来，刺死后尸体被分成四块，牺牲时年仅 24 岁。还有时任中共信丰县委妇女运动委员会书记兼县委妇女部部长和县妇女协会主席的信丰籍客家女肖牡丹烈士、曾任兴国县上社区园岭乡妇女协会会长的兴国籍客家女李华仁烈士、时任寻乌县苏维埃妇联主任的寻乌籍客家女古婉玉烈士以及曾任兴国县长迳乡妇女主任的兴国籍客家女马贵连烈士、时任大余县新梅乡妇女主任暨副乡长的大余籍客家女吴丙秀烈士、曾任兴国县里溪乡妇女干事的兴国籍客家女杨洪招烈士和时任会昌县罗田区妇女主任的会昌籍客家女潘桂招烈士、时任闽西永定县妇女运动委员会主任的客家女罗荣德等，无一不是面对敌人的严刑拷打、威逼恐吓而大义凛然、宁死不屈，为革命献出了自己宝贵的生命。据不完全统计，赣南牺牲的客家妇女多达 1517 人（其中兴国 382 人、瑞金 213 人、会昌 140 人、于都 131 人、寻乌 130 人、赣县 96 人、安远 91 人、宁都 91 人、信丰 70 人、上犹 68 人、崇义 45 人、石城 32 人、南康 22 人、大余 2 人、全南 1 人、定南 2 人、龙南 1 人）[①]。这一批又一批为了革命而奋不顾身、英勇拼搏、前仆后继、光荣就义的客家妇女，不愧为女中豪杰、民族之魂！历史，将永远铭记她们。[②] 与此同时，部分妇女进行过短暂的抵抗，但由于没有主力红军及地方武装的有力支持，自身又缺乏组织斗争的经验，作为个体的妇女根本没有办法跟国民党武装群体进行斗争，经过一段时间的斗争尝试之后，纷纷退守家中，再次回归到革命前的心态。遗憾的是，部分妇女成了变节者、"反水"者。比如，中共福建省委书记兼省军区政委万永诚之妻徐氏变节投敌，并出卖了瞿秋白，导致瞿秋白于 1935 年 6 月 18 日惨死于福建长汀

[①] 参见江西省妇联赣州地区办事处编《赣南妇女运动史料选编》第 1 册，1997 年印，第 206—218 页。

[②] 参见舒龙《客家与中国苏维埃革命运动》，中央文献出版社 2004 年版，第 77—79 页。

西部的罗汉岭脚下,为此,连累曾任苏区中央政府妇女部部长的周月林蒙冤20多年。① 面对需求挫折、行动挫折和目标挫折②,在充满矛盾、冲突、纠纷、曲折、是非、不确定生死的世界里,客家妇女的积极的和消极的、建设性的和损害性的心理防御机制或有效地发挥作用,或彻底崩溃,坚毅、顽强、退缩、逃避、自我安慰、自欺欺人等心态不同程度地表现在不同妇女身上。

据周小泉、万振凡等研究,革命运动扩大和巩固了党和政府在农村的统治基础,也使分得土地和财产的农民对共产党和苏维埃政府感恩戴德,将其经济和社会地位的升迁归功于共产党和苏维埃国家,助长了农民靠政治、运动和服从政府来保护或提高社会地位的倾向,强化了"越穷越革命"心态、"平均主义"心态、"阶级斗争"心态、"等、靠、要"心态等意想不到的负面心态。③ 这又何尝不是农村妇女的主要心态表现?! 笔者认为,其中的复仇心态和绝对平均主义是以土地革命为媒介的农民传统心态的延续和放大。诚然,历史是复杂的,任何简单的推理与叙述都会使它的真实渐行渐远。总之,就整体而言,妇女参与解放运动心态的形成、发展与成熟,与中共的动员密不可分,与中央革命根据地的形成和发展有着非常密切的关系,当然,各种心态难以进行精确测量,也不会有绝对的时间界限。就早期土地革命中妇女心态态势来解析,其更多地呈现为一种复杂的自私自利心态,而不是彻底的阶级觉悟意识。经过党一再动员后,乡村妇女的政治意识开始萌发,阶级觉悟逐渐增强。

---

① 因受瞿秋白之死牵连,1955年8月24日,上海市公安局将周月林逮捕。被关押了10年后,直到1965年12月,北京市中级人民法院才作出正式刑事判决,以"出卖党的领导人"的罪名,判处周月林12年徒刑。鉴于"罪行重大",她刑满后继续被关押在狱。后有关部门根据周的多次申诉进行了认真核查,在国民党当年的一张报纸上,发现了"赤共闽省书记之妻投诚,供出匪魁瞿秋白之身份"的报道。这一发现与党史部门新近掌握的郑大鹏暗中指认的资料结合起来,形成了有力证据,推翻了原来的"两个女人出卖瞿秋白"之说。1979年11月15日,北京市高级人民法院宣布撤销对周月林的原判,予以无罪释放。1980年3月,中共山西省委组织部给周月林落实政策,按1925年参加革命给她办理了离休手续 [参见杨小波《历史解密:谁出卖了瞿秋白——被冤死的两个女人》(http://www.sina.com.cn 2004/07/08)]。
② 参见肖旭《社会心理学》,电子科技大学出版社2013年版,第74—123页。
③ 参见周小泉《土地革命前后农民心态的演变——以中央苏区为中心》,硕士学位论文,江西师范大学,2008年。

第二节　谁主沉浮[①]：客家妇女参与运动心态嬗变的意蕴指向

妇女解放运动固然不能缺少正确的理论指导、有效的组织动员系统乃至一定的物质条件，同时也需要一种认同解放、支持解放、参与解放的社会心理取向。客家妇女能否参与妇女解放运动则取决于她们对待运动的态度和选择。而妇女之所以愿意参加，从外在形式看，是与一定的目标和方向相联系；从其内在起因看，总是有一种或多种动力所推动和驱使，两者合而为一就是行为的心理动机。心理动机变化形成了群体社会心理，而社会心理涨落突变的过程呈现了不同的心理样态，反映了内在的意蕴指向。从社会的角度、文化的角度、历史的角度等各个方面去分析心态的缘由、形成和现状，也能客观地回溯历史的真相。对于社会心态的分析，有不同的解释和阐释角度。

一　人性的本能反应是妇女心态嬗变的内在本质

客家妇女表现出的心态变化，符合生物界万物生存的本能属性，实质也是人性的本能反应，是人的本性使然。人性决定政治，政治塑造人性，人性的改变和政治的改变统一于人们的社会实践。人性观作为对某一生活方式的合法性进行论证的根本理论，其主要旨趣就在于唤起民众对这一生活方式的参与和实践。[②] 所谓唤醒人们，或者说动员人们，就是开启人们的主体意识和主体自觉，而这又与人的欲望及其满足紧密相连。[③] 马克思认为，"各个人过去和现在始终是从自己出发的"。[④] 因此，"从自己出发"或者说"利己性"是一切人所具有的最根本的特性，这也是其行为最根本的动机，简单地说人性即是人的需要。但人性还含有利他性，因为"任何利己主义都是在社会中靠社会来进行活动的。可见，它是以社会为前提，即以共同的目标、共同的需要、共同的生产资料等等为前提的"。[⑤]

[①] 公木：《毛泽东诗词鉴赏》，长春出版社2001年版，第8页。
[②] 参见周前程《人性与政治》，博士学位论文，中共中央党校，2009年。
[③] 参见王汝坤《人性与政治的原则》，博士学位论文，中共中央党校，2008年。
[④] 《马克思恩格斯文集》第1卷，人民出版社2009年版，第587页。
[⑤] 同上书，第634页。

利己与利他构成了人性中的一对根本矛盾。土地改革改变了宗法血缘的社群结构,建立了现代自耕小农制,从而极大地激发了妇女追求财富的利己潜能,但长期浸淫于宗法血缘的刚性基础和惯性思维影响,有时难免会有维护旧制的利他行为。

中央苏区客家妇女常有既主动追求婚姻自由、积极参与革命,踊跃送子送郎当红军,又躲避"解放"、消极应付革命,阻止亲人参加红军的看似矛盾的差异性选择,最基本的动因便是趋利避害的本能使然。中共的领袖们深谙此理,掌握了农民渴望土地的心理,他们以土地革命为苏维埃政权的首要施政纲领,即缘于此。也正因中共将土地革命放在了革命的中心位置,革命动力、革命道路等诸多基本问题才迎刃而解。比如党的文献中多处提及"在农妇运动中,主要的工作是动员广大的农妇群众来参加农民斗争——打倒土劣,没收地主土地,建立苏维埃政权,在这些斗争中获取农妇的真正解放"。[①] 原来处于社会底层的农民不仅分了田、出了气、翻了身,而且掌了权。"妇女分得了土地后,她们的情形怎样?是否积极工作?妇女得着了分配土地利益,确实兴奋与坚定了她们为苏维埃政权而斗争的决心,对于一切革命工作,大部分的都表现的积极,如拥护红军,扩大红军,慰劳红军的热烈,反富农斗争的坚决等。"[②] 并且"农村里广大的农妇群众,成千累万的起来参加斗争,且每每是站在最前线,表示出她们的英勇与特殊作用"。[③] 由此可见,赋予利益后的动员带动了妇女的积极参与。为保卫既得的胜利果实,妇女群众拥军参军的革命热情空前高涨,当时涌现了许多可歌可泣的妇女英雄。但求生畏死的本能,"好男不当兵"的固有观念等并不是所有人都能克服的。在"扩红"泛滥、肃反扩大化,特别是第五次反"围剿"失败而红军主力长征后,挣扎于生活困苦、精神折磨、生命垂危边缘的妇女,更是产生了恐慌、逃避及怨恨之心。从中我们可以感触到牺牲的伟大、贡献的光荣和落寞后的遗憾。[④]

因为人不只是一个生物性的实体,在阶级社会中,人性总是带有阶级

---

① 中华全国妇女联合会妇女运动历史研究室:《中国妇女运动历史资料(1927—1937)》,中国妇女出版社1991年版,第46页。

② 同上书,第251页。

③ 同上书,第78页。

④ 参见王连花《动员与反动员:中央苏区"扩红"运动》,《湖北行政学院学报》2011年第3期。

性，阶级社会的政治总是为统治阶级的利益服务。毛泽东说："有没有人性这种东西？当然有的。但是只有具体的人性，没有抽象的人性。在阶级社会里就是只有带着阶级性的人性，而没有什么超阶级的人性。我们主张无产阶级的人性，人民大众的人性，而地主阶级资产阶级则主张地主阶级资产阶级的人性，不过他们口头上不这样说，却说成唯一的人性。有些小资产阶级知识分子所鼓吹的人性，也是脱离人民大众或者反对人民大众的，他们的所谓人性实质上不过是资产阶级的个人主义，因此在他们眼中，无产阶级的人性就不合于人性。"① 很显然，在阶级社会中阶级性是人性的主要表现，但人除了阶级性外还有其他人性，就如人除了阶级感情外还有其他感情一样。当然，毛泽东虽然是从辩证的观点来看待人性的，但他强调人性的阶级性如果强调得过了头，就会演变成否定人性的一般而只承认人性的特殊的人性观。这在毛泽东的政治观上也反映了出来，可以说，"文化大革命"及其阶级斗争的扩大化都是过于强调人性的特殊性即阶级性的结果。②

按照马克思主义观点，人的需要就是人的本性，而从人的需要出发的生产又有两种：一是物的生产，二是人的生产。在长期的阶级社会历史背景中，苏区妇女在这两种生产中都是毫无地位可言的。爬梳土地革命战争时期的中共政策，可见土地问题、妇女解放问题两大方面构成了当时党工作的核心内容。前者让广大妇女拥有生产资料的所有权，是解决物的生产问题；后者把广大妇女从地主、资产阶级的压迫下解放出来，废除买卖婚姻，过自己的婚姻家庭生活。因此，当时的地主和资产阶级说共产党的政策是"共产共妻"。这显然是误解并诬蔑党的政策，但也从一个侧面反映了当时党的政策重心所在。实际上他们所说的"共产"就是分地主多余的土地，实行耕者有其田；他们所说的"共妻"就是废除买卖婚姻，实行婚姻自由制度，把妇女从地主和封建礼教的压迫下解放出来。土地改革、婚姻变革提升了妇女的阶级地位，妇女的社会心理也就急速地由将信将疑的观望、保守转为信任甚至激进。而激进心理是以利益的获得为重要前提的，例如革命暴动，一旦目的达到这一心理又会随之弱化。妇女对革命的理解相对而言是浅薄的，她们多在乎眼前利益的得失，哪怕她们知道

---

① 《毛泽东选集》第 3 卷，人民出版社 1991 年版，第 870 页。
② 参见周前程《人性与政治》，博士学位论文，中共中央党校，2009 年。

中共是为她们谋利益，但当斗争遭遇挫折、损失很大时，她们也不免会埋怨以至怨恨中共，甚至去殴打当初动员她们的干部。在战争年代，中共领导下的苏维埃政权满足了妇女的土地等物质需求，又通过文化教育、法律、参政使妇女得到了尊重，保障了尊严，精神需求实现了超越。物质的需要着眼于人性的现实性，而精神的需求则主要以人性的发展和提升为主要功能，即人性的超越性。这本身已经包含了人的全面发展的意义，是马克思主义关于人的解放理论在苏区革命实践中的具体体现。

处理妇女动员与参与关系要注重以人为本。马克思曾说："发展着自己的物质生产和物质交往的人们，在改变自己的这个现实的同时也改变着自己的思维和思维的产物"，"理论一经掌握群众，也会变成物质力量"。[①]所谓"掌握"群众，绝不指掌握肉体，而是指掌握群众的心态、心理，要顺乎民心。人的本性作为人们生活及其条件长久积淀的产物，是很难改变的。古话说"江山易改，本性难移"，可见人性改造之难。但人又具有极高的可塑性。社会生活是由人来塑造的，而社会生活又塑造了人本身。两者是相互依赖、相互作用的。所以，革命解放妇女，革命又需要广大妇女的积极参与，一向被认为保守、愚昧、政治冷漠的中央苏区客家妇女，在革命取得成功以后，并没有像传统农民起义成功以后去休养享受，而是踊跃参与到连续不断的政治运动洪流中去。然而，由于政策偏差，也导致妇女不堪重负而逃避、"反水"。这或许能给我们某些教益。中国化的马克思主义理论成果——科学发展观把"以人为本"作为其核心，就在于科学地认识"人"，这既是中国化马克思主义的基础和前提，也是科学解放妇女的根本依据。而要正确认识"妇女"，就要正确认识妇女的本性。换句话说，只有把解放妇女放在对妇女人性的科学理解的地基上，我们才能真正理解马克思主义妇女观的"科学性"，才能真正唤醒妇女、唤起妇女、解放妇女，也才能真正争取妇女、信任妇女、依靠妇女。

二 性格两重性特征是妇女心态嬗变的外在体现

客家妇女性格特征兼具积极与消极双重性。由于客家民系形成的特殊经历，以及处于特殊环境，因而造就了客家人特有的坚韧不拔、开拓进取的民族性格。林晓平博士认为客家文化的"移民性"和"山地性"以及

[①] 《马克思恩格斯文集》第1卷，人民出版社2009年版，第525、11页。

周建新博士用"在路上"概括客家意象①都说明,特殊经历和特殊环境造就了客家妇女勤劳俭朴、贤淑善良、刚健果决、崇文重教、崇尚贞节的最基本特征。以今天的眼光来衡量,这些特征兼具积极与消极。在积极方面,客家妇女温柔顺从,她们"疼爱子女""敬重丈夫""孝顺公婆"。许多妇女的丈夫外出多年,或无钱赡家,但她们都任劳任怨操持家务,照顾老人,养育小孩,当成自己的本分和义务,足见其相伴相随的贤淑善良与勤劳俭朴的优秀品格。②尽管她们饱受男尊女卑的宗法制度压迫,一生辛苦,劳作不辍,基本没有读书识字的机会,但她们崇文重教,即使生活再苦,也要通过耕田种山、挑担、卖柴等繁重而又收入微薄的劳动,挣钱来支持丈夫和子女读书,正如乡谚所云:"讨食也要缴子女读书",俗称"喉咙省出缴子读,只望孩儿美名扬"。③客家妇女的血汗功劳支撑了客家子女教育之风。在客家地区居住多年的美国传教士罗伯特·史密斯(Robert Smith),高度赞誉客家妇女的这种优良品德,在他所著的《中国的客家》(The Kakka of China)一书中说:"客家妇女真是我所见到的任何一族妇女中最值得赞叹的了。在客家中,几乎可以说,一切稍微粗重的工作,都是属于妇女们的责任。"④爱德华曾说:"客家民族是牛乳上的乳酪,这光辉至少百分之七十是应该属于客家妇女的。"⑤话虽夸张,但客家妇女的作用得以彰显。她们大部分天足天胸、体格健壮、性格耿直、刚健果决、敢想敢说、敢爱敢恨、敢怒敢骂、敢作敢当⑥,勇于革命的精神在中国近代史上表现得尤为令人注目,太平天国运动、辛亥革命,处处都有客家妇女的身影。如曾国藩曾称参与太平天国运动的客家妇女为"大脚蛮婆"。正是客家传统基因奠定了客家妇女参与妇女解放运动的文化基础,是其参与运动的深层内部背景。

---

① 参见陈华、陈涛《客家妇女投身苏维埃运动的心理解读》,《文教资料》2007年第8期。
② 参见胡军华、唐莲英《中央苏区时期客家妇女对革命的贡献》,《中华女子学院学报》2011年第6期。
③ 谢重光:《客家妇女人文性格及其历史成因》,《福州大学学报》(哲学社会科学版)2005年第2期。
④ 黄马金:《客家妇女》,中国妇女出版社1995年版,第8页。
⑤ 爱德华:《中国访问记》,载《客家人种志略》1890年(http://www.meizhou.gov.cn/zwgk/rdzt/xxdmz/kjrqh/2012 - 07 - 17/1342519391d98166.html)。
⑥ 参见谢重光《客家妇女人文性格及其历史成因》,《福州大学学报》(哲学社会科学版)2005年第2期。

然而，客家妇女人文性格中荦荦大者，其主要方面是积极进取的，此乃劳动人民传统美德之所在。但她们也难逃典型农民的劣根性。胡适曾指出中国农民的安命不争、知足、自欺自慰、愚昧等不良特点，著名社会学家费孝通则认为是家观念、小圈子、重人伦、私德、自我主义和缺乏团体道德等。[①] 尽管这些贬多于褒的对农民心理的概括，并不一定完全科学与准确，但在一定程度上反映了农民的心理特点。中国农民长期处于社会的底层，逆来顺受是其一贯的处世原则，"臣民"意识浓厚，在行动中缺乏自信与主动。这种主体意识的深度缺失表现在革命实践中是其对革命的退缩、犹豫。在革命经受挫折后，妇女们常常忍辱负重、逆来顺受地哀叹"生死有命，富贵在天"，以求自我解脱，很少问罪于现存体制。比如妇女崇尚贞节，显系受封建意识毒害所致，是"三从四德"封建道德的产物，带有明显的时代局限性。

　　客家妇女性格易呈现"不在沉默中灭亡，就在沉默中爆发"[②]的心理常态和变态二元倾向。"妇女受社会层层的压迫，受家庭层层的压迫"，在经济上、政治上、教育上几无丝毫权利享受而言。因此"妇女潜伏的反抗性极猛烈"。[③] 但妇女最好"自缢、自尽、自寻短见"等消极反抗行为[④]，受民风、乡村族缘、血缘刚性基础和惯性思维影响，妇女"命里只有八合米，走尽天下不满升"的宿命心态时有漂移。但在积极的方面，则有不顾生死向人"放泼"的最勇敢的革命精神，因而托洛茨基亦曾说"中国妇女是最革命的"。[⑤] 当辛苦劳作、地位低下、婚姻不自由等不公现象的自我意识或潜意识中累积达成了某种平衡，没有外界强大作用力的影响，这一平衡就可能持续保留；一旦外界环境发生了裂变，比如突然爆发了动乱，那么平衡就可能被打破，那些分崩离析的要素将通过某种组合而构成全新的人格，其逆来顺受的常态将达到临界点，经中共强大功效的动员，从而突破阈值达到爆发态势，这时我们会看到，同一个个体将发生惊人变化，简直就是前后判若两人。所以，人们至今没有停止追问中共领导

[①] 参见张昭国、雷勇《探析土地革命战争初期农民的革命心态》，《江西师范大学学报》（哲学社会科学版）2007年第6期。

[②] 鲁迅：《鲁迅经典文集》，中国画报出版社2011年版，第295页。

[③] 中华全国妇女联合会妇女运动历史研究室：《中国妇女运动历史资料（1927—1937）》，中国妇女出版社1991年版，第8页。

[④] 同上。

[⑤] 同上。

的革命战争为什么会取得成功，对此尽管众说纷纭，看法不一，但大家都高度认同农民的支持与参加是中共革命胜利的主要保证，而妇女农民积极支持绝对是其性格使然。

三 强大的动员功力是妇女心态嬗变的直接推手

中央苏区时期中共在斗争实践中探索出了"工农武装割据"的革命道路模式，形成了苏维埃政权与国民党政权激烈对峙、分庭抗礼，但国民党亡共之心不死，"会剿""围剿"大大小小的战争接连不断，想方设法镇压武装起义、"围剿"农村革命根据地。在以革命战争为主旋律的社会背景下，为了争取更多的妇女人力资源加盟，中共展开了以土地改革为内容的经济动员、以政治参与为手段的政治动员、以阶级思想灌输为方法的文化动员、以群众路线为途径的组织动员和以诉苦、控诉为形式的情感动员等立体式、网络化动员手段，通过大量的、通俗的行之有效的革命话语向广大苏区妇女开展广泛动员，大力宣传革命道理，在整个中央苏区营造了一场强大的红色革命风暴，广大的妇女群众自愿或被迫参与进来，使得大家都处在一种战时或临战的亢奋状态之中，在强大的社会舆论和社会风气的冲击下，客家妇女自身的革命欲望和潜力也被唤醒与激发出来。苏维埃政权无疑是高度集权、官僚化但同时又最能发动广泛而深入妇女动员的政权。其构建的政党或军事组织不单单是控制国家与管理社会的工具，而且是妇女动员的机构。苏维埃政权几乎把每一个非敌人的妇女从体制外吸附到体制内，使其迅速成为体制内的国家公民，这意味着为其提供极强保护的同时也伴随着极强束缚，使其服从、服务于建立、维持扩张性苏维埃政权及制度。正如米格代尔所说：只有"在革命者成功地将农民并入一种独立的经济和政治制度之后，农民才会对该种制度产生义务感"。[①] 这种使民众为利他主义也为利己主义而斗争的转化，之所以取得一定的成功，自然离不开革命领袖的权威感召力，离不开巾帼群英的示范效应，离不开乡村苏维埃政权的努力渗透，也少不了敌我阶级革命意识形态义理召唤的功劳。因此，在建立苏维埃共和国等浪漫主义非理性催化下，妇女心理很容易被诱变、受摧毁、再利用，有时限于低下的认识水平，又暗含与

---

① [美] J. 米格代尔：《农民、政治与革命——第三世界政治与社会变革的压力》，李玉琪、袁宁译，中央编译出版社1996年版，第214页。

党的方向不一致的离散观念，亦随之萌动。这是一个从潜意识到有意识，从有意识到无意识的反复心理机制作用的过程与结果，其间对广大普通妇女而言，恐怕难有自我抗拒的屏障。

本章小结

　　历史的复杂性在于每个个体之间都存在差异。"心史难描"。对于所有在中央苏区曾参与妇女解放运动的客家妇女当时的真实想法和心境，笔者似不应轻易地妄加揣测，更何况不同的人有着不同的思想，要一一厘清其中的相通与差异之处，绝对是不可能做到的。因此，在这里，笔者只想——同时也只能——从客观后果的角度来进行相对而言比较靠谱的探讨，得出一些相对真实的结论。不管如何，苏区客家妇女的丰功伟绩永远值得讴歌！动员机制值得借鉴！以人为本的理念值得升华。是她们把自己的亲人源源不断地送往前线，使红军长征的兵源得到保证；是她们勇敢挑起了生产建设的重担，保证了十几万军队的粮食供给；是她们节衣缩食，给了红军以无私的物质支援和巨大的精神力量；是她们在主力红军长征后，积极参加和支援游击队，打击牵制敌人，掩护主力红军的转移，保存了革命的火种。全国妇联主席康克清曾说："在土地革命最困难的十年中，妇女有志气，没有倒下。那个时候，男的一半以上到前线去啦，女的承担了艰巨的任务，作出了巨大的牺牲，却毫无怨言，我们的兴国县在历史上就是'女儿国'。没有这种牺牲精神，就没有我们今天的幸福，我们就是要发扬这种革命精神。"[①] 如果说长征是一座伟大的丰碑，苏区客家妇女就是载托丰碑的石子；如果说长征是一艘胜利的航船，苏区客家妇女就是载船的水。

---

　　① 引自赣州地区妇联办事处《中国妇女第五次全国代表大会传达提纲》，1983年9月22日。

第六章

人间正道是沧桑：中央苏区
妇女解放运动的历史价值与现实启示

<blockquote>
天若有情天亦老 人间正道是沧桑
——1949 年，毛泽东：《七律·人民解放军占领南京》①
</blockquote>

中央苏区妇女解放运动是在矛盾错综复杂、国共两党在阶级矛盾与民族矛盾的消长演变过程中演进的。中共以马克思主义理论为武器，将妇女解放问题与废除私有制，与无产阶级革命联系起来，在理论上大力宣传妇女解放，并把主要精力投入反帝反封建的革命斗争中，使广大妇女在革命根据地率先享受到了与男子平等的权利，留下了许多积极成果和经验，对中国现当代历史的发展产生或显或隐的深远影响，在中国现当代历史上打下深深的烙印。抚今追昔，我们在享受革命遗产的现代传统时，通过研究这一已定格的个案缩影历史，应该能窥探出峥嵘岁月留下的弥足珍贵的历史经验与教益。

第一节　人世难逢开口笑②：中央苏区
妇女解放运动的历史定位

长期以来，对苏维埃运动的功过是非一直争论不止，特别是对苏维埃运动中的负面影响，有专家认为"从更深层次说，我们恐怕也远不能说

---

① 公木：《毛泽东诗词鉴赏》，长春出版社2001年版，第136页。
② 同上书，第291页。

已经说全说透"。① 毫无疑问，与苏维埃运动共时性产生和历时性发展的中央苏区妇女解放运动，伴随着妇女得解放后颇感自豪而流露的笑声，肯定也会带给世人更多理性的思考。

一 难以磨灭的历史地位

中国妇女解放运动大致经历了旧民主主义革命、新民主主义革命、社会主义革命和建设、改革开放四个历史时期，经历了由资产阶级领导到无产阶级（通过共产党）领导、从资产阶级女权运动到无产阶级妇女解放运动的转变，曾经出现多种运动形态。② 中国共产党成立后，党领导的、以马克思主义为指导的、以劳动妇女为基础并团结各阶层妇女的、同革命运动结合在一起的社会主义妇女解放运动，逐渐成为中国妇女解放运动的主流，成为引导中国妇女解放走向胜利征程的符合中国国情的运动形态。相对妇女解放运动的历史长河来说，1927 年至 1937 年的中央苏区妇女解放运动显得十分短暂。

（1）从时间长短来看，它只占新民主主义革命的 1/3；从所处阶段来说，它处在以毛泽东为代表的中国共产党人探索农村包围城市、武装夺取政权的中国特色革命道路的关键时期，也是党内盛行把马克思主义教条化、把共产国际决议和苏联经验神圣化的错误倾向极大化时期。

（2）从内涵特质来看，它是开始以马克思主义妇女观为指导、以妇女解放为核心、以无产阶级农妇为主体、以社会主义为方向、以农村为实践主阵地的理论与实践相结合而逐渐开展的运动形态。

（3）从价值取向来看，它是以社会主义"根本解决"妇女问题，实现妇女"彻底解放"的政治承诺及话语建构，整合妇女解放思潮，抢占妇女解放话语的领导权，进而在根据地建设中利用党所建立的政治权威实施激进的妇女解放运动，实现了对妇女的整体性动员，将妇女解放融入阶级革命的洪流之中，以期实现阶级革命与性别革命在社会主义旗帜下的双赢。此次运动既充分发挥了中央苏区妇女的巨大人力资源作用，也使获得了巨大实惠的广大妇女享受到了解放的自豪感，并在运用政治手段强制性地推进妇女解放方面积累了丰富的历史经验，留下了许多积极成果，对中

---

① 何友良：《论中国苏维埃运动的历史定位与影响》，《江西社会科学》2012 年第 1 期。
② 参见李静之：《中国妇女运动研究文集》，社会科学文献出版社 2011 年版，第 151 页。

国现当代妇女解放运动的发展产生着或显或隐的深远影响。

二 公正公允的时代局限性

"革命是历史的火车头"[①],正如博古所指出:"革命的几个月给广大受压迫的群众的政治教育与锻炼是要胜过平常的几十年甚至整个世纪。"[②]中央苏区妇女解放运动在短暂时间内取得巨大成就的同时,毋庸讳言,这种政治化、功利化的妇女解放模式,掺杂有不足与缺陷的因素,暴露出妇女解放运动中种种值得关注的时代局限性问题。就此我们绝不能视而不见。

(1) 性别解放从属于民族解放、阶级解放。中央苏区妇女解放运动总体上是一场自上而下的运动。妇女利益始终被置于国家利益、民族利益与阶级利益之中,妇女解放成为民族解放、阶级解放的一大内容,很大程度上忽视、遮蔽了性别解放。西方女性主义者认为,由于男女自然、先天的生理差异,并由此影响到他们的行为和外观,也由于社会制度、权力结构、家庭、就业、教育等诸种制度及因素的作用而建构了男女有别,把女人受压迫的原因归诸女人的身体因素,从而要求男女平等,提出性别解放。马克思主义妇女观提出,女性的解放依赖于公益设施(如公共食堂、幼儿园等)的完善以及机器人或自动化设备的广泛运用,但在现实中,公益设施的完善以及自动化设备的广泛应用都受制于资本主义经济制度,因此强调资本主义与阶级制度是妇女受压迫的唯一根源,把性别压迫化约成经济问题,淡化婚姻、生育与家庭议题,提出首要革命策略是阶级斗争,将妇女问题纳入阶级与国家问题的范畴,客观上此做法不同程度地降低了对妇女性别解放的关注程度。对此,毛泽东曾说:"妇女解放与社会解放是密切地联系着的,妇女解放运动应成为社会解放运动的一个组成部分存在着。离开了社会解放运动,妇女解放是得不到的;同时,没有妇女运动,社会解放也是不可能的。因此,要真正求得社会解放,就必须发动广大的妇女群众来参加;同样,要真正求得妇女自身的解放,妇女们就一定要参加社会解放的斗争。"[③] 毛泽东的这番话进一步明确了妇女性别解

---

① 《列宁选集》第 3 卷,人民出版社 1995 年版,第 687 页。
② 中华全国妇女联合会妇女运动历史研究室:《中国妇女运动历史资料(1927—1937)》,中国妇女出版社 1991 年版,第 396—397 页。
③ 《毛泽东文集》第 2 卷,人民出版社 1993 年版,第 169 页。

放与阶级、社会解放的关系。1930年5月,邓颖超在《苏维埃区域的农妇工作》中也曾指出:"过去很多地方(湖北、江西等地),恐怕引起农民的反感而不提出农妇本身的要求,甚至放弃了农妇运动,这是极错误的。我们不但不应怕农民的反对而不提出农妇的要求,且应宣传农民、说服农民,使他〈她〉不但不反对,且更能同情赞助农妇的解放运动。我们应当指出农妇解放与整个农民运动有极大的关系,农妇解放运动是能够帮助农民斗争与土地革命更快地得到胜利。"① 由此可见,中共借用"农妇解放运动"力量来助推"农民斗争与土地革命"胜利的真实用意,体现了在以男性为主导的革命运动中,妇女性别解放和民族、阶级解放的内在张力,如何平衡实属不易。再说,妇女都是社会的成员、国家的公民,其任何权益的保障与实现都不可能仅仅在妇女范围内进行。而且事实上妇女的性别解放和民族解放、阶级解放并不是完全的良性互动,妇女的性别解放是一个长期的过程,也是一个永恒话题。

(2)客观上服务于革命战争需要。中共宗旨确立了解放妇女的使命,但由于处于战争环境的特殊时期和苏区特殊区域,真正的妇女主体性视角与人文关怀难以实现,妇女解放运动不可能摆脱工具主义的循环或博弈。中共既打算将妇女运动局限在一定的范围之内使其隶属革命战争的全局,不愿看到妇女解放运动具有自身的独立性从而干扰革命战争,又意识到如不通过切实改善妇女生存状况、尊重妇女运动自身的特殊性来调动妇女在革命战争中的积极性则妇女群众很难发动。比如中共在阐述"党的任务及对于无产阶级妇女的关系"时重点提到"党的总路线是争取群众",但同时又强调"要根据党的一致路线,尤不能令妇运工作成孤立形势,或独立的形势"。② 面对两难窘境,特定情境下妇女解放运动注定被革命"捆绑"。可借用若干年后邓颖超在延安的一番讲话来验证:"妇女运动应是整个革命运动的一部分,而不是两性间的斗争。……不应该是专门掀动两性间的仇视与倾轧。"她接着说:"妇女运动的发展,应适应于革命斗争的形式。最近三十年来,已充分地证明了这一观点的正确。"她还以"十余年的苏维埃运动时代"为例,说明"妇运都因适合于革命运动的发

---

① 中华全国妇女联合会妇女运动历史研究室:《中国妇女运动历史资料(1927—1937)》,中国妇女出版社1991年版,第79页。

② 同上书,第13—15页。

展而收到了许多成绩"。相反妇女运动若离开了客观的革命形势,"独立地去作〈做〉,那将得到一无所成的结果",毕竟"妇女解放不仅是妇女本身的事,而且是全人类的事"。①

（3）男权主导。中央苏区妇女解放运动整个过程中,男性不仅始终是妇女运动的合作者与同盟军,更始终是妇女解放运动的主要领导者与推动者。因此,在"男女平权"的标准选择上突出了男性标准的优先性,强调"妇委委员,不应限于妇女同志担任,男同志应一样担任"②;在"男女平权"内容取向上偏重结果的平等;在"男女平权"实践路径方面更依赖于党和苏维埃政府的力量主导推进。虽然形式上彰显男女平等,而革命队伍以男性为主体的格局事实,面对利益冲突,客观上难以顾及妇女群体的特殊性与差异性③,因此也就没有真正实现社会性别的公正。尽管如此,但并不意味着女性置身于运动之外,事实上,女性以各种形式积极参与,或参与妇女解放运动的理论构建,或投身于妇女解放运动轰轰烈烈的实践运动。她们对妇女解放的见解不只是对男性呼声的回应和重复,而且包含了女性自己的体验与要求。况且,就某种程度而言,融入民族国家建构或阶级革命洪流中的妇女解放运动,初衷并非男性政治家自私的强制或有意误导所致,而应高度赞誉觉醒后的妇女对自己作为国家、阶级共同体成员责任担当的自觉选择。

（4）受到右倾和"左"倾错误干扰。中共是在共产国际指导下成立的,中国共产党为妇女运动所制定的目标、途径和组织方式、组织机关在一定程度上渗透着共产国际的影响。尤其中共曾教条地执行共产国际下达的妇女运动指示来制定国内妇女政策,导致中央苏区妇女解放运动接受共产国际妇女解放的思想主张而不切合农业中国的农村实际,先后出现了右倾和"左"倾机会主义的错误,结果难免表现出不同程度的激进性、不彻底性、妥协性。比如,"六大"通过的《妇女运动决议案》正是共产国际"左"倾路线直接指导下的产物。该决议在总结大革命时期党的妇女

---

① 全国妇女联合会编:《蔡畅、邓颖超、康克清 妇女解放问题文选（1938—1987）》,人民出版社1983年版,第26—27页。
② 中华全国妇女联合会妇女运动历史研究室:《中国妇女运动历史资料（1927—1937）》,中国妇女出版社1991年版,第119页。
③ 参见程伟礼《〈老子〉与中国"女性哲学"》,《复旦学报》（社会科学版）1988年第2期。

运动时，首先批判了"中国共产党在机会主义的影响下，在指导妇女运动中也是机会主义的"错误，然后依照共产国际要求中共高级领导层无产阶级化的指示，作出了"党的妇女工作人员应无产阶级化"的过激决定。[①] 苏维埃革命政权的建立的确意味着旧制度的崩溃，能够迅速改变特定社会的参数变量，但是，革命者在资源掌握有限的情况下要想巩固新制度也必须面对现实，作出利于男子而牺牲妇女的适度妥协。

总之，中央苏区妇女解放运动实践从一开始就与民族独立、国家建设的历史进程紧密地联系在一起，民族独立、国家建设的需要不仅催生了妇女解放运动，而且直接支配着这一实践及其话语建构。在特定的历史条件下，民族、国家的"宏大叙事"不可避免地在相当大的程度上存在男权话语霸权倾向。如果说，在土地革命战争时期，这些特点是实现妇女快速解放的强大优势的话，也许更多是由于民族危机严重、救亡图存艰巨任务的背景所迫。在妇女主体意识深度觉醒，两性差异渐受重视，平等、公正成为社会核心价值观的当代，它们便在某种层面上成为制约中国妇女实现更大发展的不足。或者说，以当代的视角对中央苏区妇女解放运动极其独特的历史发展过程进行客观的审视，其中的成功和失败、经验与教训是彼此纠结、双向并存的。事实上，妇女解放不仅为生产关系和生产力所制约，也受物质生产水平和精神文明程度的影响。"权利决不能超出社会的经济结构以及由经济结构所制约的社会的文化发展。"[②] 尽管今天时常有学者强调劳动妇女"被解放"的局限性，但无可否认的事实是，这些劳动妇女当初"被解放"时却产生了她们从未有过的自豪感。运动仅有美妙的理想图景，而没有试错，恐怕是不可能的事情。早期缺乏妇女的普遍觉悟和自主努力，女性主体意识有一个从自在到自为的过程，妇女解放运动的内在动力也存在从少到多、由自发到自觉的过程，运动目标的实现也经历了不断试错的过程。这种试错，导致目标导向逐渐明确，提升了组织力、动员力、凝聚力及控制力，是一种革命理想与现实行为规范不断调适的试错。应该说，这种试错，也解决问题，但标准不同，效果亦非，或许它不一定完全成功，甚至造成更大的灾难。不管如何，这种试错，实现了

---

① 参见中共中央文献研究室、中央档案馆编《建党以来重要文献选编（1921—1949）》第5册，中央文献出版社2011年版，第497、501页。

② 《马克思恩格斯文集》第3卷，人民出版社2009年版，第435页。

妇女"彻底解放"的政治承诺及话语建构，整合了妇女解放思潮，抢占了妇女解放话语的领导权，实现了对妇女的整体性动员，最终目标通过政权及权力的有效攫取，最终渐趋运动的理想图景。

第二节 妇女能顶半边天：中央苏区妇女解放运动的价值作用

中央苏区妇女解放运动是在独特的社会条件和时代背景下演进的，其具有重大价值。

一 马克思主义妇女观中国化的有益探索

对中央苏区妇女解放运动的指导思想、力量、途径和动员模式等的探索，实质是中国妇女解放运动的道路、理论、制度的探索与创新，是马克思主义妇女观中国化的过程。

（一）妇女解放道路新开辟：逐步找到并开启了一条高举中共领导大旗，以马克思主义妇女观为指导，以无产阶级农妇为主体，以社会主义为方向，以农村为实践主阵地的理论与实践相结合的妇女解放道路

中国妇女运动的发展并非一帆风顺。从鸦片战争爆发到五四运动兴起，不少仁人志士为救国救民、强国保种和解放女性进行了不屈不挠的斗争。太平天国革命运动遵循以精神鸦片——基督教教义为指导思想，第一次提出男女平等主张，并采取组织妇女参与的伟大变革；戊戌变法时期，维新派以儒家思想加西方资产阶级的"天赋人权"思想为武器，把不缠足、兴女学作为妇女解放的主流话语；辛亥革命时期，孙中山先生领导的同盟会、辛亥革命则以脱离中国国情的西方资产阶级民主革命思想理论为指导，将妇女解放运动融入社会革命中，力求妇女和男子共赴国难，以争得完整意义上的人格重塑和国家重建，开始尝试用武装革命推翻封建制度。遗憾的是，上述运动均以失败而告终。简单而言，失败的原因固然有帝国主义、封建主义、官僚资本主义三大势力的摧残、扼杀，以及妇女运动领导者们的革命不彻底性和阶级局限性，而最根本的一条则是没有科学理论的指导、先进思想的武装，严重脱离中国国情。

十月革命给中国送来了马克思主义，也送来了马克思主义关于妇女解放的思想。中国共产党成立后，坚持以马克思主义指导中国革命，确

立了以马克思主义妇女观指导中国妇女运动的思想和方针。但随着西方思想和文化的大量涌入，思潮多元，内激外荡，无政府主义、工读主义等各种社会思潮和流派异常活跃，严重阻碍了马克思主义妇女观的顺利传播。毛泽东、李大钊、向警予等一大批先行者，将马克思主义妇女观同中国妇女运动的具体实践相结合，拿起批判武器，与各种反动思潮展开了针锋相对的斗争，教育了一大批人，认识到"不与无产阶级携手的妇女运动，不是真正的妇女运动"。① 由于中共妇女解放运动伊始蕴含着各种矛盾的张力，因而具有多种发展可能性。受反帝反封建的民主革命纲领的影响②，中共早期妇女解放运动主要表现为重视妇女解放与无产阶级革命之间的密切关联，但仍重点关注与痴迷于女工运动，寻求和践行资产阶级的女权运动与无产阶级的妇女解放运动间相辅的最大可能，在领导广大劳动妇女尤其是工厂女工的斗争外，积极主动地引导资产阶级性质的女权运动。直至1927年接受惨痛教训才放弃对国民党的幻想，毛泽东力主共产国际关于在中国立即实行"工农兵苏维埃"的意见，高举共产党旗帜举行秋收起义，开始"易帜"独立地领导中国革命。以农民为主体的新型运动在广大农村根据地生根发芽之后，农村革命根据地的妇女解放运动才真正在中国共产党的旗帜下勃兴起来，踏上了妇女解放的正路。这是妇女解放运动性质的重大突破，也是妇女解放运动领导力量质的突变。

中共"六大"通过的《关于妇女运动的决议案》，遵循马克思主义关于妇女解放的基本思想，对我国妇女解放的总体目标、阶段任务、前进道路作了深刻的阐述，为中国妇女运动朝着正确的方向发展奠定了坚实的理论基础。党独立领导而创建的革命根据地，为妇女解放运动蓬勃开展创造了实践基础。在中央苏区大力开展妇女解放运动的实践中，坚定信念，求真务实，力克艰难，开拓进取，不惜以流血和牺牲的代价，与各种错误作斗争。坚决反对资产阶级妇女运动，割了

---

① 虚若：《对于目前妇女运动说几句话》，《妇女声》"五四"期刊，1919年第5期。
② 中共民主革命纲领初步形成于1922年。同年7月发表的中共"二大"宣言指出：中国革命的性质是民主主义革命；革命的对象是帝国主义和封建军阀；革命的动力是工人、农民和小资产阶级，民族资产阶级也是革命的力量之一；革命的策略是组成各阶级的联合战线；革命的任务和目标是打倒军阀，推翻国际帝国主义的压迫，实现中华民族的独立和中国的统一；革命的前途是向社会主义革命转变。参见中共中央党史研究室《中国共产党历史》第1卷上册，中共党史出版社2002年版，第96、100页。

"资产阶级的尾巴"[1],反对右倾主义错误。针对脱离革命斗争而孤立开展妇女运动,脱离中心政治任务单纯地动员妇女剪发、离开家庭等来谈妇女解放的"左"的倾向进行了坚决斗争,纠正了将妇女运动简单化为动员媳妇斗公婆、倡导妻子斗丈夫而造成农民内部的混乱现象。[2] 坚决反对女权主义、基督教、国民党政府改良主义"三种反动思想的妇女运动"[3],号召"无论在苏区或白区,必须彻底肃清国民党的工作方式的残余,站在两条战线上坚决的消灭一切对于劳动妇女工作的忽视和错误"。[4] 肃清和整合了妇女解放思潮,抢占了妇女解放话语的领导权。1929年12月中共中央第58号通告指出:"在不与整个农民的利益冲突时,要特别注意提出农妇的特殊要求,而发动农村妇女参加一切斗争。"[5] 接着又强调指出:"在必要时,可为农妇特殊利益的要求发动斗争,但必须得着一般农民的同情和赞助,而不与整个农民利益相违背。"[6] 这表明了党在正确处理农妇的总体利益和具体利益关系问题上的鲜明立场,实际上是妇女解放运动指导思想的重大发展。为此,党把农村妇女发动起来参加革命斗争和建设革命根据地作为妇女运动的中心任务,同时关注农村妇女的特殊要求,从解决妇女切身利益入手,在农妇中建立妇女组织,召集妇女会议,吸收女党员,培养女干部,提出妇女运动群众化,形成了全党抓妇女工作的局面。中共中央第85号通告进一步发展了这一思想,明确指示:"为切实的推动妇女运动,了解妇女群众思想、生活情形、斗争要求,必须动员整个党的组织来推动这一工作"[7],全国党部要"切实建立妇女工作,加强党的领导"[8]。"坚持和加强党的领导"的思想和做法,成为以后妇女解放运动始终坚持的重要经验、基本原则[9],也使得中国共产党指导妇女

---

[1] 参见中华全国妇女联合会《蔡畅、邓颖超、康克清 妇女解放问题文选(1938—1987)》,人民出版社1983年版,第367页。

[2] 同上。

[3] 中共中央文献研究室、中央档案馆编:《建党以来重要文献选编(1921—1949)》第5册,中央文献出版社2011年版,第498—499页。

[4] 中华全国妇女联合会妇女运动历史研究室:《中国妇女运动历史资料(1927—1937)》,中国妇女出版社1991年版,第148页。

[5] 同上书,第31页。

[6] 同上。

[7] 同上书,第65页。

[8] 同上书,第64页。

[9] 参见李静之《中国妇女运动研究文集》,社会科学文献出版社2011年版,第218页。

运动的理论不断走向成熟,更加符合中国的国情。最终,中央苏区妇女解放运动探索并走出了一条高举中共领导大旗,以马克思主义妇女观为指导,以妇女解放为核心,以无产阶级农妇为主体,以社会主义为方向,以农村为实践主阵地的理论与实践相结合的妇女解放道路。旗帜就是方向,旗帜就是道路,这条道路来之不易。

(二) 妇女解放思想新论断:初步确立并形成了毛泽东妇女解放思想

毛泽东妇女解放思想,是对马克思主义妇女观的继承和发展,是在与形形色色的对马克思主义教条化的理解和把共产国际决议及苏联经验神圣化倾向的斗争中形成和发展起来的,它在土地革命战争期间展开、实践、丰富而日臻成熟,也始终伴随、指导着中央苏区妇女解放运动。

1927年,毛泽东在湖南亲身体验,深入调查了30多天,精心撰写了《湖南农民运动考察报告》,对半殖民地、半封建时期的中国妇女解放进行了最初的、总体的概括和把握,深邃地指出并剖析了中国妇女受政权、族权、神权、夫权四重压迫的原因和根源,强调政权压迫是其支柱,鲜明地指出应该首先通过政治斗争推翻地主政权的中国妇女解放道路,从而才能逐步解除族权、神权和夫权的束缚。[①] 这一概括,是毛泽东运用马克思主义妇女观对中国妇女解放进行的宏观把握,"四权"理论构成了其妇女解放思想的根源论、路径论、方法论,这是毛泽东妇女解放思想的集中体现,标志着马克思主义妇女观开始真正与中国的实际相结合。

1929年毛泽东在古田会议上代表前委起草的《中国共产党红军第四军第九次代表大会决议案》进一步得出了"妇女占人口半数,劳动妇女在经济上的地位和她们特别受压迫的状况,不但证明妇女对革命的迫切需要,而且是决定革命胜败的一个力量"[②]的结论,这构成其妇女解放思想的力量论。

1933年他在《长冈乡调查》中又指出:"妇女在革命战争中的伟大力量,在苏区是明显地表现出来了。在查田运动等各种群众斗争上,在经济战线上(长冈乡是主要依靠她们),在文化战线上(许多女子主持乡村教育),在军事动员上(她们的扩大红军与慰劳红军运动,她们当短夫),

---

① 参见葛彬《马克思主义妇女观与中国实际相结合的光辉典范——论毛泽东对中央苏区妇女的调查》,《求实》2000年第6期。

② 《毛泽东文集》第1卷,人民出版社1993年版,第98—99页。

在苏维埃的组织上（乡苏中女代表的作用），都表现她们的英雄姿态与伟大成绩。"① 承认人民群众是历史的创造者，这是历史唯物主义的基本观点，进一步深化了其妇女解放思想的力量论。1930 年至 1933 年，毛泽东先后在中央苏区所在地江西的吉安、寻乌、兴国、长冈乡及福建的才溪乡等地进行了广泛的调查，撰写了《寻乌调查》《兴国调查》《东塘等处调查》《水口村调查》《才溪乡调查》等大量的调查报告，这些报告涉及苏区妇女的生产、生活、教育、参政等诸多内容，这是毛泽东站在马克思主义的立场上，对中国农村妇女问题进行的一次广泛、真实的反映，是毛泽东把马克思主义妇女观与中国实际相结合的光辉典范。② 而蕴含在《土地法》《婚姻法》等背后的立法思想，形成和丰富了其妇女解放思想的保障论、激励论、权益论等。

1927 年至 1937 年的十年苏维埃运动，我们党和人民对人民政权建设进行了大胆探索和伟大实践，党的建设、政权建设、军队建设、经济建设、法制建设、宣传文化建设、廉政建设等各方面均有了空前发展，在创建中华苏维埃共和国的伟大实践中，产生并初步形成了毛泽东思想③，也初步形成了毛泽东妇女解放思想，奠定了新民主主义妇女解放运动的理论基石。毛泽东的妇女解放思想，是毛泽东思想体系中重要的组成部分，其中一系列科学观点，是毛泽东运用马克思主义理论指导，通过对中国实际考察后得出来的，是中国化的马克思主义妇女观。纵观毛泽东妇女解放思想发展的历程，大致经历了两次重要的转变：从早期无政府的激进理想主义到将中国妇女问题纳入马克思主义框架的转变，农村革命根据地的创立又使毛泽东妇女解放思想从理论到实践的转变成为现实。这两次转变，标志着毛泽东妇女解放思想从空想变为现实。④ 中央苏区妇女解放运动是形成毛泽东妇女解放思想的源泉和早期实验，而不断丰富发展的毛泽东妇女解放思想又指导着中央苏区妇女解放运动的推进，推动了新民主主义妇女解放运动的开展，为以后党在不同时期领导的妇女

---

① 《毛泽东文集》第 1 卷，人民出版社 1993 年版，第 314 页。
② 参见葛彬《马克思主义妇女观与中国实际相结合的光辉典范——论毛泽东对中央苏区妇女的调查》，《求实》2000 年第 6 期。
③ 参见余伯流《中央苏区经济建设》，中央文献出版社、世界图书出版公司 2009 年版，第 1 页。
④ 参见袁旭川《论新民主主义革命时期毛泽东妇女解放思想的两次转变》，《毛泽东思想研究》2011 年第 1 期。

解放运动奠定了理论基础。

（三）妇女解放制度新构建：探索建立和实践了一系列妇女解放的基本制度

马克思主义妇女观在中央苏区妇女解放运动中突出地表现在它的既"破"又"立"上。"破"，就是破除封建社会对女性的歧视和贬低，破除传统礼教对女性的束缚和摧残；"立"，就是立女性对自己的自信自强，立女性对苏维埃革命的丰功伟绩，立尊重女性的社会之新风。如何"破"？就是在理论上批判封建伦理道德，代之以马克思主义的妇女解放理论。如何"立"？就是运用马克思主义妇女观来解决中国革命中存在的妇女问题，将妇女解放运动中包含妇女解放的先进理念内化为法制理念，外化为一系列法律规章，形塑为网络健全的妇女组织，培育了大批妇女干部使之成为妇运骨干和妇女代言人，创办了各类妇女培训教育机构，组办了妇女运动的文宣平台和阵地，探索了党政关系下的妇女组织建构与运行，摸索并形成了丰富的妇女动员系统，建立了以妇女解放为核心的基本制度框架，从而维护和保障了妇女权益。

苏维埃政府紧密结合实际进行了"创造新的法制"的伟大实践，制定了一系列的法律或法律性文件，颁布了宪法大纲，经济、土地、劳动、婚姻、组织、选举等一系列法律、法令、条例和训令，涉及妇女的政治、经济、教育、婚姻等多项权益，保障了妇女儿童权益，维护了革命根据地的社会秩序和经济秩序，体现了苏维埃政府对妇女权利的法律承诺。比如，在婚姻法方面，作为妇女运动的一部分，苏区对传统婚姻形态进行了全面改造，并依据党的理论对建设新型婚姻形态进行了有益的探索，体现了婚姻自由、男女平等、保护妇女利益等反封建的内容，在苏区建立起中国历史上前所未有的新型婚姻与家庭制度，使解放了的苏区妇女焕发出极大的革命热情。中央苏区的婚姻改革及法制，对抗日根据地的婚姻法制和新中国第一个大法——《婚姻法》的制定都具有重要的影响。若干年后邓颖超说，"我们依据和坚持了一九三一年十二月一日中华苏维埃共和国中央执行委员会毛泽东签署公布的婚姻文件中的：废除封建婚姻制度，实行婚姻自由、男女权利平等，保护妇女儿童利益的基本原则"[①]，起草了

[①] 中华全国妇女联合会：《蔡畅、邓颖超、康克清 妇女解放问题文选（1938—1987）》，人民出版社1983年版，第170页。

新《婚姻法》。又如，在摧毁传统乡村社会政治结构的基础上，苏维埃国家建立了"省—区—县—乡—村"五级政权组织，其中均有相应的妇女组织，使妇女组织深入乡村社会的各个角落，加强了国家对妇女的监控和动员能力。现在看来，蕴藏在法制、组织建设、人才培养、教育实践、文化宣传、妇女动员等方面的探索行动之中的观念、思想的主要内容已经物化在了中央苏区甚至新中国各项制度和人们"日用而不自知"的生活之中。时任全国人大常委会副委员长、全国妇联主席陈至立 2011 年 9 月深入兴国县长冈乡塘石村、瑞金市叶坪等地指导妇女工作，听到在苏区艰苦的岁月里涌现了大批巾帼英雄时，高度赞誉"她们为苏区建设、发展和红色政权巩固作出巨大贡献"，并再三强调"苏区时期卓有成效的妇女工作实践，是我们党的妇女群众工作的源头，为做好新形势下的妇女群众工作提供了宝贵经验"。①

综上，中央苏区妇女解放运动中"举旗、探路、立论、建制"过程本身就是马克思主义妇女观中国化的过程。我们必须实事求是地说马克思主义本身也是发展的。中央苏区妇女解放运动高举中共旗帜，坚持走无产阶级革命道路，坚持马克思主义妇女观与中国实际相结合，初步形成了毛泽东妇女解放思想，并用于指导妇女解放运动，在特定时代发挥了特定作用，已经也必将产生深远影响。旗帜指引方向，道路指导行动，理论反映规律，制度约束规范，四者之间形成了紧密的逻辑关系，彼此有机统一、相互促进、相互依存、相互验证，既内含变革时代妇女解放运动本质要求，又凸显中国特有的国情和历史情境，它们在不同维度展现着独具特色的理论或实践内涵。为此，我们有理由认为，中央苏区妇女解放运动是马克思主义妇女观中国化的有益探索。况且，在更广泛的含义中，中国共产党人在接受和传播马克思主义妇女观的过程中就有自己的理解取向，这个取向也是将马克思主义妇女观中国化，只不过在明确提出"马克思主义中国化"口号之前，这种"中国化"是在不自觉的情况下进行的。从不自觉到自觉，从取向到口号，又到在实践中根据中国国情，结合中国实际，不断进行马克思主义话语的中文转换，并在妇女解放运动中不断创新形成了毛泽东妇女解放思想。从这个角度看，中国共产党领导中央苏区妇

---

① 邓旋：《发扬光荣革命传统　做好基础妇女工作》，2011 年 9 月 26 日，中国瑞金网（http://www.chinarjw.com/n360/c7074/content.html）。

女解放运动的整个过程既是在中国实践马克思主义妇女观的过程,也是不断将马克思主义妇女观中国化的过程。刘少奇在中共"七大"上曾经指出:马克思主义中国化"乃是一件特殊的、困难的事业"。① 尽管这个时期中共党内盛行把马克思主义教条化、把共产国际决议和苏联经验神圣化的错误倾向,但是,只要我们坚持实事求是精神,深刻认识到马克思主义妇女观富有活力的实践特质与发展品格,合理把握马克思主义妇女观的当代价值,就能厘清马克思主义妇女观中国化的谋"化"之基、求"化"之途、达"化"之效和成"化"之境,将马克思主义妇女观的发展创新落实到"反复说""接着说"与"重新说"三大层面,推动妇女解放阔步向前。

二 "苏区精神"和苏区干部好作风的有机构成

伟大的事业需要伟大的精神,需要优良的作风。同样,伟大的事业也能培育伟大的精神,彰显优良的作风。在苏区的创建和发展中,在推动妇女解放运动的进程中,在建立红色政权、探索革命道路的实践中,无数革命先烈抛头颅、洒热血,众多革命先辈躬身力行、率先垂范,他们用鲜血和生命铸就了伟大的"苏区精神",用实际行动凝结和彰显了苏区干部好作风,这是马克思主义中国化的具体体现,也是马克思主义妇女观中国化的真实反映。马克思主义妇女观中国化的成果不仅表现为理论成果,体现在实践成果,而且蕴含为精神成果。理论成果是其主要内容、显著标志和有形载体,实践成果是其出发点、目的和归宿,精神成果是其内核、灵魂和动力。三者相辅相成,统一于马克思主义妇女观中国化的伟大实践中。中央苏区妇女解放运动期间初步确立并形成了毛泽东妇女解放思想,也探索并实践了妇女解放之路。在这条道路上,依靠因理论武装和政治信仰而来的精神力量,让许多妇运领导者、参与者、追随者抛头颅、洒热血,无怨无悔。这是理论、实践、精神三者有机结合的力量感召。我们说中央苏区妇女解放运动是"苏区精神"和苏区干部好作风的有机构成,是由于精神和作风的刚性与柔性所在。无论是苏区精神,还是苏区干部好作风,其基本要素都拥有某种程度的刚性,可以说其核心内涵就是一种刚性,如果没有刚性,苏区精神在当今就无法

---

① 《刘少奇选集》上卷,人民出版社1981年版,第336页。

继承，苏区干部好作风在今天也就无法弘扬；而没有柔性，则先辈的精神和作风就不能适应由于社会的进步所带来的环境变化。精神如果过于僵化，固守原来的形态，无法适应新的生存环境，就会导致这一精神走向没落；反之，精神过于柔韧，可能导致革命的经常发生，此理类同物竞天择，适者生存。①

（一）"苏区精神"支撑中央苏区妇女解放运动开展，中央苏区妇女解放运动培育了"苏区精神"

在中共的领导下，在创建和保卫苏维埃区域的革命实践中，在大力推动妇女解放运动的进程中孕育了以"坚定信念、求真务实、一心为民、清正廉洁、艰苦奋斗、争创一流、无私奉献"为主要内容的伟大苏区精神。"苏区精神"是无数革命先辈用鲜血和生命铸就的。它"既蕴涵了中国共产党人革命精神的共性，又显示了苏区时期的特色和个性，是中国共产党人政治本色和精神特质的集中体现，是中华民族精神新的升华，也是我们今天正在建设的社会主义核心价值体系的重要来源"。②尽管土地革命历经风风雨雨，其间的胜利和曲折，都和共产国际、联共（布）有不解之缘③，因"左"倾、右倾错误路线，"苏区精神"曾一度被争论、探究、遮蔽，甚至被误解、怀疑，长期未能统一。④但党和人民对这一宝贵财富非常珍惜。中央几代领导人都高度重视苏区精神的研究、宣传和弘扬，也给予了高度的关注。2011年习近平充分肯定了"苏区精神"的客观存在，并对其内涵给出了七句话"二十八个字"的高度概括，还把"大力弘扬苏区精神"作为在纪念中央革命根据地创建暨中华苏维埃共和

---

① 参见［法］古斯塔夫·勒庞《革命心理学》，佟德志、刘训练译，吉林人民出版社2011年版，第33页。

② 习近平：《在纪念中央革命根据地创建暨中华苏维埃共和国成立80周年座谈会上的讲话》，《人民日报》2011年11月7日。

③ 参见余伯流《共产国际与中国苏维埃运动的"移植"及演进》，《江西社会科学》2010年第7期。

④ 参见石仲泉《中央苏区与苏区精神》，《中共党史研究》2006年第1期。石仲泉提及：1953年4月出版《毛泽东选集》第3卷，将《关于若干历史问题的决议》作为附录收入时始将"中央苏区"改名。1950年8月，毛泽东致信中央政治局，提议将《历史决议》"编入毛选第二卷作为附录，须作若干小的修改"。政治局圈阅同意，最后编入毛选第3卷。在对《历史决议》一些用语的修改方面，就有将"苏区"改为"根据地"，将"苏维埃运动"改为"红军运动"，将"暴动"改为"起义"等。从此"中央苏区"就改称"中央革命根据地"。对这几个用语的改动，笔者没有见到中央正式下文加以说明，是否有很深刻的政治背景不大清楚。

国成立80周年之际对全党提出的重要要求之一。① 习近平的讲话是苏区精神从学术层面进入政治层面的一个具有历史意义的标志性转折和飞跃。②

苏区精神产生于苏区妇女解放运动的革命斗争实践。土地革命与妇女解放运动是当时所有工作的核心，自然苏区精神的产生离不开妇女解放运动的背景和实践。中共领导的中央苏区妇女解放运动实践切实履行全心全意为人民服务的根本宗旨，坚持相信群众、依靠群众的群众路线，秉承实事求是、因地制宜的工作原则，使运动得以顺利进行，这是苏区精神的具体表现。中共坚信广大农村妇女是妇女解放运动中的力量主客体所在，她们不仅是被解放的对象，更是党领导妇女解放运动的力量依靠主体、伟大人力资源。真正意义上的无产阶级革命就得让广大妇女群众翻身得解放。苏维埃革命的成功离不开中央苏区广大妇女的鼎力支持和热情参与。所以，在领导中央苏区妇女解放运动过程中，中共始终履行全心全意为人民服务的根本宗旨，让广大妇女群众真切感受到党是全心全意为她们谋利益，真心实意帮她们得解放的。中央苏区妇女由衷发出"我们亲眼看到中央政府颁布了许多新的法令，想出许多新的办法，随时随刻来解决我们的困难，亲眼看到那些不执行优待条例的人们受到处分。我们觉得很满意的"。③ 在中央苏区妇女解放运动过程中，中共始终贯彻发动妇女群众、依靠妇女群众的基本路线，在各级党组织和苏维埃政权机关设立了相关妇女组织，吸收了最底层、最穷苦的妇女群众参与进来，提高了广大妇女的政治和社会地位，达到了"要使每个煮饭的女工都能管理政权"④。

此外，在中央苏区妇女解放运动过程中，中共始终秉承实事求是、因地制宜的工作原则，开展了妇女文化普及教育活动，废除包办买卖婚姻，废除封建礼教，动员妇女群众参加红军，组织洗衣队、慰劳队、担架队支援红军，动员妇女争取自身权益，等等，由此使妇女解放运动能够在较短时间内如火如荼地勃兴起来。正因为中共急苏区妇女所需，顺应苏区妇女

---

① 参见习近平《在纪念中央革命根据地创建暨中华苏维埃共和国成立80周年座谈会上的讲话》，《人民日报》2011年11月7日。

② 参见石仲泉《纪念"两个80周年" 弘扬两个伟大精神》，《中国井冈山干部学院学报》2012年第1期。

③ 中华全国妇女联合会妇女运动历史研究室：《中国妇女运动历史资料（1927—1937）》，中国妇女出版社1991年版，第400页。

④ 同上书，第305页。

所盼，较好地摸准了苏区妇女问题的脉搏，从而探索并出台了多项切实可行的方针政策，使中央苏区妇女解放运动取得了扎扎实实的显著成效。

（二）苏区干部好作风助推中央苏区妇女解放运动，中央苏区妇女解放运动形成和展现了苏区干部好作风

苏区干部好作风主要形成于中央苏区，苏区干部好作风是苏区精神在苏区干部群体中的外在表现，是苏区风貌和干部作风的生动写照。苏区干部好作风的内涵有多种概括，但其内涵的根本是艰苦奋斗、执政为民；核心是联系群众、求真务实；本质是无私奉献、清正廉洁；渠道是模范带头、争创一流。正是在苏区干部好作风的引领下，中央苏区妇女解放运动获得了群众的支持和拥护，妇女运动得到了蓬勃发展。

中央苏区妇女解放运动又处处展现了苏区干部好作风。比如，被毛泽东称赞的"模范兴国"创造了"第一等的工作"，成为"妇女工作模范县"[①]，成了扩大红军的模范、支前参战的模范、慰劳红军的模范、优待红军家属的模范、推销公债的模范、粮食动员的模范、合作社运动的模范、节省运动的模范、发展文化教育的模范，曾被苏维埃临时中央政府誉为"创造百万红军的先驱"、被中共江西省委授予支前参战工作优胜奖旗。[②] 这些就是苏区干部好作风的真实写照。而这其中每项工作都离不开苏区妇女的身影，凝结了广大妇女的心血。在苏区党和苏维埃干部密切联系群众，与群众艰苦与共，患难相依，"有盐同咸，无盐同淡"，廉洁奉公，一身正气，铸就了血浓于水、鱼水相依的党群关系。在中央苏区血与火的峥嵘岁月中，涌现出许多可歌可泣的动人事迹。广大苏区干部在长期的革命斗争和根据地建设过程中，逐渐形成了艰苦朴素、克己奉公、服务群众、无私奉献的现实行为，并通过榜样示范效应，使"苏区干部好作风"得以形成和蓬勃发展。例如，妇女运动的先驱和卓越领导人——蔡畅，在江西苏区时期，以卓越的才华、谦和的品格和艰苦的作风，赢得了苏区女界的广泛拥戴。她经常深入基层，调查研究，了解情况，解决问题。平时，无论在省委还是在县委，她总要把兴国妇女干部危秀英、黄发桂、万香、谢佩兰等召集在一起，聊叙家常，研究问题。她总是亲切地对大家说："你们别称我的官衔，叫我蔡畅，或叫我蔡大姐就行，我岁数比

[①] 傅克诚：《苏区干部好作风》，中国方正出版社2007年版，第194页。
[②] 参见凌步机《苏区干部好作风》，《江西通讯》2013年第12期。

你们大一些哟！"① 有时，在闲聊趣话之间，她还拿出自己剖腹生下小孩子的照片给大家看，露出自己的刀痕让姐妹们见识。大家见这个留过洋的蔡畅这么坦率、诚恳、随和，都很乐意和她谈心，并亲昵地叫她"蔡大姐"。危秀英曾回忆说："大姐是部长，又在法国留过学，但她没有一点架子。下乡调查研究，先不摆开场面听汇报，作指示，而是笑眯眯地帮助群众干活，边干边谈，听到重要问题时，掏出小本记上，妇女们都把她当做亲姐妹一样。"② 正是一大批干部的好作风，感染并影响着广大妇女群众，她们从而表现出无私的奉献精神，倾其所有，参军支前，积极支援红军和反"围剿"战争，支持妇女解放运动的开展，助推苏维埃革命运动。比如，1933 年冬天起，为了克服财政困难，约 8 万名家住中央苏区已分田的本地干部，连伙食费都不要公家发，"自带干粮去办公"。"节省每一个铜板为着战争和革命事业" 的口号响遍苏区，勤俭节约成为整个苏区的普遍风尚。为了克服财政困难，苏维埃中央政府还发行了革命战争公债和经济建设公债共 480 万元。这些公债基本上都由中央苏区认购，其中瑞金就认购了近 78 万元。中央苏区的广大妇女还把金银首饰也都奉献了出来，总计达到 22 万两。红军长征前夕，中央苏区两次就完成借谷 24 万担和 60 万担，保证了红军出发时每人 7 天的粮食供给。同时，还紧急征集了铜 8.2 万余斤、被毯 2 万余床、棉花 8.6 万余斤、草鞋 20 万双、米袋 10 万条，采购了 10 万元的中西药品，筹集了 150 余万元军费，等等。③ 为了红军，为了革命，为了保卫苏维埃政权，苏区妇女群众真正是把家中的最后一把米、最后一尺布、最后一粒盐、最后一个男丁，全都奉献了出来。

总之，"坚定信念"，是苏区精神的灵魂所在；"求真务实"，是苏区精神的核心内涵；"一心为民"，是苏区精神的宗旨要求；"清正廉洁"，是苏区精神的本质特征；"艰苦奋斗"，是苏区精神的基本要求；"争创一流"，是苏区精神的显著特点；"无私奉献"，是苏区精神的重要方面。中央苏区妇女解放运动着眼解放妇女，助推苏维埃革命，在兴起、运行、演化、发展过程中彰显、聚焦、弘扬、培育、凝结了"坚定信念、求真务

---

① 傅克诚：《苏区干部好作风》，中国方正出版社 2007 年版，第 193 页。
② 同上书，第 192—194 页。
③ 参见沈谦芳、黄宗华《试论中央革命根据地的历史地位和作用》，《中国井冈山干部学院学报》2012 年第 1 期。

实、一心为民、清正廉洁、艰苦奋斗、争创一流、无私奉献"等特质,营造和培育了苏区干部好作风,也凝聚了毛泽东、周恩来等中国共产党人的智慧和心血。尽管它们是 80 多年前铸就的,但它们历久而弥新,仍具有多维的时代价值。

国际共运史是由马克思主义理论作支撑的,由于其革命性和彻底性,决定了精神大厦不会从宗教或职业精神中获得,同时以无产者组成的力量,必然是在弱势基础上展开,物质上不能压倒敌人,必须要精神来弥补,所以革命者的牺牲精神一直是取得胜利的关键。当今处于社会转型期,社会思想多元化,精神弱化现象严重,作为一个非宗教传统的国家①,一个反对唯心主义、独尊唯物主义的政党,原有的向心力、凝聚力和战斗力必遭削弱。时代呼唤苏区精神和苏区干部好作风,未来需要苏区精神和苏区干部好作风。在新的历史时期,特别是在全党上下深入学习宣传贯彻党的"十八大"精神、转变干部作风、大力开展群众路线教育实践活动的新形势下,更要继承和弘扬"苏区精神",发扬苏区干部好作风,倡导社会主义核心价值观,永葆共产党人的政治本色及先进性和纯洁性,为社会主义物质文明、精神文明、政治文明、生态文明建设提供精神食粮和智力支持。

第三节　不似春光胜春光②:中央苏区
　　　　妇女解放运动的现实启示

妇女解放运动波澜起伏,源远流长,在不同时期所面临的国内外形势和具体任务千差万别。中央苏区妇女解放运动处在以战争与革命为主题的年代,其主要任务是动员并组织广大妇女投身到反帝反封建主义的斗争中来,参与和支援苏维埃革命斗争,争取妇女的各种权益。在当今以和平与发展为主题的时代,妇女解放运动当然还面临着消除对妇女的各种歧视,争取妇女的受教育平等、就业机会平等、参与管理平等、同工同酬等多种任务。全面建成小康社会、实现中国梦是包括亿万妇女在内的我国各民族

---

① 参见程伟礼《基督教与中西文化交流》,《复旦学报》(社会科学版)1987 年第 1 期。
② 毛泽东:《采桑子·重阳》,载张孟桐《随巨人前行——学习毛主席诗词感怀》,吉林文史出版社 2011 年版,第 22 页。

人民的共同任务，要实现妇女的进一步解放和发展，我们还要在思想上继续铲除封建主义残毒，坚决消除资本主义的不良影响，在社会上坚决反对任何侵害妇女权益和歧视妇女的行径，坚持走中国特色社会主义妇女发展道路。

我国是一个农业大国，当前农村人口占全国人口的70%，农民仍然是我国最大的社会群体。由于长期实行城乡二元结构体制，农民的权利受到不公平的对待和限制，农民已成为我国一个庞大的弱势群体，而占全国总人口约40%、占妇女总人口80%的农村妇女更是典型的弱势群体。距中央苏区妇女解放运动结束近80年的今天，某些社会丑恶现象死灰复燃，性别平等问题依然突出，导致妇女受压迫的诸多社会根源的存在逻辑似乎并没有彻底改变，长期统治妇女的"父权制"也未见弱化，诸如"男女平等""性别歧视"等现实的问题时有发生。另外，"当年劳动妇女属劳动群众总数之一半"，男人纷纷上前线打仗，"广大妇女在农业生产中所占地位更加重要"[①]，如今农村社会结构加速转型，赣南广大农村农户兼业化、村庄空心化、人口老龄化趋势明显，男人纷纷外出打工，农村留守妇女又成农业农村活动主力，农业妇女化现象十分严重。时代在变，农村妇女处境并没彻底改变。毫无疑问，农业的发展离不开农民群众，更离不开作为主要劳动力的农村妇女。在建设社会主义新农村和全面建成小康社会的进程中，在推进城乡一体化和新型城镇化的新形势下，如何保障农村妇女的基本权利，提高广大农村妇女的素质，充分调动广大农村妇女的积极性，发挥广大农村妇女人力资源的巨大潜力和战斗力，成为当前妇女解放与妇女发展的待解难题。

早年毛泽东经实地考察和分析得出：中国近4亿人口，80%以上是农民群众，其中70%是贫苦农民，都能积极参加革命；20%为中农，也"全部可以倾向革命"，并指出女子受到政权、族权、神权、夫权"四权"压迫，认为农民是中国革命的主力军。[②]中共在马克思主义妇女观指导下，通过动员妇女、组织妇女、依靠妇女，开展了轰轰烈烈、卓有成效的妇女解放运动。由于动员得力，80%的男子出外当红军做工作，乡间青壮

---

① 中华全国妇女联合会妇女运动历史研究室：《中国妇女运动历史资料（1927—1937）》，中国妇女出版社1991年版，第227页。

② 参见《毛泽东选集》第1卷，人民出版社1991年版，第20、31页。

年男女比例为 1∶4，在人口结构上，苏区各县成了"女儿国"①，因而在各项工作上，妇女承担了绝大部分。而妇女通过积极参与获得了自身解放和巨大实惠，妇女解放事业得到了极大发展。中共着力解放妇女，注重充分调动妇女积极参与解放运动的努力和探索，仍给我们以重大启示，仍有重要的现实指导意义。

促进农村妇女进一步解放和发展，激发农村妇女积极参与，必须牢牢把握以下基本要求。这是历史经验的深刻昭示，更是面向未来的必然抉择。

一 必须科学地坚持以马克思主义妇女观为指导，坚持中国共产党的领导

伴随着妇女研究的逐渐繁荣，当今中国众多学者始终坚信马克思主义妇女观，高度肯定和极为重视马克思、恩格斯关于妇女解放的一些原则性意见与基本观点，但与此同时，也确实存在部分学者的质疑声。② 有专家认为它只能作为一种理论参照，因为产生于19世纪资本主义自由竞争时代的马克思主义妇女观难以解释今天后资本主义时代与全球化时代背景下的妇女发展现实；有的观点认为，马克思主义妇女观主要侧重于对妇女解放历程进行宏观说明，而宏观的解释框架已难以回答今天具体的妇女解放问题，对妇女问题展开微观分析难施其技、难展其长；还有的观点认为，作为一种完全现代性的宏大叙事的马克思主义妇女观，对于当代妇女的多样化发展来说，不具有解释力和穿透力。③ 说到底是在追问马克思主义妇女观的当代价值问题。当今，性别平等问题依旧是一个尚待解决的社会问题。虽说当代妇女生存与发展的状况已有重大变化，但借助资本的力量与逻辑冲破了民族与国家的界域而造成妇女受压迫首要根源的私有制在当下仍有繁荣的市场，资本主义私有制与父权制之间无法剥离的密切关联仍然存在，按性别的劳动分工依然是社会分工的重要内容，各种传统"性别角色""性别气质"的培育在社会生活的方方面面仍有极强声音。美国学者道格

---

① 江西省妇女联合会：《江西妇女运动史专辑（1919—1942）》，内部资料，1982年印，第115页。

② 参见潘萍《马克思主义妇女解放理论的当代价值及其把握方式与寻求途径》，《中华女子学院学报》2012年第3期。

③ 同上。

拉斯说过："只要资本主义的生产方式继续存在，马克思主义就还有意义，无论是否存在着马克思主义者。"① 由于导致妇女受压迫的所有制基础、社会分工的总体取向以及意识形态的整体性质并没有彻底转变，那么，针对这些根源而建构起来的马克思主义妇女观也就不可能过时。当前，农村妇女问题还很多，促进农村妇女解放，必须坚持以马克思主义妇女观为指导。坚持和发展马克思主义妇女理论必须把马克思主义同中国现实妇女解放和妇女发展的实际相结合。坚持用马克思主义妇女观指导农村妇女工作，是新形势下做好农村妇女工作、推进妇女解放事业深入发展的关键和根本。

土地革命时期，中央苏区处于白色势力的重重包围中，面对国民党的五次围剿和艰苦的生活环境，中共坚持马克思主义指导，领导苏区妇女依靠坚定的理想信念、顽强的斗争意志，粉碎了敌人的数次进攻，取得了一次又一次胜利。中共注重引导党员相信和依靠广大妇女群众，集中民智、凝聚民心。党员干部与广大妇女群众同甘共苦，共产党员身先士卒，争创一流，克服了重重困难，妇女解放运动得到蓬勃开展，广大农村妇女得到解放。而当今农村妇女解放需要内外合力推动。提高农村妇女素质，女性主体意识唤醒，既为妇女解放创造了前提条件，也是妇女解放的程度标志和最终目标之一。妇女主体意识觉醒存在由少到多、由自发到自觉、由自在到自为的过程。依靠共产党的领导活动，通过宣传、教育、组织的作用，提升农村妇女素质，增强女性主体意识、群体意识，这正是党领导的妇女解放运动的重要特点，也是妇女解放运动取得成功的优势所在。事实与经验已经并足以证明，促进妇女解放必须坚持中国共产党的领导，必须加强党组织建设，充分发挥各级党组织尤其是农村基层党组织的核心地位和战斗堡垒作用。

党的"十八大"报告指出："完善党的代表大会制度，提高工人、农民代表比例，落实和完善党的代表大会代表任期制，试行乡镇党代会年会制，深化县（市、区）党代会常任制试点，实行党代会代表提案制。完善党内选举制度，规范差额提名、差额选举，形成充分体现选举人意志的程序和环境。"② 十八届三中全会通过的《中共中央关于全面深化改革若

---

① ［美］道格拉斯·凯尔纳：《正统马克思主义的终结》，闫月梅译，载俞可平主编《全球化时代的马克思主义》，中央编译出版社1998年版，第216页。
② 胡锦涛：《坚定不移沿着中国特色社会主义道路前进　为全面建成小康社会而奋斗——在中国共产党第十八次全国代表大会上的报告》，《人民日报》2012年11月18日。

干重大问题的决定》也指出:"全面深化改革必须加强和改善党的领导,充分发挥党总揽全局、协调各方的领导核心作用,建设学习型、服务型、创新型的马克思主义执政党,提高党的领导水平和执政能力,确保改革取得成功。"[1] 农业中国的国情决定了党的广大农村基层组织是党执政的组织基础。在社会主义现代化建设的进程中,农村妇女的具体利益同全国人民总体利益根本上具有一致性,农村妇女解放的目标同社会主义建设的目标也具有一致性,这是党领导妇女解放事业的客观依据,也是妇女运动能够服从、服务于党的基本路线和中心任务的要求所在。加强和改善党的领导,就是要全面推进党的基层组织建设,构建城乡统筹的基层党建格局,创新农村党组织的设置方式,不断增强农村基层党组织的战斗力,保持农村基层党组织的先进性和活力,形成领导建设美丽乡村、统筹城乡协调发展、力促"四化"同步建设、带领妇女最终解放的核心力量。坚持以"群众满意"为价值取向,始终把实现好、维护好和发展好广大农村妇女的根本利益作为基层党组织建设的出发点和落脚点。要巩固保持共产党员先进性教育活动成果,扎扎实实开展好党的群众路线教育活动,加强村级组织配套建设,充分发挥基层党组织的战斗堡垒作用。农村妇女作为社会的弱势群体,其生存、发展离不开党和政府的帮助,农村妇女权益也需要全社会共同维护。要加强和改进对农村流动党员的服务和管理,建立城乡党的基层组织互帮互助机制,健全农村党员联系和服务妇女群众的工作体系。总之,促进农村妇女解放,改善农村妇女状况有赖于党的坚强领导。要积极引导广大农村妇女紧密团结在党的周围,自觉同党中央保持一致,以党的指导思想为行动指南,以党的奋斗目标为共同追求,为党的伟大事业不懈奋斗,沿着党指引的方向奋勇前进。

二 必须激发妇女的主体意识,完善相关法律制度,切实保障农村妇女合法权益

农村妇女合法权益主要有政治、经济、法律、文化、教育、卫生及社会保障等各种权利和应得的利益。中央苏区妇女解放运动中,中共十分注重妇女的各项权益,激发和调动了广大农村妇女的积极性,为此也赢得了广大农村妇女的支持和拥护。新中国成立以来实行的城乡二元结构体制,

---

[1] 《中共中央关于全面深化改革若干重大问题的决定》,《人民日报》2013年11月16日。

造成了城乡户籍壁垒，异化了资源配置制度，人为分割了公民权利与义务，导致城乡居民差异，农民（特别是农村妇女）受到了许多不公待遇。尽管新中国自成立起致力于清除束缚女性的性别歧视樊篱，通过大规模、长时间的动员与群众参与，使女性整体的权利意识有所觉醒、权益有所增强，但受当前思想观念变化、经济体制变革、社会结构变动、利益格局调整以及经济社会发展不平衡、群体发展差距凸显的影响，我国城乡之间、区域之间、群体之间妇女地位的状况也处于不平衡状态，仍然存在大量妇女问题。① 新时期，农村妇女问题的核心仍然是农村妇女权益保障问题。近年来，从中央到地方各级政府连续出台并实施了多项保障妇女权益的法律、法规、政策和措施，着力解决农村妇女权益保障问题，保障程度整体水平也在大幅提升。但是，不容忽视的是，保障农村妇女权益的法律法规尚不完善，农村妇女权益保障体系也不健全，公平正义的社会要求在妇女身上还没有得到完全体现，妇女的主体意识还不强……这些问题、矛盾归根结底是性别平等能不能在各个领域得到实实在在的体现。因此，必须激发广大农村妇女的自我意识，促使她们更加觉醒和自觉奋争，尊重其主体地位，提高广大农村妇女整体素质，完善相关法律制度，构建和完善农村妇女权益保障体系，服务妇女多元需求，切实保障广大农村妇女的合法权益。

土地权益是广大农村妇女生存保障的基本权利。农村妇女土地权益受侵害问题始终是长期以来妇女信访的重点问题，目前农村妇女土地权益受侵害问题多呈普遍性、区域性、复杂性和长期性四大特点，妇女权益保障任重道远。2010年妇联系统接受此类信访近1.2万件次，比上年增加了25.8%，2011年全国妇联信访处理妇女土地权益投诉达1267件次，比上年上升62%，其中集体上访11批共70人次。② 随着经济发展和新型城镇化建设步伐加快，此类问题还有增加趋势。据调查显示，2010年丧失土地的农村妇女占21%，比上年增加了11.8%，其中因婚姻因素痛失土地的占27.7%，而男性仅为3.7%。③ 这些问题表现为：户口在娘家的出嫁

---

① 参见第三期中国妇女社会地位调查课题组《第三期中国妇女社会地位调查主要数据报告》，《妇女研究论丛》2011年第6期。

② 参见全国妇联权益部《农村妇女土地权益问题相关情况的调研报告》，《中国妇运》2013年第9期。

③ 同上。

女以及离婚、丧偶妇女,难以享受土地承包等相关经济权益;一些大型水电站库区淹没区地方政府以补偿政策条件不符为由,不分或少分给"出嫁女"扶持款;也有少数妇女因长期打工在外,不重视自己的土地权益或长期由他人代耕代种,返乡后索回权益时引发纠纷。个中原因十分复杂,既有父权家长制、男尊女卑的封建思想作祟,又有妇从夫居、男娶女嫁的传统婚俗缘由,还有村规民约、乡土社会的监管盲区,甚至也有户籍管理、土地政策等方面存在的漏洞,等等。导致土地权益受到侵害的农村妇女,在参与村内事务管理、行使民主选举权等方面存在困难,其合理诉求无法满足,严重影响妇女在家庭和村组中的地位,严重挑战法律权威和政府公信力,也很大程度上危及社会和谐稳定。这种情况与中央苏区时期"苏维埃政府之下农村妇女与男子享有同等土地权,并且妇女亦与男子一样有独立支配自己所分配得来的土地的自由——她的土地或与父母舅姑兄弟的土地共耕或自己单独耕种都可以,依她自由意志去决定"[①] 相比情何以堪。以自由的工具性功能分析,赋予农村妇女发展的诸项权利中,土地权利是最为核心的权利。因为对农村妇女而言,土地是其生产和居住的载体,是其粮食和收入的来源,是其生存和发展的保障。其中,土地承包经营权、宅基地使用权是农村妇女静态保障的基础性权利,土地流转获益权是农村妇女动态保障的发展性权利。农村妇女在政治、经济、文化、教育等诸多方面受到性别排挤的根本原因在于其土地权利没有得到切实的保障。只有在土地问题上对农村妇女还权、赋权、维权,才能实现真正的妇女发展,才能全面推动农业健康、持续、快速的发展。为此,应开展重点修订完善男女平等、婚嫁落户、土地承包、土地征用及宅基地分配等涉及妇女权益的法律法规条款,加大力度清除带有性别歧视的村规民约,切实保障广大农村妇女的土地权益。

妇女参政水平是衡量"男女平等"的重要标准,也反映了一个社会的政治文明程度。如果说中央苏区妇女解放运动开启了广大农村妇女广泛政治参与的大幕,那么农村基层民主自治政权建设就是奏响了现代农村妇女参与乡村政治的乐章,而大力建设社会主义新农村发展农村民主政治、健全乡村治理机制则是吹响了现代农村妇女参与乡村治理的时代号角。我

[①] 中华全国妇女联合会妇女运动历史研究室编:《中国妇女运动历史资料(1927—1937)》,中国妇女出版社1991年版,第77页。

国在实行市场经济体制改革后,广大农村妇女参政的环境发生了根本变化,优胜劣汰的市场经济无形中给广大农村妇女参政带来了更多阻碍。目前,广大农村妇女参政比例偏低、人数偏少、整体参政水平不高、参政意识淡薄、参政诉求匮乏,在政治领域里被边缘化趋势明显,这固然与广大农村妇女整体的文化素质相对偏低有关,也与大部分妇女偏向家庭、忽视自身发展、心存"夫贵妻荣"的封建思想密不可分。占农村劳动力人口65%以上的农村妇女作为乡村建设的重要主体,是一支不容忽视的重要力量,而实现其与农村男性公民平等的政治参与权利既有合法性依据,又是现代乡村治理的必然要求。① 政治赋权农村妇女,是世界妇女人权事业进步的大势所趋。政治赋权农村妇女,保障农村妇女民主参政,是社会主义政治文明建设的固有内涵,也是提升农村妇女地位、推动政治领域男女平等的必要手段。满足农村妇女政治参与的愿望和利益诉求,有助于尽量减少和避免妇女因政治参与渠道的不畅通而去寻求制度外的参与途径对社会政治稳定所造成的潜在危害。为提高农村妇女参政的数量与质量,促使农村妇女由政治边缘走向权力核心,进入权力的主流,参与政治决策,提高决策过程中的话语权与裁决权,真正意义上践行"男女平等"的基本国策,需要扩大制度机会、拓宽组织平台、提升参政能力。② 应进一步梳理和完善现存有关农村妇女权益保护的法律法规与政策,提升社会性别意识,提高保障农村妇女权益的政策法规的法律效力,为农村妇女参政营造良好的制度环境,着力提高农村妇女政治参与的水平。

农村妇女的婚姻、教育、就业、医疗卫生权益等不容忽视。有关妇女保障的法律条文越来越多,规定也逐渐细化,但还有随意性较大的法律盲区。男女平等作为五大基本国策之一目前是最缺少刚性约束的一个。计划生育、环保等国策执行情况都有"一票否决制",而实现男女平等基本国策则有"软倡导"而无"硬指标"。又如,虽说新《婚姻法》大有进步,但针对妇女性自主权保护仍存缺陷,遭到性暴力的妇女仍不能得到明确的法律依据,"婚内强奸"的问题并没有得到解决。市场经济体制改革和户籍制度改革后,随着社会流动加剧,婚姻迁移变得更普遍,而"从夫居"

---

① 参见吉志强《现代乡村治理视域中的农村妇女政治参与》,《中共山西省委党校学报》2013年第3期。

② 参见汪超、郭聪《比例失衡、制度变迁与性别和谐——中国妇女参政的新制度主义经济学分析》,《石家庄铁道大学学报》(社会科学版)2013年第3期。

传统导致女性比男性面临更多由婚姻迁移引发的种种问题。另外，传统的性别观、落后的乡土习俗、封闭保守的生活状况等因素，导致农村女性普遍受教育程度偏低，科学文化素养、经济能力偏弱，因而在农村社会资源分配方面处于极为不利的地位。据全国妇联有关数据调查显示，18—64岁女性的平均受教育年限为7.9年，其中城镇女性9.8年，农村女性5.9年。农村在业女性的年均劳动收入是男性的56%；女性的总劳动时间为574分钟/工作日，而男性为537分钟/工作日；女性休闲时间为240分钟/休息日，男性为297分钟/休息日，可见女性劳动时间长、闲暇时间少。[1] 老年群体调查数据显示，农村老年妇女的首要生活来源为其他家庭成员资助的比例为59.1%，男性为38.8%。[2] 农业妇女化加剧了男女地位不平等[3]。与男性相比，改革之后的农村妇女社会地位与收入水平并没有随着劳动强度的增强和对家庭的贡献加大而同比上升。数据表明，"女性劳动收入相对较低，两性劳动收入差距较大。调查显示，18—64岁女性在业者的劳动收入多集中在低收入和中低收入组。在城乡低收入组中，女性分别占59.8%和65.7%，比男性高19.6和31.4个百分点；在城乡高收入组中，女性仅占30.9%和24.4%，均明显低于男性。数据同时揭示，城乡在业女性的年均劳动收入仅为男性的67.3%和56.0%"[4]。中国实行市场经济改革以来，就业收入上男高女低的格局是普遍存在并不断扩大的。女性教育水平的普遍提高，没有自然转化为她们在劳动力市场中的平等地位和对其劳动价值的平等承认与回报。此外，妇女还受到就业、生活、交往等多个层面的社会排斥。相关研究揭示，中国城镇劳动力市场对农村妇女普遍存在歧视，具体表现在职业限制、报酬歧视、福利差异等多方面。[5] 农村医疗卫生条件差强人意。部分乡镇企业女职工工作环境恶劣，超长加班现象较为突出，"四期"保护无法落实。家政服务业是女性

---

[1] 参见徐瑞《农村留守妇女教育现状分析》，《北京教育学院学报》2013年第2期。
[2] 参见全国妇联、国家统计局《第三期中国妇女社会地位调查全国主要数据报告》，中国妇女研究网（http://www.wsic.ac.cn/staticdata/84760.htm）。
[3] 参见向东《农业女性化背景下农村妇女土地权益问题——基于自由发展观下的性别法律分析》，《河北法学》2014年第2期。
[4] 全国妇联、国家统计局：《第三期中国妇女社会地位调查全国主要数据报告》，中国妇女研究网（http://www.wsic.ac.cn/staticdata/84760.htm）。
[5] 参见白南生、李靖《城市化与中国农村劳动力流动问题研究》，《中国人口科学》2008年第4期。

劳动力转移的集聚点，但劳动合同签订率和社会保险参保率普遍低下。这些问题既有历史沉疴，又有现实积弊，只有在历史和现实的张力中寻求一种开放性、竞争性的保障机制才能解决根本。要针对主要矛盾，切实解决影响妇女地位提高的关键问题，要大力发展公共托幼服务，为妇女平衡工作和家庭的冲突创造条件，使影响妇女地位提高的关键问题尽快得到解决。为此，应完善农村妇女婚姻、教育、就业、医疗卫生等权益保障，构建从源头到落实再到监督的功能齐全、结构完整的保障体系。

要特别关注农村留守妇女权益。2013年11月颁布的《中共中央关于全面深化改革若干重大问题的决定》号召"健全农村留守儿童、妇女、老年人关爱服务体系，健全残疾人权益保障、困境儿童分类保障制度"。① 昭示了中国共产党人关心农村留守妇女的态度。据2011年4月国家统计局报告，全国农民工总量达25278万人，外出农民工15863万人。大量的农村男性进城务工，农村留守妇女数量日渐上升。我国农村留守妇女已达4700万人，这是一支不可轻视的人力资源。② 留守妇女长期在农村生产生活，经济上和人格上的相对独立，对村里的情况比较了解，随着新农村建设的推进和各基层组织的宣传，她们逐渐意识到了自己的主体身份，也增强了民主参与意识。要求使广大留守妇女成为新农村政治民主建设的重要参与者、决策者和监督者呼声渐增。③ 留守妇女在农村两委的选举、村里的重大决策、国家各项政策的贯彻执行中作用日益凸显。但总体而言，因受教育程度低，与外面接触少，法律维权意识、手段不强，遇到权益受损，多数农村妇女选择沉默、忍耐，一旦忍无可忍时便走极端，甚至构成犯罪。农村留守妇女担心问题多，主要问题有：丈夫在外的安全（91.7%），家里有事没人商量（61.5%），老人生病没人帮忙（60.1%）和农忙时没人帮忙（56.0%）。④ 应该采取多种形式帮助农村留守妇女学习法律常识，使她们了解现行的各种救助渠道，懂得合理维权，提高自我保护意识。农村留守妇女教育也是一个社会现实问题，需要政府引导、社

---

① 《中共中央关于全面深化改革若干重大问题的决定》，《人民日报》2013年11月16日。
② 参见徐瑞《农村留守妇女教育现状分析》，《北京教育学院学报》2013年第2期。
③ 参见孙金华、岳邦杰《马克思主义妇女观与留守妇女在新农村建设中的主导角色构建》，《学理论》2010年第26期。
④ 参见全国妇联、国家统计局《第三期中国妇女社会地位调查全国主要数据报告》，中国妇女研究网（http://www.wsic.ac.cn/staticdata/84760.htm）。

会参与、农业科技部门等通力合作予以解决。除传授给她们基础文化知识、生产技术外,更重要的是培养她们的自我学习能力。舒尔茨说:"女性人力资本的提高对提升自身的素质与对下一代的教育投入、直接或间接教育与培养孩子所带来的效益,直接影响到孩子的成长与未来,也就影响到一个国家与民族的工作能力与全社会素质的提高。"① 各级政府部门应充分利用有效资源,帮助她们树立"学会学习""终身学习"的理念,提升农村留守妇女素质。必须采取切实可行的措施健全农村留守妇女关爱服务体系。

三 必须强化妇女组织建设,培育农村健康文化,提升妇女动员效应

妇女组织在中央苏区妇女解放运动中发挥了积极的作用。当前,妇联的基层妇女组织和妇女干部存在思想不适应、组织不适应、工作机制不适应的状况。农村妇女组织在现实乡村政治实践中存在和面临诸多矛盾与尴尬②:妇代会作为政府主导下的妇联组织,具有公共身份和社会化组织的民间草根身份,这种双重身份决定了其既要服从上级公共权威部门的制度性安排,又要代表农村妇女的话语权、满足她们的利益诉求。这种矛盾和尴尬时常导致一定程度的空置和虚化,甚至冲突,也就难以真正发挥其应有的作用和功能,从而导致农村妇女参与权益的整体性缺失,无法实现博弈双方的真实互动和合作。作为乡村社会普遍存在的妇女权益组织的妇代会,应履行农村妇女组织保障职能,并承担起代表农村妇女权益同公共权力机构之间开展对话和合作的责任,以满足广大农村妇女参与需求和利益表达需求。因此,要依据复杂的社会环境与政策优势,运用协同理论或网络化治理理论,注重横向联合与纵向互动的包容性运作,改变以条为主的指令式运作方式,政府应承认农村非政府妇女组织的多元化存在,注重与非官方妇女组织建立合作互补的伙伴关系,构建复合型妇联组织,最大限度地发挥妇联组织的群众性、社会性、服务性。要善于拓宽妇联组织参与决策的制度化渠道,发挥妇联组织在参与立法与建言献策方面的作用。妇联要发挥自己在社会动员和协调方面的优势,强化"运动"意识,淡化

---

① 参见王晓莹《新农村建设背景下农村女性人力资本的提升:意义、现状、对策》,《前沿》2010 年第 11 期。

② 参见吉志强《现代乡村治理视域中的农村妇女政治参与》,《中共山西省委党校学报》2013 年第 3 期。

"工作"意识,在实践上真正使农村妇女成为运动的主体,而不是单纯的受教育者、受益者、工作对象。① 转变妇代会由于组织虚置或组织作用的弱化现象,还要提高妇代会在农村组织的地位,扩大农村妇女干部在农村两委中的数量和正职人数。农村和谐社会的构建和男女平等事业的发展需要不断加强妇女组织的自身建设,形成以妇代会为主导,其他非政府妇女组织和民间妇女信仰团体为辅助的多元化妇女组织发展体系。② 妇女组织要整合各种有利于农村妇女发展的资源,密切关注农村妇女需求,及时调整帮扶农村妇女的理念,为农村妇女构建支持网络,树立农村妇女参与经济发展的信心,建立健全农村妇女培训体系,依托扶贫项目带动,对文化程度较高、学习愿望较强的农村妇女积极开展订单式培训;依托农业产业大户和基地,对文化层次偏低、离不开家庭的农村妇女开展培训;与大、中专学历教育,新品种新技术推广,经营管理知识培训相结合,对农村女能人、女经纪人、女农民技术员等进行科技含量高的技能培训,培养一批新型女农民。加大对先进性别文化的宣传和倡导力度,不断提高农村妇女地位。

长期以来,农业艰苦、农村贫穷、农民素质不高的状况依然存在,农村文化成为落后、消极、保守、单调文化的代名词,农村妇女的文化利益和权利得不到应有的保障。农村妇女需要文化,而农村文化建设也需要农村妇女。没有农村妇女文化水平的提高,没有农村文化建设条件的改善,没有农村文化的发展与繁荣,就没有整个国家文化的发展。尽管目前农村村庄空心化现象日趋加重,但农村在相当长的时间内仍持续存在③。实现农村文化建设的良性运行,要在当前乡镇体制改革框架下,创新农村文化组织机制,夯实组织基础,培育农村文化建设主体,扩大群众基础,使文化供给内容真正得到村庄的认可和接纳,切实发挥文化供给的最大效益。④ 要"坚持以政府为主导,以乡镇为依托,以村为重点,以农户为对象,发展县、乡、镇、村文化设施和文化活动场所,构建一体化的农村公

---

① 参见谭琳、姜秀花《中国妇女组织发展的理论与实践》,社会科学文献出版社2007年版,第342—346页。
② 参见何志魁《性别和谐视域下农村妇女组织建设研究》,《重庆教育学院学报》2011年第4期。
③ 参见温铁军《三农问题与世纪反思》,三联书店2005年版,第53页。
④ 参见李祖佩《村庄空心化背景下的农村文化建设:困境与出路——以湖北省空心村为分析对象》,《中州学刊》2013年第6期。

共文化服务网络"。① 要充分发挥民间文化和乡土文化人才的才能与智慧，创造出农村妇女喜闻乐见而又具有地方特色的现代农村文化形式，使农村文化惠及更多农村妇女。要加强对媒体特别是电视、网络等大众传媒的引导和监督，抵制和消除社会文化中对农村妇女的歧视和偏见，积极营造有利于农村妇女发展的社会文化环境。各级干部要发扬"苏区精神"，弘扬苏区干部好作风，深入农村，倾听农村妇女的声音，多关注农村妇女内心的真实想法，为广大农村妇女参与文化建设提供广泛的空间，让农村妇女在参与中感受文化的魅力，增强文化的亲和力、感染力和影响力。要发挥模范人物的示范作用，提升榜样人物的带动效应。通过广泛宣传，培养农村妇女在农村文化建设中的主体意识、参与意识，形成符合时代社会发展要求的社会主义农村文化观。

妇女动员是我党的优良传统。共产党在革命时期的妇女动员积累了大量的经验，要在总结、借鉴和学习这些经验的过程中，与时俱进，开拓创新，激发广大农村妇女的政治参与热情，赢得广大农村妇女的支持和拥护，动员广大农村妇女全面参与社会主义经济建设、政治建设、文化建设、社会建设、生态建设，使其实现经济独立，提高竞争能力，赢得自身的解放与发展，表达和实现自身的诉求，提升自身的政治地位，抵制腐朽的性别文化，增进广大农村妇女健康，建立和谐家庭关系，提高广大农村妇女应对环境污染和灾害风险的能力，保障广大农村妇女参与生态文明建设的决策和管理权利。让广大农村妇女在全面参与中求解放、促平等、谋发展。马克思曾精辟地指出："理论一经掌握群众，也会变成物质力量。"② 要加强妇女理论研究、传播，完善广大农村妇女政治参与的动力激励机制，加强对广大农村妇女平等劳动权益的保障，大力发展乡村经济，打破城乡二元结构以促进城乡经济互动，为广大农村妇女就业和创业创造条件，不断提高其经济地位和经济独立能力，逐步改善广大农村妇女的经济生活状况，重视对广大农村妇女政治效能感的培养，为广大农村妇女积极主动参与乡村政治社会事务架构充足的动力体系。

毛泽东曾肯定"妇女能顶半边天"。无论是前仆后继的革命战争年代，还是激情燃烧的社会主义建设岁月，抑或是波澜壮阔的改革开放时

---

① 桂胜、赵冰：《农村文化建设若干问题探讨》，《湖北社会科学》2012年第5期。
② 《马克思恩格斯文集》第1卷，人民出版社2009年版，第11页。

期，中国妇女都是一种伟大的人力资源，是始终推动历史发展和社会进步的重要力量。习近平总书记多次提出要实现国家富强、民族振兴、人民幸福的中国梦，强调要坚持男女平等基本国策。党的"十八大"报告作出了全面建成小康社会目标的重大部署，对"三农"问题作了许多重要阐述，明确提出促进工业化、信息化、城镇化、农业现代化"四化"同步发展的重要任务。全面建成小康社会，基础在农业，难点在农村，关键在农民。促进"四化"同步发展必然要求培育规模大、素质高、结构合理的新型职业农民。尤其在我国，耕地是稀缺资源，更应该交给素质较高的人来经营使用，确保农业发展"后继有人"，把培养新型职业农民作为关系长远、关系根本的大事来抓，把培养新型职业农民作为农业劳动者素质建设的核心任务。由此可见，农村妇女的素质高低不仅直接体现农村妇女的社会地位，标志着农村妇女解放的程度，而且影响到民族复兴的进程，关系到党的战略部署，关系到国家的未来。有梦想，有机会，有奋斗，"男女并驾，如日方东"的美好愿景，就一定能实现。

本章小结

"妇女能顶半边天"，这是人们对妇女的鼓励，然而在中央苏区时期，妇女所作的贡献恐怕应说"妇女顶起半边天"。中央苏区妇女解放运动留下的经验与教益可圈可点，仍需探究，有待提升。但分析评价中央苏区妇女解放运动的功过，不应以西方的标准为标准，以西方的是非为是非，而应以马克思主义妇女观为指导，既反映历史，又审视现实，辩证地、实事求是地得出恰当的结论。评价历史应该放在其所处时代和社会的历史条件下去分析，做到"六个不能"：不能离开对历史条件、历史过程的全面认识和对历史规律的科学把握，不能忽略历史必然性和历史偶然性的关系；不能把历史顺境中的成功简单归功于个人，也不能把历史逆境中的挫折简单归咎于个人；不能用今天的时代条件、发展水平、认识水平去衡量和要求前人，不能苛求前人干出只有后人才能干出的业绩来。[①] 原初的历史和我们的认知之间总是会存在差距，即便自己的亲身经历也未必能明察秋

[①] 参见冷溶《坚持全面正确的历史观 科学评价毛泽东和党的历史——学习习近平同志在纪念毛泽东同志诞辰120周年座谈会上的重要讲话》，《人民日报》2014年1月7日。

毫，更何况那已经永远逝去的人和事。坦率地说，面对过去彰显与隐约中央苏区妇女解放运动的不时徘徊状况，我们应更多地致力于历史资料的收集而非价值评判，客观地回首、廓清、整理这一段历史，真正深入其深处，才能谈得上有底气来正确地评判，因为毕竟对于中国妇女解放之路来说，这是一段成长的探索之路。现实问题是，脚下的道路比曾经经历的选择和转变要复杂得多。

中央苏区妇女解放运动的历史告知我们，必须遵循马克思主义的基本原则，坚持中国共产党的领导，弘扬苏区精神，发扬苏区干部好作风，倡导和坚持"以人为本"的核心理念，创造性地发展中国特色社会主义妇女解放理论。我们必须始终坚信一个基本原理——妇女解放是一个时代性命题，必须始终坚定一个基本立场——绝不能离开特定时代而孤立地理解妇女问题，坚持做到扬弃与超越20世纪中央苏区妇女解放运动中固有的形而上学观念，探求中央苏区妇女解放运动传统生命力和当代价值，为21世纪中国妇女解放运动确定新的出发点，助推妇女解放，实现妇女发展。当今社会，侵害妇女权益的案例时有发生，说明妇女解放运动仍然是未竟的事业；中国梦的实现，全面建成小康社会的目标，"三农"问题的期待破解，仍然离不开农村妇女这支伟大的人力资源，妇女解放在当今改革开放和中华民族伟大复兴过程中仍然是不可或缺的有机组成部分。历史的启迪，时代的要求，未来的召唤，妇女解放任重道远。马克思、恩格斯高明地把妇女解放置于整个人类解放之中，从妇女解放到人的解放，最终实现人的自由全面的发展，道路十分漫长。这又昭示出一个基本真理——妇女解放是一个永恒命题。但要坚信，共产主义实现之日，就是妇女彻底解放之时。

结　语

又踏层峰望眼开：中央苏区妇女解放运动的研究余论

> 春江浩荡暂徘徊，又踏层峰望眼开。
> ——毛泽东《七律·和周世钊同志》①

围绕中央苏区妇女解放运动的"异军"与"正道"两个问题，基于马克思主义中国化研究的专业视角，本书在借鉴吸收前人丰富研究成果的基础上，运用马克思主义妇女观的基本立场、观点和方法，以"中央苏区"为时空，以"妇女解放运动"为切入点，以毛泽东诗词名句为脉络，以妇女解放的"异军""实际怎样"以及"正道""应当怎样"的问题为经线，以马克思主义妇女观中国化为纬线，在经纬交织中探讨了中央苏区妇女解放运动的背景、愿景、路径、动员机制、巾帼人物、价值作用与现实启示等一系列问题，并对镶嵌其间或隐或显的史实进行了梳理挖掘，对中央苏区妇女解放运动研究勾勒出了一个较为清晰的解释框架，进一步丰富了马克思主义中国化研究的理论空间，从而深化了马克思主义妇女观中国化研究。通观全书，从逻辑分析的总体框架上看，从博士论文的总体要求来衡量，可以说本书还算规范、完整，似乎已到"春江浩荡暂徘徊"②阶段，但收笔之时，笔者仍有一些思考，顿感"又踏层峰望眼开"③。下面的话，权当本书研究结束的再思考。

"妇女解放突异军"其"异军""实际怎样"？这是一个事实问题，

---

① 公木：《毛泽东诗词鉴赏》，长春出版社2001年版，第278页。
② 同上。
③ 同上。

即实然，实际涉及事实探究或事实归真。"妇女解放凭正道"其"正道""应该怎样"？乃是一个价值问题，即应然，必然关系到价值判断或价值选择。妇女解放"异军"与"正道"的关系问题实质上体现了事实与价值的关系问题。实然与应然不能等同，事实与价值不容混同，不然，可能导致实然与应然错乱，也可能将价值替代事实，诱发价值的越位。同时，事实与价值既相互依赖又能互补，应然建基于实然之上，价值必须基于事实，不能完全脱离实然来谈应然；否则，理论研究也将成为无的之矢、无源之水、无本之木。正确对待两者，才能少走弯路，少犯错误。正因如此，后续围绕中央苏区妇女解放运动与"新运妇指会"相关问题的比较研究，或许可以进一步夯实妇女解放"异军"的事实基础，也可能捕捉或拓展新的学术生长点；而后续针对马克思主义妇女观当代价值的寻求途径研究，也有助于提升对妇女解放"正道"的价值或价值大者的选择，从而增添研究实效，深化研究意义。

一 关于中央苏区妇女解放运动与"新运妇指会"相关问题的比较研究

围绕中央苏区妇女解放运动研究，笔者辛苦查阅相关资料时，在江西省档案馆发现了大量的、翔实的有关新生活运动促进总会妇女指导委员会（以下简称"新运妇指会"）江西省妇女指导处的资料，江西省妇女指导处的特殊之处在于它是"新运妇指会"分支机构中唯一纳入行政机构的妇女新运组织。1934年2月19日，蒋介石在"剿共"前线的江西省会南昌发起了一场所谓的新生活运动。同年7月，"新生活运动促进总会"在南昌正式成立，统领全国各地新运工作。这场号称以复兴固有道德文化、提倡礼义廉耻为核心的新生活运动，是由官方主导、以行政手段强制干预妇女生活的运动，动员了大量的妇女从事战时生产、文化、乡村服务、战时服务、慰劳、儿童保育等各项事业，为战时妇女工作乃至抗战的胜利做出了一定成绩，但由于不顾广大民众的实际需要，其动员的效果十分有限。特别是因其初衷在于推行军事统一与政治文化统一，目的在于以儒学控制民心，从而清除共产主义等思想学说的传播，导致最终成为笑谈、闹剧。这场运动发起后，由于共产党员其妇女工作的经验和才干，宋美龄一再鼓励包括共产党在内的其他妇女干部，参加到战时"新运妇指会"工作中来，邓颖超、史良、沈兹九等一大批优秀的中共及左派妇运干部人才被宋美龄延揽入会,而入会的共产党员在"新运妇指会"内积极发展中共党员势力,影响了身边的其他非中共党员,对战时妇女工作起了积极的推动作用。"新运妇女团体开展的改进家庭卫生、识字运动、训练技能、设立妇女工厂、改进农村生活等活动扩大了女性的视野和活动范围,有益于妇女自身的发展。在民族危机加剧的情况下,妇女开始参与民族救亡事业,'国民'身份愈加凸显,而部分妇女通过这些方式逐渐实现自主和独立。"①

目前,学界对"新运妇指会"组织、人事、事业的开展情况进行了大量研究;对"新运妇指会"相关的贤妻良母主义、妇女宪政运动、妇女职业运动等女性思潮的变迁也有研究;对"新运妇指会"的总体评价、性质分析等研究方面都有所涉及,取得了一些成果。可能受到资料的限制及关注的重点所在,对于"新运妇指会"的各分会个案研究还比较薄弱,对于"新运妇指会"女性群体的人际关系脉络及参会原因等仍缺乏细致的探讨,尤其是对中央苏区妇女解放运动与"新运妇指会"相关问题的比较研究尚无专题论述。②

鉴于笔者目前工作的江西省省会南昌是新生活运动的策源地以及江西妇指会的特色,笔者初步认为,如果能找到一定的比较标准,掌握科学的比较方法,围绕"国共两党的妇女政策及意识形态的差别和冲突问题;政党对妇女群体的领导问题;妇女组织机构运作问题;妇女运动组织者们的能动性发挥问题;妇女运动组织者们看待妇女运动的主体性问题;'新运妇指会'妇女干部才干发挥与中央苏区妇女解放运动妇运干部培养的关联问题;妇女动员的内在机理与依赖动力问题;妇女动员的成效问题;儿童保育工作问题"等方面加强深入研究,进行属性上数量比较、时空上区别比较、目标上指向比较、结果上效应比较,在比较中求同存异,克服以往评析价值时"非此即彼"二元对立的思维模式,对于回归学术本位具有一定理论价值,对于做好新时期的统战工作也会有所裨益,对于实现中华民族伟大复兴中国梦也有现实意义。

---

① 周蕾:《国民政府对女性的塑造和训练——以抗战前新生活运动为中心的考察(1934—1937)》,《妇女研究论丛》2009年第3期。
② 参见宋青红《新生活运动促进总会妇女指导委员会研究(1938—1946年)》,博士学位论文,复旦大学,2012年。

二　关于马克思主义妇女观当代价值的寻求途径研究

围绕马克思主义妇女观的研究不能仅仅停留在妇女解放"异军""实际怎样"的"解释世界"的事实层面上,更重要的是要体现在妇女解放"正道""应当怎样"的"改造世界"的价值关怀上。在实际研究中,不仅要注意回答妇女解放"是什么"的问题,更要注意回答"如何解放"的问题。只有使研究更加贴近现实,并用马克思主义的基本立场、基本观点与基本原则研究现实中的重大问题,提出妇女解放切合实际的新思路、新对策,才能真正体现马克思主义妇女观的当代价值,从而为妇女解放运动的深度发展提供有益的理论参考。

随着当代中国妇女研究的繁荣勃兴,学界高度肯定和重视马克思主义关于妇女解放的基本观点与原则意见,不可否认的是,对马克思主义妇女观的当代价值问题也一直存在某些质疑。实践证明,马克思主义妇女观的当代价值并不是自然显现的,它需要人们自觉地把握。把握的程度越高、越准,其当代价值也就体现得越好。马克思主义妇女观并非理论自封或自我认同,而是在与其他性别理论的比较中得以彰显,也并不是妇女解放道路的具体设计或关于妇女解放问题的认知图示,而是对于"妇女解放"的本质性解释与原则性说明,是随着妇女解放运动发展而发展的科学。这一科学始终没有离开"现实的历史",总是根据妇女运动的发展而不断研究新情况、新问题,并随时修正其原有的不合时宜的观点与结论,表现出鲜明的"实践"特质与"发展"品格,彰显出其当代性或当代价值。寻求马克思主义妇女观的当代价值不仅需要增强提出问题的能力,同时也需要强化探索问题与解决问题的能力。因此,我们必须注意总结历史经验与教训,从问题出发来寻求马克思主义妇女观的合理解释,进而用以指导问题的解决,突破、弱化既往马克思主义妇女观研究中过于浓厚的"体系意识",强化"问题意识",从当代妇女解放运动的实践出发,进入马克思主义的理论视野,从中汲取营养,然后回到妇女解放运动的现实中,尤其是目前中国妇女解放运动的现实中,用"半边天"的智慧和力量同心共筑伟大的中国梦。

参考文献

一 经典

1. 《马克思恩格斯文集》第1—10卷,人民出版社2009年版。
2. 《马克思恩格斯全集》第1卷,人民出版社1995年版。
3. 《马克思恩格斯列宁斯大林论恋爱、婚姻和家庭》,红旗出版社1982年版。
4. 《马克思恩格斯列宁斯大林论妇女》,人民出版社1978年版。
5. 《列宁专题文集·论马克思主义》,人民出版社2009年版。
6. 《列宁选集》第1—4卷,人民出版社1995年版。
7. 《列宁全集》第31卷,人民出版社1985年版。
8. 《斯大林选集》(上、下卷),人民出版社1979年版。
9. 《孙中山全集》全11卷,中华书局2011年版。
10. 《毛泽东选集》第1—4卷,人民出版社1991年版。
11. 《毛泽东文集》第1—8卷,人民出版社1993年版。
12. 《毛泽东军事文集》第1卷,军事科学出版社、中央文献出版社1993年版。
13. 《毛泽东早期文稿》(1912年6月—1920年11月),湖南省新华书店1990年版。
14. 《毛泽东年谱》(上、中、下册),中央文献出版社1993年版。
15. 《毛泽东农村调查文集》,人民出版社1982年版。
16. 《江泽民文选》第1—3卷,人民出版社2006年版。
17. 《李大钊全集》全5卷,人民出版社2006年版。
18. 《瞿秋白文集》第1卷,人民出版社1987年版。
19. 《刘少奇选集》(上、下卷),人民出版社1981年版。

二　史料

1. 中共中央文献研究室、中央档案馆编：《建党以来重要文献选编（1921—1949）》第1—10册，中央文献出版社2011年版。
2. 中共江西省委党史研究室编：《中央革命根据地历史资料文库·党的系统》（全5册），中央文献出版社、江西人民出版社2011年版。
3. 中共中央党史研究室：《中国共产党历史》第1卷（上、下册），中共党史出版社2002年版。
4. 中共中央书记处编：《六大以前党的历史材料》，人民出版社1980年版。
5. 中共中央书记处编：《六大以前党的秘密文件》（上、下），人民出版社1981年版。
6. 江西省档案馆、中共江西省委党校党史研究室编：《中央革命根据地史料选编》（上、中、下），江西人民出版社1982年版。
7. 中央档案馆、江西省档案馆：《江西革命历史文件汇集》（全10册），中共江西省委办公厅印刷厂。
8. 中央档案馆、福建省档案馆：《福建革命历史文件汇集》，福建人民出版社。
9. 中央档案馆：《闽粤赣革命历史文件汇集》，湖北人民出版社。
10. 《湘鄂赣革命根据地文献资料》第1辑，人民出版社1985年版。
11. 中共龙岩地委党史资料征集领导小组、龙岩地区行政公署文物管理委员会：《闽西革命史文献资料》第1—4辑，中共龙岩地委党史资料征集小组，1981年印。
12. 中共中央党史研究室编：《土地革命纪事（1927—1937）》，求实出版社1982年版。
13. 陈立明、刘维菱、章克昌：《江西苏区纪事》，江西人民出版社1993年版。
14. 革命根据地财政经济史编写组：《革命根据地财政经济史长编（土地革命时期）》（上、下），送审稿，浙江新华印刷厂，1978年印。
15. 中华全国妇女联合会妇女运动历史研究室编：《中国妇女运动历史资料（1921—1927）》，人民出版社1986年版。
16. 中华全国妇女联合会妇女运动历史研究室：《中国妇女运动历史资料

（1927—1937）》，中国妇女出版社 1991 年版。

17. 中国妇女管理干部学院编：《中国妇女运动文献资料汇编（1918—1949）》，中国妇女出版社 1987 年版。

18. 江西省妇女联合会、江西省档案馆编：《江西苏区妇女运动史料选编》，江西人民出版社 1982 年版。

19. 江西省妇联赣州地区办事处：《赣南妇女运动史料选编》第 1、2 册，1997 年印。

20. 江西省妇女联合会：《江西妇女运动史专辑（1919—1942）》，内部资料，1982 年印。

21. 福建省妇联妇运史研究室、福建省档案馆：《福建省妇女运动史料汇编》第 1、2 辑，1983 年印。

22. 福建妇运史研究室：《福建省妇女运动历史资料摘抄》，油印本。

23. 邱松庆：《福建妇女运动史话：福建革命史辑》，福建教育出版社 1989 年版。

24. 中华全国妇女联合会：《蔡畅、邓颖超、康克清：妇女解放问题文选（1938—1987）》，人民出版社 1983 年版。

25. 江西省教育厅编：《江西苏区教育资料选编》，江西教育出版社 1960 年版。

26. 赣南师范学院、江西教育科学研究所：《江西苏区教育资料汇编（1927—1937）》第 1—8 册，1985 年印。

27. 中央教育科学研究所陈元晖等编：《老解放区教育资料（一）：土地革命战争时期》，教育科学出版社 1981 年版。

28. 江西省教育学会编：《苏区教育资料选编（1929—1934）》，江西人民出版社 1981 年版。

29. 中国工农红军第四方面军战史编辑委员会：《中国工农红军第四方面军战史资料选编》，解放军出版社 1993 年版。

30. 萍乡市教育志编纂委员会编：《萍乡市教育志》，江西高校出版社 2009 年版。

31. 江西省、（福建省）文化厅革命文化史料征集工作委员会：《中央苏区革命文化史料汇编》，江西省人民出版社 1994 年版。

32. 《中国歌谣集成·江西卷》，中国 ISBN 中心 2003 年版。

33. 骆文、徐一、楚奇等编：《革命故乡的山歌：在江西老苏区采录》，新华书店中南总分店 1950 年版。
34. 危仁晸：《江西革命歌谣选》，江西人民出版社 1991 年版。
35. 萧三：《革命民歌集》，中国青年出版社 1959 年版。
36. 谢济堂：《中央苏区革命歌谣选编》，鹭江出版社 1990 年版。
37. 王焰安：《红色歌谣》，广东人民出版社 2011 年版。
38. 赣州市文化局编：《红色印迹：赣南苏区标语漫画选》，文物出版社 2006 年版。
39. 南京国民政府司法行政部编：《民商事习惯调查录》下册，中国政法大学出版社 2000 年版。
40. 秦孝仪主编：《先公总统蒋公思想言论总集》第 11 卷，中国国民党中央委员会党史委员会、"中央文物供应社" 1984 年版。
41. 《陈诚先生回忆录——国共战争》，台北"国史馆" 2005 年版。
42. 杨之华：《妇女运动概论》，亚东图书馆 1927 年版。
43. 陈赓雅：《赣皖湘鄂视察记》，载沈云龙主编《近代中国史料丛刊》第 19 辑，台北文海出版社 1968 年版。
44. 江西省政府：《赣政十年》，1941 年 10 月编印。
45. 谢竹铭：《寻邬乡土志》，1923 年编，1937 年钞本。
46. 《游客话江西》，汗血书店 1937 年版。
47. 《光绪朝东华录》，中华书局 1958 年版。
48. 张国焘：《回忆中国共产党"一大"前后》（二），人民出版社 1980 年版。
49. 中国人民大学国家与法权理论教研室：《国家与法权理论参考资料》，中国人民大学出版社 1957 年版。
50. 中共江西省委党史研究室编：《中国共产党江西历史简编（1921—2003）》，江西人民出版社 2003 年版。
51. 中共福建省龙岩市委党史研究室：《闽西人民革命史（1919—1949）》，中央文献出版社 2001 年版。
52. 中共龙岩地委党史资料征集研究委员会：《闽西革命根据地史》，华夏出版社 1987 年版。
53. 中共龙岩市委党史资料征集研究委员会：《龙岩人民革命史》，厦门大学出版社 1989 年版。
54. 中共长汀县委党史工作委员会：《长汀人民革命史》，厦门大学出版社

1989 年版。

55. 中共上杭县委党史工作委员会：《上杭人民革命史》，厦门大学出版社 1989 年版。

56. 宁都县革命纪念馆编：《第二次国内革命战争时期黄陂革命史资料汇编》，油印本，1978 年 10 月。

57. 上犹县党史县志工作办公室编：《上犹苏区史》，内部资料，2012 年印。

58. 中共兴国县委党史工作办公室：《兴国人民革命史》，人民出版社 2003 年版。

59. 赣州市委党史办：《赣南人民革命史》，中共党史出版社 1998 年版。

60. 谢宝河主编：《瑞金人民革命史》，1996 年印。

61. 中共赣县县委党史工作办公室：《赣县人民革命史》，1996 年印。

62. 中共会昌县委党史工作办公室：《会昌人民革命史》，中国文联出版社 1999 年版。

63. 中共石城县委党史工作办公室：《石城人民革命史》，中国文献出版社 2001 年版。

64. 中共吉安县委党史资料征集办公室：《吉安县党史资料》，内部资料，1987 年印。

65. 中共泰和县委革命斗争史编纂委员会编：《泰和革命斗争史》，内部资料，1960 年印。

66. 中共江西省委党史资料征集委员会、江西农业大学编：《大革命时期的江西农民运动》（《江西党史资料》第 27 辑），中央文献出版社 1993 年版。

67. 中共江西省委党史资料征集委员会：《江西党史资料》第 1—40 辑。

68. 中共福建省委党史资料征集委员会：《福建党史资料》第 1—37 辑。

69. 瑞金县志编纂委员会编：《瑞金县志》，中央文献出版社 1993 年版。

70. 中共兴国县县志编纂委员会编：《兴国县志》，1988 年。

71. 周标：《江西省卫生志》，黄山书社 1997 年版。

72. 《长汀县志》，1993 年。

73. 《梅县志》，1994 年。

74. 《龙岩地区志》，上海人民出版社 1992 年版。

75. 《龙岩文史资料》1981 年第 1 期。

三 档案、杂志、采访资料

1. G001-1-009,《乡苏如何工作》,《兴国调查》,藏于江西省档案馆。
2. G001-4-003,《中央局关于土地问题农民问题的决议》,藏于江西省档案馆。
3. G001-4-019,《苏区中央局关于苏维埃区域和工作向中央的报告》,藏于江西省档案馆。
4. G001-4-050,《兴国县委工作报告》,藏于江西省档案馆。
5. G001-4-051,《会昌、安远、寻乌县委的工作报告》,藏于江西省档案馆。
6. 江-424-518,《江西第一次全省农民代表大会宣言》,藏于兴国县党史办。
7. 江-459-500,《动员广大的队员加入红军》,藏于兴国县党史办。
8. 江-416-490,《兴国县反第四次围剿动员令》,藏于兴国县党史办。
9. 江-529,《三次大会议案之八(女工问题)》(1930),藏于兴国县党史办。
10. 江-420-486,《兴国县苏国民经济部通知第一号》(1933),藏于兴国县党史办。
11. 江-421-534,《赤少队突击运动的总结与红五月动员》(1934),藏于兴国县党史办。
12. B2-f20-12《访彭儒同志》,藏于吉安县党史办。
13. B2-b3007,《访肖来芙同志》,藏于吉安县党史办。
14. B2-f27,《项英:中央苏区中央局第一次扩大会议决议案与报告》,藏于吉安县党史办。
15. 第199号,《赣县长洛区的"五卅"》(1933),藏于兴国县革命历史纪念馆。
16. 第277号,《严格打击对扩大红军的机会主义倾向》,藏于兴国县革命历史纪念馆。
17. 毛泽东:《井冈山前委对中央的报告》(1928),藏于吉水党史办。
18. 兴国县革委会宣传毛主席在兴国革命活动办公室:《毛主席在兴国革命活动资料汇编(1929—1934)》,藏于兴国县革命历史纪念馆。
19. 赣东南中央苏区革命史料调查队瑞金分队编:《苏区时期的瑞金妇

女》，藏于瑞金县革命纪念馆。
20. 《革命斗争史文选》第1—6册，藏于兴国县党史办。
21. 《中国共产党红军第一方面军前敌委员会宣传动员令》（1930年11月10日），藏于兴国县党史办。
22. 《关于赣西南特区委及各路分委撤销问题》，藏于吉安县党史办。
23. 《油田公社部分苏区老干部座谈会》——何三英、胡明英、曾桂英、曾昭诚、王美英的革命活动，藏于吉安县党史办。
24. 《红色中华》（影印本全二册），江西农业大学马克思主义学院资料室藏。
25. 《红旗日报》，江西农业大学马克思主义学院资料室藏。
26. 《江西民国日报》，江西农业大学马克思主义学院资料室藏。
27. 《中国妇女》第3期，1926年1月20日。
28. 《中革军委总政治部通讯》第3期，1931年2月26日。
29. 《县政调查统计·福建省》，《内政调查统计表》第21期，1935年5月。
30. 《县政调查统计·江西省》，《内政调查统计表》第22期，1935年6月。
31. 《江西教育旬刊》第10卷第8期，1934年8月1日。
32. 江西省教育厅特种教育股编：《江西特种教育概览》，1936年版。
33. 《军政旬刊》第7期，1933年12月20日。
34. 《中央日报》1935年3月21日。
35. 《大公报》1934年9月17日。
36. 《正气日报》1944年5月15日。
37. 《华侨半月刊》1936年第92期。
38. 《新赣南旬刊》第5卷第3期，1943年2月15日。
39. 《妇女声》1922年第5期。
40. 《妇女评论》1921年第20期。
41. 《岩声》第35期，1926年4月15日。
42. 《斗争》第71期，1934年3月29日。
43. 《新生活》1919年12月第19期。
44. 《新潮》第2卷第2号，1919年12月1日。
45. 《每周评论》第35号，1919年8月17日。

46. 《国闻周报》第 10 卷第 22 期,1933 年 6 月 5 日。
47. 《益世报》1934 年 11 月 24 日。
48. 《新中华报》1937 年 6 月 23 日。
49. 《布尔塞维克》1928 年 3 月第 23 期。
50. 2011 年暑假采访:

  受访者:陈细秀(女,92 岁),宁都县固厚乡观下村。

  受访者:钟玉香(女,90 岁),吉安遂川县城。

  受访者:王琴琴(女,1921 年 9 月出生),赣州市信丰县西牛镇。

  受访者:钟东娣(女,1920 年 5 月出生),瑞金市内。

四 著作

1. 安树芬、耿淑珍:《中国妇女教育资料选编》,中国妇女出版社 1995 年版。
2. 鲍晓兰:《西方女性主义研究评价》,生活·读书·新知三联书店 1995 年版。
3. 陈荣华、何友良:《中央苏区史略》,上海社会科学出版社 1992 年版。
4. 陈永发:《中国共产革命七十年》,台北联经出版事业公司 1998 年版。
5. 陈志明:《徐特立传》,湖南人民出版社 1984 年版。
6. 陈毅、肖华等:《回忆中央苏区》,江西人民出版社 1981 年版。
7. 陈丕显:《赣粤边三年游击战争》,人民出版社 1989 年版。
8. 陈寅恪:《陈寅恪集·金明馆丛稿二编》,生活·读书·新知三联书店 2001 年版。
9. 陈东原:《中国妇女生活史》,上海书店出版社(根据商务印书馆 1937 年版复印)1984 年版。
10. 戴向青等:《中央革命根据地史稿》,上海人民出版社 1986 年版。
11. 杜芳琴、王向贤:《妇女与社会性别研究在中国(1987—2003)》,天津人民出版社 2003 年版。
12. 方志敏、邵式平等:《回忆闽浙皖赣苏区》,江西人民出版社 1983 年版。
13. 傅克诚:《苏区干部好作风》,中国方正出版社 2007 年版。
14. 顾秀莲主编:《20 世纪中国妇女运动史》上卷,中国妇女出版社 2008 年版。

15. 公木：《毛泽东诗词鉴赏》，长春出版社2001年版。

16. 黄道炫：《张力与限界：中央苏区的革命（1933—1934）》，社会科学文献出版社2011年版。

17. 黄保华、赖昌明：《赣南客家与苏维埃革命》，中国文联出版社2005年版。

18. 黄宏、林仁芳主编：《古田精神》，人民出版社2007年版。

19. 黄马金：《客家妇女》，中国妇女出版社1995年版。

20. 黄琨：《革命与乡村——从暴动到乡村割据（1927—1929）》，上海社会科学院出版社2006年版。

21. 何黎萍：《西方浪潮影响下的民国妇女权利》，九州出版社2009年版。

22. 何友良：《江西通史·民国卷》，江西人民出版社2008年版。

23. 何友良：《中国苏维埃区域社会变动史》，当代中国出版社1996年版。

24. 韩贺南：《平等与差异的双重建构：五四妇女解放思潮研究》，吉林大学出版社2005年版。

25. 季羡林：《季羡林谈读书治学》，当代中国出版社2006年版。

26. 江西省妇女联合会编：《女英自述》，江西人民出版社1988年版。

27. 揭爱花：《国家、组织与妇女：中国妇女解放实践的运作研究》，学林出版社2012年版。

28. 《康克清回忆录》，解放军出版社1993年版。

29. 李坚真：《李坚真回忆录》，中共党史出版社1991年版。

30. 李银河：《女性权力的崛起》，中国社会科学出版社1997年版。

31. 李银河：《妇女：最漫长的革命——当代西方女权主义理论精选》，中国妇女出版社2007年版。

32. 李泳集：《性别与文化：客家妇女研究的新视野》，广东人民出版社1996年版。

33. 李静之：《中国妇女运动研究文集》，社会科学文献出版社2011年版。

34. 李静之等：《马克思主义妇女观》，中国人民大学出版社1992年版。

35. 李小江：《让女人自己说话》，生活·读书·新知三联书店2003年版。

36. 李国强：《中央苏区教育史》，江西教育出版社2001年版。

37. 梁漱溟：《中国文化要义》，上海人民出版社2005年版。

38. 刘云、吴水弟、朱家柏等：《中央苏区宣传文化建设》，中央文献出版社2009年版。

39. 刘英：《在历史的激流中——刘英回忆录》，中共党史出版社 1992 年版。
40. 刘丽丽：《她们——32 个女人的长征》，中央文献出版社 2006 年版。
41. 刘云：《中央苏区文化艺术史》，百花洲文艺出版社 1998 年版。
42. 刘巨才：《中国近代妇女运动史》，中国妇女出版社 1989 年版。
43. 吕芳上：《无声之声（Ⅰ）：近代中国的妇女与国家（1600—1950）》，"中央研究院"近代史研究所 2003 年版。
44. 瞭望编辑部编：《红军女英雄传》，新华出版社 1986 年版。
45. 罗荣桓编辑组：《罗荣桓传》，当代中国出版社 1991 年版。
46. 罗雄飞、赵剑：《社会经济问题探索》，华龄出版社 2005 年版。
47. 钱单士厘：《癸卯旅行记》，湖南人民出版社 1981 年版。
48. 全国妇联妇女研究所理论室：《妇女参政导论》，红旗出版社 1993 年版。
49. 仝华、康沛竹：《马克思主义妇女理论发展史》，北京大学出版社 2004 年版。
50. 荣天玙：《中国现代群众文化史（1919—1949）》，文化艺术出版社 1986 年版。
51. 舒龙：《客家与中国苏维埃革命运动》，中央文献出版社 2004 年版。
52. 谭琳、姜秀花主编：《中国妇女组织发展的理论与实践》，社会科学文献出版社 2007 年版。
53. 汤清：《中国基督教百年史》，道声出版社 2001 年版。
54. 温锐：《中央苏区土地革命研究》，南开大学出版社 1991 年版。
55. 温铁军：《三农问题与世纪反思》，生活·读书·新知三联书店 2005 年版。
56. 万振凡等：《苏区革命与农村社会变迁》，中国社会科学出版社 2010 年版。
57. 王行娟：《井冈杜鹃红——贺子珍风雨人生》，辽宁人民出版社 2000 年版。
58. 王予霞：《中央苏区文化教育史》，厦门大学出版社 1999 年版。
59. 王政、陈雁：《百年中国女权思潮研究》，复旦大学出版社 2005 年版。
60. 王红旗：《中国女性文化》，中国文献出版社 2004 年版。
61. 王奇生：《革命与反革命：社会文化视野下的民国政治》，社会科学文献出版社 2010 年版。

62. 王沪宁：《政治的逻辑》，上海人民出版社 1994 年版。
63. 肖旭：《社会心理学》，电子科技大学出版社 2013 年版。
64. 余伯流、何友良：《中国苏区史》，江西人民出版社 2011 年版。
65. 余伯流、凌步机：《中央苏区史》，江西人民出版社 2001 年版。
66. 余伯流：《中央苏区经济建设》，中央文献出版社 2009 年版。
67. 杨天石、黄道炫：《战时中国的社会与文化》，社会科学文献出版社 2009 年版。
68. 游海华：《重构与整合——1934—1937 年赣南闽西社会重建研究》，经济日报出版社 2008 年版。
69. 曾志：《我在共产党内七十年》，香港中华儿女出版社 1999 年版。
70. 朱开铨：《六十六年之革命生涯》，江西人民出版社 1993 年版。
71. 郑永福、吕美颐：《近代中国妇女生活》，河南人民出版社 1993 年版。
72. 中华全国妇女联合会妇女运动历史研究室：《五四时期妇女问题文选》，生活·读书·新知三联书店 1981 年版。
73. 张莲波：《中国近代妇女解放思想历程》，河南大学出版社 2006 年版。
74. 张雪英：《中央苏区妇女运动史》，中国社会科学出版社 2009 年版。
75. 张素玲：《革命与限制——中国共产党早期妇女领袖（1921—1927）》，河南大学出版社 2011 年版。
76. 张宏卿：《农民性格与中共的乡村动员模式——以中央苏区为中心的考察》，中国社会科学出版社 2012 年版。
77. 张孟桐：《随巨人前行——学习毛主席诗词感怀》，吉林文史出版社 2011 年版。
78. 张贤明：《中国现代名诗 100 首赏读》，现代出版社 2013 年版。
79. 周晓虹：《传统与变迁——江浙农民的社会心理及其近代以来的嬗变》，生活·读书·新知三联书店 1998 年版。
80. 钟日兴：《红旗下的乡村：中央苏区政权建设与乡村社会动员》，中国社会科学出版社 2009 年版。
81. 钟玉英：《社会学概论》，华南理工大学出版社 2011 年版。
82. 费孝通：《乡土社会》，北京大学出版社 1998 年版。
83. 黄金麟：《政体与身体——苏维埃的革命与身体（1928—1937）》，联经出版事业股份有限公司 2005 年版。

84. ［德］奥古斯特·倍倍尔：《妇女与社会主义》，葛斯、朱霞译，中央编译出版社 1995 年版。

85. ［德］奥托·布劳恩：《中国记事（1932—1939）》，李逵六译，现代史料编刊社 1980 年版。

86. ［法］L. 毕仰高：《中国革命的溯源（1915—1949）》，法国伽里玛出版社 1967 年版。

87. ［法］古斯塔夫·勒庞：《革命心理学》，佟德志、刘训练译，吉林人民出版社 2011 年版。

88. ［法］古斯塔夫·勒庞：《乌合之众：大众心理研究》，冯克利译，中央编译出版社 2000 年版。

89. ［法］涂尔干·爱弥尔：《宗教生活的基本形式》，渠东、汲喆译，上海人民出版社 1999 年版。

90. ［法］西蒙娜·德·波伏娃：《第二性 I》，陶铁柱译，中国书籍出版社 1998 年版。

91. ［法］西蒙娜·德·波伏娃：《第二性 II》，郑克鲁译，上海译文出版社 2011 年版。

92. ［美］J. 米格代尔：《农民、政治与革命——第三世界政治与社会变革的压力》，李玉琪、袁宁译，中央编译出版社 1996 年版。

93. ［美］阿莉森·贾格尔：《女权主义政治与人的本质》，孟鑫译，高等教育出版社 2009 年版。

94. ［美］埃德加·斯诺：《西行漫记》，董乐山译，解放军文艺出版社 2002 年版。

95. ［美］埃里克·霍弗：《狂热分子：码头工人哲学家的沉思录》，梁永安译，广西师范大学出版社 2008 年版。

96. ［美］艾格妮丝·史沫特莱：《伟大的道路——朱德的生平和时代》，梅念译，生活·读书·新知三联书店 1979 年版。

97. ［美］道格拉斯·凯尔纳：《正统马克思主义的终结》，闫月梅译，载俞可平主编《全球化时代的马克思主义》，中央编译出版社 1998 年版。

98. ［美］杜赞奇：《文化、权力与国家：1900—1942 年的华北农村》，王福明译，江苏人民出版社 1994 年版。

99. ［美］恩格尔：《意识形态与现代政治》，张明贵译，桂冠图书股份有限公司 1986 年版。

100. ［美］费正清：《美国与中国》，张理京译，商务印书馆 1987 年版。
101. ［美］费正清：《伟大的中国革命》，刘尊棋译，世界知识出版社 2000 年版。
102. ［美］韩丁：《翻身》，韩倞等译，北京出版社 1980 年版。
103. ［美］杰克·贝尔登：《中国震撼世界》，邱应觉等译，北京出版社 1980 年版。
104. ［美］罗斯玛丽·帕特南·童：《女性主义思潮导论》，艾晓明等译，华中师范大学出版社 2002 年版。
105. ［美］曼瑟尔·奥尔森：《集体行动的逻辑》，陈郁等译，上海人民出版社 2008 年版。
106. ［美］尼姆·威尔斯：《续西行漫记》，陶宜、徐复译，生活·读书·新知三联书店 1991 年版。
107. ［美］塞缪尔·亨廷顿：《变革社会中的政治秩序》，李盛平译，华夏出版社 1988 年版。
108. ［美］石约翰：《中国革命的历史透视》，王国良译，东方出版中心 1998 年版。
109. ［美］西达·斯考切波：《国家与社会革命：对法国、俄国和中国的比较分析》，何俊志、王学东译，上海世纪出版集团 2007 年版。
110. ［美］约瑟芬·多诺万：《女权主义的知识分子传统》，赵育春译，江苏人民出版社 2003 年版。
111. ［日］古屋奎二：《蒋介石秘录》，湖南人民出版社 1988 年版。
112. ［日］山川丽：《中国女性史》，高大伦、范勇译，三秦出版社 1987 年版。
113. ［日］小野和子：《中国女性史（1851—1958）》，高大伦、范勇译，四川大学出版社 1987 年版。

五　期刊、论文集

1. 白南生、李靖：《城市化与中国农村劳动力流动问题研究》，《中国人口科学》2008 年第 4 期。
2. 程伟礼：《基督教与中西文化交流》，《复旦学报》（社会科学版）1987 年第 1 期。
3. 程伟礼：《〈老子〉与中国"女性哲学"》，《复旦学报》（社会科学版）

1988 年第 2 期。

4. 畅引婷：《妇女历史的全球景观——〈世界妇女史〉概述》，《中华女子学院学报》2013 年第 1 期。

5. 陈华、陈涛：《客家妇女投身苏维埃运动的心理解读》，《文教资料》2007 年第 8 期。

6. 陈华：《中央苏区妇女的参政特征》，《湖州师范学院学报》2008 年第 4 期。

7. 陈刚：《红军女干部周月林的传奇人生》，《党史博览》2008 年第 2 期。

8. 陈安：《红色戏剧家李伯钊在中央苏区》，《党史文苑》2010 年第 8 期。

9. 杜芳琴：《中国妇女/性别史研究六十年述评：理论与方法》，《中华女子学院学报》2009 年第 5 期。

10. 丁琪：《中国近代以来民族国家建构与妇女解放的互动》，《山东社会科学》2011 年第 2 期。

11. 段建军、尹小玲：《红色叙事中革命话语的权力内涵》，《江汉论坛》2006 年第 4 期。

12. 郭若平：《理解农民理解革命：中共党史研究范式转变的尝试》，《党史文苑》2013 年第 10 期。

13. 郭海文：《性别视角下的女红军研究》，《唐都学刊》2011 年第 1 期。

14. 郭于华：《农村现代化过程中的传统亲缘关系》，《社会学研究》1994 年第 1 期。

15. 葛彬：《马克思主义妇女观与中国实际相结合的光辉典范》，《求实》2000 年第 6 期。

16. 桂胜、赵冰：《农村文化建设若干问题探讨》，《湖北社会科学》2012 年第 5 期。

17. 韩贺南：《阶级与性别的"联盟"——中共首部妇女运动决议及相关文献研究》，《党的文献》2011 年第 1 期。

18. 韩贺南：《整体化、自省与特别关注——中国共产党的妇女工作理念与方法（1927—1937）》，《妇女研究论丛》2004 年第 5 期。

19. 韩贺南：《"中国化"马克思主义妇女理论研究的进展与推进》，《中华女子学院学报》2007 年第 12 期。

20. 韩贺南：《中共将妇女解放纳入民族解放的历史必然性及理论支撑》，《中共党史研究》2012 年第 6 期。

21. 韩小萍、祝伟坡：《辛亥革命与妇女运动》，《河北师范大学学报》（社会科学版）1992年第4期。
22. 何友良：《苏区社会格局中的社团组织》，《地方文化研究》2013年第1期。
23. 何友良：《论中国苏维埃运动的历史定位与影响》，《江西社会科学》2012年第1期。
24. 何黎萍：《中国共产党革命根据地妇女教育特征的历史考察》，《安徽史学》2006年第3期。
25. 何萍：《中国女性主义问题与中国社会的变革》，《武汉大学学报》（人文科学版）2005年第11期。
26. 何志魁：《性别和谐视域下农村妇女组织建设研究》，《重庆教育学院学报》2011年第4期。
27. 黄道炫：《逃跑与回流：苏区群众对中共施政方针的回应》，《社会科学研究》2005年第11期。
28. 黄文治：《从叛乱走向革命：保土意识、阶级意识及乡村革命动员——以中共与皖西大刀会为中心的探讨（1922—1932）》，《学术界》2010年第10期。
29. 黄东：《红色苏区婚姻改造述论》，《首都师范大学学报》（社会科学版）2003年第6期。
30. 胡军华、唐莲英：《论中央苏区的妇女政治动员》，《江西社会科学》2013年第3期。
31. 胡军华、唐莲英：《中央苏区时期客家妇女对革命的贡献》，《中华女子学院学报》2011年第6期。
32. 胡军华、唐莲英：《中央苏区时期党对妇女解放运动的认识与实践》，《中国井冈山干部学院学报》2011年第6期。
33. 金一虹：《社会性别理论：新视角、新思维方式与新的分析范式》，《妇女研究论丛》1999年第1期。
34. 金一虹：《"铁姑娘"再思考》，《社会学研究》2006年第1期。
35. 吉志强：《现代乡村治理视域中的农村妇女政治参与》，《中共山西省委党校学报》2013年第3期。
36. 揭爱花：《国家干预：中国妇女解放实践模式的体制建构》，《湖北社会科学》2011年第10期。

37. 旷新年：《妇女解放的历史条件》，《天涯》2007 年第 1 期。
38. 李静之：《论妇女解放、妇女发展和妇女运动》，《妇女研究论丛》2003 年第 6 期。
39. 李静之：《关于维护总体利益和妇女具体利益关系的思考》，《妇女研究论丛》1992 年第 2 期。
40. 李小江：《50 年，我们走到了哪里？——中国妇女解放与发展历程回顾》，《浙江学刊》2000 年第 1 期。
41. 李可亭：《单士厘和她的〈癸卯旅行记〉》，《商丘师专学报》1999 年第 1 期。
42. 李霞等：《论土地革命战争时期中央苏区的妇女解放运动》，《党史文苑》2009 年第 1 期。
43. 李斌：《政治动员与社会革命背景下的现代国家构建》，《浙江社会科学》2010 年第 4 期。
44. 李如英：《中央苏区维护妇女权益的组织保障》，《赣南师范学院学报》2010 年第 4 期。
45. 刘贵福：《试论近代中国无政府主义的妇女解放观》，《辽宁师范大学学报》（社会科学版）1990 年第 1 期。
46. 刘亚玫：《论近代中国妇女解放运动的特点及其历史启示》，《首都师范大学学报》（社会科学版）1997 年第 5 期。
47. 刘巨才：《对中国妇女运动的几点看法》，《妇女研究论丛》1994 年第 3 期。
48. 刘凯华、刘华茂：《论中央苏区时期的妇女动员》，《井冈山学院学报》2008 年第 5 期。
49. 刘霞：《毛泽东妇女解放思想的基本内涵》，《福建党史月刊》2006 年第 8 期。
50. 廖信春：《土地革命战争在江西的兴起与影响》，《江西社会科学》1993 年第 6 期。
51. 吕美颐：《中西方文化碰撞与近代中国妇女》，《妇女研究论丛》1993 年第 1 期。
52. 凌步机：《苏区干部好作风》，《江西通讯》2013 年第 12 期。
53. 林颂华：《中央苏区妇女问题初探》，《中共宁波市委党校学报》2002 年第 2 期。

54. 林志友：《大革命失败后中国共产党农民动员模式探析》，《河南师范大学学报》（哲学社会科学版）2009 年第 1 期。
55. 卢友杰：《永定苏区的妇女运动》，《福建党史月刊》1992 年第 3 期。
56. 罗雄飞、赵剑：《中央苏区对传统婚姻制度的改造运动及其影响》，《求索》2006 年第 2 期。
57. 罗惠兰：《析中华苏维埃共和国妇女婚姻自主权的立法保障》，《求实》2007 年第 3 期。
58. 罗凌波、唐治国：《中国共产党政治动员模式的历史考察》，《党政干部学刊》2010 年第 1 期。
59. 梁旭光：《干部选任的逐步民主化对妇女参政的意义》，《理论学刊》2004 年第 6 期。
60. 苗伟东、江静：《中央苏区农村妇女参政叙论》，《党史研究与教学》2011 年第 1 期。
61. 潘萍：《马克思主义妇女解放理论的当代价值及其把握方式与寻求途径》，《中华女子学院学报》2012 年第 3 期。
62. 曲延春：《国民革命与妇女解放运动的发展》，《中华女子学院山东分院学报》2006 年第 3 期。
63. 邱松庆：《略论土地革命时期福建苏区的妇女运动》，《福建党史月刊》1988 年第 5 期。
64. 全国妇联权益部：《农村妇女土地权益问题相关情况的调研报告》，《中国妇运》2013 年第 9 期。
65. 石仲泉：《马克思主义中国化的历史发展》，《中共党史研究》2006 年第 4 期。
66. 石仲泉：《中央苏区与苏区精神》，《中共党史研究》2006 年第 1 期。
67. 石仲泉：《纪念"两个 80 周年" 弘扬两个伟大精神》，《中国井冈山干部学院学报》2012 年第 1 期。
68. 孙金华、岳邦杰：《马克思主义妇女观与留守妇女在新农村建设中的主导角色构建》，《学理论》2010 年第 26 期。
69. 沈谦芳、黄宗华：《试论中央革命根据地的历史地位和作用》，《中国井冈山干部学院学报》2012 年第 1 期。
70. 宋兆静：《批判与扬弃：马克思主义妇女观是怎样在中国确立的》，《妇女学苑》1994 年第 5 期。

71. 谭琳：《男女平等的理论内涵与社会推动：基于中国现实的讨论》，《妇女研究论丛》2002 年第 6 期。

72. 佟新、龙彦：《反思与重构：对中国劳动性别分工研究的加大回顾》，《浙江学刊》2002 年第 4 期。

73. 坦丁：《中国妇女运动史研究概述》，《中共党史研究》1997 年第 2 期。

74. 汤水清：《苏区新式婚姻制度的建立和发展》，《党的文献》2010 年第 4 期。

75. 唐娅辉：《毛泽东与苏维埃时期的婚姻制度》，《中国妇女管理干部学院学报》1995 年第 6 期。

76. 汪超、郭聪：《比例失衡、制度变迁与性别和谐——中国妇女参政的新制度主义经济学分析》，《石家庄铁道大学学报》（社会科学版）2013 年第 3 期。

77. 王晓莹：《新农村建设背景下农村女性人力资本的提升：意义、现状、对策》，《前沿》2010 年第 11 期。

78. 王涛：《妇女动员与乡村社会变革——兼论马克思主义妇女理论的中国化》，《中华女子学院学报》2012 年第 8 期。

79. 王政：《浅议社会性别学在中国的发展》，《社会学研究》2001 年第 5 期。

80. 王思梅：《试论中国共产党推进农村妇女解放的理论与实践》，《妇女研究论丛》2001 年第 4 期。

81. 王奇生：《党员、党组织与乡村社会：广东的中共地下党（1927—1932）》，《近代史研究》2002 年第 5 期。

82. 王连花：《动员与反动员：中央苏区"扩红"运动》，《湖北行政学院学报》2011 年第 3 期。

83. 王才友：《50 年来的江西苏区史研究》，《近代史研究》2010 年第 6 期。

84. 王全宾：《浅析马克思主义妇女观的基本特征》，《山东女子学院学报》2012 年第 4 期。

85. 吴小卫、杨双双：《中央苏区婚姻制度改革与妇女解放》，《南昌大学学报》（哲学社会科学版）1998 年第 1 期。

86. 谢庐明：《苏区时期中国共产党妇女工作的经验及其启示》，《赣南师范学院学报》2009 年第 5 期。
87. 谢庐明：《中华苏维埃共和国妇女人权的发展与 20 世纪的社会进步》，《赣南师范学院学报》2002 年第 4 期。
88. 谢重光：《土地革命时期闽粤赣苏区的客家妇女生活》，《党史研究与教学》2005 年第 1 期。
89. 谢重光：《客家妇女人文性格及其历史成因》，《福州大学学报》（哲学社会科学版）2005 年第 2 期。
90. 谢一彪：《论三十年代赣南闽西的客家山歌》，《赣南师范学院学报》1993 年第 2 期。
91. 谢维：《成败之道何处寻——读黄道炫〈中央苏区的革命〉》，《史林》2013 年第 4 期。
92. 肖巧平：《中美宪法妇女问题比较研究》，《湖南省社会主义学院学报》2004 年第 4 期。
93. 向东：《农业女性化背景下农村妇女土地权益问题——基于自由发展观下的性别法律分析》，《河北法学》2014 年第 2 期。
94. 徐瑞：《农村留守妇女教育现状分析》，《北京教育学院学报》2013 年第 2 期。
95. 余伯流：《共产国际与中国苏维埃运动的"移植"及演进》，《江西社会科学》2010 年第 7 期。
96. 余伯流：《中央苏区的历史地位及其深远影响》，《党史研究与教学》2001 年第 6 期。
97. 虞花荣：《论中国共产党妇女解放思想与实践的特点及其启示》，《北京科技大学学报》（社会科学版）2007 年第 6 期。
98. 於贤淑：《女性权益的宪法保障》，《福建商业高等专科学校学报》2007 年第 4 期。
99. 袁惠仪：《马克思妇女解放的历史逻辑》，《中华女子学院学报》2009 年第 1 期。
100. 袁旭川：《论新民主主义革命时期毛泽东妇女解放思想的两次转变》，《毛泽东思想研究》2011 年第 1 期。
101. 叶福林：《简论东固及赣西南苏区的妇女解放运动》，《江西理工大学学报》2012 年第 6 期。
102. 叶国文：《动员农民与建立政权——中国共产党土地政策的历史考

察》,《中共浙江省委党校学报》2006 年第 9 期。
103. 杨会清、吴晓敏:《土地革命时期江西苏区妇女生活变革研究》,《求实》2004 年第 2 期。
104. 杨会清:《苏区妇女对革命的态度演变:1927—1934》,《长江论坛》2010 年第 8 期。
105. 杨奎松:《50 年来的中共党史研究》,《近代史研究》1999 年第 5 期。
106. 游海疆、林修果:《妇女领导:多重悖论分析与开发机制建设》,《理论探讨》2006 年第 5 期。
107. 游海华:《清末至民国时期赣闽粤边区市场网络的传承与嬗变》,《中国社会经济史研究》2006 年第 12 期。
108. 颜梅生:《红军留下的女人们》,《档案春秋》2009 年第 8 期。
109. 郑也夫:《男女平等的社会学思考》,《社会学研究》1994 年第 2 期。
110. 赵容:《近代教会学校对福建女性启蒙的影响》,《党史研究与教学》2002 年第 3 期。
111. 周一川:《清末留日学生中的女性》,《历史研究》1989 年第 6 期。
112. 周蕾:《性别、组织和政党——对建党初期女党员群体的历史考察》,《中华女子学院学报》2012 年第 2 期。
113. 周典恩:《近代福建基督教教会医院述略》,《厦门广播电视大学学报》2010 年第 1 期。
114. 周榜师、曾金玉:《从中央苏区"扩红"看国家、地方组织和民众的互动》,《党史文苑》2004 年第 8 期。
115. 周成莉:《中央苏区妇女参加苏维埃选举的理论思考》,《广西社会科学》2014 年第 1 期。
116. 张静如:《以社会史为基础深化党史研究》,《历史研究》1991 年第 1 期。
117. 张侃:《回归与超越:评〈中央苏区妇女运动史〉》,《党史研究与教学》2010 年第 2 期。
118. 张美琴:《论中央苏区时期妇女的重大作用》,《中国市场》2006 年第 19 期。
119. 张雪英:《土地革命时期中央苏区客家妇女的地位和作用》,《龙岩学院学报》2011 年第 3 期。
120. 张弛:《论以人为本的中央苏区妇女解放运动》,《理论月刊》2010

年第 9 期。
121. 张玉龙：《中央苏区时期妇女教育略论》，《中共福建省委党校学报》2007 年第 12 期。
122. 张昭国：《试论中国共产党对苏区民众革命政治意识的培育》，《南昌航空大学学报》（社会科学版）2010 年第 6 期。
123. 张文灿：《妇女性别解放与阶级、社会解放的互动——新民主主义革命时期中国共产党妇女解放运动的政策及效果》，《首都师范大学学报》（社会科学版）2010 年第 11 期。
124. 张宏卿、肖文燕：《农民性格与中共的乡村动员模式》，《开放时代》2010 年第 10 期。
125. 张宏卿：《中央苏区民众革命参与的动力机制探析——不以物质利益为中心的考察》，《江西师范大学学报》（哲学社会科学版）2012 年第 12 期。
126. 张桂华：《关于妇女组织性质与发展的思考》，《长白学刊》1993 年第 5 期。
127. 左际平：《20 世纪 50 年代的妇女解放和男女义务平等》，《社会》2005 年第 1 期。
128. 陈始发：《中央苏区时期马克思主义大众化的主要举措与启示》，《中国革命与苏维埃运动学术研讨会 2011 年论文集》。
129. 庞振宇：《苏区妇女组织建设研究》，《中国革命与苏维埃运动学术研讨会 2011 年论文集》。

六 网络、报纸

1. 习近平：《坚持男女平等基本国策 发挥我国妇女伟大作用》，2013 年 11 月 1 日，中国妇女研究网（http：//www.wsic.ac.cn/academicnews/84552.htm）。
2. 林金水、吴巍巍：《德国多明我会在近代闽西地区的传教活动》（http：//www.doc88.com/p-473112829102.html）。
3. 邓旋：《发扬光荣革命传统 做好基础妇女工作》，2011 年 9 月 26 日，中国瑞金网（http：//www.chinarjw.com/n360/c7074/content.html）。
4. 全国妇联、国家统计局：《第三期中国妇女社会地位调查全国主要数据报告》，中国妇女研究网（http：//www.wsic.ac.cn/academicnews/78621.

htm）。

5. 《毛主席的称谓从何时开始？》，中国红故事（http：//www.honggushi.com/article/gjlx/200909/11233.html）。
6. 储卉娟：《谁是"妇女"？——以及"妇女"作为话语的实践》（http：//www.alleyeshot.com/html/200606/10/20060610004101.htm）。
7. 时珍：《兴国山歌曾唱遍苏区为"扩红"立下大功》，《江西晨报》2014年1月22日。
8. 王奋强：《赤胆忠心的"华夏女杰"》，《深圳特区报》2011年6月22日。
9. 杨绍明、杨李：《我们的母亲李伯钊》，《新民晚报》2011年5月10日。
10. 《马前托孤：77年前的生离死别》，《赣南日报》2011年11月11日。
11. 胡锦涛：《坚定不移沿着中国特色社会主义道路前进 为全面建成小康社会而奋斗——在中国共产党第十八次全国代表大会上的报告》，《人民日报》2012年11月18日。
12. 《中共中央关于全面深化改革若干重大问题的决定》，《人民日报》2013年11月16日。
13. 习近平：《在纪念中央革命根据地创建暨中华苏维埃共和国成立80周年座谈会上的讲话》，《人民日报》2011年11月4日。
14. 习近平：《把培育和弘扬社会主义核心价值观作为凝魂聚气、强基固本的基础工程》，《人民日报》2014年2月26日。
15. 中共赣州市委党史工作办公室：《纪念中央革命根据地暨中华苏维埃共和国临时中央政府成立80周年》，《江西日报》2011年11月7日。
16. 严洁：《一曲山歌三个师》，《江西日报》2010年5月7日。
17. 《海南女杰谢飞逝世享年101岁，曾是刘少奇夫人》，《海南日报》2013年3月1日。
18. 冷溶：《坚持全面正确的历史观 科学评价毛泽东和党的历史——学习习近平同志在纪念毛泽东同志诞辰120周年座谈会上的重要讲话》，《人民日报》2014年1月7日。

七 学位论文

1. 殷健：《中共在中央苏区时期的党群关系研究》，硕士学位论文，华东师范大学，2008 年。

2. 陈兰芝：《新民主主义革命时期刘少奇对马克思主义中国化的贡献研究》，硕士学位论文，华东师范大学，2010 年。

3. 郭静：《苏区的阶级与婚姻研究》，硕士学位论文，江西师范大学，2007 年。

4. 于振勇：《中国妇女解放实践中的妇女组织角色及其运行机制》，硕士学位论文，浙江大学，2008 年。

5. 王罗旺：《妇女领导群体与苏维埃革命：1927—1934》，硕士学位论文，赣南师范学院，2012 年。

6. 周小泉：《土地革命前后农民心态的演变——以中央苏区为中心》，硕士学位论文，江西师范大学，2008 年。

7. 黄文治：《鄂豫皖苏区道路：一个民众动员的实践研究（1920—1932）》，博士学位论文，上海师范大学，2011 年。

8. 王刚：《马克思主义中国化的起源语境研究》，博士学位论文，华东师范大学，2009 年。

9. 姜玉齐：《新民主主义革命时期中国共产党对主要社会思潮的认识和态度的研究》，博士学位论文，华东师范大学，2012 年。

10. 杨会清：《中国苏维埃运动中的动员模式研究（1927—1937）》，博士学位论文，浙江大学，2006 年。

11. 王才友：《"赤""白"之间：赣西地区的中共革命、"围剿"与地方因应》，博士学位论文，复旦大学，2011 年。

12. 黄琨：《从暴动到乡村割据——中共革命根据地是怎样建立起来的（1927—1929）》，博士学位论文，复旦大学，2004 年。

13. 汤红兵：《井冈山时期的人物群体研究》，博士学位论文，华中科技大学，2009 年。

14. 周前程：《人性与政治》，博士学位论文，中共中央党校，2009 年。

15. 王汝坤：《人性与政治原则》，博士学位论文，中共中央党校，2008 年。

16. 万振凡：《革命、改良与"弹性结构"：1927—1937 年江西传统乡村社会变迁研究》，博士学位论文，上海师范大学，2007 年。

17. 韩承鹏：《标语与口号：一种动员模式的考察》，博士学位论文，复旦大学，2007 年。

18. 饶伟新：《生态、族群与阶级——赣南土地革命的历史背景分析》，博士学位论文，厦门大学，2002年。
19. 陈英：《性别的历史唯物主义研究》，博士学位论文，华南理工大学，2012年。
20. 周莉萍：《二十世纪二三十年代美国妇女生存状况与妇女运动研究》，博士学位论文，华东师范大学，2006年。
21. 王克霞：《革命与变迁——20世纪三四十年代沂蒙妇女生活状况研究》，博士学位论文，山东大学，2007年。
22. 李丹：《马克思主义妇女解放理论研究》，博士学位论文，哈尔滨师范大学，2011年。
23. 陈文联：《五四时期妇女解放思潮研究》，博士学位论文，湖南师范大学，2002年。
24. 赵小波：《马克思主义妇女观中国化进程研究（1921—1949）》，博士学位论文，西南交通大学，2012年。
25. 宋青红：《新生活运动促进总会妇女指导委员会研究（1938—1946年）》，博士学位论文，复旦大学，2012年。

八 外文资料

1. Hsiao Tso-liang, *Chinese Communism in 1927: City vs. Countryside*, Hong Kong: Chinese University of Hong Kong, 1970.
2. Charles B. Mclane, *Soviet Policy and the Chinese Communists, 1931-1946*, N. Y.: Columbia University Press, 1958.
3. Barkan Lenore, *Nationalists, Communists, and Rural Leaders: Political Dynamics in a Chinese County, 1927-1937*, Michigan: Miehigan University Press, 1983.
4. T. Edward, James Janet and Paul S. Boyer, *Notable Women, 1607-1950*, Belknap Press of Harvard University Press, 1971.
5. Mary Inman, *In Women's Defense*, Los Angeles, The Committee to Organize the Advancement of Women, 1940.
6. Jayne Loader, *Women on the Left, 1906-1941: Bibliography of Primary Sources*, University of Michigan Paper in Women's Studies 2, February 1974.

7. Robert Shaffer, "Women and the Communist Party USA, 1930 – 1940", *Socialisit Review* 46, May-June 1979.
8. Genevieve Parkhurst, "Is Feminism Dead?", *Harpers Magazine*, Vol. 170, May 1935.
9. Martha E. Gimenez, "Marx and Feminism", *Frontiers: a Journal of Women Studies*, 1975, Vol. 1, No. 1.
10. Louise Edwards, "Policing the Modern Women in Republican China", *Modern China*, Vol. 26, No. 2, April, 2000.
11. M. Pearsall, *Women and Values, Readings in Recent Feminist Philosophy*, Wadsworth Publishing Company, 1993.
12. Johnson Kay, Ann, *Women, the Family and Peasant Revolution in China*, Chicago: The University of Chicago Press, 1983.
13. Women-Work, *Women and the Party in Revolutionary China*, Oxford: The Clarendon Press, 1976.
14. Tani E. Barlow, *Theoring Woman: Funu, Guojia and Jiating (Chinese Woman, Chinese State, Chinese Family) in Body, Subject and Power in China*, The University of Chicago Press, 1994.

索 引

D

Democracy 122

动员模式 37,41,138,139,146,156 – 161,164,166,173,202,230,271,277,281,283

F

Feminism 7,8,30,285

反"围剿" 23,80,149,156,169,189,190,193 – 195,198,207,212 – 214,217,241

妇女动员 12,16,17,26,37,78,83,116,136,138 – 142,144,146,157 – 160,166 – 168,170 – 173,183,186,187,219,222,235,236,252,254,259,276,278

妇女工作 2,5,6,27 – 29,31,40,80,125,126,129 – 132,134,159,171,177,179,181,182,197,199,200,212,229,232,236,240,245,258,259,274,278,281

妇女解放 1,2,4,6,7,9 – 15,17 – 19,24,25,28 – 35,37,38,40,41,44,54,60 – 64,69 – 73,75 – 78,80 – 86,88,93,95 – 99,105 – 107,120 – 124,128,129,131 – 133,135,136,139,143 – 146,153,157,158,160,161,163 – 167,171 – 173,178,179,182,187,196,197,218,224 – 226,228 – 235,237,243 – 246,255 – 260,263,269,271,274 – 279,281,283,284

妇女解放运动 1,5,7,11 – 16,18,19,28,29,31 – 33,35,37,40,42,43,45,47,55,58,60,62,63,71,72,75,76,78,79,81,84,85,91,97,107,128,129,135,136,146,147,156,159,162,164,165,167,172,173,175,177,179,183,197,201 – 205,210,215,216,220,223 – 232,234 – 239,241 – 243,245,256,257,260,275 – 277,279,281

妇女能顶半边天 230,254,255

妇女生活改良委员会 108,131,132

妇女生活改善委员会 79,91,93,129 – 132,171,179,182,183

妇女委员会 130,132

妇女运动　2,6,9,10,12 - 14,16 - 19,
　　24,25,27 - 33,40,46,53,54,60 -
　　65,68,69,72 - 82,84 - 89,92 - 95,
　　97,99 - 104,106,107,110,114,120,
　　122 - 135,138,140,143,159 - 163,
　　165 - 171,177,178,181,182,184 -
　　186,192,197 - 200,202,211,214,
　　217,221,225 - 233,235,239,240,
　　243,244,246,248,259,260,262 -
　　264,268 - 271,274 - 278,280,284
妇女主义　28,31,40,62,159

H

核心价值观　34,42,157,196,202,229,
　　242,282
红色中华　39,57,92,94,111 - 113,119,
　　120,122,140,143,145,169,172,
　　185,190 - 192,213,267
互利共生型　37,41,157 - 160,166,173
婚姻法　10,79,91 - 93,97,98,100,103,
　　104,131,163,234 - 236,249

J

江西民国日报　39,60,267
解放妇女运动　31
巾帼群英　17,37,38,40 - 43,133,175 -
　　177,179 - 181,183,187,188,196 -
　　203,222
井冈山　3,16,21,39,49,56,91,139,
　　153,176,186,206,210,211,239,
　　241,266,275 - 277,283

K

客家妇女　3,14,16,26 - 28,38,39,41,
　　48,51,52,54,86,112,149,196,199,
　　204 - 210,212 - 217,219 - 223,269,
　　274,275,279,280
客家山歌　37,41,146,147,149 - 152,
　　156,157,279
扩红　4,14,80,116,143,148,153,168,
　　169,184,190,191,194,195,199,
　　205,213,217,278,280,282

L

劳动互助社　91,94,155

M

马克思主义妇女观　2,4,5,11,13,14,
　　16,19,20,32,34,35,37 - 39,41,42,
　　47,62 - 64,68,71,76,78,80 - 82,
　　104,179,197,200,219,225,226,
　　230,231,233 - 237,243 - 245,251,
　　255,257 - 260,269,274,277,
　　278,284
马克思主义中国化　5,16,35,39,133,
　　146,151,155,236,237,257,277,283
毛泽东妇女解放思想　233,234,236,
　　237,276,279
闽西　16,22,23,26,28,45,47 - 49,51 -
　　57,59,60,63 - 65,67,68,70,86,87,
　　89,95,98 - 101,109,112,114,123 -
　　125,147 - 150,161,170,176,177,

181，183，185，192，204，207，208，
214，262，264，271，279，281

N

南昌起义　3，188
农村留守妇女　4，243，250 – 252，279
女权主义　7 – 9，11，28，30，31，40，62，
　　63，67，121，133，136，161，163，167，
　　232，269，272，273
女性主义　7 – 9，11，30，31，40，61，64，
　　65，168，178，226，268，273，275

Q

秋收起义　3，76，78，231

R

瑞金　6，21，26，39，53，59，60，89，94，
　　108，119，124，165，169，178，180，
　　182，183，185，187 – 190，192，195，
　　213，214，236，241，265 – 268，281

S

苏区精神　5，6，17，20 – 23，197，237 –
　　242，254，256，277
苏维埃　5，6，9，10，14 – 16，19，20，22，
　　23，27，33，35，37，39，41，48，55 – 58，
　　71，72，75 – 81，83，85，88，89，91 –
　　95，97，99 – 105，107 – 112，114，117，
　　119，122 – 126，128 – 133，135 – 138，
　　140 – 143，145，146，151，152，154，

155，158 – 169，171 – 173，176，177，
179，180，182，183，185 – 188，192，
193，195，196，198 – 205，207，208，
210 – 215，217，219，220，222，224，
225，227 – 229，231，234 – 236，238 –
242，248，266，269 – 271，274，275，
277 – 283

T

童养媳　53，62，79，93，97 – 100，102，
　　103，109，114，115，144，145，153，
　　162，168，185 – 189
土地革命　3，5，14 – 17，20 – 22，32，33，
　　37，41，42，51，56，59，60，71，84 – 86，
　　89，90，94，95，122，124，129，132，
　　138，139，143，147，154，156 – 159，
　　162，164，170，173，189，199，203 –
　　207，212，215，217，218，221，223，
　　227，229，233，238，239，245，262，
　　263，270，276，277，279，280，283，284

W

五四运动　19，60 – 63，69，70，82，84，88，
　　96，179，197，203，230

Y

异军　1，2，19，33，35，38，96，165，173，
　　257 – 259

Z

正道　1，2，4，6，19，35，38，224，257，

索　引

258,260

中共党史人物志　40,176,177,180,183

中国妇女运动历史资料　18,24,27-33,
40,54,62,74,75,77-80,85,87,89,
92,93,97,99,101-104,109,125-
127,130-132,138,140,143,159-
163,165-170,178,184-186,217,
221,226-228,232,239,243,
248,262

中华苏维埃共和国婚姻条例　91,103

中华苏维埃共和国宪法大纲　79,103,
109,123

中华苏维埃运动　3

中央革命根据地　5,6,13,20-23,45,
52,56,57,79,80,91,92,101-104,
108,109,111,116-118,124,126,
127,142,143,161,171,177,198,
207-210,212,215,238,239,241,
262,268,277,282

中央苏区　3-6,9,10,13-17,19-23,
26-28,35,37,40-42,47-49,53-
56,58,59,64,65,70-72,78,80-
82,88,89,92-95,98,100,104,105,
108-120,122,124,125,127,129,
131-136,139-159,163,164,167-
170,172,173,175-179,182,186-
188,193,195,196,198,200,204-
209,212,213,215,217,219,220,
222-225,230,231,233-236,238-
242,245,248,255,257,263,264,
266,268-271,274-283

中央苏区妇女解放运动　1,2,4-7,9,
13-15,18,33,35,37,38,40-43,
45-47,54,55,60-62,71,72,79,
80,83-85,135,136,138,139,146,
147,158,159,164,166,167,173,
175,176,178,181,188,197,201,
202,204,224-226,228-230,233-
243,246,248,252,255-259,280

中央苏区人物谱　40,176,177,180,183

中央苏区人物志　40,176,177,180,183

后 记

人间知己吾和汝

> 挥手从兹去，更那堪凄然相向，苦情重诉。
> 眼角眉梢都似恨，热泪欲零还住。知误会前番书语。
> 过眼滔滔云共雾，算人间知己吾和汝。
> ——1923年，毛泽东《贺新郎·别友》①

本书是在我博士学位论文的基础上修改而成的，当理性的书稿即将付梓之际，不禁"心潮逐浪高"②，回首往事，"热泪欲零还住"。③

回首在华东师范大学4年攻读博士的全程，不禁有许多感慨。我深知自己是属于才智一般、没有多少天赋的一类，不忘常持勤奋不辍之念，因此个中辛苦无法言语。当确定以"中央苏区妇女解放运动研究"为选题后，尽管我十分谨慎和谦卑地对待历史，痴心于历史本真的探究，但未料复杂的原初历史和我的有限认知距离甚远，常常"围困万千重"间④，往往纠结于"此行何去？"⑤置身"史、著、论"的纸堆里，虽偶感有浩瀚知识丰富自己的愉悦，文稿写作思维活跃时，快乐不知疲倦，但更多则是迷茫无路无文为寄的苦恼，才思枯竭间，痛苦挥之不去。数次历经辛苦收集资料，预计会有好结果而得到的却是只爪片羽，甚至此处"略"时，顿感心情沮丧苦涩；多次听着人们用轻松的口吻回溯沉重的历史时，反而更沉甸甸地感觉到历史的凝重和女性的伟大与可敬；当读到当年战争妇女

---

① 公木：《毛泽东诗词鉴赏》，长春出版社2001年版，第255页。
② 同上书，第19页。详见毛泽东《菩萨蛮·黄鹤楼》。
③ 同上书，第255页。详见毛泽东《贺新郎》。
④ 同上书，第26页。详见毛泽东《西江月·井冈山》。
⑤ 同上书，第54页。详见毛泽东《减字木兰花·广昌路上》。

的辛酸血泪故事时,数度潸然泪下,真是"眼泪只是心头雨,情到深处自然来";读过曾志的《我在共产党内七十年》后,犹如经历了一次精神洗礼,从而看到国家的根基、政党的脊梁、民族的精神、升华的女性……从而也体悟到一些东西,感悟到女性的不容易,而作为马克思主义中国化研究专业的博士,我更加坚定了信念,筑梦学问事业齐飞,共描丹心党旗一色。

饮其流者思其源,学其成时感恩师。导师唐莲英教授先后主持国家社科一般基金和重大基金项目各1项,并承担了大量教学任务,繁重的教学科研工作并没有减少其对我的论文选题、资料收集、篇章架构以及文字润色的关心与指导,其中点点滴滴都凝聚了导师的智慧和心血。忘不了导师数次带我参加各种学术研讨会,忘不了导师冒着酷暑带我到苏区深入调研,忘不了大雪纷飞时导师还飞抵赣州指导我的论文创作,忘不了在论文写作的关键节点因我父亲去世而陷入悲痛时导师给我的宽厚、关心和策励!师从唐莲英教授是我一生的荣幸!导师严谨的治学态度、深厚的学理功底、独到的学术见解和不懈的探究精神,使我深受教益和启迪!导师正直包容的处世胸怀、积极乐观的人生态度、遇挫弥坚的奋斗毅力、和蔼可亲的师表风范,无一不感染着我,让我心生敬佩!导师对我的无私关爱和谆谆教诲,让我终身受益,终身难偿!

论文撰写过程中,中共中央党史研究室原副主任石仲泉先生欣然提笔为我留言,并两次为论文写作提出宝贵意见,让我深受鼓舞;北京大学历史系、华东师范大学紫江学者杨奎松教授就本研究的可行性给予了肯定,激励了我前行;上海市中共党史研究会会长、《军事历史研究》杂志主编张云教授给予了我悉心指导;中共党史人物研究会副会长李良明教授为本书的写作指点迷津;江西省委党史办副主任何友良研究员、江西省委党校杨会清教授、江西省社会科学院汤水清研究员给予了我灵光点拨和卓识指导,谨向他们表示深深谢意!在论文撰写过程中,我先后请教、咨询过中国军事科学院博士生导师刘庭华研究员、中国人民革命军事博物馆马沈研究馆员、《党史研究与教学》杂志前主编蒋伯英教授,以及中共党史专家胡松、余伯流、黄道炫、徐秀丽、张玉龙等,他们给予了我大力支持,谨致谢忱!本书在收集资料的过程中,得到了江西省图书馆、档案馆,江西省吉安县、吉水县、泰和县、兴国县、瑞金市、寻乌县、上犹县、信丰县以及福建龙岩市等地档案馆、党史办的领导和工作人员的大力支持,在此表示深深的谢意！特别感谢古田会议纪念馆馆长傅柒生先生、龙岩市委党史办主任傅如通先生、吉安市东固革命根据地研究会会长丁仁祥先生、中共中央党史研究室谢文雄先生等给予我的无私帮助！

深深感谢我的母校华东师范大学！在这里我有机会亲身聆听中共党史研究著名专家张静如、中共中央党史研究室副主任李忠杰的精彩报告，分享他们的学术智慧！衷心感谢程伟礼教授、陈锡喜教授、宋进教授、余玉花教授、蒋锦洪教授等导师组多位教授的悉心指导和全程指教，他们坦荡的胸怀、敏捷的思维、严谨的治学、风趣的语言，以及对马克思主义中国化等若干问题的独到见解，使我深受启发，拓宽了我的学术眼界！衷心感谢都培炎、凌弓、文军等教授的精彩讲课，正是他们传道、授业、解惑，让我人生的宽度大大拓展！衷心感谢我所有的学友学长、同门同窗，他们是张建忠、古玉、傅艳蕾、朱明宝、王慧、刘圣兰、宋臻、张晓飞、叶福林、李春耕、杨新红、陈兰芝、曹月柱、谢建平等博士，以及金银银、薛洋、王国柱等硕士，大家呼吸相接、相融无间，交流技巧、砥砺上进、相互启迪、友谊长存。在华东师范大学的几年，我真切感悟到了学术之真、思想之善、思考之美、知识之慧、情谊之切、友谊之深，这些是我研学的源头活水和精神食粮。在此，深深感谢一切帮助过我的师长学友！

这篇博士论文最终得以出版，还与一些机构和人士的支持分不开。本书出版得到了江西农业大学马克思主义理论重点学科系列丛书出版基金、"江西现代农业发展 2011 协同创新中心"出版经费、江西省社科规划项目"多维视域下的中央苏区妇女解放运动研究"经费（12DJ13）的资助！在此，感谢江西农业大学马克思主义学院领导和同事们的全程关照，感谢江西农业大学期刊社翁贞林社长的鼎力支持！上海市中共党史研究会会长、《军事历史研究》期刊原主编张云教授始终给予我悉心指导，并欣然作序。苏区史研究著名专家余伯流先生大力推荐本书，在此，深深地向张云教授、余伯流教授鞠躬以表谢意！

最后将本书献给我的家人，他们永远是我生活中最重要的部分。想起苍老的父母心中便有万千愧疚、心似刀割。父亲患病期间，我作为长女却因学业繁忙未能倾情护理，2014 年 3 月 5 日父亲病逝，自己又因论文写作进入紧张收尾和预答辩之际，未能在家多停留数日以尽孝道，纵有千言万语难表父母养育之恩！感谢丈夫繁忙工作之余的尽情帮助；感谢乖巧女儿的全情配合；感谢妹妹、弟弟的深情理解……他们殷殷期盼的眼神、默默无私的相助使我不敢有丝毫懈怠。

  我在写作过程中，参阅了许多相关的文献资料，对其作者深表谢意，对于可能遗漏而未在注释或参考文献中标注出处的文献资料，对其作者也一并表示真诚的谢意！同时，若引用不当，也请予以谅解和批评指正！最后，惴惴不安中还有奢望：由于时间与空间的局限，加上本人学术背景及专业能力的限制，本书不足及舛误之处肯定难免，敬请方家不吝赐教！

胡军华
2016 年 2 月 18 日于南昌